CAFÉ DA MANHÃ COM OS ORIXÁS

EDITORAS
Cristina Fernandes Warth
Mariana Warth

COORDENADOR EDITORIAL
Daniel Viana

ASSISTENTE EDITORIAL
Joelma Santos

PREPARAÇÃO
Felipe Machado

REVISÃO
Renata Panovich; Débora Spanamberg Wink

CAPA E ILUSTRAÇÕES
LeTrastevere

Este livro segue as novas regras do Acordo Ortográfico da Língua Portuguesa.

DADOS INTERNACIONAIS DE CATALOGAÇÃO NA PUBLICAÇÃO (CIP)
(CÂMARA BRASILEIRA DO LIVRO, SP, BRASIL)

Carneiro, João Tokunbó
Café da manhã com os orixás : guia de reflexões para cada dia do ano / João Tokunbó Carneiro. -- 1. ed. -- Rio de Janeiro : Pallas Editora, 2025.

ISBN 978-65-5602-189-8

1. Ancestralidade 2. Deuses iorubás 3. Mitologia 4. Orixás 5. Reflexões I. Título.

25-305018.0 CDD-299.63

Índices para catálogo sistemático:
1. Orixás : Deuses : Religião de origem africana 299.63
Maria Alice Ferreira - Bibliotecária - CRB-8/7964

FONTES Freight Text Cmp; Barlow
PAPEL offset 75g/m²
IMPRESSÃO LeoGraf, janeiro de 2026
1ª edição | 2ª reimpressão

PALLAS EDITORA E DISTRIBUIDORA LTDA.
Rua Frederico de Albuquerque, 56 – Higienópolis
CEP 21050-840 – Rio de Janeiro – RJ
Tel.: 21 2270-0186
www.pallaseditora.com.br | pallas@pallaseditora.com.br

CAFÉ DA MANHÃ COM OS ORIXÁS

GUIA DE REFLEXÕES
PARA CADA DIA DO ANO

JOÃO TOKUNBÓ CARNEIRO

PALLAS

APRESENTAÇÃO

REGINALDO PRANDI
Professor emérito da Universidade de São Paulo,
autor de *Mitologia dos orixás*

Um mito conta uma história, uma aventura, um acontecimento, um fato. A palavra vem do grego, mas também temos a versão latina, a lenda. Mito e lenda são sinônimos, mas tanto mito como lenda podem ter sentidos diferentes. Popularmente, essas palavras podem significar algo que não têm comprovação verdadeira. Essa acepção não se aplica ao presente livro. Você conhece a expressão "mito ou realidade?". Trata-se aqui do sentido popular, verdade ou fake news, para usar uma expressão muito na moda. Esse sentido de falsificação da realidade comprovável não é usado aqui neste livro de João Tokunbó Carneiro: *Café da manhã com os orixás*.

Muitas civilizações, em seus áureos tempos, não conheceram a escrita nem a ciência, que só foi criada nos tempos modernos, entre elas a história e, mais recentemente, as ciências do comportamento. Sem história escrita e sem ciência, como essas civilizações conhecem seu passado, interpretam o presente e preveem o futuro? Por meio de sua mitologia, ou seja, a sua coleção de mitos. As mitologias mais famosas foram escritas numa certa época, mas foram criadas e cultivadas muito antes disso, aprendidas de cor e recitadas. Contadores de histórias foram e são essenciais para manter suas civilizações ágrafas vivas.

As religiões, todas elas, têm por fundamento uma grande diversidade de mitos, de histórias, que são sabidas, recitadas e mesmo encenadas pelos sacerdotes em seus cultos. As maiores religiões do mundo têm seus livros sagrados, contendo todas as narrativas importantes sobre divindades, humanos e natureza que dão forma ao mundo, ou mundos, tal como a religião os concebe e celebra. Três grandes religiões mundiais, o judaísmo, o cristianismo e o islamismo, não sem propósito são chamadas religiões do Livro. As mitologias hindus e nórdicas transitam entre a escrita e a oralidade. Nos tempos atuais, as mitologias sagradas também têm sido fonte de criações não religiosas, como os super-heróis do cinema; são inspiração literária, musical, de tantas outras artes e até do Carnaval.

Além das mitologias dos povos originários, algumas poucas já transcritas, o Brasil conta com os livros sagrados das religiões judaica e cristãs, em suas diferentes versões, e com a mitologia que os escravizados africanos trouxeram com eles, publicadas entre nós em edições seculares, isto é, não religiosas. Dessas, a mais ampla e, talvez, mais conhecida é a *Mitologia dos orixás*. Restaria dizer que os orixás são deuses e deusas dos povos africanos conhecidos pelo nome genérico de Iorubás, contando-se com contribuições de outras culturas também africanas, aqui identificadas pelas denominações Bantas e Fons.

A mitologia trazida da África pelos povos escravizados foi preservada originalmente nos terreiros, durante muito tempo. Transmitida de geração a geração, de boca em boca, ela sustenta doutrinariamente os diferentes rituais dos templos dedicados ao culto das deusas e dos deuses que o Brasil herdou do continente africano, presente hoje também no DNA da maior parte da população do Brasil. Dos terreiros, os mitos iorubás, sobretudo, extravasaram para a cultura não religiosa por conta de estudiosos, admiradores, artistas e formadores de opinião. Tornaram-se um dos elementos essenciais daquilo que podemos chamar de cultura brasileira.

O mito é o saber cultivado pelos antigos, fala por enigmas, parábolas e analogias. O mito dos orixás conta histórias que se repetem a cada volta que o tempo dá: uma história que se reproduz em nossas vidas, mas que já foi vivida por muitos homens e mulheres que viveram antes de nós, os nossos antepassados, e, antes desses, pelos próprios orixás, na origem dos tempos. Adiante, depois de nós, voltarão a acontecer na vida dos nossos descendentes. Em cada repetição, o mito se ajusta às novas situações e necessidades sociais. Continua, contudo, atemporal e sempre constante. O que a religião dos orixás faz é, entre outros ritos, descobrir que história mítica cada pessoa vive no momento. Com isso, a religião cria os meios pelos quais pode orientar a vida de seus seguidores. Toda religião é, em suma, orientação da conduta. Mas o mito, como já se anunciou, é mais que religião: é literatura, é fonte de criação, é caminho para repensar o mundo de diferentes formas e pode até ser o selo de uma identidade étnica.

Acredita-se que a pessoa já traz consigo os seus mitos estruturantes, que revelam, inclusive, qual é o orixá que governa sua existência e que pode ser invocado para afirmar ou refazer aquilo que a vida lhe reserva. E a cada vez que o Sol se levanta, se pode perguntar, para cada ser vivente, qual mito falará naquele dia.

Os mitos são chamados de *ìtàn* em iorubá e são reunidos em 16 capítulos denominados odù Ifá, cada um deles subdividido em 16 partes, completando mais de duas centenas de secções, ou partes dos capítulos, os chamados omó odù. Cada um desses reúne muitos itans. Tudo isso é aprendido de cor e assim transmitido pelo sábio encarregado de memorizar todo o conhecimento mitológico, o que praticamente toma todo seu tempo de existência. Esse guardião do saber usualmente é um sacerdote do orixá Ifá ou Orunmilá, que usa esse conhecimento todo para identificar, através de instrumentos oraculares, como é o caso do jogo de búzios, que odu responde à pergunta que ele faz. Em outras palavras, que parte da história mitológica está sendo revelada.

Os odus, resultantes da consulta, devem ser interpretados segundo a tradição. No Brasil, após a década de 1950, os chamados "olhadores", ou seja, os leitores ou intérpretes dos odus, praticamente se extinguiram, provavelmente porque as mães e os pais de santo tomaram para si tal prerrogativa. Alguns iniciados no culto aos orixás, contudo, sobreviveram. Aquele que talvez tenha sido o último olhador foi o professor Agenor Miranda Rocha, falecido em

2004, no Rio de Janeiro. De alguns anos para cá, sacerdotes de Ifá emigrados da Nigéria e de Cuba, principalmente, buscam reestabelecer essa tradição, fundando uma nova religião, autônoma em relação às diferentes denominações afro-brasileiras há muito estabelecidas.

O conjunto da mitologia iorubá que explica o mundo e pretende orientar a conduta vem há alguns anos sendo compilado por literatos, sacerdotes e pesquisadores da cultura dos orixás. Eu mesmo publiquei em 2001, pela Companhia das Letras, o livro *Mitologia dos orixás*, que já vai completando seus 25 anos de edição. O livro procura apresentar os itans, ou histórias, ou narrativas, protagonizados pelos orixás cultuados no Brasil.

Se as histórias dos orixás se repetem na vida das pessoas, por que não dar a elas alguma atenção? Foi o que guiou João Tokunbó Carneiro no planejamento e escrita de *Café da manhã com os orixás*. João é consultor de cultura organizacional por profissão. Juntamente com seu treinamento científico, que o levou até o título de doutor pela PUC-SP, teve sua formação religiosa no culto dos orixás. João Tokunbó Carneiro é filho espiritual do babalorixá Armando Akintundé Vallado e neto de santo do Professor, como era chamado Agenor Miranda Rocha. Destinado a todo leitor, dessa, daquela ou de nenhuma religião, o livro, conforme foi pensado, devia unir a primeira refeição, o café da manhã, que alimenta fisicamente o corpo, a uma primeira leitura e reflexão sobre os itans que formam os poemas de Ifá, numa espécie de alimento espiritual, ou talvez simplesmente intelectual, filosófico, ou o que quer que seja que possa preparar o leitor para enfrentar um novo dia.

Para cada dia do ano, João elegeu um mito do livro *Mitologia dos orixás*. Apresentado o mito, João oferece um desdobramento da narrativa, seguido de questões provocativas, convidando o leitor a refletir e sentir, motivado por histórias que remetem a experiências de vida que há séculos e séculos se repetem no cotidiano de todos nós. *Café da manhã com os orixás*, como a mitologia de que se serve, repete as velhas novas histórias, dos velhos tempos aos novos; das antigas questões pessoais às de agora. Não espere encontrar no livro nenhum conselho; mas muitas chaves para você abrir seu próprio caminho. Chaves para todo dia.

NOTA DO AUTOR

UMA CONVERSA SOBRE OS ORIXÁS E O SEU DIA A DIA

Olá! Ao começar este livro, quero conversar um pouco com você sobre por que as histórias dos orixás são tão especiais e importantes para o nosso dia a dia.

O QUE SÃO MITOS E POR QUE ELES IMPORTAM?

As histórias antigas, que chamamos de mitos, são como guias que nos ajudam a entender o mundo e a nós mesmos. Elas não são relatos exatos de coisas que aconteceram no passado, mas sim mensagens simbólicas que nos ensinam algo sobre a vida, sobre nossos sentimentos e sobre o jeito de ser das pessoas. Os mitos nos conectam às nossas raízes, aos nossos antepassados, e nos mostram que, por mais diferentes que sejamos, todos temos sentimentos e experiências parecidas. É essa capacidade de tocar o coração de qualquer um que torna os mitos tão poderosos.

OS ORIXÁS NO NOSSO COTIDIANO

No Brasil, especialmente nas culturas de origem africana, as histórias dos orixás são muito ricas. Eles são como forças da natureza e representam qualidades e jeitos de ser que encontramos nas pessoas. Por exemplo, Xangô, ligado à justiça, nos inspira a agir com honestidade. Oxum, que representa o amor e a beleza, nos ensina a cuidar dos nossos relacionamentos e a valorizar o que é belo na vida. É importante lembrar que, antes de tudo, Xangô é o próprio trovão, e Oxum é o próprio rio, mostrando sua ligação forte com a natureza. Ao trazer essas histórias para a nossa vida, podemos entender melhor nossos próprios hábitos e comportamentos. Mais adiante neste livro, você encontrará uma descrição simples de cada orixá. Por exemplo, a energia de Iansã, a deusa dos ventos, pode nos dar coragem para lidar com mudanças. E Oxóssi, o orixá da caça e da abundância, pode nos inspirar a ser mais espertos e pacientes na busca pelos nossos sonhos.

MITOS COMO FERRAMENTAS PARA A VIDA

Neste livro, para cada dia do ano, apresentamos um mito, seguido de uma breve interpretação, para ajudar você a refletir. Para facilitar ainda mais, incluímos uma palavra-chave usando # e citamos os orixás mencionados no mito, para lembrar qual força está guiando aquela história.

Importante: Um mito pode e deve ter múltiplos significados e interpretações. Este texto é um convite para você criar suas próprias leituras e tirar suas conclusões pessoais. Além disso, de propósito, alguns mitos se repetirão em mais de um dia do ano, mas sempre com leituras e reflexões diferentes. Isso mostra que, assim como a vida tem seus dois lados, os mitos oferecem infinitas possibilidades para você fazer o seu próprio destino.

Logo, os mitos não são só histórias antigas. Eles são ferramentas poderosas para você entender seus hábitos diários e suas relações com o mundo. Ao se conectar com os ensinamentos dos orixás nas páginas a seguir, você poderá construir uma vida mais significativa, guiada por valores que trazem bem-estar para você e para a sua comunidade.

Boa leitura, bons sentimentos e uma profunda reflexão sobre a sua vida!

JANEIRO

MÊS DA ABERTURA DE CAMINHOS

Orixá: Exu

Como primeiro mês do ano, janeiro simboliza o início, o movimento e a abertura de novos caminhos. Exu, o mensageiro e guardião das encruzilhadas, é a energia primordial que possibilita a comunicação e a troca, sendo o primeiro a ser reverenciado para que tudo possa fluir. Ele representa a força dinâmica que conecta o mundo espiritual ao material.

"Janeiro, onde o primeiro passo é dado na encruzilhada de Exu, abrindo os caminhos para um ano de novas histórias."

1 JAN

EXU, O COLETOR DE HISTÓRIAS

EXU E A BUSCA POR SOLUÇÕES

Exu, o mensageiro, recebeu a missão de reunir histórias sobre os dramas e desafios enfrentados por todos os seres viventes. Essas histórias abordavam vitórias e derrotas, alegrias e tristezas, lutas e superações, bem como oferendas e sacrifícios aos deuses em busca de soluções. Após percorrer diversas aldeias e ouvir atentamente os relatos do povo, Exu adquiriu vasto conhecimento sobre a origem do mundo, o destino dos seres humanos e os caminhos para enfrentar os desafios da vida. Com esse conhecimento, ele se tornou capaz de desvendar os mistérios da vida e orientar as pessoas em suas jornadas, auxiliando-as a superar obstáculos. Tendo juntado as histórias, Exu passou-as a seu irmão Ifá, o adivinho, que desde então as usa para nos fazer entender melhor quem somos e orientar nosso dia a dia.

> Exu, em sua missão de coletar histórias e aprender com as experiências de outros seres, revela que a sabedoria se encontra em múltiplas fontes. Assim como ele, que percorre as aldeias e se abre para ouvir o povo, reconheça que o conhecimento e a sabedoria não se limitam aos livros e estudos, mas também se manifestam nas vivências, nas histórias e nas tradições ancestrais. Reflita sobre como você busca conhecimento e sabedoria em sua vida. Valorize a troca de conhecimentos e experiências, reconhecendo que cada pessoa tem algo valioso a compartilhar. Exu, em sua escuta atenta, também te convida a aprimorar sua capacidade de comunicação e escuta. Aprimorar suas habilidades de comunicação te permitirá construir relações mais saudáveis, fortalecer laços e promover a harmonia em suas interações.

Reflita:

Como você pode se tornar um ouvinte atento e empático, aprendendo com as histórias e experiências das pessoas ao seu redor para construir uma sabedoria que beneficie sua comunidade?

De que maneira você pode aplicar o conhecimento adquirido em sua própria vida, enfrentando desafios com criatividade e determinação, transformando derrotas em vitórias e tristezas em alegrias?

Quando confrontado com mistérios ou incertezas, como pode usar o conhecimento coletivo e a orientação de mentores para desvendar caminhos e encontrar soluções para os problemas que enfrenta?

Como você pode compartilhar sua sabedoria e suas experiências com os outros, tornando-se um guia e apoiador em suas jornadas pessoais, promovendo um ambiente de crescimento e entendimento mútuo?

Palavra-chave: #sabedoria **Orixás:** Exu, Ifá

O MAR CRIA E DESTRÓI COM A MESMA INTENSIDADE

2 JAN

OLOCUM MOSTRA SUA FORÇA DESTRUIDORA

Olocum e Olorum, criadores do mundo, entraram em conflito pelo domínio da Terra. Em uma demonstração de força, Olocum causou uma grande inundação que destruiu parte da humanidade. Olorum, intervindo, salvou os humanos sobreviventes com uma corrente que os levou às montanhas. Após a catástrofe, os homens consultaram Ifá e fizeram oferendas para apaziguar Olocum. Como resultado, Olorum prendeu Olocum ao fundo do mar, onde ela permanece até hoje, acompanhada por uma serpente marinha. Olocum propôs um pacto: embora não controlasse mais a terra, sua presença seria sentida diariamente, simbolizada por afogamentos no mar, refletindo seu poder de vida e morte. Olorum concordou e, assim, o poder de Olocum é temido até hoje.

> Olocum e Olorum destacam a tensão entre forças criadoras e destruidoras, simbolizando o equilíbrio entre poder e controle. A inundação causada por Olocum demonstra o imenso poder da natureza e a fragilidade da humanidade diante de forças superiores. A intervenção de Olorum, que salva os sobreviventes, representa a misericórdia e a proteção divina, guiando os homens para a segurança. Após a catástrofe, as oferendas feitas para apaziguar Olocum sublinham a importância do respeito e da reconciliação com as forças naturais. O pacto entre Olocum e Olorum simboliza a presença contínua e o respeito pelo poder de Olocum, refletindo a dualidade do mar como fonte de vida e destruição. Lembre-se de estar em harmonia com o mar da vida e o oceano interno.

Reflita:

Como você reflete sobre as consequências de demonstrações de poder e como elas afetam aqueles ao seu redor?

De que maneira você considera o equilíbrio entre controle e liberdade em suas próprias relações e decisões?

O que você aprende sobre a capacidade de aceitar restrições e encontrar formas de manifestar seu poder de maneira significativa?

Como você lida com o medo e respeito pelas forças que estão além de seu controle, aprendendo a conviver com elas?

Palavra-chave: #poder **Orixás:** Olocum, Iemanjá, Aganju, Ifá

3 JAN

A ÉTICA DO ORIXÁ RESIDE EM VIVER A VIDA COM BOAS AMIZADES E HISTÓRIAS

ODÉ NOS ENSINA A VALORIZAR A AMIZADE E A CONTAR BOAS HISTÓRIAS

Oxóssi, Odé, o mestre caçador, conhecia como ninguém a arte de tecer laços e cultivar amizades. Ele sabia que, na jornada da vida, contar com aliados e compartilhar histórias era essencial para a sobrevivência e o sucesso. Por meio da amizade, encontramos apoio, aprendizado e companhia para enfrentar os desafios. Já as histórias que transmitem conhecimento, valores e experiências, propiciam construir pontes entre as gerações e fortalecem a comunidade.

> Odé, em sua jornada e suas conexões com diferentes aliados, revela a importância de cultivar amizades verdadeiras e significativas. Reconheça seus aliados na jornada da vida e como essas amizades te fortalecem, te inspiram e te ajudam a enfrentar os desafios. Fortaleça esses laços de apoio mútuo e solidariedade, compartilhando suas histórias e experiências com seus aliados e com o mundo. Suas narrativas têm o poder de inspirar, motivar e conectar as pessoas ao seu redor, enriquecendo a vida e abrindo portas para novas oportunidades e colaborações. Cultive relações genuínas, baseadas na confiança, no respeito e na reciprocidade, e construa uma rede de apoio que te fortaleça em sua jornada. Reflita sobre como você pode fortalecer suas amizades, compartilhar suas histórias e usar suas experiências para inspirar e conectar-se com o mundo ao seu redor.

Reflita:

Como você pode cultivar e nutrir amizades verdadeiras, reconhecendo o valor das conexões humanas e o apoio mútuo que elas proporcionam em sua jornada?

De que maneira você pode usar suas próprias histórias e experiências para inspirar e ensinar os outros, criando um legado de sabedoria e compreensão?

Quando estiver enfrentando desafios, como pode se apoiar em sua rede de amigos e aliados, encontrando força e motivação para seguir em frente?

Como você pode promover a tradição de contar histórias em sua rede de convivência, garantindo que valores e conhecimentos importantes sejam passados de geração em geração?

Palavra-chave: #amizade **Orixá:** Oxóssi

AS ERVAS DE OSSAIM SÃO MEDICINAIS E CURAM PARA ALÉM DO CORPO

4 JAN

OSSAIM NÃO CORTA AS ERVAS MIRACULOSAS

Ossaim, senhor das ervas medicinais, detém o conhecimento ancestral sobre as propriedades curativas de cada planta, folha e raiz. Ele sabe que as ervas são sagradas e que seu poder de cura deve ser usado com sabedoria e responsabilidade. Por isso, ele não corta as ervas miraculosas indiscriminadamente, mas sim com cuidado e respeito, somente quando necessário, utilizando-as apenas para o bem-estar de todos.

> Ossaim, em sua sabedoria sobre as plantas medicinais, revela a importância de se conectar com a sabedoria ancestral e utilizá-la para promover a cura e o bem-estar em sua vida. Respeite os limites da natureza e faça uso dos recursos naturais com cuidado e discernimento, evitando excessos e valorizando o equilíbrio. Assim como Ossaim utiliza as ervas para curar, você também possui "ervas miraculosas" em seu interior: seus talentos, habilidades, conhecimentos e qualidades. Utilize-os para promover a cura em sua vida e na vida dos outros, compartilhando seus dons e contribuindo para o bem-estar da comunidade. Esteja atento ao uso de sua "boca" e seus "ouvidos", promovendo a cura através da comunicação consciente e da escuta atenta. Com suas palavras e ações, cure as mazelas do seu mundo particular, espalhando amor, compaixão e sabedoria. Reflita sobre como você pode se conectar com a sabedoria ancestral, utilizar seus dons para curar e promover o bem-estar, e cultivar a comunicação consciente para construir relações mais harmoniosas e um mundo melhor.

Reflita:

Como você pode desenvolver um respeito profundo pela natureza e seus recursos, reconhecendo o valor intrínseco de cada elemento e utilizando-os de forma responsável e sustentável?

De que maneira você pode aplicar seu conhecimento e suas habilidades com sabedoria, garantindo que suas ações beneficiem a todos ao seu redor e promovam o bem-estar coletivo?

Quando confrontado com a tentação de usar recursos indiscriminadamente, como pode praticar a moderação e o respeito, assegurando que suas escolhas sejam guiadas por princípios éticos e sustentáveis?

Como você pode compartilhar seu conhecimento sobre práticas responsáveis com os outros, incentivando uma abordagem consciente e respeitosa em relação ao ambiente e aos seus recursos?

Palavra-chave: #cura **Orixá:** Ossaim

5 JAN

A LÁGRIMA DA OSTRA PRODUZ A JOIA MAIS BELA DO MAR, QUE OMULU CARREGA

OMULU GANHA AS PÉROLAS DE IEMANJÁ

Conta-se que Omulu, orixá da cura e das doenças, nasceu coberto de chagas e feridas, sendo abandonado por sua mãe, Nanã. Rejeitado e sofrendo, Omulu vagou até a praia, onde Iemanjá, a rainha do mar, o encontrou. Compadecida com o abandono, Iemanjá o acolheu em suas águas salgadas e o curou com suas ondas e cantigas. As feridas de Omulu cicatrizaram, mas deixaram marcas em sua pele. Em um gesto de cura e compaixão, Iemanjá presenteou Omulu com suas mais preciosas joias: as pérolas. Estas, formadas a partir de uma ferida na ostra, simbolizam a transformação da dor em beleza e a capacidade de cura e regeneração.

> Iemanjá, em seu amor incondicional e acolhimento a Omulu, revela a importância da compaixão e da cura. Assim como ela, que acolheu e curou Omulu mesmo diante de suas feridas e rejeição, reflita sobre como você expressa amor incondicional e compaixão em seus relacionamentos. As pérolas, que se formam a partir de uma irritação no interior da ostra, simbolizam a capacidade de transformar a dor em beleza e força. Identifique as suas pérolas, as lições e a força que você adquiriu ao superar as dificuldades e os desafios da vida. Reconheça que suas experiências, mesmo as dolorosas, contribuíram para o seu crescimento e te tornaram a pessoa que você é hoje. Lembre-se de que, assim como Iemanjá acolheu e curou Omulu, você também pode oferecer amor, compaixão e cura aos outros, contribuindo para um mundo mais acolhedor e compassivo.

Reflita:

Como você pode encontrar beleza e força em suas próprias cicatrizes e experiências passadas, transformando a dor em algo positivo e valioso?

De que maneira você pode acolher e apoiar aqueles que foram rejeitados ou estão sofrendo, oferecendo compaixão e cuidado para ajudá-los a curar e florescer?

Quando confrontado com desafios pessoais, como pode encontrar dentro de si a capacidade de regeneração e superação, permitindo que suas dificuldades se transformem em pérolas de sabedoria?

Como você pode expressar gratidão por aqueles que o ajudaram em momentos difíceis, reconhecendo a importância das relações de apoio e cuidado mútuo?

Palavra-chave: #aceitação **Orixás:** Omulu, Iemanjá, Nanã

ATOS IMPENSADOS OU ARBITRÁRIOS ESTIMULAM A SENSAÇÃO DE INJUSTIÇA E VINGANÇA

IROCO AJUDA A FEITICEIRA A VINGAR A MORTE DO FILHO

Iroco, um homem forte e belo, e suas irmãs, Ajé e Ogboí, descem do Orun para habitar o Aiê. Iroco reside em uma árvore, suas irmãs vivem em casas. Ogboí tem dez filhos, enquanto Ajé tem apenas um, um passarinho. Em um momento, Ajé precisa se ausentar e deixa seu filho pássaro aos cuidados de Ogboí. Os filhos de Ogboí matam e comem o pássaro, mesmo com a mãe oferecendo outras opções. Ao retornar e descobrir a tragédia, Ajé busca a ajuda do irmão. Iroco decide vingá-la. Ele ataca os filhos de Ogboí, matando metade deles. Para proteger os filhos restantes, Ogboí oferece sacrifícios a Iroco e Exu, que aceitam as oferendas e cessam a vingança.

> Iroco, em sua busca por justiça pela morte de seu filho, revela que as ações têm consequências e que a vida é sagrada. Reflita sobre seus próprios atos e reconheça aqueles que geraram consequências negativas para você ou para outras pessoas. O arrependimento genuíno e a busca por reparar os erros cometidos são importantes para seguir em frente e construir um futuro mais positivo. A história de Iroco reforça o poder avassalador de uma mãe. Ajé, em sua busca por justiça, demonstra a importância de lutar contra a injustiça e proteger aqueles que amamos. Reflita sobre suas ações e como elas podem contribuir para um mundo mais justo e harmonioso. Lembre-se de que a vingança pode trazer alívio momentâneo, mas não cura as feridas do passado. Busque o caminho do perdão e da reconciliação, que promove a cura, a paz interior e a construção de relações mais saudáveis.

Reflita:

Como você pode lidar com os conflitos e injustiças em sua vida de uma maneira que busque soluções equilibradas, evitando que a vingança se torne um ciclo sem fim?

De que maneira você pode encontrar modos de proteger aqueles que ama, garantindo que suas ações sejam guiadas por compreensão e compaixão, mesmo em momentos de raiva ou dor?

Quando confrontado com situações em que a justiça precisa ser feita, como pode buscar formas de resolução que tragam paz e reconciliação, ao invés de mais sofrimento?

Como você pode aprender a oferecer e aceitar sacrifícios e concessões em sua vida, reconhecendo seu papel na manutenção de harmonia e equilíbrio nas relações?

Palavra-chave: #justiça **Orixás:** Exu, Iroco

7 JAN

A FORÇA DA CHUVA NÃO ENFRENTA A BELEZA DO ARCO-ÍRIS

OXUMARÊ USA SUA FACA DE BRONZE PARA DESENHAR O ARCO-ÍRIS E PARAR A CHUVA

Oxumarê nutria uma aversão particular pela chuva prolongada. Quando as nuvens teimavam em cobrir e encharcar a Terra, ele agia com rapidez e determinação: brandia sua reluzente faca de bronze na direção do firmamento. Diante dessa ameaça divina, a chuva se dispersava imediatamente, e o imponente arco-íris surgia no céu para selar a trégua. O destino de Oxumarê mudou quando Olodumare, o ser supremo, foi acometido por uma doença que lhe roubou a visão. Ele foi o único capaz de restaurar a luz dos olhos de Olodumare. Temendo a possibilidade de uma nova cegueira, Olodumare decidiu que não podia mais se separar de seu curandeiro. Ele ordenou que Oxumarê fixasse residência junto a ele, no plano celestial. A permissão para visitar a Terra se tornou rara e estritamente temporária. Assim, embora Oxumarê viva permanentemente ao lado de Olodumare, ele nunca está ausente. Sua presença constante é vista no céu, com sua faca de bronze sempre pronta para interceptar e deter a chuva - é ele, o arco-íris, que se estende como uma ponte colorida entre o céu e a Terra, marcando seu poder e seu eterno ofício.

> Oxumarê, em sua dança entre o céu e a terra, personifica os ciclos da vida e a constante transformação. Assim como ele se move entre a chuva e o arco-íris, reconheça os ciclos que se manifestam em sua própria vida. Perceba quais são as "chuvas" que você enfrenta hoje - os desafios, as dificuldades, as perdas. Sinta como você busca o "arco-íris", a beleza, a esperança e o equilíbrio para seguir em frente. Reflita sobre quais são as "forças opostas" que você busca equilibrar em sua vida para alcançar a harmonia interior e, também, em que áreas da sua vida você precisa encontrar maior equilíbrio. Lembre-se de que a mudança é inevitável e que você pode aprender a lidar com ela exercitando a sabedoria e a flexibilidade, adaptando-se aos ciclos e encontrando força e beleza em cada fase da vida.

Reflita:

Como você pode abraçar a mudança e a transformação em sua vida, reconhecendo que tudo é cíclico e que cada fim é também um novo começo?

De que maneira você pode usar suas habilidades e ferramentas pessoais para trazer equilíbrio e harmonia a situações desafiadoras, simbolizando a união de forças opostas?

Quando estiver enfrentando tempestades pessoais ou emocionais, como pode invocar sua força interior para criar momentos de paz e clareza, como o arco-íris após a chuva?

Como você pode simbolizar a renovação e a continuidade em sua vida, adotando a ideia de que, tal como Oxumarê, o movimento e a mudança são essenciais para o crescimento e a evolução?

Palavra-chave: #mudança **Orixá:** Oxumarê

A REALEZA DE XANGÔ ESTÁ NA SUA CAPACIDADE DE VENCER AS INJUSTIÇAS E CUIDAR DOS SEUS

8 JAN

XANGÔ É ESCOLHIDO REI

Xangô era filho de Oraniã, rei de Oió, e neto de Odudua. Xangô demonstrava força, inteligência e habilidades mágicas, como o domínio do fogo e dos trovões. Após a morte de Oraniã, seu tio, Ajacá, assumiu o trono. Ajacá era um rei que oprimia o povo e desprezava as tradições. Xangô, insatisfeito com a tirania de Ajacá, desafiou-o em um combate. Durante a luta, Xangô usou seus poderes para evocar raios e trovões, demonstrando sua força e conexão com os elementos da natureza. Ajacá, incapaz de conter a fúria de Xangô, foi derrotado e exilado. Xangô então assumiu o trono de Oió, tornando-se o Alafim (rei). Seu reinado foi marcado por justiça, prosperidade e expansão territorial. Xangô implementou leis, promoveu o comércio e defendeu Oió de seus inimigos, consolidando a cidade como centro político e religioso.

> Xangô, em sua ascensão ao trono de Oió, demonstra que o poder e a força devem ser utilizados para defender aquilo que você acredita e proteger aqueles que ama. Assim como ele, que usou sua inteligência e senso de justiça para se tornar um governante justo e poderoso, reflita sobre como você usa sua força e poder em sua vida. Reconheça as "forças da natureza" que você domina em seu interior, como a coragem, a determinação, a compaixão e a sabedoria, e utilize-as para alcançar seus objetivos de forma justa e honrada, contribuindo para o bem coletivo e inspirando outros a fazerem o mesmo. Lembre-se de que o verdadeiro poder reside em servir a comunidade e usar suas habilidades para construir um mundo mais justo e próspero, assim como nos ensina Xangô, o rei de Oió.

Reflita:

Como você pode usar sua força e suas habilidades únicas para desafiar a injustiça e promover mudanças positivas em sua comunidade, tal como Xangô fez em seu reino?

De que maneira você pode demonstrar liderança ao assumir responsabilidades, guiando os outros com sabedoria e integridade, e assegurando que suas ações promovam justiça e prosperidade?

Quando confrontado com situações de opressão ou tirania, como você pode encontrar coragem para enfrentar esses desafios e lutar por um ambiente mais justo e harmonioso?

Como você pode deixar um legado de crescimento e inovação, usando suas capacidades para criar novas oportunidades e expandir seus horizontes, tanto pessoal quanto coletivamente?

Palavra-chave: #poder **Orixás:** Xangô, Oraniã, Odudua

9 JAN

OBÁ MOSTRA QUE, ANTES DE TUDO, É IMPORTANTE CUIDAR DE SI

OBÁ, INCENTIVADA POR OXUM, CORTA A PRÓPRIA ORELHA

Obá e Oxum eram duas esposas de Xangô. Obá sentia-se insegura em relação a Oxum. Desejando conquistar o amor de Xangô, Obá buscava maneiras de se destacar. Observando que Xangô apreciava os quitutes preparados por Oxum, Obá decidiu usar a culinária. Ela perguntou a Oxum qual era o segredo de seus pratos, especialmente o amalá. Oxum respondeu que o ingrediente secreto era sua própria orelha, que ela cortava e adicionava ao amalá como prova de amor a Xangô. Obá acreditou na mentira e cortou sua própria orelha para usar na receita. Ao oferecer o amalá com a orelha a Xangô, Obá causou repulsa no rei, que a repreendeu e a expulsou de sua casa. Oxum conseguiu se livrar da rival e fortalecer sua posição.

> O mito de Oxum e Obá, marcado pela inveja e manipulação, revela os perigos da busca desenfreada por atenção e poder. Esteja atento aos seus próprios pensamentos e sentimentos, pois eles podem te levar a ações impulsivas e prejudiciais. Assim como Oxum e Obá, que se deixaram levar pela rivalidade e pela competição, você também pode se encontrar em situações que despertem emoções negativas e te levem a agir de forma impulsiva. Cultive a autoconsciência, observando seus pensamentos e emoções sem julgamento, e buscando compreender suas raízes e motivações. Desenvolver a autoconsciência te permite agir com mais clareza, responsabilidade e inteligência, assim como Oxum, que usou sua astúcia para se proteger e superar os desafios. Pense em como você tem agido em sua vida.

Reflita:

Como você pode desenvolver confiança em si mesmo e em suas qualidades únicas, evitando cair em comparações e rivalidades que podem levar a decisões impulsivas ou prejudiciais?

De que maneira você pode buscar sabedoria e discernimento antes de tomar decisões importantes, assegurando que suas escolhas sejam baseadas em verdade e compreensão, e não em enganos?

Quando se sentir inseguro ou pressionado a se conformar a expectativas externas, como pode manter sua integridade e autenticidade, honrando quem você é em essência?

Como você pode cultivar relações baseadas em sinceridade e respeito mútuo, evitando manipulações e conflitos que possam prejudicar o bem-estar coletivo?

Palavra-chave: #autocuidado **Orixás:** Obá, Xangô, Oxum

OIÁ SUPERA AS ADVERSIDADES, E SUA INFERTILIDADE TRANSFORMA-SE EM MATERNIDADE

10 JAN

OIÁ RECEBE O NOME DE IANSÃ, MÃE DE NOVE FILHOS

Oiá, orixá dos ventos, tempestades e do rio Níger, era conhecida por sua ferocidade e impetuosidade. Casada com Ogum e depois com Xangô, ela ansiava por ter filhos, mas sofria com a infertilidade. Oiá consultou um babalaô, que lhe indicou um ebó para alcançar a maternidade. Após realizar o ebó, sacrificando um carneiro, Oiá finalmente conseguiu engravidar. Ela deu à luz nove filhos. A partir de então, Oiá passou a ser chamada também de Iansã, que significa "Mãe de Nove", em homenagem à sua maternidade e à superação da infertilidade. Seus nove filhos se tornaram guardiões de seu axé (força vital) e a auxiliam em suas funções como orixá.

> Oiá, em sua força e determinação para superar a infertilidade e realizar seu desejo de ser mãe, te convida a se conectar com sua força interior e lutar pelos seus sonhos. Assim como ela, que não se deixou abater pelas dificuldades, você também pode encontrar em si a força e a persistência para alcançar seus objetivos. Lembre-se de que você possui uma força interior poderosa, capaz de superar desafios e transformar a sua realidade. Reflita sobre a sua autoestima e reconheça seu valor, sua capacidade e sua beleza interior. Oiá, como "mãe de nove", simboliza a fertilidade, a capacidade de gerar vida e a força maternal. Independentemente de sua jornada pessoal, você pode manifestar a fertilidade em diferentes áreas da sua vida, seja gerando projetos, ideias, ou contribuindo para o crescimento e desenvolvimento de outras pessoas. Permita-se renovar e transformar-se, assim como Oiá se tornou Iansã, uma mulher mais completa e poderosa. Reflita sobre como você pode se inspirar na história de Oiá para fortalecer sua autoestima, lutar por seus sonhos, manifestar sua força interior e se conectar com a sua espiritualidade.

Reflita:

Como você pode encontrar força e determinação para superar obstáculos em sua vida, transformando desafios em oportunidades de crescimento e realização pessoal?

De que maneira você pode celebrar suas conquistas e transformações, reconhecendo o poder de sua resiliência e perseverança em cada etapa de sua jornada?

Quando estiver buscando realizar seus sonhos e desejos, como pode encontrar o equilíbrio entre ação e paciência, confiando no processo e aprendendo com cada experiência?

Como você pode compartilhar seu axé (força vital) com os outros, inspirando e apoiando aqueles ao seu redor a também superarem suas dificuldades e alcançarem suas metas?

Palavra-chave: #maternidade **Orixás:** Oiá, Ogum, Xangô

11 JAN O ORIXÁ DA VIDA NÃO FICA PERTO DA MORTE

XANGÔ É PROIBIDO DE PARTICIPAR DO CULTO DOS EGUNS

Xangô foi convidado pelos sacerdotes do culto aos mortos a visitar o quarto de balé, um espaço sagrado onde os espíritos dos ancestrais são honrados. Ele observou todos os rituais e ouviu atentamente as instruções dos ojés (sacerdotes do culto aos ancestrais), que enfatizaram a necessidade de manter segredo sobre os ritos. No entanto, Xangô quebrou essa confiança ao divulgar tudo o que havia testemunhado. Como consequência, os ojés o expulsaram permanentemente da sociedade dos eguns e o proibiram de retornar ao quarto de balé. Nesse espaço sagrado, o poder de Xangô não tinha valor.

> Este mito de Xangô e o culto aos eguns apresenta uma narrativa sobre a importância do respeito, da discrição e da tradição. A expulsão dele do quarto de balé demonstra que as ações têm consequências, às vezes graves, e que devemos ser responsáveis por elas. Além disso, o culto aos eguns representa a importância de honrar os ancestrais e de preservar as tradições culturais. Com base nesta história, reflita sobre como você tem lidado com conhecimentos e segredos que são confiados a você. Pense em como tem contribuído para que as tradições sejam passadas adiante, de maneira respeitosa, entre as gerações.

Reflita:

Como você pode aprender a importância de honrar a confiança que outros depositam em você, especialmente quando se trata de segredos e tradições sagradas?

De que maneira pode reconhecer que nem todos os espaços e práticas são adequados para sua participação, respeitando os limites e o significado cultural de cada um?

Quando você comete um erro ou quebra a confiança de alguém, como pode assumir a responsabilidade e aprender com a experiência para evitar repetições no futuro?

Como pode equilibrar seu desejo de compartilhar conhecimento com o respeito pelas tradições e normas de comunidades ou grupos aos quais não pertence?

Palavra-chave: #respeito **Orixá:** Xangô

OXUM DANÇA E CONSEGUE O QUE QUER

OXUM DANÇA PARA OGUM NA FLORESTA E O TRAZ DE VOLTA PARA A CIDADE

12
JAN

Ogum, orixá da guerra e do ferro, estava cansado de suas obrigações e frustrado com a vida na cidade. Decide abandonar tudo e se isolar na floresta. Sem Ogum e suas ferramentas, a vida na comunidade entra em colapso. As plantações não podem ser cultivadas, as casas não podem ser construídas e a defesa se torna impossível. Os outros orixás tentam convencer Ogum a retornar, mas ele se mantém em seu isolamento. Oxum, orixá do amor, sabendo da importância de Ogum para a comunidade, decide usar suas habilidades para trazê-lo de volta. Ela vai até a floresta e, com sua dança graciosa, sua beleza radiante e seus cantos e encantos, seduz Ogum, despertando nele o amor e a paixão. Por meio da dança, Oxum encanta Ogum, que a segue sem saber para onde está indo. Ela para de dançar justamente quando Ogum adentra a cidade. Ogum está de volta e a cidade está salva!

> Oxum, em sua sabedoria e diplomacia, ensina que o amor e a afetividade são ferramentas poderosas para a resolução de conflitos e superação de obstáculos. Reflita sobre como você utiliza o poder do amor e da diplomacia em seus relacionamentos. Assim como Oxum, que se colocou no lugar de Ogum e o convenceu com afeto, pratique a empatia em suas relações, buscando compreender as perspectivas, emoções e necessidades do outro. A comunicação clara, respeitosa e acolhedora é fundamental para criar um ambiente de diálogo e encontrar soluções que beneficiem a todos os envolvidos. Lembre-se de que a força bruta e a imposição raramente geram resultados positivos e duradouros. Invista no poder do amor, da diplomacia e da comunicação para construir relações mais harmoniosas e encontrar soluções criativas para os desafios da vida. Desenvolver a empatia permite construir relações mais saudáveis, promover a colaboração e encontrar soluções que beneficiem a todos.

Reflita:

Como você pode usar suas qualidades únicas, como a empatia e a criatividade, para inspirar e motivar aqueles ao seu redor, ajudando-os a encontrar seu caminho de volta quando estiverem perdidos ou desanimados?

De que maneira você pode reconhecer a importância de cada indivíduo em sua comunidade, entendendo como suas contribuições são essenciais para o bem-estar coletivo?

Quando alguém importante se afasta ou se isola, como pode encontrar maneiras de se conectar com eles, oferecendo apoio e compreensão, e ajudando-os a redescobrir seu propósito e valor?

Como você pode expressar amor e compaixão em suas ações diárias, utilizando essas energias para criar harmonia e unidade em sua vida e na vida dos outros?

Palavra-chave: #arte **Orixás:** Oxum, Ogum

13 JAN

LOGUM EDÉ É A UNIÃO DO OFÁ QUE CAÇA O ALIMENTO E DO ABEBÉ QUE NORTEIA A ALEGRIA DE VIVER

LOGUM EDÉ NASCE DO AMOR DE OXUM E ERINLÉ

Oxum, a bela orixá do amor, da fertilidade e das águas doces, se apaixona por Erinlé, que dizem ser um dos nomes do orixá caçador (Odé) Oxóssi. Desse amor nasce Logum Edé, um orixá dual que carrega em si a beleza e a delicadeza de Oxum e a força e a habilidade de Erinlé. Logum Edé é um orixá único, que transita entre o masculino e o feminino, entre as águas doces e as matas, entre a beleza e a força. Ele representa a união dos opostos, a harmonia entre diferentes elementos e a riqueza da diversidade.

> Logum Edé, em sua capacidade de transitar entre diferentes mundos e energias, o convida a reconhecer e acolher a sua própria adaptabilidade e flexibilidade. Assim como ele, que herda a beleza de Oxum e a força de Erinlé, perceba como suas diferentes características e qualidades coexistem em harmonia, complementando-se e tornando você um ser único. Identifique suas fortalezas e utilize-as para lidar com os desafios e as mudanças da vida. Abrace a diversidade que existe em você e no mundo, reconhecendo a beleza e a riqueza que residem na multiplicidade de expressões e identidades. Logum Edé te inspira a celebrar a diversidade e a inclusão, valorizando as diferentes formas de ser e de se expressar. Reflita sobre como você se relaciona com a diversidade de etnia, gênero, idade e outras características que tornam cada pessoa única. Analise também o que aproxima ou afasta as pessoas em sua vida. Seus valores, interesses, crenças ou preconceitos – identifique os fatores que influenciam suas relações e busque construir conexões mais autênticas e significativas, baseadas no respeito, na empatia e na valorização da diversidade.

Reflita:

Como você pode abraçar e celebrar sua própria dualidade e complexidade, reconhecendo que possuir diferentes qualidades e aspectos é fonte de força e beleza?

De que maneira você pode promover a harmonia e a aceitação das diferenças em sua vida e em suas relações, valorizando a riqueza da diversidade e a união dos opostos?

Quando confrontado com escolhas que parecem opostas, como pode encontrar equilíbrio e integrá-las de forma que ambas contribuam para o seu crescimento e bem-estar?

Como você pode honrar as influências e os legados que moldam quem você é, reconhecendo o poder do amor e das conexões que dão origem a novas possibilidades e experiências?

Palavra-chave: #diversidade **Orixás:** Logun, Erinlé, Oxum

A SEDUÇÃO DE XANGÔ VENCE A FORÇA DE OGUM NA DISPUTA PELO TRONO

14
JAN

XANGÔ SEDUZ O POVO E USURPA O TRONO DE OGUM

Xangô, desejando se destacar em uma festa importante, procurou Nanã, a avó dos orixás, para conseguir uma roupa adequada. Nanã, que fazia roupas para todos os orixás, utilizou sobras de pano para criar um traje de festa para Xangô. Vestido com um saiote multicor, Xangô foi à festa e encantou a todos com sua beleza e charme. Sua aparência sedutora conquistou o povo, que o aclamou e escolheu como rei, apesar de ele não ter o direito de primogenitura. Com seu encanto, Xangô usurpou o trono de Ogum, sentando-se com graça na cadeira que pertencia ao irmão. Sua presença era tão marcante que ninguém ousou desafiar sua posição como rei.

> A aparência pode influenciar a percepção que os outros têm de nós e, consequentemente, o seu sucesso. A legitimidade contribui para a construção de um poder duradouro e respeitado. Já o poder pode ser conquistado por meio de diferentes meios, incluindo a manipulação e a sedução. O mito de Xangô e a usurpação do trono apresenta uma narrativa sobre o poder, a ambição e a construção da identidade, e a história ensina que a aparência pode ser uma ferramenta poderosa, mas que a legitimidade e a justiça são fundamentais para a construção de um poder duradouro.

Reflita:

Como você pode usar seu charme e presença de maneira positiva, inspirando e liderando os outros sem comprometer os valores de justiça e equidade?

Quando deseja algo intensamente, como você pode equilibrar suas ambições com o respeito pelos direitos e posições dos outros, evitando práticas de usurpação?

De que maneira a aparência e a expressão pessoal podem influenciar a percepção dos outros, e como você pode usar isso de forma autêntica e ética?

Qual é a importância de reconhecer a legitimidade e a contribuição de líderes existentes, enquanto busca maneiras de destacar suas próprias qualidades únicas?

Palavra-chave: #carisma **Orixás:** Xangô, Ogum, Nanã

15 JAN

ORUNMILÁ FICA RICO APÓS EXU TENTAR ATRAPALHÁ-LO

ORUNMILÁ É ENGANADO POR EXU, MAS TERMINA VENCEDOR

Orunmilá confiou 121 sacos de búzios a Exu, pedindo-lhe que fizesse um negócio lucrativo. Exu, querendo prejudicar Orunmilá, usou o dinheiro para comprar uma escrava velha e inútil, que morreu três dias depois. Orunmilá, sereno e sem reclamar, organizou um funeral digno para a escrava. Acontece que ela era mãe de dois reis, do obá de Ibini e do obá de Oió, que estavam à sua procura e dispostos a pagar um resgate. Ao saberem do ocorrido, compraram de Orunmilá o corpo da mãe por uma grande quantia, tornando-o rico. Assim, a tentativa de Exu de arruinar Orunmilá falhou.

> A paciência é uma virtude que permite superar as adversidades e alcançar a vitória. A vida é cheia de surpresas, e a ironia do destino pode transformar uma situação negativa em positiva. A generosidade e a compaixão são recompensadas, mesmo que de forma inesperada. O mito de Orunmilá e Exu apresenta uma narrativa sobre a astúcia, a paciência e a ironia do destino. Esta história ensina que a sabedoria e a virtude são recompensadas, mesmo diante das adversidades. Viva a sua melhor versão!

Reflita:

Qual a importância da paciência e da aceitação diante de situações adversas?

De que maneira você considera o papel do destino e das circunstâncias inesperadas em transformar desafios em oportunidades?

O que você pode aprender sobre a importância de tratar todos com dignidade e respeito, independentemente das aparências ou circunstâncias?

Como você lida com a ideia de que, mesmo quando outros tentam nos prejudicar, podemos encontrar caminhos para triunfar através da resiliência e da integridade?

Palavra-chave: #resiliência **Orixás:** Orunmilá, Exu

DO VENTRE DE IEMANJÁ NASCEM AS ESTRELAS E OS ORIXÁS

16 JAN

IEMANJÁ DÁ À LUZ AS ESTRELAS, AS NUVENS E OS ORIXÁS

No início dos tempos, Iemanjá vivia sozinha no Orum, o reino celestial. Sentindo-se solitária, ela pediu a Olorum, o deus supremo, que lhe concedesse companhia. Olorum atendeu ao seu pedido e fez com que sua barriga crescesse. De seu ventre, Iemanjá deu à luz primeiro as estrelas que iluminaram o céu noturno. Mas as estrelas eram distantes e não lhe faziam companhia. Então ela deu à luz nuvens, que se moviam livremente pelo céu. Mas as nuvens também não lhe faziam companhia, pois logo se transformavam em chuva e caíam sobre a terra. Finalmente, Iemanjá deu à luz os orixás, seus filhos divinos, que a acompanharam e povoaram o mundo com suas diferentes forças e qualidades. Entre eles estavam Xangô, Oiá, Ogum, Oxóssi, Ossaim, Obaluaê e os Ibejis.

> Iemanjá, como a grande mãe geradora do Universo, te convida a se conectar com o arquétipo materno e com a força feminina que dá origem a tudo o que existe. Reflita sobre a sua própria ligação materna, seja ela com a sua mãe biológica, com figuras maternas que te inspiraram ou com a sua própria capacidade de nutrir e cuidar. Iemanjá também te convida a nutrir suas relações com carinho, atenção e respeito. Assim como ela nutre e sustenta o mundo, cultive relações saudáveis e enriquecedoras, oferecendo apoio, compreensão e amor aos que te cercam. Permita que a força de Iemanjá que habita em você inspire suas atitudes e pensamentos, guiando-a em direção à conexão, à compaixão e ao cuidado com o próximo. Pense em como você pode fortalecer seus laços afetivos, expressar seu amor e nutrir suas relações, honrando a força e a sabedoria de Iemanjá.

Reflita:

Como você pode reconhecer e valorizar as diversas criações e realizações em sua vida, entendendo que cada uma tem uma função única e especial em sua jornada?

De que maneira você pode buscar e cultivar conexões significativas, encontrando companhia e apoio nos relacionamentos que trazem alegria e significado à sua existência?

Quando se sentir solitária ou em busca de propósito, como pode explorar suas próprias capacidades criativas para dar à luz novos projetos, ideias ou relacionamentos que enriqueçam sua vida?

Como você pode abraçar e celebrar a diversidade de talentos e forças ao seu redor, reconhecendo o valor que cada pessoa e experiência traz para o mundo?

Palavra-chave: #nascimento

Orixás: Iemanjá, Xangô, Oyá, Ogum, Oxóssi, Ossaim, Obaluaê, Ibeji

17 JAN

OIÁ É LIVRE E NÃO DEIXA DE CUIDAR DOS SEUS FILHOS

OIÁ TRANSFORMA-SE EM UM BÚFALO E SEU SEGREDO É REVELADO

Ogum, caçando na floresta, se deparou com Oiá, que se transformava em búfala. Aproveitando a oportunidade, ele roubou a pele do animal, impedindo-a de voltar à sua forma original. Encantado com sua beleza, Ogum cortejou Oiá, que, astutamente, aceitou o casamento com a condição de que seu segredo fosse mantido. Vivendo com Ogum, Oiá teve nove filhos, mas nunca desistiu de procurar sua pele. As outras esposas de Ogum, movidas pelo ciúme, descobriram o segredo de Oiá e revelaram a ela a localização da pele. Transformada novamente em búfala, Oiá se vingou das esposas de Ogum, mas poupou seus filhos, deixando-lhes seus chifres como amuleto de proteção. Num momento de perigo ou necessidade, seus filhos já sabiam o que fazer: deveriam esfregar um dos chifres no outro. E Iansã, estivesse onde estivesse, viria rápida, na velocidade de um raio em seu socorro. Oiá, então, partiu, livre para sempre.

> Oiá, em sua metamorfose em búfala, o convida a explorar a dualidade entre o humano e o animal que reside em você. Reconecte-se com seu lado instintivo e selvagem, reconhecendo a força primordial que o impulsiona e o conecta com a natureza. Permita-se expressar sua força e autenticidade, sem medo de julgamentos. Oiá, em sua busca incessante por liberdade e autoconhecimento, o inspira a lutar por sua verdadeira identidade, a romper com as máscaras que o escondem do mundo e a se libertar das correntes que o impedem de voar. Reflita sobre como você pode se libertar dessas amarras e trilhar um caminho de autoconhecimento, autenticidade e liberdade, assim como Oiá, que nunca desistiu de sua verdadeira essência.

Reflita:

Como você pode proteger e honrar seus segredos e sua identidade, reconhecendo que sua verdadeira essência é um poderoso aspecto de quem você é?

De que maneira você pode buscar liberdade e autenticidade em suas relações, assegurando que seu bem-estar e sua integridade sejam sempre respeitados?

Quando confrontado com ciúmes ou traições, como pode reagir com sabedoria e força, garantindo que suas ações sejam justas e protetoras para aqueles que ama?

Como você pode ensinar e empoderar seus filhos ou aqueles ao seu redor, deixando-lhes ferramentas e sabedoria para enfrentarem desafios futuros com confiança e proteção?

Palavra-chave: #instinto **Orixás:** Oiá, Ogum

ORUNMILÁ ESTIMULA AS MELHORES ESCOLHAS

18 JAN

ORUNMILÁ DÁ PREFERÊNCIA À PACIÊNCIA, EM VEZ DA DISCÓRDIA E DA RIQUEZA

Orunmilá era um conhecedor dos segredos do Ifá, o oráculo sagrado. Sua fama se espalhou e três belas princesas se apaixonaram por ele: Discórdia, Riqueza e Paciência. As três princesas disputavam o amor de Orunmilá. Discórdia trazia a confusão e o desentendimento. Riqueza era exuberante e poderosa, mas carregava a ambição e a ganância. Paciência era serena e gentil, trazendo calma e perseverança. Orunmilá, com sua sabedoria, sabia que a escolha de sua esposa influenciaria seu destino e o de seu povo. Ele refletiu sobre as qualidades de cada princesa e escolheu Paciência como sua companheira. Com Paciência ao seu lado, Orunmilá construiu um reino próspero e harmonioso. A paciência lhe permitiu tomar decisões sábias, resolver conflitos com serenidade e alcançar seus objetivos com perseverança. A discórdia e a riqueza, embora presentes, não o dominavam, pois ele aprendeu a controlá-las com sabedoria e paciência.

> Orunmilá, em sua sabedoria, o convida a cultivar a paciência como virtude essencial para a vida. Reflita sobre seu processo decisório e como você tem lidado com os momentos que exigem paciência. A impaciência leva à frustração e ao desequilíbrio, enquanto a paciência te permite lidar com as dificuldades e desafios com serenidade e perseverança. Reconheça que a vida é repleta de obstáculos e que a paciência é fundamental para superá-los e alcançar seus objetivos. Observe como a discordância se manifesta em seus relacionamentos e busque o caminho do diálogo, da compreensão e da tolerância. Por fim, reflita sobre o que é riqueza para você. A riqueza material é passageira e ilusória, enquanto a riqueza interior, cultivada através da paciência, da sabedoria e do amor, é duradoura e verdadeira.

Reflita:

Como você pode cultivar a paciência em sua vida, reconhecendo seu valor como uma ferramenta poderosa para enfrentar desafios, tomar decisões sábias e alcançar seus objetivos de forma sustentável?

De que maneira você pode identificar e controlar as influências de discórdia e riqueza em sua vida, garantindo que elas não desviem seu caminho nem prejudiquem seu bem-estar e sua harmonia?

Quando confrontado com escolhas que parecem atraentes, mas potencialmente prejudiciais, como pode aplicar sabedoria e paciência para discernir o que realmente trará benefícios duradouros para você e sua comunidade?

Como você pode incentivar a paciência e a serenidade em suas interações e decisões, criando um ambiente de paz e prosperidade ao seu redor?

Palavra-chave: #paciência **Orixá:** Orunmilá

19 JAN

EXU APRENDE COM OXALÁ OS MISTÉRIOS DA VIDA E COMANDA AS ENCRUZILHADAS DO DESTINO DESDE ENTÃO

EXU É O SENHOR DAS ENCRUZILHADAS

Exu, inicialmente sem posses ou propósito, vagava pelo mundo até que encontrou refúgio na casa de Oxalá, o criador dos seres humanos. Enquanto outros visitantes apenas observavam superficialmente, Exu dedicou-se por 16 anos a aprender com o mestre, observando atentamente o processo de criação da humanidade. Sua persistência e dedicação o levaram a dominar o conhecimento de Oxalá. Reconhecendo o valor de Exu, Oxalá o incumbiu de guardar a encruzilhada e coletar as oferendas destinadas ao orixá criador. Exu se tornou o guardião e intermediário, garantindo que Oxalá pudesse se concentrar em sua tarefa sem interrupções. Com o tempo, Exu prosperou e conquistou poder e reconhecimento, tornando-se o senhor das encruzilhadas e um orixá fundamental para toda a existência.

> Exu, o senhor das encruzilhadas, o convida a refletir sobre os pontos de decisão e os momentos de escolha em sua vida. Identifique suas encruzilhadas atuais e os caminhos que você precisa trilhar para alcançar seus objetivos e realizar seu potencial. Reconheça que a comunicação e a diplomacia são ferramentas poderosas para mediar conflitos e construir pontes entre as pessoas. Comunique-se com clareza, empatia e assertividade, buscando a compreensão mútua e a resolução pacífica dos desafios. Exercite sua capacidade de conciliação, abrindo caminhos para o diálogo e promovendo a harmonia em seus relacionamentos. Reflita sobre como você tem se posicionado diante dos conflitos e desafios. Assuma a responsabilidade por suas escolhas e ações, e utilize a comunicação e a diplomacia como ferramentas para construir um futuro mais próspero e harmonioso.

Reflita:

Como você pode transformar situações aparentemente sem propósito em oportunidades de aprendizado e crescimento, utilizando a persistência e a observação cuidadosa para alcançar seus objetivos?

De que maneira você pode reconhecer o valor das encruzilhadas em sua vida, entendendo que elas representam momentos de decisão e potencial para mudanças significativas?

Quando confrontado com escolhas difíceis ou caminhos incertos, como pode assumir o papel de guardião de seu próprio destino, utilizando os conhecimentos adquiridos para tomar decisões informadas e sábias?

Como você pode valorizar o poder da intermediação e da comunicação, reconhecendo a importância de conectar diferentes aspectos de sua vida e facilitar o fluxo de energia e informações?

Palavra-chave: #encruzilhada **Orixás:** Exu, Oxalá

OXÓSSI SALVA A CIDADE DE QUETO

20 JAN

OXÓSSI MATOU O GRANDE PÁSSARO DAS FEITICEIRAS COM UMA FLECHA SÓ

Um imenso pássaro, enviado pelas Iá Mi (feiticeiras), aterrorizava o reino de Queto. Essa ave monstruosa espalhava o medo entre os habitantes. Por isso, o rei convocou os melhores caçadores do reino para abater a criatura, mas todos falharam. O pássaro era mágico e invulnerável às flechas e lanças dos arqueiros. A cada tentativa fracassada, o desespero aumentava e a sombra da fome e da morte pairava sobre Queto. Finalmente, alguém se lembrou de Oxotocanxoxô (o caçador de uma flecha só), filho de Oxalá e Iemanjá. O caçador, convocado pelo rei, aceitou o desafio e partiu para enfrentar o pássaro. Antes de partir, buscou a sabedoria de Iemanjá, que fez oferendas recomendadas por Orunmilá, o adivinho. Ao encontrar o pássaro, Oxotocanxoxô não se precipitou, lançou sua única flecha e atingiu o pássaro em cheio, matando-o instantaneamente. A criatura caiu do céu, e o povo de Queto celebrou a vitória. Sim, agora Oxotocanxoxô passou a ser reconhecido como Oxóssi (o caçador Oxô é popular).

> Oxóssi, em sua bravura e habilidade para derrotar o pássaro que assombrava Queto, te inspira a reconhecer a importância da coragem e da estratégia para superar os desafios da vida. Assim como ele, que planejou cuidadosamente sua estratégia antes de enfrentar o pássaro, reflita sobre como você tem utilizado o conhecimento e a estratégia para alcançar seus objetivos. Lembre-se de que a união da coragem com a estratégia forma um escudo poderoso para enfrentar as dificuldades e alcançar o sucesso. Visualize suas conquistas como escudos, protegendo tudo aquilo que você valoriza, e cada desafio superado como um degrau na escalada da felicidade. Confie em sua força interior e em sua capacidade de vencer, assim como Oxóssi confiou em sua flecha certeira. Recorde que você possui a força e a capacidade de criar um futuro de conquistas e realizações. Acredite em si mesmo e siga em frente com coragem, estratégia e determinação!

Reflita:

Como você pode utilizar sua habilidade e precisão para enfrentar desafios aparentemente insuperáveis, reconhecendo que a preparação cuidadosa e a paciência podem ser mais eficazes do que a força bruta?

De que maneira você pode buscar a sabedoria e o apoio de seus ancestrais ou mentores, reconhecendo que a orientação e a experiência dos outros podem ser fundamentais para o seu sucesso?

Quando confrontado com obstáculos que parecem invulneráveis, como pode confiar em suas habilidades únicas e estratégicas para encontrar soluções criativas e eficazes?

Como você pode celebrar suas vitórias e contribuições, reconhecendo o impacto positivo que suas ações têm sobre a comunidade e o ambiente ao seu redor?

Palavra-chave: #coragem **Orixás:** Oxóssi, Iemanjá, Orunmilá

21 JAN

O HORIZONTE ENCONTRA MORADA NO FIM DO ARCO-ÍRIS

EUÁ É ESCONDIDA POR SEU IRMÃO OXUMARÊ

Euá, filha de Nanã e irmã de Oxumarê, é a personificação do horizonte, onde o céu encontra a terra e o mar. Bela e iluminada, Euá preferia a solidão, dedicando-se à sua tarefa de trazer a noite ao horizonte. Nanã, preocupada, queria que Euá se casasse e pediu a Orunmilá que lhe arranjasse um amor. No entanto, Euá desejava continuar só, e pediu ajuda a Oxumarê, que a escondeu no fim do arco-íris, além do horizonte. Assim, Euá e Oxumarê passaram a viver juntos, inatingíveis e livres para cumprir suas tarefas, com Euá trazendo a noite com sua magia.

> Euá é determinada em escolher a solidão como caminho para exercer sua magia e trazer a noite ao horizonte, resistindo às expectativas de sua mãe, Nanã, que desejava vê-la casada. A cumplicidade entre irmãos é evidenciada quando Oxumarê ajuda Euá a permanecer livre, escondendo-a no fim do arco-íris, simbolizando o apoio incondicional e a compreensão mútua. A história ressalta a importância de respeitar os desejos pessoais e a liberdade de seguir o próprio caminho, mesmo diante das pressões externas. Saiba enfatizar o equilíbrio natural e a harmonia entre luz e escuridão no seu destino. Afinal, cada ciclo que vive e tarefa que executa têm um motivo de ser.

Reflita:

Como você pode encontrar paz e satisfação em seguir seu próprio caminho, mesmo quando outros têm expectativas diferentes?

De que forma você sente a felicidade oriunda de abraçar quem realmente é?

O que você pode ensinar sobre a importância da autonomia e da liberdade pessoal na busca de seu propósito?

Como deseja inspirar seus próximos a valorizar e respeitar as escolhas individuais, mesmo quando não compreendidas por todos?

Palavra-chave: #autonomia **Orixás:** Euá, Nanã, Oxumarê, Orunmilá

CADA ORIXÁ RECEBE DE OSSAIM SUA FOLHA DE PODER

22 JAN

OSSAIM DÁ UMA FOLHA PARA CADA ORIXÁ

Ossaim, o orixá detentor do conhecimento sobre as folhas e seus poderes curativos, era essencial para todos os outros orixás, que dependiam dele para curar qualquer mal. Xangô, buscando compartilhar esse poder com todos, ordenou que Ossaim dividisse suas folhas, mas ele se recusou. Xangô então usou a força de Iansã, orixá dos ventos, para tomar as folhas de Ossaim. Porém, Ossaim, com seu domínio sobre a natureza, ordenou que as folhas perdessem seu poder (axé) e retornassem para a floresta. Xangô, reconhecendo a derrota e a importância de Ossaim como guardião único desse conhecimento, aceitou a situação. Apesar de manter seus segredos mais profundos, Ossaim concedeu uma folha específica a cada orixá, juntamente com as cantigas (ofós) necessárias para ativar seus poderes. Assim, os orixás puderam usar as folhas em seus trabalhos, mas o conhecimento completo permaneceu com Ossaim, garantindo o respeito e o equilíbrio no uso da natureza.

> Ossaim, o senhor das folhas, revela a importância da interdependência e da colaboração entre todos os seres. Assim como ele, que compartilha seus conhecimentos sobre as plantas para o bem comum, reflita sobre como você tem colaborado com aqueles que te cercam. Ossaim também te convida a se conectar com o poder das plantas e a respeitar a natureza. Observe a natureza ao seu redor, aprenda com ela e utilize seus recursos com sabedoria e responsabilidade. Busque fortalecer sua conexão com a natureza, seja cultivando plantas em casa, fazendo caminhadas em parques ou simplesmente apreciando a beleza e a sabedoria do mundo natural. Reflita sobre como você pode se inspirar em Ossaim para compartilhar seus conhecimentos, colaborar com os outros e cultivar uma relação de respeito e harmonia com a natureza.

Reflita:

Como você pode reconhecer e valorizar o conhecimento único que possui, entendendo que sua sabedoria e habilidades são valiosas e que compartilhá-las com responsabilidade pode trazer equilíbrio e respeito?

De que maneira você pode encontrar um equilíbrio entre compartilhar suas capacidades com os outros e preservar a essência do que é importante para você, garantindo que seu conhecimento seja utilizado de forma ética e sustentável?

Quando confrontado com pressão ou desafios, como pode manter sua integridade e confiança em seu papel, sabendo que sua contribuição é essencial para o bem-estar coletivo?

Como você pode honrar e respeitar as contribuições únicas de cada pessoa ao seu redor, reconhecendo que a diversidade de habilidades e conhecimentos é o que fortalece a comunidade?

Palavra-chave: #folha **Orixás:** Ossaim, Xangô

23 JAN

ACORDOS PARA UM BOM CASAMENTO

IANSÃ PROÍBE XANGÔ DE COMER CARNEIRO PERTO DELA

Xangô, enquanto passeava a cavalo, avistou o palácio de Iansã e insistiu em encontrá-la. Quando finalmente entrou, Iansã notou o cheiro de carneiro em Xangô. Quando ele propôs casamento, ela recusou inicialmente devido ao hábito de Xangô de comer carneiro, algo que ela detestava. Contudo, concordou com a união sob uma condição: Xangô deveria retornar à sua terra e lá permanecer por três meses cada vez que quisesse comer carneiro. Xangô aceitou a condição e eles se casaram, mas não viveram juntos permanentemente. Essa separação é a razão pela qual Oxum se tornou a nova esposa de Xangô.

> A força e a determinação de Iansã ao impor suas condições para o casamento são marcantes, mostrando a importância de estabelecer limites pessoais em relacionamentos. A aversão de Iansã ao hábito de Xangô de comer carneiro e a condição que impôs para o casamento refletem como compromissos podem moldar a dinâmica de uma união, mantendo a individualidade e o respeito mútuo. A aceitação da condição por Xangô demonstra sua disposição em adaptar-se para estar com Iansã, evidenciando que o amor pode exigir sacrifícios e ajustes. A não convivência permanente entre eles abre espaço para Oxum se tornar concubina de Xangô, ilustrando como certas condições e escolhas podem criar consequências e novas relações que impactam a vida das pessoas envolvidas. Saiba dar e receber, ceder e se posicionar diante de um relacionamento.

Reflita:

Como você pode refletir sobre os compromissos e concessões necessários nos relacionamentos para respeitar as diferenças e preferências individuais?

De que forma você absorve o impacto das tradições pessoais e culturais nas escolhas de vida e nas relações?

Você estabelece limites e condições claras para manter a harmonia em relacionamentos?

Como você equilibra seus desejos pessoais com as necessidades e limites dos outros?

Palavra-chave: #compromisso **Orixás:** Iansã, Xangô, Oxum

IROCO ATENDE AOS PEDIDOS, MAS COBRA NA MESMA INTENSIDADE

24 JAN

IROCO CASTIGA A MÃE QUE NÃO LHE DÁ O FILHO PROMETIDO

Iroco, a árvore sagrada com poderes mágicos, aterrorizava a aldeia, mas também era capaz de conceder desejos. Quando as mulheres da aldeia não conseguiam engravidar, recorriam a Iroco, prometendo oferendas em troca de filhos. Olurombi, sem bens materiais para oferecer, prometeu seu primeiro filho à árvore. Iroco atendeu aos pedidos, mas Olurombi, apegada ao filho, não cumpriu sua promessa. Enfurecido, Iroco transformou Olurombi em um pássaro, aprisionando-a em sua copa. Seu marido, um artesão, descobriu a verdade ao ouvir o canto-lamento de sua esposa e elaborou um plano para salvá-la. Entalhou um boneco de madeira com a imagem do filho, enfeitando-o com joias e oferecendo-o a Iroco. Este, satisfeito com o boneco, libertou Olurombi da maldição. A família, reunida e grata, retornou à árvore com oferendas, e a aldeia aprendeu a respeitar Iroco, cumprindo suas promessas e oferecendo presentes à árvore sagrada.

> Iroco, a árvore ancestral, o chama para a profunda conexão com a natureza e o respeito ao sagrado. Reflita sobre o quanto você reconhece a força da natureza e sua influência em sua vida. Mais do que isso, como você se conecta com o mundo espiritual e com as divindades que o regem. Honre a natureza e o sagrado, reconhecendo o poder e a importância deles em sua jornada. Olurombi, em sua promessa não cumprida, alerta para a importância de agir com responsabilidade e ponderação. Avalie as consequências de suas escolhas e assuma a responsabilidade por seus atos, honrando suas palavras e compromissos. Reflita sobre como você tem se conectado com a natureza e o sagrado, e como tem utilizado sua liberdade de escolha com responsabilidade e consciência.

Reflita:

Como você pode honrar suas promessas e compromissos, reconhecendo que manter a palavra é essencial para construir confiança e equilíbrio em sua vida e comunidade?

De que maneira você pode encontrar soluções criativas para problemas complexos, utilizando seus talentos e recursos para superar desafios aparentemente insuperáveis?

Quando confrontado com escolhas difíceis, como pode equilibrar seus desejos pessoais com as responsabilidades e compromissos que assumiu, garantindo harmonia e respeito por todas as partes envolvidas?

Como você pode cultivar o respeito pela natureza e pelas forças espirituais ao seu redor, reconhecendo que suas ações têm impacto e que é importante agir com integridade e gratidão?

Palavra-chave: #promessas **Orixá:** Iroco

25 JAN OXUMARÊ, LIVRE AO SE TORNAR COBRA, ESCAPA DA ARMADILHA QUE O APRISIONAVA

OXUMARÊ TRANSFORMA-SE EM COBRA E ESCAPA DE XANGÔ

Oxumarê, orixá da mudança e do movimento, era conhecido por sua beleza andrógina e suas vestes multicoloridas. Xangô, o rei de Oió, impressionado com a beleza de Oxumarê, desejou possuí-lo e elaborou um plano para capturá-lo. Por meio de um convite para uma falsa audiência, Xangô atraiu Oxumarê para seu palácio e o aprisionou. Sentindo-se enganado e ameaçado, Oxumarê implorou a Olorum, o deus supremo, por ajuda. Olorum, atendendo ao seu pedido, transformou Oxumarê em uma serpente. Amedrontando os guardas de Xangô, Oxumarê conseguiu escapar do palácio, deslizando por uma fresta na porta. Quando Oxumarê e Xangô tornaram-se orixás, o primeiro ficou encarregado de levar água da Terra para o palácio de Xangô no Orum, porém jamais Xangô pôde se aproximar de Oxumarê novamente.

> Oxumarê, em sua busca por liberdade e transformação, o convida a refletir sobre os diferentes tipos de aprisionamento que podem estar presentes em sua vida. Pondere se você se sente livre para expressar sua verdadeira identidade, ou se sente preso por expectativas sociais, crenças limitantes ou relacionamentos que o impedem de ser quem você é. Assim como Oxumarê se transformou em serpente para escapar do palácio de Xangô, você também tem a capacidade de se adaptar e se transformar diante das adversidades. Identifique os padrões de comportamento, os medos e as inseguranças que o limitam, e busque a liberdade de ser autêntico e de trilhar seu próprio caminho. As mudanças e transformações são inevitáveis na vida, e você pode encará-las como oportunidades de crescimento, aprendizado e renovação. Reflita sobre como você tem lidado com as mudanças em sua vida e como pode usar a sua capacidade de adaptação para seguir em frente com mais força e sabedoria.

Reflita:

Como você pode utilizar sua capacidade de adaptação e transformação para escapar de situações difíceis ou ameaçadoras, reconhecendo que flexibilidade e mudança podem ser suas melhores aliadas?

De que maneira você pode proteger sua autonomia e integridade, especialmente quando confrontado com forças que tentam restringir ou controlar quem você é?

Quando confrontado com manipulação ou engano, como pode confiar em sua intuição e buscar apoio espiritual ou emocional para encontrar uma saída segura e digna?

Como você pode respeitar e honrar a beleza única e a essência de cada indivíduo, reconhecendo que diversidade e liberdade são fundamentais para a harmonia e o equilíbrio?

Palavra-chave: #liberdade **Orixás:** Oxumarê, Xangô

XANGÔ CONQUISTA OXUM, SUPERANDO EXU EM NOME DO AMOR

26 JAN

XANGÔ VENCE O DUELO COM EXU E CONQUISTA OXUM

Xangô, ao ver Oxum no palácio de Orunmilá, se apaixonou perdidamente e, usando de astúcia, enganou Exu, o guardião, para encontrá-la. Orunmilá, desaprovando a união, ordenou que Exu impedisse Xangô de entrar, mas o apaixonado orixá, com sua lábia, conseguiu burlar a segurança novamente. Dentro do palácio, Xangô armou uma emboscada para Exu, vencendo-o em um duelo de espadas e o trancando em um quarto. Livre do guardião, Xangô foi ao encontro de Oxum e consumou seu amor. Quando Orunmilá descobriu o que havia acontecido, era tarde demais: Xangô e Oxum já estavam apaixonados. Diante do fato consumado, Orunmilá consentiu o casamento, unindo o orixá da justiça à bela orixá do amor.

> A paixão ardente de Xangô por Oxum o inspira a reconhecer a força e a persistência que o amor pode despertar. Assim como ele, que ousou desafiar convenções e superar obstáculos para alcançar seu objetivo, reflita sobre suas próprias experiências e desafios em busca do amor. Exu, o guardião, representa nesse mito os desafios e as barreiras que surgem em seu caminho, mas você tem a capacidade de superá-los com astúcia, persistência e determinação. Analise como você lida com os obstáculos e frustrações em sua vida amorosa e como pode usar suas habilidades e inteligência para criar relações mais saudáveis e satisfatórias. Lembre-se de que, assim como Xangô, você também pode usar a força do amor como combustível para alcançar seus objetivos e realizar seus sonhos.

Reflita:

Como você pode usar sua inteligência e habilidade para superar obstáculos e alcançar seus objetivos, reconhecendo que a paixão e a determinação podem abrir caminhos onde parecia não haver nenhum?

De que maneira você pode equilibrar paixão e responsabilidade, assegurando que suas ações respeitem tanto seus desejos quanto as consequências que possam surgir?

Quando confrontado com resistência ou barreiras, como pode encontrar formas criativas e respeitosas de alcançar o que ama, reconhecendo que o verdadeiro amor e o sucesso vêm com consentimento e respeito mútuo?

Como você pode celebrar a união de justiça e amor em sua vida, reconhecendo que ambos são essenciais para criar relacionamentos saudáveis e harmoniosos?

Palavra-chave: #amor **Orixás:** Xangô, Oxum, Exu, Orunmilá

27 JAN OBÁ GUERREIRA E A ARMADILHA DE OGUM

OBÁ É POSSUÍDA POR OGUM

Obá, a guerreira destemida, desafiava todos os orixás em combate, até que enfrentou Ogum. Astuto, Ogum consultou os babalaôs e preparou uma armadilha com milho e quiabos, tornando o chão escorregadio. Durante a luta, Ogum atraiu Obá para a armadilha, vencendo-a. Obá, dominada pela força e astúcia de Ogum, encantou-se pelo guerreiro, iniciando-se uma relação entre ambos. Posteriormente, Xangô, atraído pela força e beleza de Obá, a tomou de Ogum, tornando-a sua esposa e dando continuidade à história de amor e rivalidade entre os orixás.

> Obá e Ogum, em suas energias complementares, representam a força e a inteligência, a ação e a estratégia. Reflita sobre qual dessas energias se manifesta com mais força em sua vida: seja a impulsividade e a ação de Obá, seja a lógica e a estratégia de Ogum. Reconheça que ambas as energias são importantes para alcançar seus objetivos e viver uma vida plena. Busque o equilíbrio entre a razão e a emoção, permitindo que a força de Obá o impulsione para frente e que a sabedoria de Ogum o guie com inteligência e estratégia. Analise como você pode integrar essas duas forças em sua vida, utilizando a força da ação e a sabedoria do planejamento para tomar decisões mais conscientes, superar desafios e construir um caminho de sucesso e realização.

Reflita:

Como você pode reconhecer e respeitar a força e a individualidade de cada pessoa, entendendo que a verdadeira conexão vem de um equilíbrio entre poder e consentimento mútuo?

De que maneira você pode navegar nas complexas dinâmicas de poder e relacionamento, assegurando que suas ações e decisões sejam guiadas por respeito e integridade?

Quando confrontado com situações em que se sente desafiado ou superado, como pode manter sua dignidade e voz, reconhecendo que sua força interior é sua maior aliada?

Como você pode promover relações baseadas em amor e respeito mútuo, reconhecendo que estas são as bases de conexões duradouras e harmoniosas?

Palavra-chave: #integração **Orixás:** Obá, Ogum, Xangô

OXALÁ USA SUA CRIATIVIDADE PARA AFASTAR AS NEGATIVIDADES

28 JAN

OXALÁ CRIA A GALINHA-D'ANGOLA PARA ESPANTAR A MORTE

Em tempos remotos, a Morte, Icu, vagava pela Terra ceifando vidas indiscriminadamente. Oxalá, compadecido, decidiu intervir e buscar uma forma de proteger as pessoas da fúria da Morte. Utilizando seu poder de criação, Oxalá pediu oferenda ao povo: galinha preta e um pó de giz branco de nome efum. Com essa oferta, moldou a partir do barro a galinha-d'angola. Quando a Morte se aproximou, deparou-se com a galinha-d'angola. Assustada, Icu recuou. A galinha-d'angola, com seu canto e sua presença, afastou a morte e trouxe alívio. É por isso que, no candomblé, os iaôs são pintados com efum, lembrando a sabedoria de Oxalá. A galinha-d'angola tornou-se um símbolo de proteção contra a morte e um animal sagrado para Oxalá, vista como um escudo contra as energias negativas e um sinal de esperança e proteção.

> Oxalá, em sua compaixão e proteção, o convida a se conectar com a força divina que o ampara e guia. Assim como ele, que busca proteger a humanidade do sofrimento e da morte, reconheça a sua própria capacidade de amar, cuidar e proteger aqueles que ama. Cultive a compaixão, a empatia e a solidariedade em suas relações, oferecendo apoio e conforto àqueles que sofrem. A galinha-d'angola, com sua aparência peculiar e seu canto de esperança, te lembra que a superação e a força da vida podem surgir nos momentos mais inesperados. Esteja aberto à sorte e às surpresas que a vida te reserva. Além disso, a galinha-d'angola, como mensageira entre o mundo terreno e o espiritual, também te convida a se conectar com a sua espiritualidade e suas crenças mais profundas. Fortaleça sua conexão com a espiritualidade e encontre nela a força, a esperança e a orientação para lidar com os desafios da vida. Assim como a galinha-d'angola, que com seu canto peculiar se comunica com o mundo espiritual, encontre sua própria forma de se conectar com o sagrado e fortalecer sua fé.

Reflita:

Como você pode utilizar sua criatividade e seus recursos internos para proteger e cuidar de si mesmo e dos outros, transformando situações desafiadoras em oportunidades de proteção e esperança?

De que maneira você pode encontrar e implementar símbolos ou práticas que lhe ofereçam conforto e segurança, lembrando-se de que a sabedoria e a tradição podem ser fontes poderosas de força?

Quando confrontado com o medo ou a incerteza, como pode buscar maneiras de espantar essas energias negativas, cultivando um ambiente de proteção e positividade em sua vida?

Como você pode honrar e respeitar as tradições culturais que oferecem proteção e significado, reconhecendo o valor das práticas ancestrais em sua jornada pessoal?

Palavra-chave: #compaixão **Orixá:** Oxalá

29 JAN

OS IBEJIS NASCERAM POR UMA MÃE E FORAM CRIADOS POR OUTRA

OS IBEJIS NASCEM DO VENTRE DE OIÁ E SÃO CRIADOS POR OXUM

Oiá, disfarçada de novilha, foi vista por Oxóssi sem sua pele e se casou com ele, que escondeu a pele para que ela não fugisse. Oiá teve dezesseis filhos com Oxóssi, e Oxum, a primeira esposa que não podia ter filhos, criou todos eles com amor e dedicação. O primeiro foi Togum. Depois os gêmeos, os Ibejis, seguido por Idoú, Alabá e Odobé até perfazer os 16. Apesar da aparente harmonia familiar, um desentendimento entre as duas mães levou Oxum a revelar o segredo de Oiá, mostrando-lhe onde sua pele estava escondida. Oiá, sentindo-se traída e aprisionada, recuperou sua pele de novilha. Assumindo sua forma animal, Oiá fugiu de Oxóssi e de sua vida doméstica, abandonando seus filhos e escolhendo a liberdade em detrimento da vida familiar.

> Oiá, em sua fuga de Oxóssi, te convida a questionar sua própria liberdade e autonomia. Reconheça que a liberdade envolve responsabilidade, coragem e, muitas vezes, a necessidade de abrir mão de certas coisas para conquistar a sua autonomia e viver em seus próprios termos. O mito de Oiá e Oxóssi também te convida a refletir sobre a fragilidade dos relacionamentos e o impacto da traição. Analise como esses sentimentos podem afetar seus relacionamentos e busque cultivar a confiança, a honestidade e a comunicação para construir laços mais fortes e saudáveis. Perdoe a si mesma e aos outros, libertando-se das mágoas do passado e abrindo espaço para a cura e o crescimento.

Reflita:

Como você pode equilibrar suas responsabilidades familiares e pessoais com a necessidade de liberdade e autenticidade, reconhecendo que sua verdadeira essência deve ser respeitada e valorizada?

De que maneira você pode lidar com conflitos e desentendimentos em suas relações, buscando soluções que preservem o respeito e a harmonia, mas também a sua liberdade?

Quando confrontado com situações que ameaçam sua identidade ou liberdade, como pode tomar decisões que refletem seus valores e desejos mais profundos, garantindo que você permaneça fiel a si mesmo?

Como você pode demonstrar amor e dedicação aos que estão sob seus cuidados, garantindo que eles cresçam com confiança, mesmo em meio a desafios e mudanças?

Palavra-chave: #desejo **Orixás:** Ibeji, Oxóssi, Oiá, Oxum

OXUM É A FILHA PREDILETA DE ORUNMILÁ

OXUM É CONCEBIDA POR IEMANJÁ E ORUNMILÁ

30 JAN

Orunmilá, em um passeio, avistou a bela Iemanjá e, encantado, a convidou para seu palácio. Após a visita, Iemanjá engravidou e deu à luz uma menina. Desconfiado da paternidade, Orunmilá enviou Exu para verificar se a criança tinha marcas de nascença que confirmassem sua linhagem. Se a menina apresentasse alguma marca, mancha ou caroço na cabeça, Orunmilá a reconheceria e traria Oxum para viver com ele. Exu confirmou que a menina era filha de Orunmilá, e ela foi levada para viver com o pai, que a criou com muito mimo e atenção. A menina, cercada de cuidados e afeto, cresceu vaidosa e cheia de vontades. Essa menina era Oxum, a orixá da beleza e do amor, que herdou a beleza de sua mãe, Iemanjá, e a sabedoria de seu pai, Orunmilá.

> Orunmilá, em sua atração por Iemanjá, o convida a refletir sobre o poder da beleza e do fascínio. Reconheça que a atração é uma força poderosa que o impulsiona em direção aos outros e que pode ser um caminho para o amor, a paixão e a conexão. Orunmilá também o convida a refletir sobre a paternidade e a importância de reconhecer e assumir seus filhos, sejam eles biológicos ou espirituais. Pense o que significa ser pai ou mãe para você. Sinta quais são as responsabilidades e alegrias que estão envolvidas nesse papel. Perceba como você se conecta com a sua linhagem ancestral e com o legado que deseja deixar para as próximas gerações. Honre sua ancestralidade e reconheça a importância de seus antepassados em sua jornada, valorizando a história e as tradições que o trouxeram até aqui.

Reflita:

Como você pode reconhecer e honrar suas origens, sabendo que sua identidade é moldada por aqueles que vieram antes de você e pelas qualidades que herdou deles?

De que maneira você pode equilibrar beleza e sabedoria em sua vida, reconhecendo que ambos são aspectos valiosos que podem ser cultivados e utilizados para criar harmonia e amor ao seu redor?

Quando confrontado com dúvidas ou incertezas sobre sua identidade ou trajetória, como pode buscar clareza e confirmação, garantindo que você se sinta seguro e confiante em seu caminho?

Como você pode cultivar amor e carinho em suas relações, assegurando que aqueles ao seu redor se sintam valorizados e amados, enquanto também se mantém fiel às suas próprias vontades e desejos?

Palavra-chave: #linhagem **Orixás:** Oxum, Orunmilá, Iemanjá

31
JAN

LOGUM EDÉ E A TRAIÇÃO COMETIDA CONTRA OXALÁ

LOGUM EDÉ ROUBA SEGREDOS DE OXALÁ

Logum Edé, um caçador solitário e vaidoso, foi acolhido por Oxalá, que lhe ofereceu abrigo e conhecimento. Insatisfeito, Logum Edé roubou segredos de Oxalá e fugiu, traindo a confiança do orixá criador. Oxalá, ciente da traição, lançou uma sentença sobre Logum Edé: toda vez que usasse os segredos roubados, as pessoas reconheceriam a autoria de Oxalá, e uma de suas habilidades se perderia. Para intensificar o castigo e torná-lo eterno, Oxalá determinou que Logum Edé alternasse entre ser homem e ser mulher, entre a floresta e o rio, e a recomeçar eternamente sua jornada, por conta de sua traição e vaidade.

> Logum Edé, em sua ingratidão e desonestidade para com Oxalá, o convida a refletir sobre seus próprios valores e atitudes. A ingratidão e a traição geram consequências negativas, tanto para si mesmo quanto para seus relacionamentos. Analise suas ações e reconheça os momentos em que você pode ter agido de forma egoísta ou desonesta. Assuma a responsabilidade por seus erros e busque reparar os danos causados, aprendendo com as consequências de suas escolhas. Oxalá, em sua sabedoria, demonstra que o aprendizado e o crescimento pessoal podem surgir das consequências de seus atos. Reflita sobre como você lida com as consequências de suas escolhas, sejam elas positivas ou negativas. Assuma a responsabilidade por sua vida e por suas ações, reconhecendo que você é o protagonista da sua história e que suas escolhas moldam o seu destino.

Reflita:

Como você pode reconhecer a importância da confiança e integridade em suas relações, sabendo que traições podem ter repercussões duradouras e impactar profundamente sua jornada pessoal?

De que maneira você pode lidar com a vaidade e a insatisfação, buscando crescimento e aprendizado de forma honesta e respeitosa, sem recorrer a atalhos que possam comprometer sua essência?

Quando confrontado com as consequências de suas ações, como pode encontrar formas de se redimir e aprender com seus erros, transformando desafios em oportunidades de crescimento e evolução?

Como você pode aceitar e integrar as dualidades dentro de si mesmo, reconhecendo que equilíbrio e harmonia surgem de abraçar todas as facetas de sua identidade?

Palavra-chave: #segredo **Orixás:** Logum Edé, Oxalá

FEVEREIRO

MÊS DAS ÁGUAS DA VIDA

Orixá: Iemanjá

Fevereiro é um mês de calor, ideal para celebrar as águas do mar. Iemanjá, a rainha do mar e mãe de todos os orixás, é a força geradora de vida, a grande mãe que nutre e protege. Este mês é um convite para refletir sobre a origem e a força da vida.

"Fevereiro, nas ondas de Iemanjá, o mar beija a terra e nos lembra de que a vida é um abraço de mãe."

1 FEV

BOAS DECISÕES LEVAM A UM CAMINHO DE VIDA MAIS FLEXÍVEL E MALEÁVEL

NANÃ FORNECE A LAMA PARA A MODELAGEM DOS HOMENS

No início de tudo, Olorum, o deus supremo, confiou a Oxalá a missão de criar o mundo e os seres humanos. Oxalá, buscando a matéria-prima ideal para moldar a humanidade, experimentou diversos elementos: o ar, que se dissipou; a madeira, o metal e a pedra, que resultaram em seres rígidos; e o fogo, que consumiu sua criação. Foi então que Nanã, a sábia senhora dos lagos, ofereceu a Oxalá a lama, elemento maleável e fértil, com o qual ele finalmente pôde criar os seres humanos, dando-lhes forma e vida.

> Oxalá, em sua busca pela matéria-prima ideal para criar a humanidade, ensina a importância da persistência, da experimentação e do equilíbrio. Assim como ele testou diferentes elementos da natureza antes de encontrar a solução ideal, você também deve analisar as situações e os desafios com cuidado, buscando opções e ponderando as consequências de suas decisões. Evite decisões impulsivas e imediatistas, que podem levar a resultados indesejados. Inspire-se na sabedoria de Nanã, que ofereceu a lama, um elemento maleável e flexível, para a criação do ser humano. Busque o equilíbrio em suas escolhas, adaptando-se às situações e encontrando soluções que permitam que você se expresse de forma autêntica, sem perder sua essência e sua identidade. Lembre-se de que você tem o poder de modelar suas escolhas internas e externas, construindo um caminho de equilíbrio, crescimento e realização. Reflita sobre como você tem enfrentado os desafios da vida e como pode utilizar a persistência, a flexibilidade e o discernimento para fazer escolhas mais conscientes e construir um futuro mais próspero e feliz.

Reflita:

Como você pode reconhecer a importância da flexibilidade e adaptabilidade em sua vida, sabendo que ser maleável pode ser a chave para criar e moldar seu destino de maneira eficaz?

De que maneira você pode valorizar a colaboração e o apoio de outros, reconhecendo que às vezes a sabedoria e os recursos necessários para suas criações vêm de fontes externas?

Quando confrontado com falhas ou tentativas frustradas, como pode aprender com essas experiências e encontrar novas abordagens que levem ao sucesso e à realização de seus objetivos?

Como você pode honrar a sabedoria ancestral e os elementos da natureza, integrando-os em sua vida e suas criações, sabendo que tudo está interconectado em um ciclo de vida e renovação?

Palavra-chave: #flexibilidade **Orixás:** Nanã, Oxalá

IEMANJÁ AJUDA A CRIAR O MUNDO E, ASSIM, OLORUM NÃO ESTÁ MAIS SÓ

2 FEV

IEMANJÁ AUXILIA OLODUMARE A CRIAR O MUNDO

Olorum, o deus supremo, cansado da solidão e do caos primordial, libertou suas forças, criando uma grande inundação, que deu origem aos mares e oceanos, onde Olocum passou a habitar. Das águas e da terra emergiu Iemanjá, a mãe dos orixás, que dominou o fogo e o entregou a Aganju. Iemanjá, então, embelezou a Terra com rios, cascatas e lagoas, dando origem a Oxum, orixá das águas doces. Com a terra fertilizada pelas cinzas do fogo, surgiram as plantas, cuidadosamente guardadas por Ossaim. Nos pântanos, nasceu a peste, entregue a Omulu. Finalmente, com cada elemento da natureza sob os cuidados de um orixá, Obatalá, a mando de Olorum, criou o ser humano, que passou a habitar e celebrar os orixás na Terra.

> Olorum, em sua solidão primordial, o convida a refletir sobre como você lida com os momentos de solitude. Reconheça que a solidão pode ser uma oportunidade de autoconhecimento, crescimento e transformação. Assim como Olorum transformou o caos em vida, você também pode usar situações desafiadoras como impulso para criar algo novo e significativo em sua vida. Iemanjá, a grande mãe, o inspira a usar sua força e sabedoria para gerar, organizar e cuidar da vida. Perceba qual o seu papel na criação e na manutenção da sua própria vida e de quem você ama. Sinta como você pode usar seus dons e talentos para promover o equilíbrio e a harmonia no mundo e em seus relacionamentos. Seja um agente de paz, amor e compaixão, contribuindo para a construção de um mundo mais justo, sustentável e harmonioso.

Reflita:

Como você pode celebrar a beleza e a diversidade da natureza em sua vida, reconhecendo que cada elemento tem seu propósito e importância no grande tecido do mundo?

De que maneira você pode utilizar suas habilidades e talentos para colaborar na criação de algo maior, sabendo que a união e o esforço conjunto podem transformar o caos em harmonia?

Quando confrontado com desafios ou solidão, como pode encontrar inspiração nos elementos naturais e nas forças criativas que moldam o universo, sabendo que você também faz parte desse fluxo criativo?

Como você pode honrar e cuidar dos recursos naturais ao seu redor, reconhecendo sua responsabilidade em preservar e proteger o equilíbrio do mundo para as futuras gerações?

Palavra-chave: #solidão

Orixás: Iemanjá, Olocum, Aganju, Oxum, Omulu, Ossaim, Obatalá

3 FEV

EUÁ E ORUNMILÁ DESPISTAM ICU

EUÁ LIVRA ORUNMILÁ DA MORTE

Orunmilá, um babalaô, fugia desesperadamente da Morte, Icu, que o perseguia sem descanso. Exausto, ele encontrou Euá lavando roupa em um rio e pediu sua ajuda. Euá, compadecida, escondeu Orunmilá sob sua tábua de lavar roupa e despistou Icu com uma mentira. Após despistar a morte, Euá levou Orunmilá para sua casa e cuidou dele. Naquela noite, eles se uniram e Euá engravidou. Feliz, ela fez oferendas a Ifá em agradecimento. Orunmilá, reconhecendo a astúcia e compaixão de Euá, casou-se com ela. A união foi celebrada com grande alegria e cantos que exaltavam Euá como protetora e salvadora.

> Euá, a força enigmática que guia Orunmilá em sua jornada, o convida a se conectar com a sua própria intuição e a desvendar os mistérios da sua vida. Orunmilá, o orixá da adivinhação e do destino, o lembra da importância de suas escolhas e das consequências delas. Sinta se você acredita que é o mestre do seu destino ou se sente à mercê do acaso. Reflita sobre as escolhas que você tem feito e como elas o aproximam ou o afastam daquilo que você almeja. Assuma a responsabilidade por sua vida e por suas decisões, consciente de que cada passo que você dá o conduz para um futuro que você mesmo constrói.

Reflita:

Como você pode encontrar maneiras de proteger e ajudar os outros em momentos de necessidade, reconhecendo que sua compaixão e astúcia podem fazer uma diferença significativa na vida de alguém?

De que maneira você pode valorizar e cultivar relações baseadas em gratidão e reconhecimento mútuo, sabendo que essas ações fortalecem os laços e criam um ambiente de amor e respeito?

Quando confrontado com situações de perigo ou desespero, como pode manter a calma e encontrar soluções criativas, sabendo que a coragem e a inteligência podem guiá-lo para um desfecho positivo?

Como você pode celebrar aqueles que o ajudaram em sua jornada, reconhecendo o papel dessas pessoas em seu crescimento e sucesso, e garantindo que as contribuições delas sejam lembradas e honradas?

Palavra-chave: #companheirismo **Orixás:** Euá, Orunmilá

OXALÁ CUIDA DE OXÓSSI E DELE RECEBE O MEL

4 FEV

ORIXALÁ RECEBE O MEL DE OXÓSSI

Oxalá e Oxóssi, apesar de grandes amigos, viviam em constante conflito devido a seus ritmos e temperamentos opostos. Oxalá, velho e lento, reclamava da agilidade de Odé, enquanto o jovem caçador se incomodava com a lentidão de Oxalá. Diante das dificuldades de convivência, decidiram se separar, mas a tristeza pela separação era mútua. Para demonstrar seu afeto e gratidão por Oxalá, Odé prometeu que todo o mel que colhesse seria entregue ao velho orixá. Ele renunciou ao prazer de saborear o mel, reservando-o exclusivamente para Oxalá, como forma de manter o vínculo e a lembrança viva entre eles. Assim, mesmo separados, Oxalá e Odé permaneceram conectados pelo mel, símbolo do amor, do cuidado e da gratidão. Odé nunca mais provou o mel, e Oxalá, ao saboreá-lo em suas refeições, sempre se lembrava com carinho de seu jovem amigo caçador.

> Oxalá e Odé, em suas diferenças e desafios de convivência, o convidam a refletir sobre seus próprios relacionamentos e a importância da aceitação e do respeito à individualidade do outro. Reconheça que as diferenças podem enriquecer seus relacionamentos, trazendo novas perspectivas e aprendizados, e que a adaptação e a flexibilidade são fundamentais para a convivência harmoniosa. O gesto de Odé, ao abrir mão do mel em prol do relacionamento com Oxalá, o convida a questionar suas próprias atitudes. Reflita sobre as diferentes formas de demonstrar amor e fortalecer seus relacionamentos, cultivando a comunicação, a empatia e a compreensão. Use a história de Oxalá e Odé como inspiração para se autoconhecer, aprimorar seus relacionamentos e construir laços mais fortes e duradouros, baseados no respeito, na aceitação e no amor.

Reflita:

Como você pode encontrar formas de superar diferenças com os outros, reconhecendo que mesmo ritmos e temperamentos opostos podem coexistir em harmonia quando há respeito e compreensão?

De que maneira você pode demonstrar gratidão e carinho por aqueles que fazem parte de sua vida, garantindo que seus vínculos sejam fortalecidos e mantidos, mesmo à distância?

Quando confrontado com a necessidade de se separar de alguém importante, como pode preservar essa conexão de maneira significativa, utilizando gestos simbólicos que mantenham viva a memória e o carinho?

Como você pode integrar o simbolismo de amor, cuidado e gratidão em suas interações diárias, garantindo que quem você ama saiba do seu afeto e reconhecimento?

Palavra-chave: #lembrança **Orixás:** Oxalá, Oxóssi

5 FEV

ORUNMILÁ NASCEU MUDO E DESCOBRIU A ARTE DA ADIVINHAÇÃO

IFÁ NASCE COMO MENINO MUDO

Aiedegum, filho do feiticeiro Meto-Lonfim, nasceu e permaneceu mudo. Curiosamente, quando castigado pelo pai, o menino emitia sons incompreensíveis, que com o tempo formaram 16 palavras. Intrigado, o pai continuou a castigá-lo, e Aiedegum revelou que cada palavra representava um de seus futuros filhos, cada um com um conhecimento específico. Aiedegum profetizou sua morte e anunciou seu legado para a humanidade: uma palmeira cujos frutos seriam usados para criar o jogo de Ifá, o oráculo sagrado que permite consultar o destino e obter orientação para a vida. Após essa revelação, Aiedegum morreu, cumprindo sua profecia: de seu corpo nasceu uma palmeira, e seus frutos deram origem ao jogo de Ifá. Assim, mesmo em silêncio durante a maior parte de sua vida, Aiedegum deixou um instrumento de conhecimento e orientação para o mundo, tornando-se Orunmilá Ifá, o orixá da adivinhação e do conhecimento.

> Aiedegum, em seu silêncio e sabedoria, o convida a explorar as diversas formas de comunicação que existem além das palavras. Perceba se você se sente verdadeiramente compreendido em suas diversas formas de expressão, e tente descobrir em que momentos o silêncio se faz necessário para que você possa se conectar com sua voz interior e ouvir sua intuição. Aprofunde sua conexão consigo mesmo, buscando o autoconhecimento e a sabedoria interior. Conhecer a "linguagem" que você utiliza para manifestar sua verdade e compartilhar seu conhecimento com o mundo é fundamental. Descubra e utilize sua própria maneira de se expressar.

Reflita:

Como você pode reconhecer e valorizar seu potencial interior, mesmo quando suas habilidades não são aparentes para os outros?

De que maneira você pode transformar desafios e limitações em oportunidades para criar algo significativo e duradouro, sabendo que suas experiências podem resultar em um legado valioso para o mundo?

Quando confrontado com a necessidade de expressar algo profundo, como pode encontrar formas criativas de comunicar suas verdades e sabedorias interiores?

Como você pode utilizar suas experiências e conhecimentos para orientar e ajudar os outros, garantindo que seu impacto positivo se espalhe e beneficie a vida de muitos ao seu redor?

Palavra-chave: #propósito **Orixá:** Orunmilá

EXU USA SEU PODER DE INFLUÊNCIA PARA TORNAR RICO O MENDIGO

6 FEV

EXU AUXILIA UM MENDIGO A ENRIQUECER

Um mendigo, cansado de sua pobreza, consultou um oráculo e preparou um ebó com grande esforço. Exu, comovido com sua determinação, decidiu ajudá-lo. Colocou o mendigo frente a frente com um milionário e o instruiu a provocá-lo com arrogância, despertando a ira do homem rico. Exu, então, instigou o milionário a mostrar seu poder e riqueza humilhando o mendigo. O milionário, irritado com a petulância do pobre homem, resolveu dar-lhe dinheiro para provar sua superioridade. Porém, ao fazer isso, acabou inadvertidamente elevando o status do mendigo aos olhos dos outros. As pessoas, vendo o milionário ajudar o mendigo, assumiram que ele também era rico e passaram a lhe oferecer crédito. Com o crédito, o mendigo fez negócios e prosperou, enriquecendo graças à artimanha de Exu, que inverteu a situação e transformou a pobreza em riqueza.

> Exu, em sua astúcia e imprevisibilidade, o coloca diante de questionamentos sobre riqueza, pobreza e o papel do acaso e da ação em sua vida. A maneira como você define a pobreza e a riqueza para a sua vida é fundamental. Reconheça que você tem o poder de influenciar sua realidade e de buscar ativamente por mudanças, assim como o mendigo que, insatisfeito com sua condição, decide agir em busca de uma vida melhor. Lembre-se de que, assim como Exu abre caminhos inesperados, a vida também lhe reserva surpresas e oportunidades. Esteja aberto para reconhecê-las e aproveitá-las, e use sua astúcia, sua inteligência e sua determinação para construir uma vida mais próspera e feliz.

Reflita:

Como você pode utilizar a determinação e a criatividade para transformar situações desafiadoras em oportunidades de crescimento e sucesso, mesmo quando as probabilidades parecem estar contra você?

De que maneira você pode reconhecer a importância das aparências e percepções sociais, utilizando-as de forma estratégica para melhorar sua posição e alcançar seus objetivos?

Quando confrontado com a arrogância ou subestimação dos outros, como pode encontrar formas de virar o jogo a seu favor, mantendo a integridade e a inteligência como aliados?

Como você pode honrar aqueles que o ajudaram em sua jornada, reconhecendo que às vezes a ajuda vem de formas inesperadas e que a gratidão é essencial para manter o equilíbrio em suas relações?

Palavra-chave: #negócios **Orixá:** Exu

7 FEV

OGUM É AQUELE QUE TRANSFORMA A TERRA EM DINHEIRO

OGUM CRIOU A FORJA

Ogum, em busca de se tornar rei, consultou o oráculo de Ifá com seus amigos. Orientados pelo oráculo, realizaram um ritual (ebó) e aguardaram a chuva. Após a chuva, encontraram areia negra em um local erodido e a colocaram no fogo. Para surpresa de Ogum, a areia se transformou em ferro maleável. Com essa descoberta, Ogum criou uma tenaz para manipular o ferro quente e, em seguida, uma faca e um facão. Dominando a arte da forja, Ogum passou a produzir diversos objetos de ferro e a ensinar seu uso para as pessoas, trazendo prosperidade e abundância para todos. A partir de então, Ogum, o ferreiro, alcançou grande prosperidade e reconhecimento, sendo saudado como "Aquele que Transforma a Terra em Dinheiro". O mito celebra a busca de Ogum pelo conhecimento, sua habilidade em transformar a matéria e o impacto positivo de suas criações para a comunidade.

> Ogum, em sua busca por conhecimento e poder, o inspira a trilhar seu próprio caminho de autoconhecimento e realização. Reflita sobre o que o impulsiona na busca por seus objetivos e como você se relaciona com o poder e a liderança. O poder, quando usado com sabedoria e responsabilidade, pode ser uma ferramenta para promover o bem-estar coletivo e construir um futuro mais próspero. Assim como Ogum transformou a areia em ferro, use sua criatividade e habilidades para moldar a sua realidade e criar algo novo que beneficie a si mesmo e à comunidade. Reconheça a importância do trabalho em sua vida e como ele contribui para seu desenvolvimento pessoal e para a construção de um mundo melhor. Valorize seus talentos e utilize-os para criar, inovar e gerar impacto positivo.

Reflita:

Como você pode buscar o conhecimento e a inovação em sua vida, reconhecendo que a curiosidade e a experimentação podem levar a descobertas extraordinárias e transformadoras?

De que maneira você pode utilizar suas habilidades e talentos para criar algo que beneficie não apenas a si mesmo mas também sua comunidade, trazendo prosperidade e progresso?

Quando confrontado com novos desafios, como pode se inspirar na história de Ogum para encontrar formas criativas de transformar recursos simples em oportunidades valiosas?

Como você pode ser um agente de mudança e reconhecimento em sua área de atuação, garantindo que suas contribuições sejam valorizadas e que você seja saudado por seus esforços e realizações?

Palavra-chave: #dinheiro **Orixás:** Ogum, Orunmilá

OXÓSSI TORNA-SE O REI DE QUETO APÓS ATENDER AOS PEDIDOS DO ORIXÁ DO DESTINO

8 FEV

OXÓSSI GANHA A CIDADE DE QUETO, DADA POR ORUNMILÁ

Orunmilá, precisando de uma ave rara para um feitiço, enviou Ogum e Oxóssi em sua busca. Após dias de procura sem sucesso, Oxóssi, em um momento decisivo, encontrou a ave e, com sua última flecha, a abateu com precisão e habilidade. O feito de Oxóssi impressionou Orunmilá, que reconheceu sua determinação e coragem. Como recompensa, ofereceu-lhe o governo da cidade de Queto e o título de orixá da caça e das florestas, consagrando-o como mestre caçador e protetor da natureza. Assim, Oxóssi, com sua persistência e pontaria certeira, cumpriu a missão e alcançou um lugar de destaque entre os orixás, tornando-se símbolo da conexão entre o homem e a natureza.

> Oxóssi, em sua busca pela ave rara, o inspira a trilhar o caminho da persistência, da precisão e do reconhecimento. Pergunte-se quais são os seus objetivos e sonhos, e como você tem se dedicado a alcançá-los. A persistência e o foco são qualidades essenciais para superar obstáculos e alcançar o sucesso, assim como Oxóssi demonstrou em sua jornada. Confie em suas habilidades e talentos, prepare-se para os desafios e utilize a precisão e a concentração para alcançar seus objetivos. Reflita sobre como você tem usado seus talentos a serviço da comunidade e de que forma pode contribuir para a construção de um mundo melhor.

Reflita:

Como você pode cultivar a determinação e a precisão em suas ações, reconhecendo que a persistência e a habilidade podem levar a conquistas significativas e recompensas valiosas?

De que maneira você pode se conectar com a natureza, respeitando e protegendo o ambiente, enquanto busca alcançar seus objetivos e contribuir positivamente para o mundo ao seu redor?

Quando confrontado com desafios aparentemente insuperáveis, como pode manter o foco e a confiança em suas habilidades, sabendo que o sucesso pode estar apenas a uma "flecha" de distância?

Como você pode inspirar outros com suas realizações, garantindo que suas ações sirvam como exemplo de coragem e competência, fortalecendo a conexão entre as pessoas e o mundo natural?

Palavra-chave: #determinação **Orixás:** Oxóssi, Ogum, Orunmilá

9 FEV

OSSAIM E SUA DANÇA MISTERIOSA

OSSAIM VEM DANÇAR COM OS SERES HUMANOS

Em um tempo em que os deuses não atendiam mais aos pedidos dos seres humanos, e tudo o que era solicitado saía errado, os seres humanos decidiram organizar festas para os orixás, na esperança de apaziguá-los. A cada semana, um orixá diferente era homenageado com danças, cantos e oferendas. Porém, mesmo com todas as homenagens, os deuses continuavam distantes, e os pedidos dos seres humanos permaneciam sem resposta. Certa noite, durante a festa em homenagem a Ossaim, um homem misterioso de uma perna só, montado em um antílope falante, surpreendeu a todos. Os seres humanos, sem reconhecê-lo, o receberam com admiração e respeito, compartilhando suas dificuldades em se comunicar com os deuses e obter suas bênçãos. O desconhecido, com grande energia e alegria, dançou durante toda a noite, contagiando a todos com sua vitalidade. Ao amanhecer, ele se despediu e partiu em seu antílope, deixando os seres humanos maravilhados. Logo descobriram que o misterioso dançarino era o próprio Ossaim, que veio em segredo para se conectar com eles e, quem sabe, interceder junto aos deuses. O mito revela a natureza enigmática de Ossaim e sua compaixão pelos seres humanos.

> O mito de Ossaim e a festa dos seres humanos o convida a refletir sobre a comunicação com o divino e a importância da alegria e da celebração em sua vida. Explore diferentes caminhos e práticas espirituais, como a meditação, a oração, o contato com a natureza, e encontre a forma que mais ressoa com sua alma. Reconheça os momentos em que você sente a presença do divino em sua vida, seja através de sincronicidades, intuições, sonhos ou experiências que te conectam com algo maior que si mesmo. O mito também o lembra da importância de cultivar a alegria e celebrar a vida, mesmo em meio aos desafios. Compartilhe sua alegria com as pessoas queridas e conecte-se com a energia da celebração em comunidade, fortalecendo laços e renovando as esperanças.

Reflita:

Como você pode criar momentos de celebração e conexão em sua vida, reconhecendo que a alegria e a união podem abrir caminhos para a compreensão e o apoio mútuo?

De que maneira você pode cultivar a empatia e a compaixão em suas interações, garantindo que suas ações inspirem outros a se sentirem acolhidos e respeitados, mesmo em tempos de dificuldade?

Quando confrontado com a sensação de distanciamento ou desconexão, como pode buscar formas criativas de reestabelecer laços e fortalecer as relações, sabendo que a dança e a música podem ser poderosos veículos de união?

Como você pode reconhecer e valorizar os momentos em que seres inesperados ou desconhecidos trazem sabedoria e alegria para sua vida, mantendo-se aberto às surpresas que o universo pode oferecer?

Palavra-chave: #comunicação **Orixá:** Ossaim

OBALUAÊ DESCOBRE QUE O PODER DO MEL DE OXUM É CAPAZ DE QUALQUER COISA

10
FEV

OBALUAÊ MORRE E É RESSUSCITADO APÓS INTERCESSÃO DE OXUM

Obaluaê, conhecido por sua beleza e natureza galanteadora, desobedeceu a uma ordem de Orunmilá para se abster de relações sexuais durante um ritual sagrado. Como consequência de sua transgressão, foi acometido por uma doença que cobriu seu corpo de chagas. Apesar dos apelos de suas esposas a Orunmilá, Olofim-Olodumare não o perdoou e Obaluaê morreu. Orunmilá, determinado a ajudar, usou o mel de Oxum para agradar Olofim. Intrigado com a oferenda, Olofim convocou todas as mulheres, e Oxum assumiu a responsabilidade pelo mel. Aproveitando a oportunidade, ela negociou com Olofim, oferecendo-lhe mais mel em troca da ressurreição de Obaluaê. Olofim, seduzido pela doçura do mel, aceitou o acordo. No entanto, manteve as chagas como um lembrete permanente da desobediência de Obaluaê.

> Obaluaê, em sua desobediência e transgressão, o convida a refletir sobre seus próprios limites e a forma como você lida com as regras e normas. Reconheça que as regras e normas sociais existem para garantir a ordem e o bom convívio, mas também é importante questioná-las e desafiá-las quando elas limitam sua individualidade ou impedem seu crescimento. Em que situações você se permite desafiar as convenções e seguir seu próprio caminho é um excelente primeiro passo de percepção. Oxum, em sua intervenção em favor de Obaluaê, demonstra a força do amor, da diplomacia e da compaixão. Pensar como você expressa seu amor e afeto pelas pessoas queridas é um segundo passo. Você deve utilizar a persuasão e a negociação para resolver conflitos e alcançar seus objetivos. Desenvolver habilidades de comunicação e diplomacia é essencial para construir relações mais harmoniosas e encontrar soluções pacíficas para os desafios da vida.

Reflita:

Como você pode aprender com seus erros e transgressões, reconhecendo que cada experiência traz lições valiosas que podem guiá-lo para um caminho de crescimento e redenção?

De que maneira você pode utilizar a diplomacia e a negociação para resolver conflitos e alcançar soluções favoráveis, sabendo que a doçura e a persuasão podem abrir portas que a força não consegue?

Quando confrontado com as consequências de suas ações, como pode buscar a ajuda e o apoio daqueles ao seu redor, reconhecendo que a intercessão de amigos e aliados pode ser fundamental para superar desafios?

Como você pode manter a humildade e a gratidão, mesmo após receber uma segunda chance, garantindo que as lembranças de suas falhas sirvam como lembretes para agir com sabedoria e responsabilidade no futuro?

Palavra-chave: #transgressão **Orixás:** Obaluaê, Oxum

11 FEV

IROCO FAZ O QUE PRECISA SER FEITO

IROCO ENGOLE A DEVOTA QUE NÃO CUMPRE A INTERDIÇÃO

Uma mulher, desejosa de ter um filho, consultou um babalaô que a instruiu a fazer oferendas a Iroco, a árvore sagrada. Ela seguiu as instruções, mas esqueceu-se de um preceito fundamental: abster-se de relações sexuais antes do ritual. Iroco, sentindo-se desrespeitado pela impureza da mulher, engoliu-a parcialmente, deixando apenas sua cabeça e seus ombros de fora. Desesperada, a mulher implorou por ajuda, e o babalaô revelou sua falha em seguir o preceito. Arrependida, a mulher foi libertada por Iroco e, tempos depois, engravidou. Agradecida, ela fez novas oferendas à árvore sagrada, cumprindo corretamente o ritual dessa vez. Quando seu filho nasceu, o babalaô determinou que a criança fosse iniciada no culto a Iroco, garantindo a perpetuação da devoção à árvore sagrada. O mito ressalta a importância de respeitar os preceitos religiosos e a necessidade de purificação para se conectar com o sagrado. É por isso que Iroco tem sua árvore sempre muito bonita, enfeitada e cultuada...

> Iroco, a árvore sagrada, o convida a buscar o equilíbrio entre seus desejos e suas responsabilidades, a harmonizar suas vontades com suas crenças e valores espirituais. É fundamental questionar as regras e os dogmas, buscando compreendê-los e adaptá-los à sua realidade, em vez de segui-los cegamente. Onde você sente conflito entre o sagrado e o profano em sua vida é um importante espaço para sentir suas emoções. A atitude de Iroco, ao engolir a mulher, o alerta para a importância de assumir a responsabilidade por suas escolhas e ações, reconhecendo o impacto de suas decisões e estando pronto para lidar com as consequências. Aprenda com seus erros e busque a reparação quando necessário. Reflita sobre como integrar seus desejos e necessidades com seus valores espirituais, encontrando um caminho de equilíbrio e responsabilidade em suas escolhas.

Reflita:

Como você pode garantir que está cumprindo integralmente os compromissos e preceitos que assume, reconhecendo que o respeito às regras e tradições é essencial para manter a harmonia e alcançar seus objetivos?

De que maneira você pode aprender com seus erros e buscar a purificação e correção necessárias para se realinhar com seus valores e crenças, garantindo uma conexão verdadeira com o que considera sagrado?

Quando confrontado com as consequências de suas ações, como pode demonstrar arrependimento genuíno e tomar medidas para corrigir seus passos, sabendo que a humildade e a responsabilidade são essenciais para o crescimento pessoal?

Como você pode transmitir e perpetuar suas tradições e devoções às gerações futuras, garantindo que a sabedoria e o respeito pelos preceitos sagrados sejam mantidos vivos e valorizados?

Palavra-chave: #arrependimento **Orixá:** Iroco

OXUMARÊ CURA O FILHO DE OLOCUM E FICA RICO LOGO EM SEGUIDA

12 FEV

OXUMARÊ TORNOU-SE RICO E RESPEITADO

Oxumarê, um babalaô sem fama nem fortuna, se sentia humilhado por sua condição social. Buscando mudar sua sorte, consultou um adivinho, que lhe indicou um ritual para prosperar. Enquanto realizava o ritual, foi chamado pelo rei, mas recusou-se a interromper a cerimônia. Essa atitude enfureceu o rei, que deixou de pagar uma dívida a Oxumarê. Após concluir o ritual, Oxumarê foi chamado por Olocum para curar seu filho doente. Com sua sabedoria e habilidades, Oxumarê conseguiu curar o príncipe e, em gratidão, recebeu um lindo pano azul, riquezas e outros presentes valiosos da rainha. Ao retornar para casa, Oxumarê exibiu sua nova fortuna ao rei, que, movido pela inveja e rivalidade, o presenteou com uma linda roupa vermelha e ainda mais riquezas. Assim, Oxumarê alcançou fama, riqueza e respeito, mostrando que a persistência e a sabedoria podem transformar a vida de uma pessoa.

> Oxumarê, em sua busca por prosperidade e reconhecimento, o convida a refletir sobre seus próprios objetivos e aspirações. O que define o sucesso para você é determinante para caminhar com propósito. Reflita se você se sente realizado em sua trajetória profissional e pessoal, ou se ainda busca algo mais. Identifique seus objetivos e trace planos para alcançá-los. A atitude de Oxumarê ao priorizar seus objetivos, mesmo contrariando o rei, o encoraja a defender suas convicções e seguir sua intuição. Você precisa avaliar se tem coragem de trilhar seu próprio caminho, mesmo que isso signifique desafiar ou ir contra as expectativas dos outros. Mais do que isso, deve identificar seus valores e prioridades na vida. Lembre-se de que a autonomia e a autenticidade são pilares da realização pessoal e da felicidade.

Reflita:

Como você pode cultivar a paciência e a persistência em busca de suas metas?

De que maneira você pode usar suas habilidades e conhecimentos para ajudar os outros?

Quando confrontado com momentos de humilhação ou desafios sociais, como pode manter a integridade e confiar no processo, sabendo que as circunstâncias podem mudar com tempo e esforço?

Como você pode lidar com a inveja e a rivalidade de maneira construtiva, transformando essas energias em oportunidades para fortalecer sua posição e aumentar seu respeito e notoriedade?

Palavra-chave: #fortuna **Orixás:** Oxumarê, Olocum

13 FEV XANGÔ USA SEU PODER PARA TOMAR OXUM

XANGÔ OFERECE MUITAS RIQUEZAS E FICA COM OXUM

Xangô, um homem poderoso e rico, se encantou pela beleza de Oxum, esposa de Ogum, um humilde caçador. Movido por seu desejo e sem se importar com seu casamento com Iansã, Xangô cortejou Oxum, prometendo-lhe riquezas e uma vida luxuosa. Oxum, seduzida pelas promessas de Xangô e atraída por seu poder e carisma, aceitou acompanhá-lo, abandonando seu marido. Afinal, Oxum tem preferência por homens poderosos e busca conforto e estabilidade. Além disso, Xangô conquistou todas as mulheres que antes pertenciam a Ogum, demonstrando sua força e seu domínio sobre as relações amorosas.

> Xangô, Oxum e Ogum, em suas jornadas e relações, o convidam a uma profunda reflexão sobre suas próprias ambições, valores e escolhas. Sinta quais são seus talentos e como você os utiliza para gerar riqueza e prosperidade em sua vida e na vida daqueles ao seu redor. Busque o sucesso e a realização em todas as áreas da sua vida, sejam elas materiais, emocionais, intelectuais ou espirituais. Esteja atento aos seus desejos e motivações, buscando o equilíbrio entre suas ambições e a satisfação com suas conquistas. Analise suas decisões e os valores que as guiam. Não deixe de perceber como você lida com as frustrações e os obstáculos em sua busca por realização. Aprenda com suas escolhas e utilize suas experiências, tanto positivas quanto negativas, como ferramentas para o autoconhecimento e para a construção de uma vida mais autêntica e realizada.

Reflita:
Como você pode equilibrar o desejo por poder e riqueza com a ética e o respeito nas relações, garantindo que suas ações não prejudiquem os outros e mantenham a integridade?

De que maneira você pode reconhecer e valorizar o que já possui em suas relações, evitando ser seduzido por promessas que podem não trazer verdadeira satisfação ou felicidade?

Quando confrontado com a tentação de seguir um caminho mais fácil ou atraente, como pode refletir sobre suas prioridades e seus valores para tomar decisões que estejam em alinhamento com seu verdadeiro eu?

Como você pode encontrar uma forma de se destacar e conquistar seus objetivos sem comprometer seus relacionamentos ou ferir os sentimentos daqueles ao seu redor, garantindo que suas conquistas sejam motivo de orgulho e respeito?

Palavra-chave: #poder **Orixás:** Xangô, Oxum, Ogum

OGUNJÁ, O FILHO DE OXAGUIÃ E IEMANJÁ

OXAGUIÃ ENCONTRA IEMANJÁ E LHE DÁ UM FILHO

14 FEV

Oxaguiã, durante sua travessia pelo oceano em um tronco flutuante, conheceu Iemanjá, a rainha do mar. Eles se apaixonaram e Iemanjá engravidou, dando à luz um filho chamado Ogunjá, que desde o nascimento mostrou-se valente e guerreiro. Juntos, Oxaguiã, Iemanjá (conhecida como Iemanjá Oguntê quando acompanhava Ogunjá) e seu filho formaram uma família de guerreiros celebrados e respeitados, especialmente no Brasil.

> O amor entre Oxaguiã e Iemanjá demonstra o poder transformador do amor e a importância das relações humanas. Os filhos carregam em si as características de seus pais, e a família é fundamental para a formação do indivíduo. A criação de Ogunjá representa a continuidade da vida e a importância da procriação para a perpetuação da espécie. O mito de Oxaguiã, Iemanjá e Ogunjá apresenta uma narrativa sobre a criação, a família e a força do amor. A história dessa família divina ensina a importância da união, da procriação e da proteção. Deixe as picuinhas de lado e busque a união com os seus.

Reflita:

Como você pode encontrar amor e conexões significativas em lugares inesperados, e o que isso ensina sobre estar aberto às possibilidades da vida?

Quando duas forças poderosas se unem, como pode cultivar essa energia para criar algo novo e significativo que beneficie a todos ao seu redor?

De que maneira você pode apoiar e nutrir o potencial dos mais jovens, reconhecendo e celebrando suas qualidades únicas desde cedo?

Qual é a importância de honrar e respeitar as tradições familiares e comunitárias, e como pode participar ativamente na construção de uma herança duradoura?

Palavra-chave: #união **Orixás:** Oxaguiã, Iemanjá (Oguntê), Ogunjá

15 FEV

OIÁ CULTUA O ANCESTRAL E SE TORNA ORIXÁ

OIÁ INVENTA O AXEXÊ

Oiá, filha adotiva do líder dos caçadores, Odulecê, sofreu profundamente com sua morte. Em homenagem a ele, ela reuniu os instrumentos de caça e as comidas favoritas de seu pai, dançou e cantou por sete dias, convocando todos os caçadores para uma grande cerimônia fúnebre. No sétimo dia, Oiá adentrou a floresta com os caçadores e depositou os pertences de Odulecê aos pés de uma árvore sagrada, em um gesto de despedida e reverência. Olorum, o deus supremo, comovido com a homenagem de Oiá, concedeu-lhe o poder de guiar os mortos em sua jornada para o Orum, o reino celestial. Assim, Odulecê se tornou um orixá, e Oiá a "mãe dos espaços dos espíritos", responsável por conduzir os mortos ao Orum. Dessa forma, nasceu o ritual funerário do axexê, com cantos, danças e oferendas em homenagem aos que partiram, garantindo-lhes uma passagem serena para o mundo espiritual.

> Oiá, em sua dor e em homenagem ao pai adotivo, convida a refletir sobre como você lida com a morte e a perda de entes queridos. Expresse seu luto e sua saudade. Permita-se sentir a dor da perda, honrando a memória daqueles que partiram e reconhecendo a importância deles em sua vida. Se a morte é o fim ou a transformação para uma nova jornada é uma questão que merece sua consideração. Oiá também o convida a honrar seus ancestrais e a reconhecer a importância da história e do legado deles em sua vida. Conhecer as histórias, os costumes e os valores de seus antepassados é essencial. A conexão com essa ancestralidade e a preservação da memória daqueles que vieram antes de você são vitais. Honrar seus ancestrais fortalece sua identidade, reconhece suas raízes e permite que você se conecte com a sabedoria e a força que eles te transmitem.

Reflita:

Como você pode honrar a memória e o legado daqueles que partiram, encontrando maneiras significativas de celebrar suas vidas e garantir que suas contribuições sejam lembradas com respeito e carinho?

De que maneira você pode transformar a dor da perda em atos de amor e reverência, criando rituais pessoais ou comunitários que ajudem a processar o luto e a celebrar a continuidade da vida?

Quando confrontado com a morte ou a perda, como pode encontrar forças para se conectar com o lado espiritual e buscar conforto em suas crenças, sabendo que há poder na tradição e nos rituais que nos unem?

Como você pode cultivar empatia e apoio para aqueles que estão enfrentando o luto, oferecendo sua presença e solidariedade para ajudar a guiar outros em suas jornadas emocionais?

Palavra-chave: #finados **Orixás:** Oiá, Oxóssi

IBEJIS SÃO DEUSES INSEPARÁVEIS

OS IBEJIS E O TORMENTO POR CAUSA DO TERCEIRO IRMÃO

16 FEV

Oxum, desejando ter um filho, realizou um sacrifício a pedido de Orunmilá e deu à luz trigêmeos. Incapaz de criar os três, ela mandou embora o mais novo, Idoú, ficando apenas com os gêmeos Taió e Caiandê. Idoú, magoado com a rejeição, passou a atormentar os irmãos, causando brigas e infelicidade entre eles. Preocupada com as constantes brigas, Oxum consultou Orunmilá, que identificou a presença de Idoú atormentando os gêmeos. Ele instruiu Oxum a usar espelhos mágicos para descobrir em qual dos gêmeos Idoú se escondia. Ao usar os espelhos, Oxum percebeu que um dos gêmeos estava fadado à morte. Para proteger o outro irmão, um dos gêmeos teve que morrer. O gêmeo sobrevivente, inconsolável com a perda, desenterrou seu irmão e o amarrou ao seu corpo, carregando-o consigo para sempre. Assim, os Ibejis se tornaram inseparáveis, simbolizando a união e a dualidade, e o povo os reconhece como os "meninos gêmeos de Oxum".

> Os Ibejis, em sua dualidade e união, convidam a reconhecer e acolher sua própria criança interior, com suas luzes e sombras. Reconhecer e acolher sua criança "sombra", com suas dores, medos e inseguranças, é essencial. Lidar com essas emoções é parte do processo de crescimento. Permita-se expressar sua alegria e espontaneidade, em vez de se sentir aprisionado por suas sombras. Idoú, o terceiro irmão rejeitado, representa os desafios e as adversidades que a vida lhe apresenta. Enfrentar esses desafios é uma parte importante da sua jornada. Sentir-se sobrecarregado pelas responsabilidades que assumiu é comum, mas busque apoio e orientação quando necessário. Lembre-se de que você não está sozinho e pode contar com o apoio de amigos, familiares, mentores ou figuras espirituais para te auxiliar. Assumir a responsabilidade por suas escolhas e decisões e utilizar os desafios como oportunidades de aprendizado e crescimento é uma maneira poderosa de evoluir.

Reflita:

Como você pode enfrentar e reconciliar-se com partes de sua vida ou de si mesmo que foram rejeitadas ou negligenciadas, reconhecendo que a aceitação e a integração são essenciais para alcançar a paz interior?

De que maneira você pode lidar com conflitos internos ou externos, buscando orientação e sabedoria para resolver as tensões e encontrar um equilíbrio que promova harmonia e entendimento?

Quando confrontado com decisões difíceis que envolvem sacrifício, como pode agir com coragem e compaixão, assegurando que suas escolhas reflitam seus valores e o bem-estar das pessoas que você ama?

Como você pode celebrar a dualidade e a complexidade dentro de si e em suas relações, reconhecendo que a união de opostos pode trazer força e resiliência, mesmo diante de desafios?

Palavra-chave: #individuação **Orixá:** Ibeji

17 FEV

OXUM É LIVRE PARA VOAR

OXUM TRANSFORMA-SE EM POMBO E FICA LIVRE

Oxum, esposa de Xangô, não se interessava pelos afazeres domésticos e se dedicava apenas aos seus próprios caprichos. Xangô, irritado com sua atitude, a aprisionou em uma torre, recuperando sua liberdade e voltando a aproveitar a vida sem as responsabilidades do casamento. Exu, compadecido com a situação de Oxum, contou o ocorrido ao pai dela, Orunmilá. Este, então, enviou Exu de volta à torre com um pó mágico, instruindo-o a soprá-lo na cabeça de Oxum. Ao entrar em contato com o pó, Oxum se transformou em um pombo e conseguiu escapar da torre, recuperando sua liberdade e retornando para a casa de seu pai. Livre do casamento e das obrigações domésticas, Oxum voltou a se dedicar aos seus caprichos e joias.

> Xangô e Oxum, em suas diferenças e conflitos, convidam a refletir sobre os próprios valores e expectativas em um relacionamento. Identifique quais são seus valores e prioridades em uma relação amorosa. Buscar um parceiro que compartilhe esses valores e objetivos de vida é essencial para a harmonia da relação. Lidar com as diferenças e os conflitos que inevitavelmente surgem é uma parte importante do processo. A atitude de Xangô ao aprisionar Oxum alerta para os perigos do controle e da possessividade em um relacionamento. Lidar com as frustrações e decepções em seus relacionamentos exige autorreflexão. É um sinal de força permitir-se abrir mão de um relacionamento que não te faz feliz, ao invés de se apegar a ele por medo da solidão ou do fracasso. Os limites da liberdade individual em um relacionamento devem ser respeitados, permitindo que cada um expresse sua essência e busque sua realização pessoal. Um relacionamento saudável se baseia no amor, no respeito, na confiança e na liberdade de cada um.

Reflita:

Como você pode encontrar formas de libertar-se de situações ou relacionamentos que não lhe trazem felicidade, utilizando criatividade e recursos internos para recuperar sua autonomia e bem-estar?

De que maneira você pode respeitar sua individualidade e seus interesses pessoais, ao mesmo tempo que equilibra suas responsabilidades e compromissos, garantindo que suas necessidades sejam atendidas sem negligenciar suas obrigações?

Quando confrontado com restrições ou limitações, como pode buscar apoio e aliados que o ajudem a encontrar soluções e caminhos para superar os desafios e alcançar a liberdade que deseja?

Como você pode valorizar a liberdade e a independência, enquanto reconhece a importância das conexões e das responsabilidades compartilhadas, criando uma vida que reflete seus valores e paixões?

Palavra-chave: #originalidade **Orixás:** Oxum, Xangô, Exu, Orunmilá

LOGUM EDÉ É SALVO DAS PROFUNDEZAS DO RIO E TORNA-SE PROTETOR DOS PESCADORES

18 FEV

LOGUM EDÉ É RESGATADO POR OIÁ E CONVIVE COM OGUM

Logum Edé, filho de Oxóssi e Oxum, cresceu com uma personalidade dual, dividindo seu tempo entre as matas com o pai e o rio com a mãe. A vaidade e a curiosidade, herdadas de seus pais, o levaram a desobedecer a Oxum e se aventurar nas águas profundas do rio, onde foi surpreendido por Obá, que tentou afogá-lo. Oxum, desesperada, implorou a Orunmilá que salvasse seu filho. Orunmilá, atendendo ao pedido, retirou Logum Edé das águas e o incumbiu de proteger os pescadores e todos que viviam dos rios. Assim, Logum Edé se tornou o orixá que transita entre a água doce e a mata, unindo as características de seus pais. Dizem que, na verdade, é Oiá quem resgata Logum Edé e o cria com Ogum, adicionando uma nova camada à sua complexa personalidade e demonstrando a interligação entre os orixás.

> Logum Edé, em sua natureza dual e complexa, convida a se conectar com suas próprias contradições e a explorar a multiplicidade de sua identidade. Sentir-se em relação à dualidade presente em você é um passo importante. A dualidade se manifesta em seus relacionamentos, vida, escolhas e na sua forma de se expressar no mundo de maneiras únicas e enriquecedoras. A aventura de Logum Edé nas profundezas do rio o inspira a desafiar seus próprios limites e a explorar o desconhecido com curiosidade e coragem. Permitir-se sair da sua zona de conforto e se aventurar em novas experiências é essencial para o desenvolvimento. Lidar com os riscos e as consequências de suas escolhas é parte do processo de aprendizado. Lembre-se de que a vida é uma grande aventura e que a exploração do desconhecido pode te levar a descobertas incríveis e a um profundo autoconhecimento.

Reflita:

Como você pode harmonizar diferentes aspectos de sua personalidade e de suas experiências de vida, reconhecendo que a complexidade é uma fonte de força e que a aceitação de suas dualidades pode enriquecer sua jornada?

De que maneira você pode transformar experiências desafiadoras em oportunidades de crescimento e aprendizado, utilizando as lições aprendidas para proteger e apoiar aqueles ao seu redor?

Quando confrontado com situações que testam seus limites, como pode confiar em sua rede de apoio e buscar orientação de mentores e aliados, garantindo que você seja resgatado e fortalecido por essas conexões?

Como você pode honrar a influência de seus ancestrais e figuras inspiradoras em sua vida, integrando suas qualidades e valores em sua própria identidade e missão pessoal?

Palavra-chave: #amparo

Orixás: Logum Edé, Oxóssi, Oxum, Orunmilá, Oiá, Ogum

19 FEV

NANÃ E A IMPORTÂNCIA DAS TROCAS: PEGAR E DEVOLVER É MANTER O EQUILÍBRIO

NANÃ FORNECE A LAMA, MAS COBRA NO FINAL TUDO O QUE É SEU

Na história da Criação, Olorum pediu que Oxalá criasse o mundo e os seres humanos. Oxalá testou vários elementos da natureza, mas nenhum deles parecia apropriado para criar o ser humano, até que Nanã retirou uma porção de lama do fundo do lago e ofereceu a Oxalá, que finalmente encontrou o melhor elemento para criar o homem: o barro. O único pedido de Nanã foi que Oxalá devolvesse a ela o seu elemento quando o ser humano morresse.

> Nanã, a senhora da vida e da morte, ensina a importância do equilíbrio e da reciprocidade com a natureza. Reconhecer que tudo o que se retira da natureza deve ser devolvido de alguma forma é uma lição valiosa. É preciso identificar quais recursos e energias você tem consumido sem devolver à natureza. Contribuir para restaurar o equilíbrio e garantir a sustentabilidade do planeta é um compromisso que todos devemos assumir. Refletir sobre suas ações e buscar formas de viver em harmonia com a natureza, honrando seus ciclos e cuidando dos seus recursos, é fundamental. A sabedoria dos orixás se baseia no respeito às forças da natureza, e manter uma relação de reciprocidade com o mundo natural é decisivo. Ao fazer isso, você contribui para o equilíbrio do universo e para sua própria harmonia interior.

Reflita:

Como você pode valorizar a contribuição e a sabedoria dos outros em suas criações e realizações, reconhecendo que a colaboração e o respeito mútuo são essenciais para a construção de algo duradouro?

De que maneira você pode refletir sobre o ciclo da vida e da morte, entendendo que tudo tem um início e um fim, e que honrar essa transição é parte integrante da existência humana?

Quando confrontado com o reconhecimento de suas origens e do retorno inevitável à terra, como pode encontrar significado e propósito na jornada, sabendo que cada momento é precioso e que deixar um legado positivo é uma forma de continuidade?

Como você pode demonstrar gratidão e responsabilidade pelas dádivas que recebe, assegurando que suas ações respeitem os recursos e o equilíbrio natural do mundo ao seu redor?

Palavra-chave: #trocas **Orixá:** Nanã

EUÁ É FONTE DE AMOR

EUÁ TRANSFORMA-SE NUMA FONTE E ALIMENTA SEUS FILHOS

20 FEV

Euá se perdeu na floresta com seus dois filhos enquanto buscava lenha para sustento. Após dias caminhando sem encontrar o caminho de volta, as crianças, exaustas e famintas, começaram a implorar por água. Desesperada ao ver seus filhos à beira da morte e sem encontrar água, Euá implorou aos deuses por ajuda. Em resposta ao seu apelo, Euá se transformou em uma fonte de água cristalina, matando a sede de seus filhos e salvando suas vidas. A fonte continuou jorrando e formou uma lagoa, que deu origem ao rio Euá, Odô Euá. O amor materno e a força transformadora de Euá, que se sacrifica para garantir a sobrevivência de seus filhos, deixa um legado de vida e prosperidade para a comunidade.

> Euá, em seu amor incondicional e sacrifício pelos filhos, convida a refletir sobre a força do amor e da compaixão em sua vida. Expressar seu amor e cuidado pelas pessoas queridas é essencial. Doar-se com generosidade e estar à disposição para ajudar e proteger aqueles que ama mostra a profundidade do seu afeto. Reconhecer quais são seus limites em nome do amor é igualmente importante. O amor verdadeiro envolve cuidado, respeito e a capacidade de se doar, mas também requer a preservação de sua individualidade e bem-estar. Euá, em sua superação e força interior diante das adversidades, inspira a buscar forças dentro de si mesmo e a se conectar com sua fé e espiritualidade para superar os desafios. Identificar suas fontes de inspiração e esperança em momentos difíceis é um passo importante. Considerar-se uma pessoa forte e resiliente é um passo importante para enfrentar as dificuldades. Lembre-se de que você possui uma força interior incrível e que pode superar qualquer obstáculo com coragem, determinação e confiança em si mesmo.

Reflita:

Como você pode demonstrar amor e sacrifício por aqueles que ama, encontrando maneiras criativas de superar desafios e garantir o bem-estar dos seus entes queridos, mesmo em situações difíceis?

De que maneira você pode transformar momentos de desespero em oportunidades de renovação e esperança, confiando em sua capacidade de adaptação e resiliência para criar soluções que beneficiem não apenas você mas também aqueles ao seu redor?

Quando confrontado com decisões que exigem sacrifício pessoal, como pode equilibrar suas necessidades com as dos outros, garantindo que suas ações reflitam compaixão e altruísmo?

Como você pode deixar um legado duradouro de amor e generosidade, inspirando sua comunidade e as futuras gerações a valorizar o poder transformador do cuidado e da dedicação aos outros?

Palavra-chave: #legado **Orixá:** Euá

21 FEV

IEMANJÁ MOSTRA AOS SERES HUMANOS QUE ENTRE ELES E O DIVINO EXISTE O PODER DAS ÁGUAS

IEMANJÁ DEMONSTRA AOS SERES HUMANOS SEU PODER SOBRE AS ÁGUAS

Os seres humanos estavam preparando grandes festas para os orixás, mas, por um descuido, esqueceram de Iemanjá. Enfurecida por ter sido ignorada, Iemanjá conjurou o mar, causando uma inundação que ameaçava destruir o mundo. Assustados com a fúria de Iemanjá, os humanos pediram ajuda a Obatalá, o criador deles. Obatalá, com seu opaxorô, cajado sagrado, ordenou que Iemanjá se acalmasse e contivesse as águas. Iemanjá, em respeito a Obatalá, acalmou o mar e pôs fim à inundação, mostrando seu poder sobre as águas e ensinando aos seres a importância de reverenciá-la.

> Iemanjá, em sua fúria, convida a refletir sobre como você lida com suas próprias emoções, especialmente a raiva e a frustração. Permitir-se expressar suas emoções de forma saudável e construtiva é fundamental. Reprimir suas emoções até que transbordem de forma descontrolada pode ter consequências negativas para sua saúde física e mental, além de afetar seus relacionamentos. Canalizar suas emoções de maneira mais positiva e assertiva é uma habilidade valiosa. Deve-se reconhecer e respeitar as emoções dos outros, buscando compreendê-las e oferecer apoio e empatia. Iemanjá, ao se sentir ignorada, convida a refletir sobre a importância do reconhecimento e da valorização de cada indivíduo. Cada pessoa é importante e merece respeito, independentemente de posição social, gênero, raça ou crença. Demonstrar reconhecimento e valorização aos outros é uma forma de fortalecer suas relações. Suas ações e palavras devem refletir o respeito e a consideração que você tem por cada ser humano. Cultivar a empatia, a compaixão e a gratidão em seus relacionamentos é um caminho poderoso para reconhecer o valor e a contribuição de cada pessoa em sua vida.

Reflita:

Como você pode reconhecer e valorizar as contribuições de todos em sua vida, garantindo que ninguém seja esquecido ou subestimado, especialmente aqueles que têm um impacto significativo em seu bem-estar e prosperidade?

De que maneira você pode expressar suas emoções de forma construtiva, assegurando que sua voz seja ouvida e respeitada sem causar danos ou mal-entendidos?

Quando confrontado com conflitos ou desentendimentos, como pode buscar mediação e sabedoria de figuras respeitadas, garantindo que as tensões sejam resolvidas de maneira pacífica e respeitosa?

Como você pode aprender com as lições da natureza e dos ancestrais, reconhecendo o poder e a importância de respeitar e cuidar do mundo ao seu redor, para garantir harmonia e equilíbrio?

Palavra-chave: #fúria **Orixás:** Iemanjá, Obatalá

OGUM É GENEROSO E A VENDEDORA TORNA-SE RICA

OGUM E A VENDEDORA DE ACAÇÁ

22 FEV

Uma senhora que vendia acaçá (um tipo de mingau) para sobreviver buscou ajuda para melhorar de vida e foi orientada a fazer um ebó, um ritual de oferenda. Tempos depois, o general Ogum apareceu em sua casa com seu exército faminto, e a senhora, generosamente, ofereceu alimento a todos. Ogum, reconhecendo a generosidade da mulher e sem ter dinheiro para recompensá-la, decidiu dividir com ela o butim de guerra, repleto de riquezas e tesouros. A vendedora de acaçá, surpresa com a recompensa inesperada, se tornou muito rica e espalhou a história da generosidade de Ogum por toda parte, demonstrando como a justiça e a gratidão podem trazer prosperidade e reconhecimento.

> Ogum, em sua justiça e generosidade ao recompensar a vendedora de acaçá, revela a importância do trabalho e da dedicação para alcançar a prosperidade. Assim como ela, que com seu trabalho honesto e sua generosidade conquistou riquezas e fama, reflita sobre o papel do trabalho em sua vida. Pergunte-se se você se dedica ao seu trabalho com amor, entusiasmo e responsabilidade. E se você enxerga o trabalho como uma forma de crescimento, contribuição e realização pessoal. A prosperidade se manifesta em diversos aspectos da vida e pode ser alcançada por meio do trabalho honesto, da dedicação aos seus objetivos, do cultivo de relações positivas e da busca por equilíbrio e bem-estar em todas as áreas. Inspire-se na história da vendedora de acaçá e dedique-se ao seu trabalho com amor e afinco, contribuindo para o bem comum e construindo um caminho de prosperidade e realização.

Reflita:

Como você pode incorporar generosidade em suas ações diárias, sabendo que pequenos atos de bondade podem ter um impacto profundo e inesperado em sua vida e na dos outros?

De que maneira você pode reconhecer e retribuir a generosidade que recebe, promovendo um ciclo de gratidão e justiça que beneficia toda a comunidade?

Quando confrontado com oportunidades de ajudar ou compartilhar, como pode equilibrar suas próprias necessidades com o desejo de contribuir para o bem-estar dos outros, sabendo que a verdadeira riqueza vem do coração?

Como você pode aprender a ver o valor nos gestos desinteressados, reconhecendo que a prosperidade muitas vezes surge de ações sinceras e altruístas?

Palavra-chave: #generosidade **Orixá:** Ogum

23 FEV

A CURA DO MUNDO TODO ESTÁ SOB A PALHA

XAPANÃ DESCOBRE O SEGREDO DA PESTE

Olorum decidiu dividir os poderes e riquezas do mundo entre os orixás. No entanto, durante a partilha, Xapanã estava ausente, e os demais orixás, movidos por egoísmo, não lhe deixaram nada de valor, apenas a peste, que ninguém quis. Inconformado com a injustiça, Xapanã buscou a sabedoria de Orunmilá, que o ensinou a fazer oferendas para fortalecer seu poder sobre a peste. Tempos depois, uma terrível epidemia de varíola se abateu sobre o mundo, e nenhum orixá conseguia conter a doença. O povo, desesperado, consultou Orunmilá, que revelou que apenas Xapanã poderia deter a varíola. Oferendas foram feitas a Xapanã, que conseguiu controlar a epidemia e finalmente teve seu poder reconhecido e respeitado por todos.

> Xapanã, em sua busca por Orunmilá e superação das adversidades, demonstra que a sabedoria, a perseverança e a fé são seus aliados para vencer os desafios da vida. Busque orientação e apoio em momentos difíceis, seja em mentores, amigos, familiares ou na espiritualidade. Cultive a fé e acredite em seu potencial para superar obstáculos e alcançar seus objetivos. A esperança e a resiliência são como bússolas que guiam você nos momentos de incerteza, permitindo que você se reerga e siga em frente com coragem e determinação. Lembre-se de que, assim como Xapanã encontrou seu lugar no mundo, você também tem um papel importante a desempenhar. Lute contra a injustiça, busque a sabedoria, persevere em seus objetivos e acredite em si mesmo. Reflita sobre como você pode usar a história de Xapanã como inspiração para cultivar a fé, a esperança e a resiliência em sua vida e para encontrar seu lugar no mundo, contribuindo para o bem comum e construindo um futuro mais justo e harmonioso.

Reflita:

Como você pode transformar situações de injustiça ou subvalorização em oportunidades de crescimento e poder pessoal, usando seus desafios como uma fonte de força e inovação?

De que maneira você pode buscar sabedoria e orientação quando se sente desvalorizado ou esquecido, garantindo que suas capacidades e contribuições sejam reconhecidas e respeitadas?

Quando confrontado com crises ou problemas que parecem insuperáveis, como pode identificar e utilizar seus talentos únicos para trazer soluções e alívio para os outros, conquistando seu lugar de respeito e admiração?

Como você pode demonstrar resiliência e determinação em face da adversidade, sabendo que seu valor e impacto podem ser revelados mesmo nas circunstâncias mais difíceis?

Palavra-chave: #resiliência **Orixás:** Xapanã, Orunmilá

IFÁ ENSINA AO FEITICEIRO A ARTE DE ADIVINHAR

IFÁ DÁ AO FEITICEIRO AS HISTORIETAS QUE PERMITEM REALIZAR A ADIVINHAÇÃO

24
FEV

Um feiticeiro, em busca de solucionar uma calamidade que dizimou seus discípulos e abalou seu prestígio, partiu em uma longa peregrinação. Após meses de busca, encontrou um ancião que o convidou para sua casa e lhe apresentou suas 16 esposas, cada uma com um nome peculiar. O ancião revelou ao feiticeiro que cada esposa tinha 16 filhos, e cada filho, por sua vez, tinha outros 16 filhos. Ele, então, compartilhou com o feiticeiro as histórias de cada um desses descendentes, transmitindo-lhe um vasto conhecimento ancestral. Com esse conhecimento, o feiticeiro retornou à sua terra e conseguiu solucionar os problemas de seu povo, tornando-se o primeiro sacerdote de Ifá.

> O feiticeiro o convida a reconhecer suas próprias limitações e a se abrir para o aprendizado. As reações diante dos desafios que fogem ao seu controle revelam muito sobre você. Se você se frustra e desiste facilmente, é hora de refletir sobre isso. Reconheça que a vulnerabilidade e a busca por ajuda são demonstrações de coragem e sabedoria, e não de fraqueza. Esteja aberto a aprender com o mundo ao seu redor, com a espiritualidade e com a diversidade de conhecimentos que o universo oferece. Conectar-se com sua história familiar e com o legado de seus antepassados é essencial. Valorizar e buscar aprender com a experiência e a sabedoria dos mais velhos é uma prática enriquecedora. As histórias, ensinamentos e tradições transmitidos a você pelas gerações passadas são um tesouro. Honre e preserve a memória de sua família, reconhecendo a importância de suas raízes e do legado que você carrega consigo.

Reflita:

Como você pode embarcar em sua própria jornada de busca pelo conhecimento, reconhecendo que a solução para os problemas muitas vezes vêm de explorar novas perspectivas e aprender com os outros?

De que maneira você pode valorizar e preservar a sabedoria ancestral, aplicando esses ensinamentos de maneira prática para resolver seus reais desafios?

Quando confrontado com crises que afetam sua reputação ou eficácia, como pode usar a experiência e o conhecimento adquirido para restaurar a confiança?

Como você pode compartilhar o conhecimento e as histórias que acumulou ao longo do tempo, garantindo que elas sejam passadas adiante e possam inspirar e guiar os outros?

Palavra-chave: #sabedoria **Orixá:** Orunmilá

25 FEV

EXU É ESQUECIDO E PROMOVE UMA LUTA DE MORTE

EXU LEVA CONFUSÃO PARA OS DOIS AMIGOS CAMPONESES

Dois amigos camponeses, ao iniciarem seu trabalho na roça, esqueceram de louvar e oferecer suas preces a Exu, o orixá que sempre lhes havia proporcionado boas colheitas e condições favoráveis para o plantio. Exu, sentindo-se desrespeitado e ignorado, decidiu se vingar dos camponeses. Usando um boné de duas cores, preto de um lado e vermelho do outro, Exu se colocou entre os dois amigos e os cumprimentou. O primeiro achou que o boné vermelho. O outro tinha certeza que era preto. Os camponeses, confusos sobre a cor do boné, iniciaram uma discussão que rapidamente se transformou em uma violenta briga. Cegos de raiva, os amigos se atacaram com suas enxadas, ferindo-se mortalmente. A luta terminou com a morte de ambos, vítimas da discórdia e da fúria provocadas por Exu. Satisfeito com sua vingança, Exu cantou e dançou, celebrando o desfecho trágico e relembrando a importância de respeitar e honrar os orixás.

> Em um cenário de reflexão profunda, a fúria de Exu diante da ingratidão dos camponeses nos impele a examinar a gratidão em nossa própria jornada. A gratidão deve ser uma prática diária, um reconhecimento sincero pelas bênçãos recebidas, pelo apoio das pessoas ao nosso redor e por todas as dádivas que a vida generosamente nos oferece. Exu nos convida também a considerar o respeito ao sagrado e a humildade na relação com o divino. É importante fortalecer nossa conexão com as crenças espirituais, demonstrando reverência às forças da natureza e às divindades que guiam a fé. A humildade é um convite para reconhecermos que somos parte de algo muito maior do que nós mesmos, que a vida é um presente a ser recebido com gratidão e reverência. Esse reconhecimento nos permite cultivar uma perspectiva mais ampla e uma atitude de serviço.

Reflita:

Não seria a gratidão a base para uma existência mais plena e significativa?

Como podemos aprofundar nossa conexão com o sagrado, seja através de oração, meditação, estudo ou outras práticas que nos aproximem de nossa espiritualidade?

Em um mundo tão individualista, como podemos garantir que a humildade se torne um alicerce para nossas interações e para nossa percepção da vida?

Diante de tais ensinamentos, como podemos aplicar essas valiosas lições em nosso dia a dia para construir relacionamentos mais saudáveis e uma vida mais equilibrada?

Palavra-chave: #confusão **Orixá:** Exu

OGUM VENCE XANGÔ COM AUXÍLIO DE ICU

OGUM, A MORTE E UMA APOSTA COM XANGÔ

Ogum e Xangô, rivais em constante conflito, decidiram fazer uma aposta para resolver suas disputas. Ogum propôs que ambos fossem à praia e coletassem o maior número de búzios, e quem perdesse entregaria sua coleta ao vencedor. Xangô aceitou o desafio, confiante em sua capacidade. Ogum, porém, recorrendo à astúcia, pediu a Oiá que convocasse Icu, a Morte, para a praia no momento da aposta. Oiá atendeu ao pedido, e Icu compareceu no local para auxiliar Ogum. Durante a competição, Xangô se concentrou em coletar búzios e provocar Ogum, sem perceber a presença de Icu. Ao se deparar com a Morte, Xangô se assustou e fugiu, abandonando sua coleta. Ogum, aproveitando-se da situação, venceu a aposta e recebeu os búzios de Xangô, humilhando seu rival.

> Ogum e Xangô, em sua eterna disputa, o convidam a refletir sobre como você lida com a competição e a rivalidade em sua vida. As raízes da sua competitividade são fundamentais e merecem atenção. Ela pode impulsioná-lo a crescer e a se superar ou levá-lo a conflitos e desgastes desnecessários. É comum se ver envolvido em disputas e conflitos em várias situações. É preciso buscar o equilíbrio entre a competição saudável, que motiva a evolução, e a rivalidade destrutiva, que gera desarmonia e sofrimento. A atitude de Ogum, ao recorrer a Icu para vencer a aposta, o convida a questionar seus próprios valores e limites na busca por seus objetivos. O que você busca em suas conquistas deve ser bem definido: poder, reconhecimento, satisfação pessoal ou algo maior. A forma como você lida com a vitória e a derrota é um reflexo de sua integridade. É necessário refletir sobre a importância de agir com ética, responsabilidade e justiça em suas ações e decisões, buscando o sucesso de forma honesta e sustentável.

Reflita:

Como você pode transformar rivalidades e conflitos em oportunidades de aprendizado e crescimento, buscando soluções criativas em vez de se deixar levar pela competição desmedida?

De que maneira você pode reconhecer e respeitar o papel da astúcia e da sabedoria em suas interações e decisões, utilizando essas qualidades para superar desafios sem desumanizar o outro?

Quando confrontado com situações que provocam medo ou incerteza, como pode encontrar força interior e coragem para enfrentar seus desafios, em vez de fugir ou se esconder?

Como você pode usar suas experiências e habilidades de forma ética e respeitosa, garantindo que sua vitória nunca venha à custa da dignidade de outra pessoa?

Palavra-chave: #disputa **Orixás:** Ogum, Xangô, Oiá

27 FEV

OXÓSSI DECIDE VIVER COM OSSAIM

OXÓSSI CAI NOS ENCANTOS DE OSSAIM

Oxóssi, o caçador, e Ogum, o agricultor, viviam com sua mãe, Iemanjá. Apesar da fartura, Iemanjá pressentia perigos e consultou um babalaô, que a alertou sobre os riscos de Oxóssi caçar nas matas de Ossaim. Iemanjá proibiu Oxóssi de caçar, mas ele desobedeceu e continuou se aventurando na floresta. Em uma de suas caçadas, Oxóssi encontrou Ossaim, que lhe deu uma bebida que o fez perder a memória. Ossaim levou Oxóssi para viver com ele na mata, e Ogum, sentindo falta do irmão, partiu em sua busca, conseguindo resgatá-lo. Iemanjá, magoada com a desobediência de Oxóssi, não o perdoou e o expulsou de casa. Oxóssi retornou para a floresta e ficou com Ossaim. Ogum, solidário ao irmão, também deixou Iemanjá e foi viver na estrada. Arrependida e solitária, Iemanjá chorou tanto que suas lágrimas se transformaram em um rio que carrega seu nome.

> Iemanjá o convida a refletir sobre como você vivencia e expressa o amor em sua vida. O equilíbrio entre o cuidado e a proteção com o incentivo à independência e ao desenvolvimento individual daqueles que ama é uma arte delicada. A forma como você lida com a desobediência, a rebeldia e a necessidade de autonomia daqueles que você ama define seu amadurecimento. Busque encontrar um equilíbrio entre o apoio e a liberdade, permitindo que cada um trilhe seu próprio caminho, mas oferecendo amor, orientação e segurança ao longo da jornada. Oxóssi o inspira a questionar os limites impostos pelos outros e a buscar sua própria autonomia. Reconheça que a busca pela independência e autonomia pode ser um caminho para o autoconhecimento, mas lembre-se também da importância de manter laços afetivos e buscar apoio quando necessário.

Reflita:

Como você pode aprender a ouvir e respeitar os conselhos daqueles que se preocupam com você?

De que maneira você pode refletir sobre as consequências de suas ações e como isso pode impactar suas relações e seu bem-estar?

Quando confrontado com desafios ou solidão, como pode encontrar força e apoio em suas conexões familiares e nas pessoas que se importam com você?

Como você pode transformar a dor e o arrependimento em oportunidades de crescimento e reconexão, buscando reparar relacionamentos danificados e trabalhar para restaurar a harmonia em sua vida?

Palavra-chave: #destemido **Orixás:** Oxóssi, Iemanjá, Ossaim, Ogum

OSSAIM MOSTRA QUE DINHEIRO TEM SABEDORIA

28 FEV

OSSAIM COBRA PELAS CURAS QUE PROMOVE

Ossaim, desde criança, demonstrou grande conhecimento sobre as plantas e seus poderes curativos. Ele se dedicava a aprender os segredos da floresta e a usar as folhas para curar doenças e afastar males, tornando-se um importante curandeiro. Certa vez, Ossaim salvou a vida de um rei, mas recusou as riquezas oferecidas como recompensa, aceitando apenas o pagamento justo por seus serviços. Tempos depois, quando sua mãe adoeceu, Ossaim cobrou de seus irmãos um preço pelas ervas e cuidados necessários para curá-la. Mesmo surpresos, seus irmãos pagaram o valor exigido, e a cura foi bem-sucedida. O dinheiro é parte da magia, e existem encantamentos e preceitos que nem mesmo o orixá pode mudar. Para Ossaim, o conhecimento sobre as plantas e a cura tem um valor que deve ser reconhecido. Ele nos ensina que o dinheiro e a retribuição material fazem parte do processo de cura e que o conhecimento de Ossaim segue princípios que devem ser respeitados.

> Ossaim o convida a refletir sobre o valor do conhecimento e da sabedoria em sua vida. A busca e o cultivo do conhecimento são fundamentais para seu crescimento pessoal. Acreditar que o conhecimento deve ser compartilhado livremente é tão importante quanto reconhecer que ele possui um valor que deve ser reconhecido e recompensado. A atitude de Ossaim ao cobrar por seus serviços o convida a reconhecer o trabalho e a reciprocidade. A relação que você tem com seu trabalho deve ser de valorização e gratificação. Equilibrar a necessidade de retribuição material com a satisfação de ajudar os outros e contribuir para causas importantes é uma habilidade valiosa. Reconheça que seu trabalho tem valor e que você merece ser recompensado por ele, independentemente de seus laços afetivos.

Reflita:

Como você pode reconhecer e valorizar suas habilidades e conhecimentos, mesmo quando se trata de relacionamentos pessoais?

De que maneira você pode estabelecer limites saudáveis em suas interações, garantindo que sua generosidade não seja confundida com ausência de valor?

Quando se depara com a necessidade de cobrar pelos seus serviços ou habilidades, como pode comunicar isso de forma clara e respeitosa?

Como você pode integrar o reconhecimento do valor material em sua vida, sem perder de vista a importância das conexões emocionais e do cuidado mútuo?

Palavra-chave: #trabalho **Orixá:** Ossaim

29

FEV

REFLEXÃO ADICIONAL DE FEVEREIRO

UM OUTRO LADO SOBRE O MITO EM QUE OGUM VENCE XANGÔ COM AUXÍLIO DE ICU

OGUM, A MORTE E UMA APOSTA COM XANGÔ

Ogum e Xangô, rivais em constante conflito, decidiram fazer uma aposta para resolver suas disputas. Ogum propôs que ambos fossem à praia e coletassem o maior número de búzios, e quem perdesse entregaria sua coleta ao vencedor. Xangô aceitou o desafio, confiante em sua capacidade. Ogum, porém, recorrendo à astúcia, pediu a Oiá que convocasse Icu, a Morte, para a praia no momento da aposta. Oiá atendeu ao pedido, e Icu compareceu no local para auxiliar Ogum. Durante a competição, Xangô se concentrou em coletar búzios e provocar Ogum, sem perceber a presença de Icu. Ao se deparar com a Morte, Xangô se assustou e fugiu, abandonando sua coleta. Ogum, aproveitando-se da situação, venceu a aposta e recebeu os búzios de Xangô, humilhando seu rival.

> A atitude de Ogum, que usa a Morte como instrumento para vencer a aposta, nos leva a refletir sobre a importância da ética e da compaixão em nossas ações. Ogum, ao recorrer a Icu, demonstra familiaridade e aceitação da morte como parte da vida. Ele não se amedronta e a usa como aliada, mostrando que a compreensão da morte pode nos fortalecer e nos guiar. Xangô, por outro lado, foge apavorado de Icu, revelando apego à vida material e à sua posição como rei. Sua reação nos mostra que o poder e as conquistas terrenas são passageiros e que a verdadeira riqueza reside na busca por algo que transcende a vida física. Ogum e Xangô nos convidam a refletir sobre a importância de compreender e aceitar a morte como parte da vida e a buscar a transcendência e o desenvolvimento espiritual para além das conquistas materiais e do poder terreno.

Reflita:

Como a consciência da sua própria finitude impacta suas escolhas e o impulsiona a viver de forma mais autêntica e significativa, buscando seus verdadeiros propósitos?

Você já parou para questionar se suas conquistas materiais e sociais estão alinhadas com seus valores mais profundos, ou se há uma busca por algo que preencha um vazio existencial?

De que maneira a compaixão e a empatia se manifestam em suas interações diárias, e como você pode cultivar essas qualidades para construir relacionamentos mais enriquecedores e um mundo mais harmonioso ao seu redor?

O que a "riqueza verdadeira" significa para você em um nível mais profundo, e quais passos você pode tomar hoje para nutrir essa forma de abundância em sua vida, para além do material?

Palavra-chave: #morte **Orixás:** Ogum, Xangô, Oiá

MARÇO

MÊS DO CONHECIMENTO ANCESTRAL

Orixá: Orunmilá (Ifá)

Março é um mês de reflexão e sabedoria, ideal para honrar Orunmilá, o orixá da adivinhação e do destino. Ele detém o conhecimento dos mitos e a sabedoria que orienta a vida. A sua presença neste mês convida o leitor a buscar o autoconhecimento e a compreender seu próprio destino.

"Março, na sabedoria de Ifá, o destino se revela em cada história, e o nosso caminho se faz a cada passo consciente."

1 MAR OIÁ TOCA O FOLE DE OGUM

OS EGUNGUNS DANÇAM PARA OIÁ

Oiá, esposa de Ogum, ajudava na forja, manobrando o fole cuja pele foi feita de um touro selvagem caçado por Oxóssi. Durante uma festa de antepassados, os egunguns, representando os ancestrais, desfilavam pelas ruas. Quando passaram pela oficina de Ogum, o som rítmico do fole de Oiá os encantou, fazendo-os dançar. Encantada pela alegria dos egunguns, Oiá tocou o fole com mais força, intensificando a celebração. O povo aclamou Oiá como "Mulher que Domina o Egungum com o Som do Fole". Orgulhoso, Ogum colocou sua coroa na cabeça de Oiá, permitindo que ela fosse dançar com os egunguns e o povo, assumindo assim um papel de honra na celebração.

> A história de Oiá e Ogum demonstra a força da união e da colaboração. A música tem o poder de unir as pessoas, de evocar emoções e de transformar a realidade. A celebração dos egunguns demonstra a importância de honrar nossos ancestrais e preservar as tradições. O mito de Oiá e o fole de Ogum apresenta uma narrativa sobre a força feminina, a importância da música e a celebração dos ancestrais. Utilize a música para várias coisas! Ela ensina a valorizar a união, a criatividade e a conexão com nossas raízes.

Reflita:

Como você pode usar suas habilidades e talentos para trazer alegria e celebração para aqueles ao seu redor, criando momentos especiais e significativos?

De que maneira pode reconhecer e celebrar as contribuições que você e os outros fazem em suas comunidades, promovendo um espírito de união e honra?

Quando você encontra uma oportunidade de criar impacto positivo, como pode amplificar esse efeito, inspirando outros a se juntarem à celebração e ao reconhecimento?

Como pode equilibrar o orgulho pessoal com a humildade, reconhecendo que suas conquistas são muitas vezes resultado de colaboração e apoio mútuo?

Palavra-chave: #música **Orixás:** Oiá, Ogum, Oxóssi

ORÔ E A FORÇA MASCULINA

ORÔ É TRAÍDO PELA MULHER E SE AFASTA DO MUNDO

2 MAR

Orô, um grande caçador e filho de Iemanjá, era admirado e desejado por todas as mulheres. Após uma vida de aventuras amorosas, ele decidiu se casar e constituir família. No entanto, sua esposa o traiu e abortou seu filho, causando-lhe profunda dor e desilusão. Decepcionado com a traição e sentindo ódio pelas mulheres, Orô se isolou nas matas, afastando-se do mundo e de todos os prazeres da vida. Sua voz se tornou grave e assustadora, e sua presença passou a ser temida por todos, especialmente pelas mulheres. Transformado em um espírito solitário e vingativo, Orô se tornou o senhor da floresta, aplicando sua própria justiça e devorando aqueles que considerava culpados, principalmente mulheres adúlteras.

> Orô, o caçador ferido, o convida a questionar os modelos tradicionais de masculinidade e a se conectar com sua força e vulnerabilidade. Identificar-se com o "homem forte e inabalável" é comum, mas expressar emoções e fragilidades é um sinal de coragem. A verdadeira força está na autenticidade e na conexão com sua essência, sem medo de julgamentos. Orô alerta para os perigos da vingança e da raiva descontrolada. Definir justiça é pessoal. A crença de que a vingança é justa, em contraste com o caminho do diálogo e do perdão, molda sua visão. Buscar justiça com equilíbrio, compaixão e sabedoria promove o bem-estar coletivo. Orô, o espírito da floresta, convida a se reconectar com o sagrado masculino. As qualidades masculinas que você cultiva são fundamentais para sua identidade. Honrar o sagrado masculino nas pessoas ao seu redor enriquece suas relações. Cultivar força, coragem e conexão com a natureza é uma forma de honrar a energia masculina em sua plenitude.

Reflita:

Como você pode lidar com a traição e a desilusão de maneira construtiva, evitando que experiências dolorosas o afastem das conexões e alegrias da vida?

De que forma você pode transformar sua dor em aprendizado e crescimento, utilizando essas experiências para se fortalecer e se conectar mais profundamente com seus valores e objetivos?

Quando confrontado com sentimentos de raiva ou vingança, como pode encontrar maneiras saudáveis de expressar e lidar com essas emoções, buscando a cura em vez do isolamento?

Como você pode cultivar a empatia e a compreensão, reconhecendo que as ações de outros não definem seu valor pessoal, e que o perdão pode ser um caminho poderoso para libertar-se do passado?

Palavra-chave: #masculinidade **Orixás:** Orô, Iemanjá

3 MAR

OXUMARÊ CEDE ÀS INFLUÊNCIAS DE EXU E SE VOLTA CONTRA NANÃ

OXUMARÊ USURPA A COROA DE SUA MÃE

Oxumarê, filho de Nanã, era um ser dual, destinado a alternar entre uma forma monstruosa e uma bela mulher. Essa dualidade o impedia de ter relacionamentos amorosos estáveis, causando-lhe frustração e revolta contra sua mãe. Influenciado por Exu, Oxumarê se voltou contra Nanã, culpando-a por sua infelicidade, e tomou a coroa dela, tornando-se o rei dos Jeje. Oxumarê, em sua forma monstruosa, invadiu o palácio de Nanã e aterrorizou a todos. Nanã, para evitar mais sofrimento, entregou-lhe a coroa, e Oxumarê se tornou o novo rei. O mito ilustra a busca de Oxumarê por poder e reconhecimento, e a influência de Exu em seu destino.

> Oxumarê, em sua dualidade e transformação, convida você a se conectar com sua natureza multifacetada, aceitando suas luzes e sombras. Ser autêntico, expressando todas as nuances do seu ser sem medo de julgamentos, é essencial para uma vida plena e em paz. Exu, em sua influência sobre Oxumarê, revela como a manipulação e a inveja podem ser prejudiciais, levando a ações destrutivas. Reconhecer as próprias vontades e necessidades ajuda a não se deixar levar pelas influências externas. Lidar com a inveja e o desejo de poder exige autoconhecimento. Questione as intenções das pessoas ao seu redor, discernindo entre influências positivas e negativas. A autonomia e o autoconhecimento permitem escolhas conscientes e a construção de um caminho de integridade.

Reflita:

Como você pode lidar com a dualidade de sua própria natureza, reconhecendo e aceitando tanto suas fraquezas quanto suas forças, em vez de deixar que a frustração o leve a ações impulsivas?

De que maneira você pode buscar poder e reconhecimento de forma ética e construtiva, evitando se deixar influenciar por forças externas que podem conduzi-lo a decisões destrutivas?

Quando confrontado com conflitos familiares ou questões de autoridade, como pode encontrar maneiras saudáveis de se comunicar e resolver desavenças, em vez de recorrer à rebelião ou à confrontação?

Como você pode usar suas experiências para promover a cura e a compreensão, buscando transformar ressentimentos em empatia e colaboração, em vez de se deixar consumir pela raiva?

Palavra-chave: #influências **Orixás:** Oxumarê, Nanã, Exu

XANGÔ E OIÁ GANHAM A GUERRA JUNTOS

XANGÔ SE ALIA A OIÁ PARA GANHAR A GUERRA

4 MAR

Xangô, o rei conquistador, causou a fúria de Iansã ao sequestrar Oxum do palácio de Orunmilá. Quando os malês invadiram suas terras, Xangô se viu em dificuldades, e o oráculo lhe revelou que precisaria da ajuda de uma mulher para vencer a guerra. Buscando apoio, Xangô primeiro recorreu a Oxum, que se recusou a participar da batalha, preferindo a paz e o conforto. Sem alternativas, Xangô pediu ajuda a Iansã, que, apesar da raiva pela traição, aceitou lutar ao seu lado e demonstrou sua força e lealdade. Com os poderes de Iansã e sua tempestade de raios e trovões, Xangô conseguiu derrotar os malês e reconquistar suas terras, reconhecendo a importância de Iansã em sua vida. O mito contrasta a força e a coragem de Iansã com a vaidade e a fragilidade de Oxum, revelando a importância das alianças e do apoio mútuo na superação dos desafios.

> Xangô, em sua arrogância e impulsividade, o convida a refletir sobre como lida com o poder e a força. Agir com humildade e reconhecer suas limitações é fundamental, em vez de se deixar levar pelo orgulho. A forma como reage às dificuldades deve incluir a busca de ajuda, em vez de tentar resolver tudo sozinho. Analise as consequências do orgulho e da arrogância; eles afastam as pessoas, criam conflitos e impedem seu crescimento. Oxum e Iansã o convidam a questionar seus valores e comportamentos nos relacionamentos. Estar disposto a ajudar quem te feriu é um sinal de grandeza. Os valores que guiam suas ações, como compaixão, justiça e lealdade, são essenciais. Cultive relações saudáveis, baseadas no respeito e na confiança. Iansã, em sua força, o inspira a valorizar amigos e aliados, construindo relações de apoio mútuo. Reconhecer a importância das pessoas que te amam é fundamental. Contribuir para o bem-estar dos que estão ao seu redor fortalece os laços. A união e a colaboração ajudam a superar adversidades.

Reflita:

Como você pode reconhecer a importância das alianças e do trabalho em equipe em sua vida, especialmente em momentos de crise, em vez de confiar apenas em suas próprias forças?

De que maneira você pode aprender a valorizar e respeitar as contribuições dos outros, mesmo quando há desentendimentos ou conflitos passados, buscando a colaboração em vez da competição?

Quando confrontado com desafios que parecem insuperáveis, como pode abrir-se para pedir ajuda, mesmo que isso signifique superar o orgulho ou a relutância?

Como você pode usar suas experiências de traição e desilusão para construir relacionamentos mais fortes e saudáveis, promovendo um ambiente de apoio mútuo e compreensão?

Palavra-chave: #aliança **Orixás:** Xangô, Oiá, Oxum, Orunmilá

5 MAR

AJALÁ MODELA AS CABEÇAS DE TODOS OS SERES HUMANOS

AJALÁ MODELA O ORI

Obatalá, criador dos seres humanos, modelou o corpo com todos os seus detalhes, mas esqueceu-se de fazer a cabeça. Olorum, então, encarregou Ajalá, o oleiro, de completar a obra. Ajalá moldava as cabeças de barro e as cozinhava em seu forno, criando cabeças de diferentes qualidades, dependendo de seu estado de espírito. Antes de nascer, cada pessoa escolhia sua própria cabeça na oficina de Ajalá, determinando assim seu destino. A escolha de uma "cabeça boa", bem cozida e sábia, significava uma vida próspera e feliz. Afinal, a importância da cabeça, "ori", como elemento central do destino humano é um alerta para a responsabilidade de fazer escolhas conscientes e buscar a sabedoria para construir uma vida plena.

> Ajalá, o oleiro divino, o convida a refletir sobre o destino e o livre-arbítrio. Seu destino não está predeterminado; suas escolhas e ações influenciam o curso da sua vida. Você tem o poder de moldar seu futuro, assim como o oleiro molda o barro. Assuma a responsabilidade por suas decisões e busque o autoconhecimento para fazer escolhas conscientes e construir um destino próspero. Seus valores e princípios devem guiar suas ações, e é essencial aprender com os erros e buscar o desenvolvimento pessoal. Ajalá também o incentiva a buscar sabedoria e autoconhecimento. Conecte-se com sua essência e compreenda seus pensamentos, sentimentos e motivações. Suas fontes de sabedoria e inspiração devem ser valorizadas. Aprender com as experiências da vida, encontros e ensinamentos que o universo oferece promove o crescimento.

Reflita:

Como você pode assumir a responsabilidade por suas escolhas e decisões, reconhecendo que cada uma delas molda seu destino e sua trajetória de vida?

De que maneira você pode cultivar um estado de espírito positivo e sábio, garantindo que suas "cabeças" – ou suas ideias e perspectivas – sejam bem cozidas e preparadas para enfrentar os desafios da vida?

Quando confrontado com decisões importantes, como pode acessar sua sabedoria interior e fazer escolhas que reflitam verdadeiramente quem você é e o que deseja alcançar?

Como você pode aprender a valorizar a importância do "ori", ou a cabeça, como elemento central de sua vida, buscando constantemente o autoconhecimento e a reflexão para viver de forma plena e significativa?

Palavra-chave: #cabeça **Orixás:** Ajalá, Obatalá

OIÁ DÁ À LUZ SEU NONO FILHO: EGUNGUM

OIÁ PARIU EGUNGUM

6 MAR

Oiá, incapaz de ter filhos, consultou um babalaô que lhe revelou a necessidade de ser possuída com violência para engravidar. Após ser possuída por Xangô, Oiá deu à luz nove filhos, dos quais oito nasceram mudos. Preocupada, ela retornou ao babalaô, que lhe recomendou fazer oferendas e sacrifícios. Tempos depois, Oiá teve mais um filho, Egungum, que, embora não fosse mudo, possuía uma voz rouca e cavernosa. Egungum se tornou o ancestral fundador de diversas famílias e cidades, sendo reverenciado como um líder e protetor. Quando Egungum retorna para dançar entre seus descendentes, usando máscaras e vestimentas coloridas, ele se curva apenas diante de Oiá, sua mãe, em um gesto de respeito e reconhecimento por sua força e importância em sua história.

> Oiá, em seu desejo de ser mãe e de superar a infertilidade, te convida a refletir sobre como vivencia a maternidade (ou paternidade). Os desafios e alegrias desse papel são parte da jornada. Lidar com as dificuldades e obstáculos com persistência e soluções criativas é fundamental, assim como Oiá faz. Egungum, com sua voz rouca e profunda, inspira você a encontrar e expressar sua própria voz, sem medo de ser diferente. É preciso comunicar-se com autenticidade; esconder-se atrás de máscaras impede a verdadeira expressão. Valorize sua individualidade e comunique-se com clareza, confiança e respeito. Egungum também te convida a se conectar com sua ancestralidade, honrando a história e os ensinamentos de seus antepassados. Conhecer e valorizar suas raízes e o legado que carrega é importante. Aprenda com o passado e honre a memória daqueles que vieram antes de você, reconhecendo a importância da ancestralidade em sua jornada.

Reflita:

Como você pode enfrentar as adversidades e os desafios em sua vida, reconhecendo que momentos difíceis podem levar a resultados inesperados e significativos?

De que maneira você pode buscar apoio e orientação de mentores ou conselheiros quando se sentir perdido, assim como Oiá consultou o babalaô em busca de soluções?

Quando confrontado com a necessidade de se reinventar ou se dedicar a algo novo, como você pode se abrir para experiências transformadoras que podem levar a novas oportunidades?

Como você pode valorizar e honrar suas raízes e ancestralidade, reconhecendo a importância de suas origens na construção de sua identidade e na busca por um propósito maior?

Palavra-chave: #ancestralidade **Orixás:** Oiá, Xangô

7 MAR

OS IBEJIS ETERNIZAM-SE COMO UMA BELA ESTATUETA

OS IBEJIS VIRAM ETERNAS CRIANÇAS

Os Ibejis, dois meninos gêmeos filhos de Iemanjá, viviam alegremente brincando com Logum Edé e Euá. Em um dia de brincadeiras em uma cachoeira, um dos gêmeos se afogou, deixando o outro irmão inconsolável com a perda e a solidão. O Ibeji sobrevivente, imerso em profunda tristeza, implorou a Orunmilá que trouxesse seu irmão de volta. Orunmilá, compadecido com o sofrimento da criança, mas incapaz de reverter a morte, transformou os dois irmãos em imagens de madeira. Unidos para sempre em uma estatueta, os Ibejis se tornaram crianças eternas, brincando e se alegrando para sempre, livres da dor e da separação.

> Os Ibejis, em suas brincadeiras com Logum Edé e Euá, o convidam a refletir sobre as influências que moldaram sua personalidade. As pessoas, lugares, experiências e valores que impactaram sua infância são fundamentais. Essas vivências contribuíram para a pessoa que você é hoje. Reconhecer e valorizar essas influências é importante, assim como construir sua identidade de forma independente e desprender-se do passado. Os Ibejis também o incentivam a se conectar com sua criança interior e cultivar a alegria e a espontaneidade. Permita-se brincar, se divertir e expressar sua alegria sem medo de julgamentos. Identifique o que traz felicidade e leveza à sua vida. Resgatar a simplicidade, a curiosidade e a alegria da infância tornará sua vida adulta mais leve, criativa e feliz.

Reflita:

Como você pode encontrar consolo e esperança em momentos de perda e tristeza, buscando formas de honrar as memórias de quem já partiu e manter viva a conexão emocional?

De que maneira você pode transformar a dor em um legado positivo, utilizando suas experiências de luto para cultivar empatia e apoio a outros que enfrentam situações semelhantes?

Quando confrontado com a solidão ou a tristeza, como pode buscar apoio em sua comunidade, amigos ou familiares para encontrar conforto e compartilhar suas emoções?

Como você pode aprender a valorizar a alegria e a inocência da vida, mesmo diante das inevitáveis perdas, buscando momentos de felicidade e gratidão no presente?

Palavra-chave: #felicidade **Orixás:** Ibejis, Logum Edé, Euá, Orunmilá

OXUM NÃO ACEITA MENOS DO QUE SE OFERTA

8 MAR

OXUM EXIGE A PRINCESA EM SACRIFÍCIO

O rei Oloú, em guerra, precisava atravessar o rio de Oxum, mas as águas estavam agitadas. Ele fez um pacto com Oxum, prometendo-lhe uma "bela prenda" em troca da travessia. Porém, Prenda Bela era exatamente o nome da esposa do rei Oloú, filha predileta do rei de Ibadã. Oxum atendeu ao pedido, mas, quando Oloú lhe ofereceu presentes e riquezas, ela os recusou, pois desejava Prenda Bela. Após retornar vitorioso da guerra, Oloú se viu novamente impedido de atravessar o rio e, pressionado por Oxum, acabou sacrificando sua esposa grávida, Prenda Bela, às águas furiosas. Oxum, compadecida, devolveu o bebê recém-nascido às margens do rio, mas manteve Prenda Bela consigo. O rei Ibadã, pai de Prenda Bela, ao saber da tragédia, declarou guerra a Oloú e o expulsou de suas terras.

> Oloú, em sua atitude desonesta e suas consequências trágicas, o convida a refletir sobre a importância da honestidade e da integridade. Seus princípios e valores devem guiá-lo, garantindo que suas ações e decisões sejam coerentes com sua essência. Agir com honestidade em situações de consequências negativas é um desafio; mantenha-se fiel aos seus valores, mesmo diante de pressões. Oxum, com sua compaixão e respeito à vida, o inspira a cultivar empatia e solidariedade em seus relacionamentos. Colocar-se no lugar do outro e compreender suas dores e alegrias é essencial. Expressar compaixão e oferecer apoio àqueles que sofrem fortalece os laços humanos. Lembre-se de que a compaixão é uma virtude poderosa que contribui para um mundo mais justo e harmonioso.

Reflita:

Como você pode refletir sobre as consequências de suas promessas e compromissos, considerando que decisões feitas em momentos de necessidade podem ter repercussões profundas e duradouras?

De que maneira você pode aprender a valorizar e proteger aqueles que ama, evitando colocar seus interesses pessoais acima do bem-estar de outros, mesmo quando confrontado com pressões externas?

Quando estiver enfrentando conflitos ou desafios, como você pode buscar soluções que não envolvam sacrifícios dolorosos, promovendo o diálogo e a compreensão em vez do desespero?

Como você pode cultivar a empatia e a compaixão pelas mulheres, reconhecendo que cada ação tem um impacto sobre os outros e que a verdadeira força reside em buscar a harmonia e o respeito mútuo?

Palavra-chave: #palavra **Orixá:** Oxum

9 MAR

LOGUM EDÉ E UM AMOR CEGO

LOGUM EDÉ DEVOLVE A VISÃO

Logum Edé, um habilidoso caçador, partiu em uma expedição com Erinlé, seu pai, sem que ambos soubessem do parentesco. Durante a caçada, Erinlé matou um pássaro proibido, pertencente às feiticeiras Iá Mi Oxorongá, o que provocou a ira das feiticeiras, que os cegaram com um feitiço. Logum Edé, usando seus conhecimentos mágicos, conseguiu devolver a visão a Erinlé, mas permaneceu cego. Guiado por Erinlé, Logum Edé chegou à lagoa de Oxum, sua mãe, onde um antigo amor renasceu entre seus pais. Dessa união, nasceu o rio Inlé e um peixe que levou Logum Edé para as profundezas, onde ele conheceu Iemanjá. Iemanjá adotou Logum Edé e lhe deu as riquezas de seu reino, permitindo que ele vivesse entre as águas e as matas. Assim, Logum Edé, o caçador, também se tornou o protetor dos rios e lagos, unindo os domínios de seus pais e ampliando seus poderes e influência.

> Erinlé, em sua ação impensada e suas consequências, o convida a refletir sobre o preço da ignorância. Permita-se aprender com seus erros e buscar conhecimento e orientação quando necessário. Reconheça que a ignorância e a arrogância podem levar a consequências negativas, dificuldades e conflitos em seus relacionamentos e na sua jornada. Logum Edé, em sua busca por conhecimento e respeito às feiticeiras, o inspira a encontrar o equilíbrio entre tradição e inovação. Harmonizar o respeito pelas regras com o desejo de desafiar limites é um equilíbrio necessário. Pergunte-se se você segue normas ou tenta transgredi-las em busca de crescimento e transformação. Questione regras e procure novas perspectivas quando necessário. Lembre-se de que o equilíbrio entre respeito à tradição e busca por inovação é essencial para o desenvolvimento pessoal e a construção de um futuro próspero e harmonioso.

Reflita:

Como você pode reconhecer e valorizar as conexões familiares, mesmo quando não as conhece completamente, buscando entender e fortalecer esses laços ao longo da vida?

De que maneira você pode usar seus talentos e conhecimentos para ajudar os outros, mesmo que isso signifique fazer sacrifícios pessoais, assim como Logum Edé devolveu a visão a seu pai?

Quando confrontado com desafios ou consequências de suas ações, como você pode buscar soluções criativas e mágicas para transformar situações difíceis em oportunidades de crescimento?

Como você pode abraçar suas raízes e heranças, reconhecendo que elas moldam quem você é e podem ampliar suas capacidades e influências no mundo?

Palavra-chave: #novos caminhos **Orixás:** Logum Edé, Erinlé, Oxum, Iemanjá

NANÃ DEITA-SE COM OLUFÃ E TEM UM FILHO

NANÃ E SEU FILHO COM OXALUFÃ

10 MAR

Nanã, conhecida como a grande justiceira, era temida por sua imparcialidade questionável, especialmente pelos homens, que acreditavam que ela favorecia as mulheres em suas decisões. Ela governava um jardim secreto onde controlava os eguns, espíritos que puniam os maridos denunciados por suas esposas. O comportamento severo de Nanã preocupava os outros orixás, que decidiram intervir enviando Oxalufã para apaziguá-la. Oxalufã, com sua sabedoria e paciência, conseguiu ganhar a confiança de Nanã, que gradualmente começou a ouvir ambos os lados das histórias, em vez de apenas as mulheres. À medida que Nanã e Oxalufã se aproximavam, ela mostrou seu reino e revelou como comandava os eguns. Um dia, aproveitando uma ausência de Nanã, Oxalufã se infiltrou entre os eguns e ordenou que também obedecessem a ele. Nanã, apesar de contrariada, aceitou a mudança devido ao amor que sentia por Oxalufã e seu desejo de ter um filho com ele. No entanto, Oxalufã advertiu que isso não seria possível, pois eles tinham o mesmo sangue. Inconformada com a impossibilidade de ter um filho, Nanã usou um pó mágico para seduzir Oxalufã enquanto ele dormia, engravidando dele. A traição deixou Oxalufã decepcionado, levando-o a abandonar Nanã e buscar a companhia de Iemanjá.

> Nanã, em sua justiça peculiar, o convida a refletir sobre o significado de justiça em sua vida. Justiça é um conceito que você deve explorar. Todos enfrentam a sensação de injustiça em algum momento. A história de Nanã e Oxalufã destaca a influência do amor e dos relacionamentos em suas escolhas. O amor impacta suas decisões de maneiras profundas. O amor transforma e traz crescimento pessoal, e encontrar o equilíbrio entre razão e emoção é necessário. A traição de Nanã alerta para os perigos da manipulação e do controle. Aceitar limitações e situações fora do seu controle é importante, evitando a ilusão de controlar o destino. Reflita sobre ações impulsivas que levaram a sofrimento e busque o equilíbrio entre seus desejos e a realidade, aceitando o que não pode mudar.

Reflita:

Como você pode equilibrar a justiça e a imparcialidade em suas decisões, garantindo que todas as vozes sejam ouvidas, especialmente em situações de conflito?

De que maneira você pode cultivar relacionamentos saudáveis e respeitosos, reconhecendo a importância da comunicação e da compreensão mútua, assim como Oxalufã fez com Nanã?

Quando confrontado com a tentação ou o desejo de agir de forma impulsiva, como você pode refletir sobre as consequências de suas ações antes de tomar decisões que podem afetar a vida de outros?

Como você pode aprender com suas experiências e reflexões, buscando o crescimento pessoal e a sabedoria, mesmo após momentos de solidão ou arrependimento?

Palavra-chave: #desejo **Orixás:** Nanã, Oxalufã, Iemanjá

11 MAR

EUÁ E OXUMARÊ SE CASAM E COMPARTILHAM OS SEGREDOS

O CASAMENTO ENTRE EUÁ E OXUMARÊ

Euá, uma deusa em busca de um lugar para chamar de lar, percorreu o mundo até encontrar as cabeceiras dos rios, onde as águas puras das fontes a atraíram. Foi nesse ambiente sereno e repleto de vida que Euá se deparou com o arco-íris, uma manifestação de beleza e magia que a cativou profundamente. Esse fenômeno celestial era, na verdade, Oxumarê, o orixá do movimento e da transformação, que com sua presença vibrante e colorida encantou Euá. Envolvida pelo encanto do arco-íris, Euá não resistiu ao chamado do amor que sentia por Oxumarê. Decidida, ela se uniu a ele em matrimônio, encontrando não apenas um parceiro mas também um novo propósito e uma nova companhia para compartilhar sua existência. Essa união simboliza a fusão entre a terra e o céu, entre o visível e o invisível, mostrando o poder transformador do amor e da beleza, que transcende suas diferenças. A partir de seu casamento com Oxumarê, Euá passou a viver entre os segredos do universo, representados pelas cores e pela mudança constante do arco-íris.

> Euá, em sua busca por um lugar no mundo, o convida a se conectar com sua jornada e reconhecer a importância de encontrar seu espaço de pertencimento e significado. Esteja aberto a explorar o mundo e a si mesmo, permitindo-se ser transformado pelas experiências da vida. Os mistérios que o fascinam e inspiram a buscar conhecimento são essenciais, e sua relação com o desconhecido e as incertezas da vida moldam sua trajetória. Oxumarê, o arco-íris, simboliza a união de forças opostas e a beleza da diversidade. Compartilhe seus conhecimentos generosamente, contribuindo para o crescimento dos outros. Integre a busca por conhecimento, a conexão com a natureza e a força da união em sua jornada, construindo uma vida plena de significado, propósito e conexão.

Reflita:

Como você pode buscar um lugar de pertencimento e propósito em sua vida, reconhecendo que a jornada de autodescoberta é tão importante quanto o destino final?

De que maneira você pode abrir-se para o amor e as conexões que surgem em sua vida, permitindo que esses relacionamentos transformadores moldem sua existência e ampliem suas perspectivas?

Quando confrontado com a beleza e a magia ao seu redor, como você pode aprender a valorizar esses momentos e integrá-los à sua vida cotidiana, reconhecendo o poder da transformação?

Como você pode encontrar harmonia entre as diferentes partes de sua vida, assim como a união de Euá e Oxumarê simboliza a fusão entre a terra e o céu, buscando um equilíbrio entre o visível e o invisível?

Palavra-chave: #encontro **Orixás:** Euá, Oxumarê

IEMANJÁ, DESESPERADA, ACESSA O DESTINO DE UMA FORMA INESPERADA

12 MAR

IEMANJÁ JOGA BÚZIOS NA AUSÊNCIA DE ORUNMILÁ

Iemanjá e Orunmilá eram casados, e ele era conhecido como um grande adivinho, mestre nos segredos dos búzios. Durante uma viagem do adivinho, Iemanjá decidiu usar o oráculo de seu marido para sustentar-se. Sua habilidade atraiu uma grande clientela e trouxe prosperidade. Ao retornar, Orunmilá ouviu rumores sobre uma mulher em sua aldeia que jogava búzios com a destreza, o que despertou sua desconfiança. Ao chegar em casa, Orunmilá observou escondido e confirmou que era Iemanjá quem realizava os atendimentos. Ele a repreendeu por usar o oráculo em sua ausência, mas Iemanjá justificou que agiu por necessidade. Descontente, Orunmilá levou o caso a Olofim, a divindade suprema, para decidir a questão. Olofim afirmou que Orunmilá continuaria sendo o único detentor pleno do conhecimento sobre as histórias complexas do destino, mas reconheceu o talento de Iemanjá. Em reconhecimento, Olofim concedeu a ela o direito de interpretar situações mais simples, que não exigissem o conhecimento profundo do destino. Com isso, as mulheres ganharam a permissão de exercer uma função antes restrita aos homens, marcando uma ampliação de papéis dentro do oráculo.

> Iemanjá, em sua superação e ousadia, o convida a refletir sobre como enfrenta as dificuldades e busca soluções criativas para os desafios da vida. Adaptar-se com resiliência e flexibilidade é fundamental, e não se deixar abater pelas adversidades é um sinal de força. Buscar conhecimento e desafiar normas sociais em prol de seus objetivos é essencial. Iemanjá, ao ousar no jogo, rompe com tradições e abre caminho para a transformação social. Posicionar-se a favor da mudança e da quebra de padrões é uma escolha poderosa, enquanto agarrar-se às tradições, sem reflexão, pode limitar seu crescimento. Inspire-se em Iemanjá para superar obstáculos, buscar conhecimento e contribuir para uma sociedade mais justa.

Reflita:

Como você pode reconhecer e respeitar a sabedoria e as habilidades de outras pessoas ao seu redor?

De que maneira você pode usar seus talentos e habilidades em tempos de necessidade, buscando soluções criativas e éticas para enfrentar desafios?

Quando confrontado com desentendimentos ou desconfianças em relacionamentos, como você pode cultivar a comunicação aberta e honesta para resolver conflitos?

Como você pode valorizar a igualdade de gênero e as mudanças sociais que promovem a inclusão e a diversidade em sua vida e comunidade?

Palavra-chave: #superação **Orixás:** Iemanjá, Orunmilá, Olofim

13 MAR

OXALÁ CRIOU A VIDA, MAS TAMBÉM A MORTE

OBATALÁ CRIA ICU

No início do mundo, os seres humanos, criados por Obatalá, viviam em harmonia com os orixás e prosperavam graças à sua devoção. No entanto, com o tempo, tornaram-se arrogantes e se consideraram iguais aos deuses, deixando de alimentá-los e de respeitá-los. Obatalá, decepcionado com a ingratidão e a arrogância dos humanos, decidiu que eles deveriam morrer e criou Icu, a Morte, para cumprir essa tarefa. Icu ficou responsável por levar a morte aos seres humanos, mas com uma condição: apenas Olorum, o deus supremo, poderia decidir a hora da morte de cada um. Assim, a morte se tornou parte da vida humana, um lembrete da finitude e da importância de viver com humildade e gratidão.

> Obatalá, em sua sabedoria e poder, o convida a cultivar a humildade e a gratidão em sua vida. Reconhecer-se como parte de algo maior é fundamental, em vez de se deixar levar pela arrogância. Obatalá, ao criar a morte, lembra da finitude da vida e da importância de viver cada momento com intensidade e propósito. Relacionar-se com a morte como uma transição natural é um passo importante. A consciência da finitude deve influenciar suas escolhas e ações, levando-o a viver plenamente, realizar seus sonhos e deixar um legado positivo. Obatalá o convida a refletir sobre o livre-arbítrio e a responsabilidade sobre sua vida. Acredite no poder de escolher seu caminho, em vez de se sentir preso ao destino. Encontrar um equilíbrio entre sua vontade e a vontade divina é essencial para viver em harmonia com as leis do universo.

Reflita:

Como você pode cultivar a humildade em sua vida, reconhecendo que a verdadeira grandeza vem do respeito e da gratidão, tanto pelos outros quanto pelas forças que moldam seu destino?

De que maneira você pode refletir sobre a importância da mortalidade, utilizando esse entendimento para valorizar cada momento e viver de forma significativa e consciente?

Quando confrontado com ingratidão ou desrespeito em seus relacionamentos, como você pode agir com sabedoria e compaixão, promovendo a reflexão e o crescimento mútuo em vez de reações impulsivas?

Como você pode integrar a aceitação da morte como parte da vida em sua filosofia pessoal, reconhecendo que essa aceitação pode enriquecer suas experiências e fortalecer suas relações?

Palavra-chave: #humildade **Orixá:** Obatalá

ORUNMILÁ DESCOBRE COMO CADA SER HUMANO FOI FEITO

14 MAR

ORUNMILÁ APRENDE O SEGREDO DA FABRICAÇÃO DE HUMANO

Obatalá, o criador dos seres humanos, convocou seus irmãos orixás para testemunharem o processo da Criação. No entanto, apenas Orunmilá compareceu ao chamado, demonstrando respeito e interesse pelo conhecimento. Como recompensa pela sua presença e atenção, Obatalá concedeu a Orunmilá o privilégio de conhecer os segredos da criação do humano, revelando a ele os mistérios e os materiais utilizados no processo. Com esse conhecimento, Orunmilá se tornou o guardião dos segredos da vida humana, o mestre da adivinhação e o conhecedor do destino, capaz de interpretar as vontades dos orixás e desvendar o futuro dos seres humanos.

> Orunmilá, em sua busca por conhecimento e serviço a Obatalá, o convida a refletir sobre sua prontidão para aprender e crescer. Esteja aberto a novas experiências e transforme-se em alguém melhor. O conhecimento e o poder devem servir ao bem-estar da comunidade. Considere como suas habilidades podem fazer a diferença no mundo. O mito incentiva a valorizar a sabedoria ancestral e buscar a orientação de mentores que possam guiá-lo. Identifique suas fontes de sabedoria e honre a tradição de sua comunidade. Por fim, o mito convida a refletir sobre o destino e o equilíbrio entre livre-arbítrio e forças externas. Reconheça se é responsável por seu destino ou se fatores externos influenciam sua vida. Lide com incertezas buscando o equilíbrio entre aceitar o que não pode mudar e fazer escolhas conscientes para uma vida plena e significativa.

Reflita:

Como você pode valorizar a importância do aprendizado e do conhecimento, reconhecendo que a disposição para ouvir e aprender pode abrir portas e criar oportunidades em sua vida?

De que maneira você pode se tornar um guardião do conhecimento em sua comunidade, compartilhando o que aprendeu e ajudando os outros a entenderem seus próprios destinos e jornadas?

Quando confrontado com a responsabilidade de conhecer verdades profundas, como você pode agir com ética e respeito, utilizando esse conhecimento para o bem-estar de todos ao seu redor?

Como você pode integrar a sabedoria ancestral em sua vida diária, reconhecendo que compreender o passado pode iluminar o futuro e guiar suas decisões?

Palavra-chave: #ser **Orixás:** Orunmilá, Obatalá

15 MAR

EXU COME DE TUDO

EXU DEVORA A PRÓPRIA MÃE

Orunmilá, desejando ter um filho, foi até Oxalá e insistiu para que lhe concedesse a criança que estava sentada à porta do palácio. Oxalá o alertou que aquele não era o filho ideal, mas acabou cedendo aos pedidos de Orunmilá. A criança, chamada Elegbara, nasceu com uma fome insaciável, devorando tudo o que encontrava pela frente. Elegbara comeu todos os animais, plantas e alimentos, e sua fome não diminuía. Desesperada, sua mãe lhe deu tudo o que tinha, mas nada foi suficiente para saciá-lo. Em um ato de desespero, Elegbara acabou devorando a própria mãe e tentou comer o pai, Orunmilá. Enfurecido, Orunmilá perseguiu Elegbara com sua espada, cortando-o em pedaços a cada vez que o alcançava. Cada pedaço se transformava em um langui (pedra de laterita), mas Elegbara sempre renascia do último pedaço. Após uma longa perseguição, pai e filho fizeram um acordo: Elegbara devolveu tudo o que havia devorado, inclusive sua mãe, e passou a trabalhar para Orunmilá, com a condição de ser sempre saudado e alimentado primeiro em todos os rituais.

> Exu, em sua potência, o convida a se conectar com o axé, a energia vital que reside em você. Cultive e fortaleça seu axé por meio de alegria, dança, música, fé, amor e contato com a natureza. Esteja atento às oportunidades de multiplicar o axé em sua vida, contagiando os outros com sua energia positiva para construir um mundo mais harmonioso. Exu, o mensageiro, o incentiva a usar sua voz e capacidade de comunicação para se expressar e manifestar seus sonhos. Comunique-se de forma clara e autêntica, reconhecendo e superando seus desafios de comunicação. Aprimore suas habilidades, buscando diálogo, escuta atenta e empatia. Exu o inspira a aprender e crescer com cada situação. Processar e integrar suas experiências, positivas ou negativas, é essencial. Aprenda com seus erros e transforme suas dores em força e sabedoria. Utilize suas experiências como ferramentas para seu desenvolvimento pessoal e para construir um futuro mais consciente e significativo.

Reflita:

Como você pode equilibrar a relação entre desejos e consequências, reconhecendo que o que se deseja nem sempre é o que é melhor para você ou para os outros ao seu redor?

De que maneira você pode aprender a lidar com suas próprias necessidades e desejos insaciáveis, buscando um equilíbrio que não prejudique aqueles que ama?

Quando confrontado com conflitos familiares ou desentendimentos, como você pode cultivar o diálogo e a compreensão, promovendo acordos que levem à harmonia em vez de desespero?

Como você pode honrar e respeitar aqueles que vieram antes de você, reconhecendo a importância de suas contribuições enquanto busca um caminho de crescimento e transformação?

Palavra-chave: #axé **Orixás:** Exu, Oxalá, Orunmilá

UM GUERREIRO EM BUSCA DE REDIMIR-SE DOS ERROS COMETIDOS

16 MAR

COMO CASTIGO POR INCESTO, OGUM É CONDENADO A VIVER NAS ESTRADAS

Ogum vivia com seus pais, Obatalá e Iemu, além de seus irmãos, Eleguá e Oxóssi. Ele tinha um desejo proibido por sua mãe, Iemu, e tentou violá-la várias vezes, mas sempre foi impedido por seus irmãos. Um dia, Obatalá flagrou Ogum em sua tentativa, e Ogum implorou para encontrar seu próprio castigo. Ele se exilou em um lugar distante, vivendo somente para o trabalho, consumido pela amargura. Somente Oxóssi sabia onde ele estava. Ogum dedicou-se ao trabalho incessante, criando pós milagrosos e feitiços. Com o passar do tempo, uma bela mulher, Oxum, chegou até ele, que provou dos seus doces encantos, simbolizando seu perdão e redenção.

> O mito mostra que as ações têm repercussões e que mesmo os mais poderosos podem sofrer as consequências de seus erros. A história de Ogum e Oxum ensina a importância do perdão e da capacidade de se redimir. A busca por redenção é um tema universal que convida a refletir sobre seus próprios erros e a buscar a superação. O mito de Ogum e o castigo do incesto é uma narrativa que explora temas como culpa, redenção e busca por significado. A história de Ogum mostra que mesmo os mais poderosos podem cometer erros e que a redenção é possível por meio da humildade, do arrependimento e da busca por um novo propósito. Culpe-se menos e viva mais!

Reflita:

Como você lida com desejos que são considerados proibidos ou inadequados?

De que forma você busca redenção após cometer erros graves?

Como você transforma culpa e vergonha em força produtiva?

Qual é o papel do trabalho e da solidão em seu processo de cura e transformação?

Palavra-chave: #redenção

Orixás: Ogum, Obatalá, Iemu, Eleguá, Oxóssi, Oxum

17
MAR

O PRESENTE PODE MUDAR AS CONSEQUÊNCIAS DO PASSADO

EXU MATOU UM PÁSSARO ONTEM COM UMA PEDRA QUE SÓ JOGOU HOJE

Em um reino onde o tempo não flui de forma linear, Exu, o senhor dos caminhos e mensageiro dos orixás, caminhou por uma estrada poeirenta. Avistou um pássaro morto e, com um movimento rápido, lançou uma pedra em sua direção. O pássaro foi atingido em cheio, sem vida estava, sem vida permaneceu. O que parecia um ato trivial revelou a natureza complexa de Exu: a pedra que ele lançou naquele dia, na verdade, já havia atingido o pássaro no dia anterior.

> Exu, em sua sabedoria que transcende o tempo, o convida a refletir sobre as conexões entre passado, presente e futuro. Reconheça que suas ações e escolhas de hoje podem transformar não apenas seu futuro mas também seu passado. Eventos em sua vida que só fizeram sentido tempos depois o ajudaram a entender as conexões entre suas escolhas e os resultados. Pense nas "pedras" que você pode lançar agora para criar um futuro mais positivo para si e para os outros. Considere as ações e decisões que podem gerar mudanças positivas em sua vida e no mundo. Lembre-se de que o tempo não é linear e que suas ações presentes podem ecoar no passado e no futuro, criando um efeito cascata de transformação e cura.

Reflita:

Como você pode refletir sobre a natureza do tempo e das suas ações, reconhecendo que as consequências de suas escolhas podem reverberar além do momento presente?

De que maneira você pode aceitar a complexidade da vida, entendendo que nem tudo segue uma lógica simples e que eventos podem estar interligados de maneiras inesperadas?

Quando confrontado com situações que parecem ser meros acidentes ou coincidências, como você pode buscar a profundidade e o significado por trás delas, aprendendo com cada experiência?

Como você pode se tornar mais consciente das suas ações, entendendo que cada decisão, mesmo as que parecem triviais, pode ter um impacto duradouro na vida dos outros e na sua própria jornada?

Palavra-chave: #tempo **Orixá:** Exu

OXÓSSI ENTRE A ARTE DA CAÇA E A ARTE DE APRENDER

18 MAR

OXÓSSI APRENDE COM OGUM A ARTE DA CAÇA

Ogum, o grande guerreiro, encontrou seu irmão Oxóssi em perigo, cercado por inimigos que ameaçavam sua família e suas terras. Apesar do cansaço, Ogum lutou incansavelmente até derrotar os invasores, garantindo a segurança de seu irmão e de sua família. Após a batalha, Ogum decidiu ensinar a Oxóssi a arte da caça e da defesa, para que ele pudesse proteger a si mesmo e à sua gente. Com paciência e dedicação, Ogum compartilhou seus conhecimentos com o irmão, tornando-o um habilidoso caçador e guerreiro. Assim, Oxóssi se tornou o provedor de sua comunidade, garantindo o sustento e a proteção de seu povo.

> Ogum e Oxóssi o convidam a investir em seu desenvolvimento pessoal e a contribuir para o bem-estar da comunidade. Dedique-se a aprender coisas novas, aprimorar habilidades e buscar conhecimento em diversas áreas. Utilize seus talentos para alcançar objetivos e contribuir para a sociedade. O aprendizado contínuo é essencial para o crescimento pessoal e profissional, e compartilhar conhecimentos fortalece os laços comunitários. O mito também destaca a importância da colaboração e do trabalho em equipe na construção de uma comunidade forte. Valorize a cooperação em seus relacionamentos e projetos. Busque construir relações de reciprocidade, em que a troca de apoio, conhecimento e afeto são valorizados. Reflita sobre como contribuir ainda mais para sua comunidade, compartilhando seus dons e construindo relações de cooperação e apoio mútuo.

Reflita:

Como você pode valorizar a importância do aprendizado e da orientação, reconhecendo que o conhecimento compartilhado pode potencializar você e aqueles ao seu redor?

De que maneira você pode buscar apoio em seus relacionamentos, sabendo que ter alguém disposto a lutar por você pode ser um grande incentivo para enfrentar desafios?

Quando confrontado com a necessidade de se defender ou proteger sua comunidade, como você pode desenvolver suas habilidades e se preparar para agir de forma eficaz?

Como você pode transformar suas experiências e conhecimentos em ferramentas para ajudar os outros, assim como Ogum fez ao ensinar Oxóssi?

Palavra-chave: #aprendizagem **Orixás:** Oxóssi, Ogum

19 MAR

A SABEDORIA DE OSSAIM EM OBSERVAR O MUNDO

OSSAIM IMITA UM PÁSSARO E CASA COM A FILHA DO REI

O rei, buscando um marido para sua filha mais velha, lançou um desafio: quem adivinhasse o nome de suas três filhas se casaria com a primogênita. Ossaim, o orixá das folhas e conhecedor dos segredos da natureza, aceitou o desafio e elaborou um plano para descobrir o nome delas. Usando sua habilidade de imitar o canto dos pássaros, Ossaim se aproximou das princesas enquanto elas brincavam e, disfarçado entre os sons da floresta, conseguiu ouvir seus nomes: Aió Delê, Omi Delê e Onã Inã. No dia seguinte, Ossaim se apresentou ao rei e revelou os nomes das princesas, vencendo o desafio e se casando com a filha mais velha. Desde então, Ossaim passou a ser identificado com o pássaro.

> Ossaim, em sua sabedoria e conexão com a natureza, o convida a aprimorar suas habilidades de observação e escuta. Observe a natureza ao seu redor e busque compreender seus sinais e ensinamentos. Assim como Ossaim aprendeu com o canto do pássaro, você também pode encontrar sabedoria e conhecimento na natureza. Preste atenção aos detalhes do mundo ao seu redor, interprete os sinais e busque a verdade por trás das aparências. Ossaim também o convida a aprimorar sua capacidade de escuta, ouvindo com atenção e empatia as pessoas ao seu redor. Busque compreender suas perspectivas, motivações e histórias, antes de julgar ou tomar decisões. Reflita sobre como você pode desenvolver suas habilidades de observação e escuta para se conectar com o mundo, compreender as pessoas e tomar decisões mais sábias e justas.

Reflita:

Como você pode usar suas habilidades e talentos únicos para superar desafios, reconhecendo que a criatividade pode ser a chave para alcançar seus objetivos?

De que maneira você pode valorizar a importância da observação e da escuta atenta em sua vida, entendendo que prestar atenção ao seu entorno pode revelar informações valiosas?

Quando confrontado com um desafio que parece impossível, como você pode se inspirar na astúcia e na determinação de Ossaim para encontrar soluções inovadoras?

Como você pode celebrar suas conquistas e reconhecer o impacto que suas ações têm sobre sua identidade e como os outros o veem?

Palavra-chave: #observação **Orixá:** Ossaim

EQUINÓCIO DE OUTONO – OMULU APRENDE NO CORPO O PESO DA DESOBEDIÊNCIA

OBALUAÊ DESOBEDECE A MÃE E É CASTIGADO COM A VARÍOLA

Obaluaê, um menino desobediente, brincava perto de um jardim cheio de flores brancas, apesar da proibição de sua mãe, Nanã. Ele pisou nas flores de propósito e, como consequência, seu corpo foi coberto por flores que se transformaram em feridas dolorosas: era a varíola. Assustado e arrependido, Obaluaê implorou à sua mãe que o curasse da doença. Compreensiva, sua mãe explicou que as feridas eram um castigo por sua desobediência, mas que ela o ajudaria a se recuperar. A mãe de Obaluaê jogou pipoca em seu corpo, e as feridas desapareceram como num passe de mágica.

> Obaluaê, em sua desobediência e busca por cura, o convida a refletir sobre a importância de ouvir os conselhos de quem o ama e protege. Considere as consequências de seus atos de desobediência no passado e reconheça que a sabedoria dos outros pode guiá-lo e protegê-lo de perigos. Obaluaê também o incentiva a buscar apoio e cura nos momentos difíceis. Avalie como você lida com problemas e desafios. Permita-se ser vulnerável e pedir ajuda quando necessário, em vez de enfrentar tudo sozinho. Reflita sobre seus recursos e estratégias para superar obstáculos e se reconstruir. Lembre-se de que você não está sozinho e que existem pessoas e recursos para auxiliar em sua jornada de cura e transformação.

Reflita:

Como você pode refletir sobre a importância da obediência e do respeito às regras, reconhecendo que suas ações têm consequências que podem afetar não apenas você mas também aqueles que se preocupam com você?

De que maneira você pode lidar com o arrependimento e a culpa, buscando aprender com seus erros em vez de se deixar consumir por eles?

Quando você enfrenta dificuldades ou consequências de suas próprias escolhas, como pode buscar apoio e compreensão daqueles ao seu redor, assim como Obaluaê fez com sua mãe?

Como você pode cultivar a gratidão por aqueles que estão dispostos a ajudá-lo em momentos de dificuldade, reconhecendo o amor e a compaixão que cercam suas vidas?

Palavra-chave: #desobediência **Orixás:** Omulu, Nanã

21 MAR

EQUINÓCIO DE OUTONO – O DIA QUE NASCEU UMA NOVA RELIGIÃO

E FOI INVENTADO O CANDOMBLÉ

No início, não havia separação entre o Orum (Céu dos orixás) e o Aiê (Terra dos humanos), permitindo que deuses e mortais coexistissem livremente. No entanto, quando um humano tocou o Orum com mãos sujas, a pureza do Céu foi manchada. Indignado, Olorum separou os dois mundos, impedindo a ida e volta entre eles. Os orixás (em especial Obatalá e Exu), saudosos da Terra, queixaram-se a Olodumare, que permitiu seu retorno ocasional por meio dos corpos de devotos. Oxum foi encarregada de preparar os mortais, adornando as iaôs com beleza e rituais para receber os orixás. Assim, os orixás podiam "cavalgar" os corpos das devotas ao som dos tambores e celebrações, reinventando o contato divino através do candomblé, em que deuses e humanos se encontravam na dança e na devoção.

> O mito destaca a importância da conexão entre o divino e o humano, e a busca por um sentido espiritual na vida. Os rituais do candomblé, como a dança e a música, são formas de expressar a fé e de fortalecer os laços comunitários. A criação do candomblé demonstra a capacidade das religiões de se adaptarem e se transformarem ao longo do tempo. O mito da criação do candomblé apresenta uma narrativa sobre a origem da religião, a relação entre o divino e o humano, e a importância dos rituais e da comunidade. Valorize a espiritualidade, busque a conexão com o sagrado e celebre a vida em todas as suas formas.

Reflita:

Como você pode criar espaços sagrados em sua vida onde possa se conectar com o divino e encontrar um sentido mais profundo nas ações cotidianas?

De que maneira pode honrar a tradição e a espiritualidade, incorporando práticas que promovem harmonia entre o mundo material e o espiritual?

Quando você se sente desconectado ou distante de suas crenças, como pode usar a música, a dança e o ritual para revitalizar essa conexão e encontrar inspiração?

Como pode aprender a respeitar e celebrar a diversidade de práticas espirituais, reconhecendo a beleza e o valor em diferentes formas de devoção?

Palavra-chave: #conexão **Orixás:** Obatalá, Oxum, Exu

PAIXÕES, BRIGAS E TRANSFORMAÇÃO: EIS O PODER DA TRANSCENDÊNCIA

22 MAR

OXUMARÊ É MORTO POR XANGÔ

Oxum, esposa de Xangô, estava apaixonada por Oxumarê, o jovem mais bonito do local. Enciumado, Xangô desafiou Oxumarê para um duelo, que durou três dias e noites. Apesar das habilidades de Oxumarê de transformar-se em cobra e escapar dos golpes, Xangô, sendo um guerreiro habilidoso, venceu e matou Oxumarê. A morte de Oxumarê trouxe tristeza a muitos, especialmente à sua mãe, Nanã. Em sua dor, Nanã buscou a ajuda de Olorum. Comovido pela beleza de Oxumarê, Olorum o transformou no arco-íris, garantindo que ele permanecesse enfeitando eternamente o firmamento.

> O amor de Oxum gerou uma gama de paixões contraditórias no mundo: ciúmes de Xangô, medo de Oxumarê, tristeza de Nanã com sua morte. Contudo, a transformação é a base da vida em movimento. O amor de Nanã fez com que a espiritualidade transformasse o filho, violentado, em um dos deuses mais belos e potentes de toda a natureza. Pense e sinta como você tem lidado com as suas emoções nos últimos tempos e o que você pode transcender a partir de agora.

Reflita:

Como você pode aprender a lidar com o ciúme e encontrar formas de resolver conflitos, minimizando o seu sofrimento e o sofrimento alheio?

De que forma você vê a beleza e a bondade em todos, por menor que seja, independentemente de rivalidades?

Como você vem lidando com a importância do perdão e da reconciliação após momentos de perda e dor?

Como você pode usar sua história para ensinar a você mesmo sobre a transcendência e a beleza eterna que vem da transformação?

Palavra-chave: #transcendência **Orixás:** Oxumarê, Xangô, Oxum, Nanã

23 MAR

O REI É ACLAMADO DEPOIS DE SUA GENEROSIDADE VISTA E VIVIDA PELOS SÚDITOS

XANGÔ É ESCOLHIDO REI DE OIÓ

Antes de ser coroado rei de Oió, Xangô consultou um oráculo que recomendou que ele realizasse um sacrifício com búzios, galos, galinhas, pombos e a roupa que vestia, além de partilhá-lo com seus parentes e amigos. Xangô seguiu o conselho e todos se reuniram em festa, comendo e bebendo do sacrifício. Durante a celebração, surgiu a questão de quem seria o novo rei. A multidão, satisfeita e grata, clamou por Xangô Afonjá, reconhecendo-o como o homem cuja generosidade os havia reunido. Assim, Xangô foi escolhido e coroado rei de Oió.

> Xangô tinha plenas condições de ser o rei de Oió. Mas não se apegou à sua capacidade natural. A prática do sacrifício e a partilha com parentes e amigos refletem valores de generosidade e comunidade, essenciais para a liderança genuína. A celebração resultante, na qual a satisfação e a gratidão da multidão se manifestam, demonstra como a generosidade cria laços de lealdade e reconhecimento. Ou seja, ouviu o adivinho, serviu a comunidade, e, o que poderia ser visto como imposição, virou aclamação: Xangô é o nosso rei! Diante disso, urge agir no mundo com diálogo e escuta ativa, tendo como norte a sua verdadeira e legítima essência.

Reflita:

Como você usa sua generosidade e visão para unir o que lhe é importante com sabedoria?

De que forma você tem desfrutado o poder da vida, estando vivo e construindo seus caminhos a partir disso?

O que você aprendeu até aqui sobre a importância de ouvir e respeitar a voz de quem lhe cerca na construção de sua liderança?

Como você pode inspirar outros a compartilhar e cultivar relacionamentos significativos que os fortaleçam?

Palavra-chave: #liderança **Orixá:** Xangô (Afonjá)

OIÁ RENASCE DEPOIS DE SER JOGADA NO RIO EM QUE OXUM HABITA

24 MAR

OIÁ NASCE NA CASA DE OXUM

Um rei, desejando casar sua filha Ala com um príncipe poderoso, descobre que ela está grávida de um amante. Enfurecido, ele decide matá-la jogando-a no rio onde Oxum habita. O fiel papagaio do rei testemunha tudo. Mais tarde, pescadores encontram uma caixa com uma criança flutuando no rio, mas, assustados, abandonam a criança. Outra embarcação a recolhe e a leva ao rei como presente. O rei, solitário após perder sua filha, aceita a criança e planeja apresentá-la ao povo como sua. Durante a festa, o papagaio revela a verdade: a criança nascida na casa de Oxum é neta do rei. Reconhecendo isso, o rei devolve a menina ao rio. A criança, cuidada por Oxum, cresce e se torna Oiá.

> É possível pensar nesse mito como algo mais interno e simbólico. Imagine Oiá como a revelação da força do feminino e sua capacidade de regeneração, mesmo diante da adversidade e da rejeição. A figura do rio, morada de Oxum, simboliza o inconsciente que acolhe e transforma a criança abandonada, permitindo seu renascimento. Por outro lado, a intervenção do papagaio, representando a consciência moral, revela a verdade e impede a perpetuação de uma mentira, evidenciando a importância da ética e da busca pela verdade. Como você tem lidado com a capacidade de regeneração e de enfrentamento das mentiras que habitam a sua vida pode definir os próximos passos. Jogue-se no rio da liberdade de ser quem você é e lave a sua alma.

Reflita:

Como você pode pensar nas consequências de ações impulsivas e na importância de considerar o impacto a longo prazo?

De que forma você pode aprender sobre o poder do perdão e a capacidade de recomeçar mesmo após grandes perdas?

O que você pensa e sente em relação à importância da verdade e ao papel dos mensageiros na sua vida que trazem revelações de segredos ocultos?

Como você se inspira e inspira os outros a reconhecerem e corrigirem seus erros, buscando a proteção e orientação em momentos de arrependimento?

Palavra-chave: #renascimento **Orixás:** Oxum, Oiá

25 MAR

OS IBEJIS NASCEM E SOBREVIVEM DEPOIS DA LIÇÃO QUE O FAZENDEIRO RECEBEU

OS IBEJIS NASCEM COMO ABICUS MANDADOS PELOS MACACOS

Um fazendeiro enfrenta uma praga de macacos que devasta sua lavoura. Apesar dos esforços para combatê-los, ele é advertido por um vidente de que a matança dos macacos poderia desencadear uma maldição, gerando uma criança abicu, ou seja, destinada a nascer e morrer repetidamente. Ignorando o aviso, o fazendeiro continua sua perseguição, e os macacos, em retaliação, enviam dois abicus, que nascem como os primeiros Ibejis, gêmeos entre os iorubás, destinados a morrer e renascer continuamente. Desesperado, o fazendeiro consulta um adivinho, que revela a causa das mortes e adverte que ele deve deixar os macacos em paz. Ao seguir o conselho, novos Ibejis nascem e sobrevivem. O adivinho explica que os Ibejis têm grandes poderes de gratificação e punição, e devem ser cultuados para garantir a prosperidade da família. Com isso o fazendeiro e sua família prosperam, aprendendo a respeitar e honrar os Ibejis.

> O respeito à natureza e a importância de buscar o equilíbrio são temas fundamentais para a interpretação deste mito, pois a arrogância do fazendeiro em tentar controlar as forças naturais lhe trouxe sofrimento. É preciso humildade para aceitar os próprios erros e mudar de atitude, buscando orientação espiritual para encontrar soluções. O poder dos Ibejis simboliza a dualidade presente na vida, com suas alegrias e tristezas, e lembra que a prosperidade e a harmonia dependem da sua capacidade de lidar com essas forças opostas, honrando-as e aprendendo com elas. Por fim, pense no dia de hoje em suas recentes ações e respectivas consequências.

Reflita:

Como você tem lidado com as consequências de ignorar os avisos e sábios conselhos?

De que forma você aprende sobre o poder da reconciliação e o respeito pelas forças da natureza?

O que você pode reconhecer e valorizar sobre a importância daqueles que têm o poder de fazer diferença na sua vida?

Como você se inspira em buscar harmonia com a natureza e o mundo espiritual para alcançar prosperidade e paz?

Palavra-chave: #reconciliação **Orixás:** Ibejis

NÃO TEM AMOR MAIOR DO QUE AQUELE QUE O SEU ESPELHO PODE MOSTRAR...

26 MAR

OXUM APARÁ TEM INVEJA DE OIÁ

Oxum vivia na cidade de Ijimu, encantada com sua beleza refletida em espelhos de conchas. Quando Oiá, sua irmã, descobriu esses espelhos, ficou maravilhada ao perceber sua própria beleza, a ponto de se considerar mais bonita que Oxum. Essa, consumida pela inveja, tramou uma vingança. Oxum roubou um espelho da casa de Egungum, que refletia apenas a morte e a feiura, e o colocou no quarto de Oiá, trancando-a lá dentro. Oiá, ao ver sua imagem distorcida, entrou em desespero e acabou enlouquecendo. Obatalá presenciou o ocorrido e, como punição a Oxum, transformou Oiá em orixá. Ele decretou que Oxum Apará usaria para sempre as cores e metais de Oiá, garantindo que a lembrança da irmã nunca fosse esquecida.

> A inveja de Oxum por Oiá revela a fragilidade da vaidade e os perigos da comparação, demonstrando como a busca excessiva pela beleza exterior pode levar à destruição. A punição de Obatalá, transformando Oiá em orixá e obrigando Oxum Apará a usar seus símbolos, representa a justiça divina e a necessidade de assumir as consequências dos próprios atos. O mito aponta a importância de cultivar a empatia e o amor ao próximo, lembrando que a verdadeira beleza reside na alma e não só na aparência física. Oiá ensina que mesmo as experiências dolorosas podem levar ao crescimento e à superação. Siga em frente!

Reflita:

Quais são os efeitos da inveja na sua vida?

De que forma você pode aprender sobre a importância da aceitação e apreciação das qualidades únicas, suas e de cada indivíduo?

Quais são as consequências das ações motivadas por seus sentimentos negativos e quais as repercussões que você tem observado?

Como pode se inspirar a encontrar beleza e valor dentro de si, sem a necessidade de comparações com os outros?

Palavra-chave: #autoaceitação **Orixás:** Oiá, Oxum Apará, Obatalá

27 MAR

LOGUM EDÉ NÃO PRECISA MAIS USAR AS ROUPAS DE SUA MÃE

LOGUM EDÉ É POSSUÍDO POR OXÓSSI

Logum Edé, filho de Oxum e Oxóssi, foi criado por Oiá após ser abandonado pela mãe. Apesar de ter um relacionamento difícil com o pai, Logum Edé adorava visitar sua mãe no palácio das iabás, onde homens não eram permitidos. Para ver Oxum, ele se disfarçava com as roupas dela. Quando uma grande festa foi anunciada no Orum, Logum Edé, sem roupas adequadas, decidiu usar um dos trajes de Oxum para comparecer. Sua beleza chamou a atenção de todos, mas Ifá, curioso, revelou sua identidade ao levantar seu filá de contas. Desesperado, Logum Edé fugiu para a floresta. Oxóssi, sem reconhecer o filho, foi atraído por sua beleza e o seguiu. Ao alcançá-lo junto ao rio, Oxóssi o possuiu sem saber que era seu próprio filho.

> A autoaceitação deve estar sempre presente. Mesmo diante da rejeição e do abandono, Logum Edé, apesar de sua história familiar complexa, busca se conectar com suas origens e expressar sua verdadeira identidade. Aqui há um convite para superar as dificuldades com criatividade e persistência assim como Logum Edé, que encontra maneiras de se aproximar de sua mãe e participar da festa no Orum. Honre a sua ancestralidade, mesmo que ela seja complexa e desafiadora. Afinal, é por meio dela que você encontra seu lugar no mundo e pode acessar sua essência.

Reflita:

O que você tem a dizer sobre sua identidade e o desejo de se encaixar em diferentes ambientes sociais, mesmo que isso implique esconder quem realmente é?

Como o disfarce de Logum Edé pode inspirar você a refletir sobre as máscaras que usa em sua vida e as implicações dessas atitudes?

De que maneira a relação complexa entre Logum Edé e seus pais pode levar a considerar o impacto das dinâmicas familiares em seu desenvolvimento pessoal?

O que a perseguição e eventual possessão por Oxóssi ensinam no que diz respeito a reconhecer e lidar com as consequências de ações impulsivas e mal-entendidas?

Palavra-chave: #identidade **Orixás:** Logum Edé, Oxóssi, Oxum, Oiá, Ifá

O BELO E O FEIO SÃO FILHOS DA MESMA MÃE

NANÃ ESCONDE O FILHO FEIO E EXIBE O FILHO BELO

28
MAR

Nanã teve dois filhos: Oxumarê, o belo, e Omulu, o feio. Com pena de Omulu, Nanã o cobriu com palhas para protegê-lo das zombarias. Em contraste, Oxumarê, que possuía uma beleza encantadora e multicolorida, foi elevado por Nanã ao céu para que sua beleza pudesse ser admirada por todos. Assim, Oxumarê tornou-se o arco-íris, visível em todo o seu esplendor quando a chuva aparece. Já para o seu filho Omulu, tornou-se o rei da Terra. Aquele que ninguém vê, mas que todos dependem e precisam.

> Nanã e seus filhos revelam a dualidade e aceitação das diferenças, representadas por Oxumarê, o belo, e Omulu, o feio. A proteção de Omulu com palhas simboliza o cuidado e a compaixão, enfatizando a importância de proteger aqueles que são marginalizados ou diferentes. A elevação de Oxumarê ao céu como o arco-íris destaca a celebração da beleza e diversidade, representando a harmonia e a conexão entre o céu e a terra, entre o seu mundo interno e a sociedade, a vida como ela é. Valorize e aprecie tanto a beleza visível quanto a oculta!

Reflita:

Como você pode aprender a valorizar a beleza interior e a força que reside nas diferenças, além das aparências externas?

De que forma você encontra maneiras de fazer com que todos se sintam valorizados, dentro daquilo que está ao seu alcance?

O que você pode aprender sobre a importância de acolher e proteger aqueles que se sentem vulneráveis?

Como você pode celebrar a diversidade e a beleza em suas muitas formas para transformar a vida em comunidade?

Palavra-chave: #diversidade **Orixás:** Nanã, Oxumarê, Omulu

29 MAR

O FILHO NÃO ESPERADO PROPICIA O DOMÍNIO SOBRE OS CEMITÉRIOS

EUÁ É EXPULSA DE CASA E VAI VIVER NO CEMITÉRIO

Euá, filha de Obatalá, era uma jovem linda e casta que vivia no palácio do pai. Quando um jovem chamado Boromu chegou ao reino, surgiram rumores de que Euá estava apaixonada por ele. Apesar da confiança de Obatalá em sua filha, Euá engravidou de Boromu e, envergonhada, fugiu para a mata, onde deu à luz. Boromu, tentando ajudá-la, escondeu o bebê na floresta, mas o perdeu. Iemanjá encontrou e cuidou do bebê, que seria conhecido como Xangô. Euá tentou retornar ao palácio para pedir perdão ao pai, mas foi rejeitada por Obatalá e acabou vivendo no cemitério, longe de todos. Seu segredo permaneceu, enquanto seu filho cresceu sob os cuidados de Iemanjá.

> Euá mostra a importância de aceitar as falhas e imperfeições que você tem, pois ela, embora seja filha de Obatalá, erra e sofre as consequências de seus atos. A história também ensina resiliência, demonstrada pela capacidade de Euá de seguir em frente apesar da rejeição e do isolamento, encontrando um novo propósito de vida no cemitério. Perdoe, acima de tudo, você mesmo. Perdoe-se e fique em paz. Pense nos julgamentos e nas expectativas sociais que muitas vezes nos impedem de sermos e alcançarmos o que somos e o que buscamos.

Reflita:

Como encontrar força em meio à rejeição e à perda?

De que forma você pode usar sua experiência para ensinar sobre o poder do perdão e da reconciliação?

O quanto você se torna vulnerável, aceita e abraça as transformações da vida, mesmo quando elas são dolorosas?

De que jeito você pode inspirar outros a encontrar esperança e propósito, mesmo nos lugares mais sombrios?

Palavra-chave: #resiliência **Orixás:** Euá, Obatalá, Iemanjá, Xangô

TODOS OS ORIXÁS NASCEM DE IEMANJÁ

IEMANJÁ É TOMADA POR ORUNGÃ E DÁ À LUZ OS ORIXÁS

30 MAR

Uma das várias histórias da Criação admite que a origem dos orixás foi a partir de Iemanjá, filha de Obatalá e Odudua, que representa as Águas. Casada com seu irmão Aganju, Iemanjá dá à luz Orungã, que desenvolve uma paixão incestuosa por ela. Em um ato de desespero, Orungã vai ao encontro de Iemanjá, que foge em pânico. Durante a perseguição, o corpo de Iemanjá começa a se transformar, formando vales, montes e serras. De seus seios surgem rios que formam o mar. E seu ventre cresce e se rompe, dando nascimento a muitos orixás poderosos, cada um com suas próprias histórias e atribuições, incluindo Dadá, Xangô, Ogum, Olocum e outros. Por fim, Exu, o mensageiro, também nasce. Esse mito simboliza a infinita capacidade de criação e transformação de Iemanjá mesmo em meio ao sofrimento.

> Iemanjá ensina a superação, mostrando que mesmo diante de uma grande tragédia é possível encontrar força para seguir em frente e gerar vida. O mito convida a honrar a figura materna, representada por Iemanjá, que simboliza a força geradora da natureza e a capacidade de nutrir e proteger. A dor não é desejada, mas é esperada. Faz parte da condição humana. Portanto, transforme a dor em força, pois Iemanjá, ao fugir de Orungã, dá origem a diversos elementos da natureza e seus espíritos, os orixás, mostrando que o sofrimento pode ser um catalisador de mudanças e de criação. Busque sua cura e renovação, assim como Iemanjá, que, após a violência sofrida, encontra nas águas a possibilidade de se refazer e gerar uma nova vida. As violências são traumatizantes, porém a vida é dinâmica e é possível dar a volta por cima.

Reflita:

Como a transformação e criação, no seu caso, podem surgir de circunstâncias dolorosas e desafiadoras?

De que forma você tem nutrido força e resiliência de Iemanjá como símbolo de renovação e fecundidade de vida nova, projetos novos e um bom destino?

A complexidade das relações familiares e a capacidade de superação e reinvenção está presente em sua vida?

Como você pode inspirar as pessoas ao seu redor para ver desafios como oportunidades para gerar novas possibilidades e forças?

Palavra-chave: #transformação

Orixás: Iemanjá, Obatalá, Odudua, Dadá, Xangô, Ogum, Olocum, Exu

31 MAR

EXU É IMPIEDOSO

EXU PROVOCA A RUÍNA DA VENDEDORA DO MERCADO

Abionã era uma vendedora próspera e respeitada no mercado, conhecida por todos. No entanto, ela se esqueceu de Exu, deixando de oferecer-lhe os ebós e oferendas que ele apreciava. Exu, que havia sido o responsável por sua prosperidade, decidiu vingar-se de sua ingratidão. Um dia, enquanto Abionã estava no mercado, recebeu a notícia de que sua casa estava em chamas. Desesperada, correu para casa, mas encontrou apenas cinzas. Ao retornar ao mercado, descobriu que todos os seus bens tinham sido roubados. Sem riqueza e respeito, Abionã se viu em ruínas, enquanto Exu estava satisfeito com sua vingança.

> A história de Abionã ensina a importância da gratidão e do reconhecimento para aqueles que contribuem para o nosso sucesso. A busca desenfreada por riquezas pode levar à ruína e à perda de tudo o que se tem, e o mito de Exu e a vendedora nos apresenta uma narrativa sobre as consequências da ingratidão e da ganância. Neste dia, reflita sobre como é essencial ser grato, respeitar quem nos auxilia e buscar o equilíbrio entre o material e o espiritual. Afinal, a matéria é manifestação do espírito.

Reflita:

Como você pode cultivar a gratidão em sua vida, lembrando-se de reconhecer e valorizar as forças e influências que contribuem para seu sucesso e bem-estar?

De que maneira você pode manter relações saudáveis e respeitosas com aqueles ao seu redor, garantindo que ninguém se sinta negligenciado ou desvalorizado em suas interações?

Quando se depara com perdas ou reveses, como pode encontrar maneiras de reconstruir e recomeçar, utilizando essas experiências como lições para um futuro mais forte e resiliente?

Como você pode evitar a complacência em seus momentos de sucesso, garantindo que continue a cuidar das bases e dos relacionamentos que sustentam suas conquistas?

Palavra-chave: #ingratidão **Orixá:** Exu

ABRIL

MÊS DOS CAÇADORES

Orixás: Ogum, Oxóssi e Logum Edé

Abril, mês da colheita e da luta por nossos objetivos. A energia desses três orixás se complementa. Ogum é a determinação e a força que abre os caminhos, Oxóssi é a precisão e a fartura, e Logum Edé representa a fluidez e a dualidade. Juntos, eles simbolizam a caçada em todos os seus aspectos, da luta à conquista.

"Abril, com a força de Ogum, a precisão de Oxóssi e a dualidade de Logum Edé, a caçada nos leva à fartura e ao sucesso."

1 ABR EXU FAZ E DESFAZ A VERDADE COM ASTÚCIA

EXU AJUDA UM HOMEM A TRAPACEAR

Um homem que falava mal de todos foi chamado pelo rei para responder por suas palavras. Confiante, ele desafiou o rei a plantar sete inhames assados, prometendo que em 12 dias eles brotariam. Com a data marcada para o desafio, o homem, em apuros, procurou um adivinho e fez um ebó. Exu, ao ajudar, distraiu os guardas com uma visão extraordinária de bois no telhado, permitindo ao homem trocar os inhames assados por brotados sem ser visto. O rei e os presentes acreditaram no milagre, recompensando-o, e o homem tornou-se rico.

> Exu, como orixá, representa a dualidade da natureza humana, sendo capaz tanto de ajudar quanto de prejudicar. Embora o homem tenha sido bem-sucedido em seu plano, a história não explora as possíveis consequências a longo prazo de sua mentira. Ao mesmo tempo, Exu fez sua palavra acontecer, o que prova sua honestidade e lealdade com os acordos. O mito de Exu e o homem trapaceiro apresenta uma narrativa sobre a astúcia, a trapaça e a intervenção divina, ensinando que a busca pelo sucesso por meios ilícitos pode ter consequências imprevisíveis e que a honestidade é um valor fundamental. Até onde vai sua ética da verdade em nome do poder e dinheiro diz muito sobre sua forma de buscar a felicidade.

Reflita:

Como você pode discernir entre astúcia e honestidade quando busca resolver problemas, garantindo que suas ações estejam alinhadas com seus valores éticos?

Quando confrontado com situações difíceis, como pode encontrar soluções criativas que respeitem a verdade e a integridade, em vez de recorrer a enganos?

De que maneira você pode aprender com experiências passadas sobre as consequências das escolhas desonestas, buscando sempre agir com justiça e responsabilidade?

Qual é a importância de reconhecer o papel do acaso e da sorte em sua vida, sem depender exclusivamente deles para alcançar sucesso e prosperidade?

Palavra-chave: #mentira **Orixá:** Exu

COM O ADVENTO DO ORÁCULO, O DESTINO PODE SER CONSULTADO POR QUALQUER UM

ORUNMILÁ INSTITUI O ORÁCULO

No tempo em que não havia separação entre o Céu e a Terra, Orunmilá teve oito filhos. Durante uma celebração ritual, todos os filhos prestaram homenagens a Orunmilá, exceto o caçula, Olouó, que se recusou a demonstrar respeito, acreditando ser igual ao pai. Furioso, Orunmilá retirou-se para o Orum, e a Terra mergulhou em caos e desespero. Os filhos de Orunmilá o procuraram no Orum e lhe pediram para retornar ao Aiê (Terra). Orunmilá entregou então a seus filhos 16 nozes de dendê e disse: “Quando tiverem problemas e desejarem falar comigo, consultem este Ifá”. Orunmilá, então, deixou o oráculo para quando precisassem. Os filhos de Orunmilá (Odus) eram: Ocanrã, Ejiocô, Ogundá, Irosum, Oxé, Obará, Odi, Ejiobê, Osá, Ofum, Ouorim, Ejila-Xeborá, Icá, Oturopon, Ofuncanrã e Iretê. São esses os nomes dos odus. São esses os filhos de Orunmilá. Cada odu conhece um segredo diferente e ele lhes deu 16 nozes de dendê, instituindo o oráculo de Ifá. Os odus, cada um com seu segredo, foram deixados para guiar a humanidade em momentos de necessidade e Orunmilá nunca mais veio ao Aiê.

> Orunmilá ensina a importância da humildade, demonstrando que a arrogância e a falta de respeito, como a de Olouó, podem gerar consequências negativas, como o caos na Terra. O mito também destaca o valor da comunicação e da reconciliação, pois os filhos de Orunmilá buscam o pai para restabelecer o equilíbrio. O enredo ressalta a importância da sabedoria e da orientação espiritual, representadas pelo oráculo de Ifá, que serve como guia para a humanidade. Aceite a vontade divina, confiando nos desígnios de Olorum, mesmo que Orunmilá não esteja mais presente fisicamente no Aiê. Deus habita você!

Reflita:

Como você reflete sobre a importância do respeito e da humildade, especialmente em relação a figuras de autoridade ou sabedoria?

De que maneira você considera a responsabilidade das gerações mais novas em aprender e preservar as tradições e os ensinamentos dos mais velhos?

O que você aprende sobre a introdução de ferramentas e sistemas para orientação e resolução de problemas?

Como você lida com a ideia de que cada desafio pode ter um ensinamento ou segredo a ser descoberto e compreendido?

Palavra-chave: #sabedoria **Orixá:** Orunmilá

3 ABR O GRITO DE ORÔ É MUITO PODEROSO, MAS ASSUSTA

ORÔ ASSUSTA O POVO COM SEUS GRITOS

Em uma antiga cidade africana, um festival estava prestes a ocorrer, no qual os Egunguns, isto é, os ancestrais, desfilavam. Todos foram aconselhados a fazer sacrifícios, mas apenas Xangô seguiu a recomendação, realizando o ebó sete vezes. Orô, por outro lado, ignorou as instruções. Quando Orô desfilou, sua aparência era admirada, mas seu grito, profundo e assustador, fez com que todos fugissem e se escondessem, deixando as ruas desertas. Xangô, que cumpriu os rituais, foi recebido com entusiasmo e acabou coroado rei, conquistando o favor das mulheres locais. Orô, temido por sua voz, passou a viver isolado na floresta, evitado por todos.

> Orô ensina a importância de escutar a intuição e a sabedoria interior, representadas pelos conselhos que foram ignorados, o que o levou ao isolamento. O mito mostra o valor da preparação e do autoconhecimento, como demonstrado por Xangô ao realizar o ebó e conquistar a admiração do povo. Além disso, o mito ressalta a importância de controlar as emoções e os impulsos, pois o grito assustador de Orô afastou as pessoas. Busque o equilíbrio entre a expressão individual e a conexão com a comunidade, para que possa compartilhar seus dons e talentos sem gerar medo ou rejeição.

Reflita:

Como pode aprender a importância de seguir orientações e tradições para alcançar aceitação e sucesso em sua comunidade?

De que forma pode transformar características que inicialmente assustam em qualidades que podem ser apreciadas e respeitadas?

O que você aprende sobre a importância da preparação e do respeito às situações da vida ao buscar reconhecimento e respeito?

Como pode encontrar maneiras de se conectar com os outros, mesmo quando suas diferenças parecem ser uma barreira?

Palavra-chave: #preparação **Orixás:** Orô, Xangô

DO FUNDO DO MAR VÊM AS RESPOSTAS PARA A HARMONIA E EQUILÍBRIO DA VIDA

4 ABR

OQUÊ SURGE DO FUNDO DO MAR

No início, Olocum reinava sobre um mundo completamente submerso em água. Olofim, entediado pela vastidão aquática, desejou algo diferente. Com a força concedida por Olofim, Oraniã fez surgir das profundezas do oceano a primeira montanha, chamada Oquê. Essa montanha permitiu que a terra existisse, possibilitando a vida humana e a distribuição de domínios entre os orixás. Oquê, o orixá do monte, tornou-se indispensável para a vida e a ordem no mundo. Contudo, com o tempo, muitos se esqueceram da importância de Oquê. É essencial lembrar-se dele e fazer oferendas, pois sem Oquê o equilíbrio entre terra e mar seria rompido, e Olocum poderia novamente dominar sozinha.

> Oquê ensina a importância da gratidão, demonstrando que devemos valorizar as bases que sustentam nossa existência. Oquê emergiu do mar para possibilitar a vida na Terra. A história também convida à reflexão sobre a interdependência entre os seres e as forças da natureza, mostrando que o equilíbrio entre terra e mar é essencial para a harmonia do mundo. O mito ainda ressalta a importância da memória e da ancestralidade, pois esquecer Oquê pode trazer consequências desastrosas. Cultive a consciência de conexão com o divino e com a natureza, reconhecendo que você é parte de um todo interligado e que deve agir com respeito e responsabilidade para manter o equilíbrio do universo.

Reflita:

Como você pode lembrar ao mundo a importância de respeitar e honrar aqueles que foram fundamentais para a criação e a estabilidade?

Como assegurar que seu papel seja reconhecido e valorizado pelas pessoas que convivem com você?

O que pode aprender sobre a interdependência entre diferentes forças e indivíduos para manter a harmonia no mundo e no seu destino em particular?

Como pode usar sua influência para promover o equilíbrio e a sustentabilidade entre terra e mar, ou seja, entre aquilo que te traz segurança e aquilo que te permite navegar pela vida?

Palavra-chave: #equilíbrio **Orixás:** Oquê, Olocum, Oraniã

5 ABR

OS PÁSSAROS DAS MÃES FEITICEIRAS FAZEM TUDO COM GRANDE MISTÉRIO

IÁ MI OXORONGÁ CHEGAM AO MUNDO COM SEUS PÁSSAROS MALÉFICOS

As Iá Mi Oxorongá são as mães ancestrais e feiticeiras, representando a dualidade entre o bem e o mal. Elas são conhecidas por seu grande poder, capaz de manipular a vida para diversos fins. Quando chegaram à Terra, estabeleceram moradia em árvores sagradas, cada uma com diferentes influências sobre aqueles em quem pensam. As Iá Mi são acompanhadas por pássaros guardados em cabaças, que executam suas ordens, sejam elas benéficas ou maléficas. Se alguém possui um encantamento protetor, o pássaro não consegue cumprir a missão, mas isso leva Iá Mi a buscar auxílio das outras feiticeiras. Juntas, elas podem trabalhar para superar as defesas da vítima. As Iá Mi são figuras de grande poder e mistério, com a habilidade de influenciar o destino de forma significativa.

> Iá Mi Oxorongá ensinam a importância de reconhecer o poder do feminino e seus aspectos contraditórios, representados pela dualidade entre o bem e o mal presente nas mães ancestrais. A história também mostra o valor da proteção espiritual e do autoconhecimento, pois aqueles que possuem encantamentos protetores conseguem se defender das influências negativas. O mito ressalta a força da união e da cooperação, demonstrada pela capacidade das Iá Mi de se unirem para superar obstáculos. Busque o equilíbrio entre suas próprias forças interiores, reconhecendo que você tem a capacidade de agir para o bem ou para o mal e que a escolha do caminho a seguir depende muito das suas decisões e ações.

Reflita:

Como pode sentir e refletir a complexidade e dualidade do poder feminino, representado pelas Iá Mi, que habita em você?

De que forma pode aprender sobre a influência das forças ancestrais e místicas na vida cotidiana?

O que você aprende sobre a importância de entender e respeitar as tradições e sabedorias antigas que vêm dos seus ancestrais?

Como você tem encarado e reconhecido as forças invisíveis que moldam suas ações?

Palavra-chave: #dualidade

OLOCUM RECEBE TODAS AS ÁGUAS E SE TORNA RAINHA

6 ABR

OLOCUM ACOLHE TODOS OS RIOS E TORNA-SE A RAINHA DAS ÁGUAS

Olocum, a senhora do mar, e Olossá, a senhora da lagoa, estavam preocupadas com a seca que assolava o povo. Buscando orientação, foram a Orunmilá, que recomendou oferendas para restaurar a abundância das águas. Olocum seguiu o conselho e fez o sacrifício completo, enquanto Olossá não. Com isso, a chuva voltou, enchendo os rios além de sua capacidade. Oxum, representando o rio, buscou orientação de Ifá e foi aconselhada a encontrar um local que a acolhesse. Ao chegar ao mar, Olocum recebeu Oxum e todas as águas dos rios, tornando-se a rainha de todas as águas, enquanto Olossá aceitou sua posição secundária.

> Olocum ensina a importância da generosidade e do acolhimento. Olocum demonstra isso ao receber Oxum e todas as águas dos rios, tornando-se a rainha de todas as águas. A história também destaca a importância da fé, pois Olocum seguiu os conselhos de Orunmilá e realizou o sacrifício completo, sendo recompensada com a abundância das águas. O mito ainda ressalta o valor da humildade e da aceitação, como visto em Olossá, que reconheceu sua posição secundária após não ter realizado o ebó completo. Confie na sabedoria divina e siga sua espiritualidade para encontrar as melhores soluções para os desafios da vida e alcançar a prosperidade!

Reflita:

Como você pensa na importância de seguir completamente conselhos e recomendações para alcançar seus objetivos?

De que maneira você considera o poder da receptividade e do acolhimento ao lidar com novos desafios ou oportunidades?

O que você aprende sobre as consequências de ações incompletas e sua relação com o sucesso ou fracasso?

Como você lida com a aceitação de seu papel ou com sua posição posição em situações nas quais outros podem ter maior destaque?

Palavra-chave: #receptividade **Orixás:** Olocum, Orunmilá, Oxum

7 ABR

SER DISCRETO PODE REVELAR SEU MELHOR

ONILÉ GANHA O GOVERNO DA TERRA

Onilé, a discreta e recatada filha de Olodumare, vivia isolada, mas teve participação determinante na divisão das riquezas do mundo. Durante uma grande reunião convocada por Olodumare, os orixás se apresentaram em vestes luxuosas, refletindo suas preferências e, consequentemente, reivindicando partes específicas da natureza. Olodumare usou essas escolhas para dividir o mundo entre os orixás, mas uma posição primordial ainda estava pendente: o governo da Terra. Embora ausente da reunião, Onilé, que se vestia com a própria terra, foi escolhida para governar a Terra, pois era o abrigo e sustento de todos os seres e riquezas. Olodumare decretou que todos, vivos e mortos, deveriam tributar Onilé, pois a sobrevivência dependia dela. Com essa decisão, Onilé foi aclamada como a mãe Terra, e Olodumare se retirou, deixando o governo do mundo aos orixás.

> Onilé ensina a importância da humildade, pois, apesar de sua discrição e recato, recebe o governo da Terra por sua conexão profunda com a natureza. A história também destaca o valor da essência em detrimento da aparência, uma vez que Onilé, que se veste com a própria terra, é escolhida em detrimento dos orixás com vestes luxuosas. O mito ainda ressalta a importância da interdependência entre todos os seres e a Terra, pois Onilé é reconhecida como a fonte de sustento e abrigo. Honre e respeite a natureza, reconhecendo que dela depende nossa sobrevivência e bem-estar.

Reflita:

Como você pensa na importância de reconhecer e valorizar aqueles que trabalham discretamente nos bastidores, mas cuja contribuição é essencial?

De que maneira você considera o conceito de humildade e simplicidade como forças poderosas na liderança e no impacto duradouro?

O que você aprende sobre a conexão e dependência da humanidade com a natureza e a responsabilidade de cuidar do nosso planeta?

Como você lida com a ideia de que o verdadeiro valor pode não estar nas aparências, mas na substância e na essência das coisas?

Palavra-chave: #sustento **Orixá:** Onilé

O BRILHO EXCESSIVO QUE CEGA OS OUTROS PODE TE CEGAR TAMBÉM

8 ABR

AJÊ XALUGÁ CEGA OS HOMENS E TAMBÉM PERDE A VISÃO

Ajê Xalugá, a irmã mais nova de Iemanjá e filha predileta de Olocum, foi dotada do poder sobre as marés. Curiosa e aventureira, Ajê Xalugá explorava os mares disfarçada como espuma brilhante, ofuscando aqueles que olhavam para seu brilho resplandecente. Olocum advertiu que ela também experimentaria o que causava nos outros. Orgulhosa de seu segredo, Ajê Xalugá continuou a brilhar intensamente, cegando aqueles que a observavam. Com o tempo, ela também perdeu a visão, compreendendo o perigo e o significado de seu segredo. Iemanjá, sua irmã mais velha, permanece ao seu lado enquanto ela cavalga as ondas do mar.

> Ajê Xalugá ensina a importância da empatia e de colocar-se no lugar do outro, pois, ao causar cegueira nos outros com seu brilho, ela acaba experimentando a mesma dor. A história também destaca a importância da humildade e de saber lidar com o poder, já que o orgulho de Ajê Xalugá a impediu de ouvir os conselhos de Olocum e a levou à cegueira. O mito ainda ressalta o valor do aprendizado com as próprias experiências, pois Ajê Xalugá, ao perder a visão, finalmente compreende o perigo e o significado de seu segredo. Ame aqueles que estão perto de você e busque o apoio dessas pessoas. Não se acanhe e permita-se ser vulnerável, pois isso faz toda a diferença na sua vida.

Reflita:

Como você avalia as consequências de suas ações e o impacto que elas podem ter tanto em você quanto nos outros ao seu redor?

De que maneira você considera a curiosidade e o desejo de explorar as forças que podem ser tanto enriquecedoras quanto perigosas?

O que você aprende com a importância da humildade e do autoconhecimento ao lidar com segredos e poderes?

Como você lida com o equilíbrio entre expressar seu brilho único e evitar que ele cause danos a si mesmo e aos outros?

Palavra-chave: #consequência **Orixás:** Ajê Xalugá, Iemanjá, Olocum

9 ABR — A SEPARAÇÃO GERA UM NOVO COMEÇO

ODUDUA BRIGA COM OBATALÁ, E O CÉU E A TERRA SE SEPARAM

No princípio, Obatalá, deus do Céu, e Odudua, deusa da Terra, viviam juntos dentro de uma cabaça sem separação entre o Céu e a Terra. Eles compartilhavam sete anéis: o que dormia por cima usava quatro, enquanto o de baixo ficava com três. Um dia, Odudua desejou dormir por cima para usar quatro anéis, mas Obatalá recusou, resultando em uma briga que fez a cabaça se romper, separando o Céu da Terra. Assim, através de seu conflito, os dois deuses criaram a distinção entre o Céu e a Terra.

> Obatalá e Odudua ensinam a importância do diálogo e da negociação em relacionamentos, pois a falta de comunicação entre eles levou à separação do Céu e da Terra. A história também destaca a inevitabilidade de conflitos e desacordos em qualquer relacionamento, mostrando que o desafio está em lidar com eles de forma construtiva. O mito ressalta a importância da flexibilidade e da adaptação às mudanças, pois a separação do Céu e da Terra gerou uma nova realidade à qual ambos os deuses tiveram que se adaptar. Enxergue os conflitos como oportunidades de crescimento e transformação, pois a partir da briga entre Obatalá e Odudua surgiu a organização do mundo como o conhecemos.

Reflita:

Como você avalia a importância do equilíbrio e da negociação em relacionamentos para evitar conflitos que podem levar a rupturas significativas?

De que maneira você considera os desejos pessoais e a necessidade de compromisso na convivência com outros?

O que você aprende sobre as consequências de disputas por poder e recursos, e como elas podem afetar o mundo ao seu redor?

Como você lida com a ideia de que grandes mudanças podem surgir de conflitos, e como pode transformar desafios em oportunidades de crescimento?

Palavra-chave: #separação **Orixás:** Odudua, Obatalá

UM FILHO DE DOIS PAIS

ORANIÃ NASCE NEGRO E BRANCO E TEM DOIS PAIS

Após uma vitória decisiva na guerra contra Ogotum, o orixá Ogum retornou com os espólios, incluindo sete mulheres escravizadas. Entre elas estava Lacangê, cuja beleza era singular. Ogum, tomado por um amor secreto, escondeu-a para si. No entanto, a verdade veio à tona pelas mãos de seus próprios amigos, que, com inveja ou por malícia, revelaram o segredo a Odudua, pai de Ogum. Odudua, ao saber da existência de Lacangê, ordenou que ela fosse trazida à sua presença. Encantado com sua beleza, Odudua a tomou como esposa. Nove meses depois, Lacangê deu à luz um menino que surpreendeu a todos: seu corpo era dividido. O lado direito apresentava a pele escura, como a de Ogum, enquanto o lado esquerdo era claro, como a de Odudua. Ogum e Odudua se entreolharam, um silêncio carregado pairando entre eles. A criança recebeu o nome de Oraniã. Oraniã cresceu e, um dia, fundou o reino de Oió, tornando-se o pai do grande orixá Xangô.

> Oraniã convida a abraçar a dualidade presente em cada um de nós, representada pela sua pele negra e branca, e a reconhecer a riqueza que existe na diversidade. A história também ensina a honrar nossas raízes e ancestralidade, simbolizadas pela presença de dois pais, Ogum e Odudua, que contribuem para a força e o caráter de Oraniã. O mito ainda destaca a importância da superação e da busca por seus objetivos, como demonstrado por Oraniã ao se tornar um grande guerreiro e fundador de Oió. Por fim, construa um legado positivo para as futuras gerações, transmitindo os valores e tradições que conectam com o seu propósito, assim como Oraniã influenciou seu filho Xangô.

Reflita:

Como você avalia a ideia de identidade com várias características e a beleza da diversidade em uma pessoa?

De que maneira você considera o impacto das circunstâncias de nascimento e herança nas trajetórias de vida e nas realizações pessoais?

O que você sabe dos relacionamentos existentes dentro da sua família e como esses laços moldam o seu destino?

Como você lida com a noção de que as origens de alguém não definem totalmente seu futuro, mas podem enriquecer sua jornada?

Palavra-chave: #identidade **Orixás:** Oraniã, Ogum, Odudua, Xangô

11 ABR

ORI NÃO TE ABANDONA NUNCA

ORI FAZ O QUE OS ORIXÁS NÃO FAZEM

Orunmilá reuniu os orixás para descobrir qual deles poderia acompanhar seu devoto em uma viagem sem volta além dos mares. Vários orixás como Xangô, Oiá, Oxalá, Exu, Ogum, Oxum e até o próprio Orunmilá afirmaram que poderiam, mas, quando confrontados com a ideia de retornar às suas raízes e receber iguarias, todos responderam que voltariam para casa. Orunmilá revelou que apenas Ori, a essência pessoal ou o destino de cada um, pode verdadeiramente acompanhar o devoto em uma jornada sem retorno, pois, ao contrário dos objetos de devoção dos orixás, Ori permanece com a pessoa até mesmo na morte.

> Ori ensina a valorizar a sua essência acima de qualquer força externa, pois apenas Ori acompanha em todos os momentos, inclusive após a morte. A história também mostra a importância de cultivar a autoconfiança e a independência, sem depender de fatores externos para alcançar seus objetivos, assim como Ori, que não se deixa seduzir pelas oferendas. O mito ainda destaca a necessidade de aceitar a finitude da vida material e buscar propósitos mais profundos, enquanto os orixás se prendem às iguarias e à possibilidade de retorno. Confie em você! Seguir seu próprio caminho e seu destino com coragem e determinação é fundamental, pois Ori está sempre presente nessa jornada individual que conduz à realização pessoal.

Reflita:

Como você sente a sua própria essência (Ori) acompanhá-lo ao longo de todas as jornadas da vida?

De que maneira considera o papel da escolha pessoal e do destino quando enfrenta mudanças significativas e irreversíveis?

O que aprende sobre a diferença entre dependência de forças externas e a confiança em sua própria essência e seu destino?

Como lida com a ideia de que, mesmo em situações de perda ou transição, sua essência interior continua a guiá-lo?

Palavra-chave: #essência

Orixás: Orunmilá, Xangô, Oiá, Oxalá, Exu, Ogum, Oxum, Ori

UM BOM CAMINHO PARA A VIDA É SEGUIR O CONSELHO DOS MAIS VELHOS

EXU RESPEITA O TABU E É FEITO DECANO DOS ORIXÁS

Exu, o orixá mais jovem, desejava ser respeitado e homenageado como os mais velhos. Para conquistar essa senioridade, consultou um babalaô, que o orientou a realizar um sacrifício. Exu ofereceu três ecodidés (penas vermelhas), galos, búzios e azeite e usou um ecodidé amarrado na testa, o que o impediu de carregar qualquer carga por três meses. Quando Olodumare convocou todos os orixás para uma audiência, Exu, ao não levar oferendas e respeitar o tabu, destacou-se. Olorum reconheceu sua submissão e, por isso, nomeou Exu como seu mensageiro, concedendo-lhe o respeito que desejava, fazendo dele o primeiro a ser cumprimentado.

> Exu ensina a importância da disciplina e do autocontrole, pois ele, para alcançar seu objetivo, submeteu-se a um tabu que o impediu de carregar qualquer carga por três meses. A história também destaca o valor da obediência e da busca por orientação, demonstrada por Exu ao consultar o babalaô e seguir suas instruções. O mito ainda ressalta que o respeito é conquistado por meio de atitudes, e não apenas exigido, pois Exu, ao respeitar o tabu e se apresentar diante de Olorum sem oferendas, demonstrou sua humildade e obediência, sendo recompensado com o título de mensageiro e o respeito almejado. Busque seu crescimento pessoal e evolução espiritual levando em consideração que, às vezes, é necessário sacrifício e renúncia, assim como Exu, que, ao abrir mão de seus desejos imediatos, alcançou uma posição de destaque e reconhecimento.

Reflita:

O quanto você tem se permitido acionar a humildade em sua jornada, assim como fez Exu?

Como a atitude de Exu pode ser inspiradora para entender os sacrifícios que precisa fazer em nome de sucesso pessoal e profissional?

Você reconhece que o respeito é uma conquista que se constrói com atitudes e não uma exigência, assim como Exu demonstrou ao se apresentar diante de Olodumare?

Que lições podem ser extraídas da experiência de Exu sobre a relação entre respeito e liderança nos espaços em que você se relaciona hoje em dia?

Palavra-chave: #renúncia **Orixá:** Exu

13 ABR

OS SERES HUMANOS ACESSAM A TECNOLOGIA E SUAS VIDAS MELHORAM SIGNIFICATIVAMENTE

OGUM DÁ AOS HOMENS O SEGREDO DO FERRO

Em Ifé, na Terra criada por Obatalá, orixás e humanos trabalhavam juntos, mas enfrentavam dificuldades devido ao uso de ferramentas frágeis. Com o aumento da população, a necessidade de expandir a área de cultivo tornou-se urgente. Vários orixás tentaram limpar o terreno sem sucesso, a começar por Ossaim, usando suas ferramentas de metal mole. Ogum, que detinha o segredo do ferro, finalmente interveio, utilizando um facão de ferro para limpar a mata. Impressionados, os orixás ofereceram a Ogum o reinado em troca do conhecimento sobre o ferro. Ogum aceitou, compartilhando o segredo com orixás e humanos, transformando a agricultura, a caça e a guerra. No entanto, após retornar de uma longa caçada em condições deploráveis, Ogum foi desprezado pelos orixás e destituído do reinado. Ogum banhou-se e vestiu-se com folhas de palmeiras desfiadas. Decepcionado, pegou suas armas e deixou Ifé. Tempo depois, se estabeleceu em Irê. Os humanos, gratos pelo conhecimento do ferro, continuaram a honrar Ogum, celebrando sua contribuição com a festa de Iudê-Ogum. Ogum foi reverenciado como o senhor do ferro para sempre.

> Ogum destaca a importância da inovação e do conhecimento, exemplificado pelo segredo do ferro que ele compartilhou, revolucionando as práticas de agricultura, caça e guerra. A narrativa também ilustra a luta pela liderança e reconhecimento, uma vez que Ogum, após sua contribuição significativa, foi desprezado pelos orixás, refletindo a vulnerabilidade das relações de poder. A transformação de Ogum, ao se banhar e se vestir com folhas de palmeiras, simboliza a resiliência diante da rejeição e a capacidade de recomeçar em novas terras, como Irê. Tenha gratidão e faça reverência ao conhecimento que adquiriu ao longo da sua vida, ressaltando a conexão duradoura entre os orixás e você!

Reflita:

Como tem usado o conhecimento e a tecnologia para melhorar a sua vida?

O que a reação dos orixás em relação a Ogum revela sobre a natureza da gratidão e do reconhecimento, e como isso pode ser aplicado às suas interações cotidianas?

De que maneira a experiência de Ogum pode inspirar você a refletir sobre a persistência em manter a integridade e contribuir para o bem comum, mesmo diante da ingratidão?

Como tem honrado aqueles que trazem mudanças positivas e duradouras para a sua vida?

Palavra-chave: #tecnologia **Orixás:** Ogum, Obatalá, Ossaim

O AMOR INTERCEDE SOBRE O ERRO, E O MILAGRE SE FAZ

ODÉ DESRESPEITA PROIBIÇÃO RITUAL E MORRE

Em um dia em que a caça era proibida devido a um ritual, Odé (Oxóssi), desrespeitando a proibição, decidiu caçar como de costume. Ignorando o aviso de consultar o adivinho e os tabus sagrados, Odé seguiu para a floresta. Sua esposa, Oxum, cansada de suas transgressões, deixou a casa. Na floresta, Odé ouviu um canto que dizia: "Eu não sou passarinho para ser morta por ti", vindo de uma serpente, Oxumarê. Ignorando o aviso, Odé matou a serpente e preparou uma refeição com ela. No dia seguinte, Oxum voltou e o encontrou morto. Desesperada, ela seguiu um rastro de serpente até a floresta e consultou Orunmilá, oferecendo sacrifícios. Orunmilá, comovido, trouxe Odé de volta à vida e o transformou em orixá, dando-lhe o cargo de protetor dos caçadores.

> Odé não deu importância e não teve respeito pelos rituais e tabus sagrados. Como mostra a história, a desobediência pode resultar em consequências trágicas, como a morte. A transgressão de Odé serve como uma reflexão sobre a responsabilidade individual e as repercussões de nossas escolhas, destacando a necessidade de sabedoria e cautela. A transformação de Odé em orixá após sua ressurreição simboliza a ideia de redenção, demonstrando que é possível aprender com os erros e se tornar uma força positiva. Nesse caso, como protetor dos caçadores. A busca incansável de Oxum por ajuda para trazer Odé de volta à vida ilustra o poder do amor e da persistência, revelando que, mesmo diante da perda, a fé e a devoção podem levar à restauração e à renovação. Ame e viva o que importa!

Reflita:

Como você tem lidado com as consequências de desrespeitar regras estabelecidas?

O que a transformação de Odé em orixá, após sua morte e ressurreição, simboliza sobre a redenção e a segunda chance para sua vida hoje?

De que maneira a reação de Oxum, que busca ajuda para seu marido, inspira você a refletir sobre o amor e a persistência em face da perda?

Como tem lidado com a obtenção do perdão e com a transformação nos temas relevantes do seu destino?

Palavra-chave: #redenção **Orixás:** Odé, Oxum, Oxumarê, Orunmilá

15 ABR

A PERDA MAL RESOLVIDA PODE GERAR UM CICLO INFINDÁVEL

OSSAIM VINGA-SE DOS PAIS POR DEIXAREM-NO NU

Ossaim, o orixá das folhas e dos encantamentos, cresceu com ressentimento por ter sido criado nu, sem roupas, por decisão de seus pais. Amargurado, fugiu para a floresta, onde aprendeu a usar folhas para se cobrir e desenvolveu habilidades mágicas. Em busca de vingança, causou doenças em seus pais, mas só os curou após receber as roupas que desejava. Depois, tornou-se pai e, temendo que seu filho repetisse suas ações, Ossaim o matou, utilizando o pó resultante da cremação para curar um rei, que então o recompensou generosamente.

> Ossaim destaca a complexidade das relações familiares e as consequências do ressentimento, revelando como experiências de abandono podem moldar ações futuras. A decisão de Ossaim de se vingar de seus pais por terem-no criado nu ilustra a busca por reconhecimento e validação, mostrando que a dor e a mágoa podem levar a ações prejudiciais. Sua habilidade de usar folhas para se cobrir e desenvolver poderes mágicos simboliza a adaptação e a força que podem surgir da adversidade, ressaltando a importância de encontrar soluções criativas para superar desafios. Por fim, a decisão de Ossaim de matar seu filho para evitar que ele repetisse seus erros reflete um ciclo de dor. Não se permita viver um movimento de repetição dos erros do passado... Construa um novo futuro agora, no presente.

Reflita:

Como você pode transformar ressentimentos do passado em aprendizado e crescimento pessoal?

De que maneira você usa suas habilidades e conhecimentos para curar e trazer benefícios aos outros ao invés de buscar vingança?

Quais são as consequências de não lidar adequadamente com medos e inseguranças e como você pode evitar repeti-los na sua vida?

Como encontrar equilíbrio entre seus desejos pessoais e a responsabilidade de cuidar dos relacionamentos familiares?

Palavra-chave: #ressentimento **Orixá:** Ossaim

MESMO A MORTE NÃO É CAPAZ DE SEPARAR A MÃE DOS SEUS FILHOS

16 ABR

IÁ MI ODU FICA VELHA E MORRE

Iá Mi Odu, ao perceber que sua vida estava chegando ao fim, fez oferendas a Ifá para conhecer seu futuro e soube que viveria até a velhice. Antes de partir, ela queria deixar algo para seus filhos continuarem a ter contato com ela. Assim, decidiu criar uma cabaça especial, o ibá, para que seus filhos pudessem invocá-la e encontrar proteção. Para isso, Odu consultou quatro orixás: Obatalá, Obaluaê, Ogum e Odudua, que concordaram em ajudar. Cada orixá contribuiu com seu próprio ibá, representando elementos primordiais: efum, ossum, carvão e lama. Odu preparou seu assentamento, o "aperê igbodu", garantindo que seus filhos pudessem sempre invocá-la e obter proteção. Assim, mesmo após sua partida, seus descendentes, os seres humanos, não estariam sozinhos, pois poderiam sempre contar com a presença espiritual de Odu.

> O mito de Iá Mi Odu é um modelo para a vida diária, pois enfatiza a intencionalidade na construção de um legado. Ia mi planeja seu amparo após a partida, o que nos inspira a garantir que nossos valores e conhecimentos sirvam de guia para os que amamos. Sua preparação, consultando Ifá e orixás, destaca a necessidade de nos prepararmos emocional e espiritualmente para as transições da vida, cultivando resiliência e paz. A colaboração dos orixás na criação do ibá reforça a importância da união de diversas perspectivas e talentos para construir algo duradouro. Assim, o mito nos convida a criar práticas e rituais que conectem a nós mesmos e a nossos entes queridos a fontes contínuas de apoio e orientação, transformando a narrativa ancestral em um roteiro prático para uma vida com propósito.

Reflita:

Como você pode criar um legado significativo para aqueles que ama, garantindo que sua influência e seus valores continuem a guiá-los mesmo após sua partida?

De que maneira você pode se preparar espiritualmente e emocionalmente para as transições inevitáveis da vida, encontrando paz e propósito em cada estágio?

Como você pode cultivar práticas e rituais que conectem você e seus entes queridos a fontes de proteção e orientação espiritual?

Qual é a importância de colaborar com outros para criar algo duradouro, integrando diferentes perspectivas e forças para o benefício de todos?

Palavra-chave: #legado **Orixás:** Obatalá, Obaluaê, Ogum, Odudua

17 ABR O GRANDE POETA SE TORNA ORIXÁ-AGRICULTOR

ORIXÁ OCÔ É CONDENADO A TRABALHAR A TERRA

Orixá Ocô, filho de Iemanjá e Obatalá, era um talentoso cantor e poeta que vivia sem precisar trabalhar devido à sua riqueza e ao encanto de sua voz. Com o tempo ele se tornou um farrista irresponsável, gastando suas noites em festas e cercando-se de amigos de má índole. Em uma festa, propôs um desafio perigoso com óleo de dendê, que resultou na morte de muitos participantes, causando a ira da população. Como punição, Orixá Ocô foi banido da cidade e condenado a trabalhar a terra, perdendo sua riqueza e vivendo como agricultor, ganhando o título de Orixá-Agricultor.

> Ocô ilustra os perigos da irresponsabilidade e da indulgência, destacando como o talento e a riqueza podem ser desperdiçados quando não são acompanhados de discernimento e responsabilidade. A transformação de Ocô, de um talentoso cantor e poeta para um farrista irresponsável, serve como um alerta sobre as consequências de se cercar de más companhias em detrimento de valores mais elevados. Sua condenação a trabalhar a terra não só simboliza a perda de sua riqueza mas também a necessidade de reaprender o valor do trabalho e da humildade, refletindo a importância da conexão com a terra e a natureza. Lembre-se: mesmo após a queda, é possível encontrar um novo propósito e redenção, mostrando que a verdadeira riqueza pode ser encontrada na dedicação ao que importa, para você, cuidar!

Reflita:

Como você pode aprender a equilibrar talento e responsabilidade para evitar que seus dons sejam desperdiçados?

De que maneira você reconhece as consequências de suas ações e evita decisões impulsivas que podem prejudicar os outros?

O que você pode aprender sobre humildade e o valor do trabalho para construir uma vida significativa?

Como você pode transformar uma situação adversa em uma oportunidade de crescimento e reinvenção pessoal?

Palavra-chave: #responsabilidade **Orixás:** Ocô, Iemanjá, Obatalá

A JUSTIÇA É IMPLACÁVEL

XANGÔ É RECONHECIDO COMO O ORIXÁ DA JUSTIÇA

18
ABR

Em meio a uma guerra brutal contra um inimigo cruel que torturava e mutilava seus homens, Xangô buscou orientação de Orunmilá. Desesperado e irado, ele subiu em uma pedreira e começou a bater nas pedras com seu machado duplo, o oxê, gerando faíscas que se transformaram em chamas, dizimando os soldados inimigos. A guerra, antes perdida, se tornou uma vitória para Xangô, que, no auge de sua fúria, lançou um raio sobre os líderes inimigos responsáveis pelas atrocidades. Demonstrando seu senso de justiça, Xangô poupou os soldados inimigos restantes. Sua ação justa e poderosa fez com que ele fosse reconhecido como o orixá da justiça, chamado ao longo dos séculos para resolver disputas e administrar a justiça entre orixás e homens.

> Xangô enfatiza a conexão entre a força e a justiça, mostrando como a determinação e a busca por orientação podem levar à vitória em situações adversas. A decisão de Xangô de consultar Orunmilá antes de agir ilustra a importância da sabedoria e do discernimento, mesmo em momentos de ira e desespero. Sua capacidade de gerar chamas e lançar raios não apenas simboliza seu poder mas também representa a ideia de que a justiça pode ser uma força destrutiva contra a crueldade. Demonstre sua sensibilidade e seu senso de justiça, tentando buscar sempre o melhor nas disputas de maneira justa!

Reflita:

Como você equilibra a força e a compaixão ao administrar a justiça?

De que forma pode usar sua experiência para inspirar outros a buscar justiça com integridade e coragem?

O que tem aprendido sobre a importância de perdoar e proteger os inocentes, mesmo em tempos de conflito na sua vida?

O que tem feito para promover a paz e a harmonia, transformando a fúria em ações justas e equitativas?

Palavra-chave: #justiça **Orixás:** Xangô, Orunmilá

19 ABR — DE VÁRIOS AMORES SURGE O PODER DE IANSÃ

IANSÃ GANHA ATRIBUTOS DE SEUS AMANTES

Iansã, uma orixá de grande beleza e sedução, utilizou seus encantos para adquirir poder e habilidades de vários amantes. Com Ogum ela teve nove filhos e ganhou o direito de usar a espada. De Oxaguiã recebeu o escudo para proteção. Por meio de Exu obteve o poder do fogo e da magia. Com Oxóssi aprendeu o saber da caça. Usou a magia de Exu para transformar-se em búfalo e proteger seus filhos. Logum Edé lhe concedeu o direito de pescar e aproveitar os frutos d'água. Tentou conquistar Obaluaê, mas sem sucesso. Por fim, Iansã se uniu a Xangô, com quem adquiriu o poder do encantamento, a justiça e o domínio dos raios, vivendo com ele para sempre.

> Iansã destaca a complexidade das relações e o poder da sedução e da habilidade em conquistar aliados. Ao utilizar seus encantos para obter atributos de diversos amantes, Iansã simboliza a capacidade de cada indivíduo de transformar suas interações em oportunidades de crescimento e aprendizado. A diversidade de poderes que Iansã adquire, por exemplo, desde a espada de Ogum até o domínio dos raios com Xangô, reflete a ideia de que as habilidades e conhecimentos podem ser compartilhados e multiplicados nas relações, enriquecendo a trajetória de vida de cada um. Seduza a vida e aprenda com ela o seu melhor!

Reflita:

Como refletir sobre o uso de suas habilidades e talentos para alcançar seus objetivos e proteger aqueles que ama?

De que forma você dá importância aos relacionamentos e alianças na aquisição de novos conhecimentos e habilidades?

O que tem aprendido sobre a busca por autossuficiência e a capacidade de adaptação em diferentes situações?

Como se inspira a equilibrar paixão e propósito, encontrando força em suas conexões emocionais?

Palavra-chave: #poder

Orixás: Iansã, Ogum, Oxaguiã, Exu, Oxóssi, Logum Edé, Obaluaê, Xangô

UM É POUCO, DOIS É DEMAIS, MAS TRÊS É IDEAL

20 ABR

OS IBEJIS BRINCAM E PÕEM FOGO NA CASA

Egbé, mãe orgulhosa de dois filhos gêmeos conhecidos como os Ibejis, enfrenta desafios constantes devido às brincadeiras travessas de seus filhos com fogo, que frequentemente incendiava sua casa. Apesar de seus esforços para reconstruir, o lar nunca estava completamente seguro. Desesperada por uma solução, Egbé consulta um babalaô, que a aconselha a ter um terceiro filho. Quando Idoú nasce, ele apazigua os Ibejis, equilibrando o lar com seu temperamento harmonioso. Embora os gêmeos tenham parado de brincar com fogo, eles ensinaram ao irmão mais novo outras brincadeiras emocionantes, mantendo a energia e vivacidade na casa de Egbé.

> Os Ibejis ressaltam a dualidade da infância, na qual a travessura e a alegria podem coexistir com desafios e preocupações. A relação entre Egbé e seus filhos gêmeos simboliza a luta constante de uma mãe para equilibrar a liberdade e a segurança em um ambiente familiar. A transformação da dinâmica familiar, com os Ibejis aprendendo a canalizar sua energia para brincadeiras mais seguras, destaca a importância do aprendizado e da adaptação nas relações. Juntar as personalidades dos gêmeos e do irmão mais novo representa a riqueza da diversidade familiar, em que cada membro contribui para o fortalecimento dos laços e a manutenção da vivacidade no lar, mesmo diante das dificuldades. Viva com a diversidade que existe no mundo, mantendo sua essência!

Reflita:

Como você pode repensar o seu papel para o equilíbrio familiar em apaziguar conflitos e trazer harmonia?

De que forma você lida com a capacidade de novos membros da família em transformar e estabilizar o ambiente?

O que você aprende sobre a importância de perceber e cultivar talentos e energias únicas em cada criança?

Como pode inspirar outros a ver desafios familiares como oportunidades de crescimento e união?

Palavra-chave: #equilíbrio **Orixás:** Egbé, Ibeji

21 ABR

OS SÚDITOS REJEITAM O SEU REI

XANGÔ É REJEITADO POR SEUS SÚDITOS

Após ser rejeitado pelos seus súditos, Xangô retirou-se para a floresta, onde aparentemente se enforcou em uma árvore. A notícia de seu suposto suicídio espalhou-se rapidamente: "Oba so!" ("O rei se enforcou!"). No entanto, ninguém encontrou seu corpo, e acreditou-se que Xangô havia se transformado em um orixá. Seus sacerdotes proclamaram: "Oba ko so!" ("O rei não se enforcou!"). Desde então, sempre que trovões e relâmpagos aparecem, os sacerdotes de Xangô entoam "Oba ko so! Obá Kossô!" como uma afirmação de que o rei não se enforcou.

> A história de Xangô ensina que o poder é transitório e que a verdadeira imortalidade está ligada à espiritualidade. A crença na imortalidade de Xangô demonstra a importância da memória e da tradição na construção da identidade cultural. A fé dos seguidores de Xangô na sua imortalidade demonstra o poder da crença e a capacidade de transformar a dor em esperança. O mito de Xangô e sua ascensão apresenta uma narrativa sobre a transformação, a imortalidade e a força da fé. A história de Xangô ensina que a morte não é o fim, mas sim uma passagem para outro plano de existência.

Reflita:

Como você pode lidar com a rejeição de maneira construtiva, transformando momentos difíceis em oportunidades para redefinir seu propósito e sua identidade?

De que maneira pode encontrar força e inspiração em tempos de isolamento ou solidão, reconhecendo que tais momentos podem ser precursores de uma transformação significativa?

Quando enfrenta rumores ou mal-entendidos, como pode manter sua verdade e integridade, permitindo que suas ações e seu caráter falem por si?

Como pode usar simbolismos e rituais para reafirmar suas crenças e identidade, inspirando outros a ver além das aparências e a reconhecer seu verdadeiro valor e potencial?

Palavra-chave: #resiliência **Orixá:** Xangô

NANÃ EVITA O FERRO DE OGUM E TORNA-SE INDEPENDENTE

22
ABR

NANÃ PROÍBE INSTRUMENTOS DE METAL NO SEU CULTO

A rivalidade entre Nanã Burucu e Ogum é antiga. Ogum, o poderoso ferreiro e guerreiro, detinha o controle sobre os metais, sendo essencial no uso de instrumentos de ferro e aço para os sacrifícios. Todos os orixás reverenciavam Ogum, pois, sem ele, não havia sacrifício e, portanto, não havia orixá. Insatisfeita com a dependência de Ogum, Nanã desafiou sua autoridade, afirmando que não precisava dele. Como resultado, decidiu que nenhum dos seus seguidores usaria objetos de metal em suas cerimônias, realizando sacrifícios sem faca feita de metal e sem a permissão de Ogum.

Nanã Burucu e Ogum ilustram a dinâmica de poder e a busca por autonomia entre os orixás. A decisão de Nanã de proibir instrumentos de metal em seu culto é um ato de resistência e autossuficiência, demonstrando sua determinação em desafiar a autoridade de Ogum e mostrar que a devoção e o culto a ela poderiam florescer sem a dependência de Ogum. Essa atitude reflete a força e a sabedoria de Nanã, destacando a possibilidade de encontrar alternativas criativas e inovadoras para superar limitações impostas por outros. A rivalidade entre Nanã e Ogum simboliza a tensão entre tradição e inovação, em que a busca por independência pode levar a novas práticas e rituais, enriquecendo a diversidade cultural e espiritual dos orixás. No seu cotidiano, tenha convicção de que a verdadeira força pode vir de fontes inesperadas e que o poder não reside apenas naquilo que é tangível e visível, mas também no espírito e na resiliência!

Reflita:

Como você pode encontrar maneiras de afirmar sua independência e importância sem criar divisões e rivalidades desnecessárias?

De que forma você respeita as contribuições dos outros enquanto busca inovar e criar novos caminhos?

O que pode aprender sobre a importância do respeito mútuo e da colaboração entre diferentes forças e habilidades?

Como você consegue inspirar seus amigos e entes queridos a encontrar soluções criativas e alternativas que não dependam das normas tradicionais?

Palavra-chave: #independência **Orixás:** Nanã Burucu, Ogum

23 ABR

OGUM VENCE O REI INJUSTO E TORNA-SE O REI DE IRÊ

OGUM É NOMEADO O REI DE IRÊ

Ogum, poderoso orixá da guerra, do ferro e da tecnologia, era conhecido por sua força, coragem e habilidade como ferreiro. Em suas andanças, chegou à cidade de Irê, governada pelo rei tirano Onirê, que oprimia o povo com impostos abusivos. Indignado, Ogum desafiou Onirê para um combate, com o vencedor se tornando o novo rei. Após intenso confronto, Ogum venceu Onirê, sendo aclamado rei pela população aliviada. Assumindo o trono, Ogum governou por muitos anos, promovendo prosperidade, defendendo a cidade e garantindo o bem-estar de seu povo. Sob seu reinado, Irê tornou-se um importante centro religioso de culto a Ogum.

> Ogum, o guerreiro vitorioso, o inspira a vencer suas próprias batalhas e a lutar por aquilo em que acredita. Quais são as demandas que você enfrenta hoje? Quais batalhas internas e externas exigem sua coragem, sua força e sua estratégia? Priorize o enfrentamento dos desafios que realmente importam em sua vida, sem postergar as decisões e ações que te levarão à vitória e à realização. Lembre-se de que, assim como Ogum, você também possui a força e a capacidade de vencer as demandas e construir um caminho de sucesso e prosperidade. Assuma seu papel de liderança em seus projetos, em sua família ou em sua comunidade, utilizando suas habilidades e talentos para gerar impacto positivo e construir um futuro mais harmonioso e justo. Reflita sobre como você pode se inspirar em Ogum para liderar com justiça, coragem e determinação, vencendo suas demandas e contribuindo para o bem-estar coletivo.

Reflita:

Como você pode utilizar sua força interior e suas habilidades únicas para desafiar injustiças e lutar por um ambiente mais justo e próspero para todos ao seu redor?

De que maneira você pode liderar com integridade e coragem, reconhecendo que o verdadeiro poder vem de servir e proteger aqueles que confiam em você?

Quando confrontado com opressão ou desafios, como pode aplicar suas habilidades estratégicas e determinação para encontrar soluções que promovam o bem-estar coletivo?

Como você pode construir um legado de prosperidade e justiça, inspirando os outros a seguir seu exemplo e contribuindo para uma comunidade mais forte e unida?

Palavra-chave: #luta **Orixá:** Ogum

A QUEBRA DE ACORDOS PODE SER DESASTROSA

24 ABR

IEMANJÁ FOGE DE OQUERÊ E CORRE PARA O MAR

Iemanjá, mãe de dez filhos com Olofim-Odudua, decide partir de Ifé em busca de uma nova vida e chega a Abeocutá, onde conhece Oquerê, o rei de Xaci. Eles se casam sob condições: nenhum deles deve mencionar as características exageradas do corpo do outro. Porém, após um incidente em que Oquerê, embriagado, ofende Iemanjá falando dos seus seios enormes e, por sua vez, é insultado por ter um saco escrotal gigante, todos os acordos são quebrados, levando Iemanjá a fugir. Durante sua fuga para o mar, simbolizado pelo rio que nasce de uma poção mágica, Oquerê tenta impedi-la, transformando-se em uma montanha para bloquear o percurso do rio. Iemanjá invoca a ajuda de seu filho Xangô, que, com trovões e raios, abre um caminho para ela no meio da montanha que era Oquerê. Livre, Iemanjá segue para o mar, a casa de sua mãe Olocum.

> Iemanjá e Oquerê exploram temas de liberdade, respeito e superação de obstáculos. Iemanjá, desejando uma nova vida, estabelece um casamento com Oquerê baseado no respeito mútuo, mas a quebra desse acordo, devido a insultos sobre suas características físicas, desencadeia sua fuga em busca de liberdade. A transformação de Oquerê em uma montanha para bloquear o caminho de Iemanjá simboliza os obstáculos que surgem quando promessas são quebradas e o respeito é perdido. No entanto, a invocação de Xangô, que utiliza sua força e poder para abrir um caminho por meio da montanha, destaca a importância do apoio familiar e da força interior para superar desafios. A jornada de Iemanjá até o mar, sua verdadeira casa, representa a busca por um espaço onde ela possa ser livre e respeitada, enfatizando o direito de cada um em seguir seu próprio caminho e encontrar um lugar onde sua verdadeira essência seja honrada. Onde estiver o seu verdadeiro espaço, estará seu lugar de proteção e paz. Não deixe de procurá-lo! Se já encontrou, cuide como se fosse o maior tesouro da sua vida. Até porque provavelmente é...

Reflita:

Como você pode reconhecer a importância de respeitar acordos e limites nas relações para manter a harmonia?

De que forma você pode aprender a lidar com conflitos de maneira que promova a liberdade e o bem-estar mútuo?

O que você pensa sobre buscar ajuda e apoio em momentos difíceis para superar obstáculos?

Como você pode inspirar outros a encontrar coragem para seguirem seus caminhos, mesmo diante de adversidades?

Palavra-chave: #liberdade

Orixás: Iemanjá, Olofim-Odudua, Oquerê (Oquê), Olocum, Xangô

25 ABR

A BUSCA POR DIREÇÃO E PROPÓSITO COMEÇA COM UMA BOA CABEÇA

AJAGUNÃ GANHA UMA CABEÇA NOVA

Ajagunã, nascido de Obatalá, veio ao mundo sem cabeça e viveu sem rumo até encontrar Ori, que lhe deu uma cabeça feita de inhame pilado. No entanto, sofria com dores terríveis devido ao calor. Quando encontrou Icu, a Morte, aceitou uma nova cabeça fria, mas isso trouxe novos tormentos e sombras. Ogum, amigo de Ajagunã, interveio com sua espada, ajudando a fundir as duas cabeças em uma só, criando um ori azulado, equilibrado entre quente e frio. Com sua vida normalizada e com o auxílio de Ogum, Ajagunã se tornou um general destemido, o mais valente entre os guerreiros.

> Ajagunã oferece uma rica lição sobre identidade, equilíbrio e transformação. Nascido sem cabeça, Ajagunã simboliza a busca por direção e propósito, que se concretiza com a ajuda de Ori, ao receber uma cabeça feita de inhame pilado. As dores que ele sente representam os desafios e desconfortos inerentes às soluções temporárias e incompletas. A intervenção de Icu, oferecendo uma cabeça fria, ilustra a tentação de aceitar mudanças que, embora promissoras, podem trazer novos problemas. É a intervenção de Ogum, com sua habilidade e sabedoria, que permite a fusão das duas cabeças, criando um equilíbrio harmonioso entre o calor e o frio. Esse equilíbrio, simbolizado por um ori azulado, representa a união entre opostos para criar algo novo e poderoso. A verdadeira força e valentia vêm da harmonia interior e do apoio de amigos verdadeiros em sua jornada!

Reflita:

Como você reflete sobre a busca pelo equilíbrio em sua vida, aprendendo a evitar extremos?

De que maneira você considera a importância das amizades e do apoio externo para superar os seus desafios pessoais?

O que você aprende sobre a transformação de adversidades em forças que moldam sua identidade e seu propósito?

Como você lida com a ideia de que experiências difíceis podem levar a um crescimento pessoal e a conquistas significativas?

Palavra-chave: #equilíbrio **Orixás:** Ajagunã (Oxaguiã), Obatalá, Ori, Ogum

QUANTAS PARTES TEM UM DEUS?

OBATALÁ PROVOCA A INVEJA E É FEITO EM MIL PEDAÇOS

Obatalá comprou um escravo para trabalhar em sua terra, que prosperou grandemente, despertando a inveja dos outros. Subornado por invejosos, o escravo rolou uma pedra gigantesca sobre Obatalá, despedaçando-o em mil partes. Olorum, testemunhando a tragédia, ordenou que Exu recolhesse os pedaços de Obatalá. Apesar dos esforços, Exu não conseguiu reunir todas as partes e algumas se perderam pelo mundo. Olorum juntou os pedaços que pôde e trouxe Obatalá de volta à vida. Assim, Obatalá está presente em todos os lugares, ou seja, espalhado pelo mundo inteiro.

> Obatalá ensina a resiliência, a presença e a superação das adversidades. A prosperidade de Obatalá, que desperta inveja, simboliza o perigo que o sucesso pode atrair, levando à traição e à destruição, como representado pela pedra que o despedaça. A intervenção de Olorum, ordenando a Exu que reunisse os pedaços de Obatalá, ilustra a importância do esforço coletivo na reconstrução e cura após uma tragédia. Embora nem todas as partes tenham sido encontradas, a ressurreição de Obatalá com os pedaços disponíveis destaca que, mesmo incompleto, ele encontrou uma forma de continuar existindo e influenciando o mundo. Essa dispersão pelo mundo simboliza a onipresença de Obatalá, ensinando que, apesar das adversidades, sua essência e influência permanecem e se manifestam em diversos lugares e formas. Recolha as partes essenciais que ficaram para trás e siga em frente com as suas imperfeições, pois isso não deixa de ser um novo caminho!

Reflita:

Como você sente o impacto da inveja e da traição nas relações humanas e as consequências duradouras que podem ter?

De que maneira você considera a resiliência e a capacidade de renascimento após experiências de fragmentação e perda?

O que você aprende sobre a influência contínua de uma ideia, mesmo quando está disperso?

Como você lida com a ideia de que partes de nós mesmos podem ser encontradas em lugares inesperados, contribuindo para uma conexão universal?

Palavra-chave: #resiliência **Orixás:** Obatalá, Exu

27 ABR A DANÇA DA VIDA CLAMA INSTRUMENTOS ESPECIAIS

ORUNMILÁ TRAZ A FESTA COMO DÁDIVA DE OLODUMARE

Orunmilá, acompanhando os orixás em visita à Terra, pediu a Olorum-Olodumare que trouxesse algo belo e novo aos humanos, algo que mostrasse a grandeza do ser supremo e seu apreço pela humanidade. Olodumare atendeu ao pedido e enviou a festa como dádiva, trazendo música, ritmo e dança. Ele enviou instrumentos musicais como ilu, batá, atabaques, xequerê, gã e agogô, junto com os alabês, músicos que dominam a arte dos sons divinos. A chegada desses presentes trouxe imensa alegria, marcando a primeira grande festa onde humanos e orixás dançaram juntos em celebração.

> Orunmilá e a dádiva de Olodumare é uma celebração da união e da alegria por meio da música e da dança. Ao pedir algo belo para a humanidade, Orunmilá demonstra seu desejo de estreitar os laços entre os humanos e os seres divinos, destacando a importância da conexão espiritual e da partilha de experiências. A resposta de Olodumare, enviando a festa como presente, simboliza a generosidade e o amor do ser supremo pela humanidade, oferecendo não apenas entretenimento, mas uma forma de expressão cultural e espiritual. Os instrumentos musicais e os alabês representam a diversidade e a riqueza dos sons divinos, cada um trazendo seu próprio ritmo e melodia para a grande celebração. A primeira grande festa, onde humanos e orixás dançam juntos, reflete a harmonia e a alegria que podem ser alcançadas quando se celebra a vida em comunidade, unindo o divino e o terreno em um momento de pura felicidade e comunhão. A vida é uma dança, pois, então, dance sem moderação!

Reflita:

Como você reflete sobre o poder transformador da música e da dança na vida humana e sua capacidade de unir pessoas?

De que maneira você considera a importância de celebrar e agradecer pelas dádivas que recebemos, seja na vida pessoal ou comunitária?

O que você aprende sobre a conexão entre o divino e o humano por meio das expressões artísticas e culturais?

Como você lida com a noção de que a alegria e a celebração são partes essenciais da existência e devem ser cultivadas?

Palavra-chave: #celebração **Orixá:** Orunmilá

NO ALTO DA MONTANHA É POSSÍVEL VER OS CAMINHOS

OQUÊ SALVA SEUS SÚDITOS DOS INVASORES

No início do mundo, quando não havia montanhas, Oquê reinava sobre uma pacífica aldeia. Um dia, um exército invasor avançou em direção à cidade, destruindo tudo em seu caminho. Sem armas para se defender, Oquê buscou conselho com um babalaô, que o orientou a realizar um ebó nos quatro cantos da cidade. Após cumprir o ritual, Oquê esperou no centro da aldeia, cercado por seu povo. Quando os invasores se aproximaram, um estrondo ecoou e a terra tremeu. Oquê transformou-se em uma montanha, erguendo seu povo para a segurança, enquanto os inimigos permaneciam abaixo. Assim, morros e montanhas surgiram, alterando a vasta planície terrestre.

> Oquê ressalta a sabedoria, a proteção e o poder transformador diante do perigo. Governando uma aldeia pacífica, Oquê enfrenta a ameaça de invasores com calma e estratégia, buscando orientação espiritual por meio do babalaô. A transformação de Oquê em uma montanha é uma poderosa metáfora para a capacidade de proteção e elevação em tempos de crise, mostrando que a verdadeira liderança se manifesta quando se colocam os outros em segurança acima de si mesmo. Ao se transformar em uma montanha, Oquê não apenas salva seu povo, mas também altera a geografia da Terra, simbolizando como atos de coragem e sabedoria podem ter impactos duradouros e transformadores na vida e no ambiente ao nosso redor. Saber as mudanças relevantes que aconteceram na sua história e os caminhos que precisam ser trilhados hoje, no aqui e agora, são dois passos fundamentais para a felicidade.

Reflita:

Como você pode transformar desafios em oportunidades para proteger e fortalecer sua comunidade?

De que forma você pode usar a sabedoria e a orientação das pessoas sábias ou tecnicamente preparadas para encontrar soluções pacíficas em tempos de crise?

O que você pode aprender sobre a importância da fé e da união para superar adversidades?

Como você pode continuar a inspirar a si e aos outros a encontrar força e resiliência em momentos de perigo?

Palavra-chave: #proteção **Orixá:** Oquê

29 ABR

A ENCRUZILHADA APRESENTA O CAMINHO DO SUCESSO E DO FRACASSO

AJALÁ FAZ AS CABEÇAS DE TRÊS AMIGOS

Orunmilá, insatisfeito com a escolha de sua própria cabeça ao nascer, procurou orientação para seu filho Ofuapê. O oráculo recomendou um sacrifício de mil búzios para garantir o sucesso de Ofuapê na Terra. Enquanto seus amigos Oriseecu e Orilemerê escolheram rapidamente cabeças bonitas, Ofuapê pagou uma dívida de Ajalá, o fabricante de cabeças, e foi recompensado com a sabedoria de escolher uma cabeça que não apenas fosse bela, mas que garantisse uma vida plena e de sucesso. Enquanto Ofuapê prosperou, seus amigos ficaram intrigados, percebendo que suas cabeças bonitas não lhes trouxeram fortuna ou felicidade.

> Orunmilá e seu filho Ofuapê ensinam a sabedoria nas escolhas e a importância de olhar além das aparências. Orunmilá, insatisfeito com sua própria escolha, busca garantir que seu filho tenha uma vida plena e de sucesso, mostrando a preocupação e o amor paterno em preparar o caminho para as futuras gerações. A orientação do oráculo para realizar um sacrifício de mil búzios simboliza o investimento e o compromisso necessários para alcançar o sucesso verdadeiro. A escolha de Ofuapê em pagar a dívida de Ajalá e optar por uma cabeça que ofereça mais do que beleza reflete a sabedoria de buscar profundidade e substância em vez de superficialidade. Enquanto seus amigos se fixaram apenas na beleza externa, Ofuapê compreendeu que a verdadeira prosperidade vem de escolhas fundamentadas em valores duradouros e sabedoria, ensinando que a verdadeira felicidade e sucesso estão enraizados em decisões conscientes e significativas. As suas escolhas exigem sabedoria. Tenha paciência e analise tudo que está ao seu alcance para fazer da escolha, prática, e da prática, o sucesso.

Reflita:

Como você enxerga a importância de escolhas ponderadas em vez de optar apenas pelo que é atraente na superfície?

De que maneira você considera o valor do sacrifício e da generosidade como caminhos para alcançar sucesso e satisfação na vida?

O que você reflete sobre a diferença entre aparência e essência ao buscar o que realmente importa na vida?

Como você lida com a ideia de que o verdadeiro sucesso pode não estar no que é visível, e sim nas escolhas inteligentes e bem fundamentadas?

Palavra-chave: #escolha **Orixás:** Orunmilá, Ajalá

A ASTÚCIA É BOA ALIADA DA ESTRATÉGIA

IÁ MI SÃO ENGANADAS POR ORUNMILÁ

30 ABR

Orunmilá desejava descobrir os segredos das Iá Mi Oxorongá. Após consultar Ifá, foi orientado a fazer várias oferendas para garantir sua segurança e sucesso. Ao chegar em Otá, as Iá Mi o viram como presa, planejando matá-lo e comê-lo. No entanto, Exu alertou-as de que Orunmilá possuía um pássaro mais poderoso. As Iá Mi tiveram que submeter seus pássaros a Orunmilá, mas ainda tentaram atacá-lo com mau-olhado. Orunmilá, então, consultou Ifá novamente e ofereceu uma buchada e um frango de penas arrepiadas, que eram tabus para as Iá Mi. Incapazes de lidar com esses itens, as Iá Mi não conseguiram tocar Orunmilá, que, assim, as enganou e descobriu quase todos os seus segredos.

> Orunmilá e as Iá Mi Oxorongá revelam a importância da sabedoria e da consulta ao destino. A intervenção de Exu destaca o papel da comunicação e do aviso oportuno, mostrando como a informação pode alterar drasticamente o curso dos eventos. A tentativa das Iá Mi de usar o mau-olhado contra Orunmilá ilustra a persistência do desafio e as forças ocultas que ele enfrenta. Finalmente, a habilidade de Orunmilá em oferecer itens considerados tabus para as Iá Mi simboliza a astúcia e a estratégia, permitindo-lhe superar obstáculos e desvendar segredos, sublinhando a vitória do conhecimento e da inteligência sobre forças adversas. Seja astuto, use boas estratégias e persista no seu caminho!

Reflita:

Como você pode mensurar a importância de preparação e estratégia ao enfrentar desafios?

De que forma você faz uso inteligente do conhecimento que tem para alcançar objetivos?

O que você sabe e sente sobre a dualidade de forças como Exu, que podem auxiliar de forma inesperada?

Como você se inspira e inspira os outros a buscar soluções criativas e inteligentes para superar obstáculos complexos?

Palavra-chave: #conhecimento **Orixás:** Orunmilá, Exu

MAIO

MÊS DAS MÃES E DAS ÁGUAS

Orixás: Iemanjá, Oxum, Oiá, Nanã, Obá, Euá

Maio, o mês das mães, é o momento perfeito para celebrar as grandes Iyabás (mães) do panteão. Elas representam as diferentes faces da maternidade e das águas: a maternidade universal de Iemanjá, a fertilidade e o amor de Oxum, a transformação de Oiá, a sabedoria ancestral de Nanã, a lealdade de Obá e o mistério de Euá.

"Maio, no abraço das grandes mães, a água cura, o amor protege e a sabedoria ancestral guia o nosso caminho."

1 MAIO

O TRABALHO FEITO PELAS FERRAMENTAS ADEQUADAS PODE FAVORECER O MELHOR PARA AS NOSSAS VIDAS

OGUM FEZ EM SUA FORJA AS FERRAMENTAS PARA PLANTAR E COLHER MELHOR A LAVOURA DE OXAGUIÃ

Oxaguiã enfrentava dificuldades para cultivar a terra e alimentar seu povo com inhame. Observando a luta do jovem orixá, Ogum, o mestre ferreiro, usou sua habilidade e força para forjar em sua oficina ferramentas como enxadas, foices e arados. Com esses instrumentos, Oxaguiã pôde cultivar a terra com mais eficiência, garantindo fartura e prosperidade para sua comunidade.

> Ogum e Oxaguiã, em sua colaboração para garantir o sustento e a prosperidade, revelam a importância do trabalho em conjunto e da utilização das ferramentas certas para alcançar seus objetivos. Assim como Ogum, que fornece as ferramentas para Oxaguiã cultivar a terra, pense como você tem utilizado seus recursos e habilidades para "plantar" e "colher" os frutos do seu trabalho e dedicação. Lembre-se de que a tecnologia, assim como as ferramentas de Ogum, pode ser uma aliada poderosa para "cultivar" o progresso em sua vida. Perceba como você pode utilizar a tecnologia a seu favor, seja para adquirir novos conhecimentos, aprimorar suas habilidades, otimizar seu trabalho ou conectar-se com outras pessoas. Além disso, perceba que tipo de futuro próspero e abundante você deseja construir para si mesmo e para as próximas gerações. Visualize um futuro no qual a tecnologia e o trabalho em conjunto impulsionem o desenvolvimento da sociedade, criando um mundo mais justo, sustentável e harmonioso.

Reflita:

Como você pode reconhecer o valor do trabalho em equipe, entendendo que a colaboração e o suporte mútuo podem levar a resultados mais eficazes e satisfatórios?

De que maneira você pode usar suas habilidades e talentos para ajudar os outros, buscando maneiras de contribuir para o bem-estar da sua comunidade, assim como Ogum fez por Oxaguiã?

Quando você enfrenta desafios em sua vida, como pode buscar recursos e apoio que o ajudem a superar obstáculos e a prosperar em suas empreitadas?

Como você pode celebrar o sucesso e a prosperidade, reconhecendo que esses momentos são frequentemente o resultado do esforço coletivo e da generosidade daqueles ao seu redor?

Palavra-chave: #tecnologia **Orixás:** Ogum, Oxaguiã

A RIQUEZA DO AMOR TRAZ PROSPERIDADE MATERIAL

2
MAIO

AJÊ XALUGÁ FAZ SEU AMADO PRÓSPERO E RICO

Ajê Xalugá, que vive em um trono de coral no fundo do mar, é a dona da riqueza e prosperidade que o oceano oferece. Durante seus passeios à terra, ela se apaixonou por um comerciante de azeite de dendê, mas, ao levá-lo para o fundo do mar, ele se afogou. Em uma visita posterior, Ajê Xalugá apaixonou-se novamente por outro mercador. Não podendo viver com ele sem causar sua morte, ela o cobriu de riquezas, tornando-o o homem mais próspero do mercado. Ajê Xalugá, portanto, é conhecida por trazer prosperidade aos mercados e ajudar aqueles que lhe oferecem presentes no mar, reforçando seu papel como a doadora de riquezas.

> Ajê Xalugá ressalta a dualidade entre amor e sacrifício, pois o desejo de estar com seus amantes resulta em tragédia, refletindo a complexidade das escolhas emocionais. Sua decisão de enriquecer o segundo mercador, sem levá-lo para o mar, simboliza a sabedoria adquirida e a capacidade de adaptação diante das limitações. O gesto de cobri-lo de riquezas destaca seu papel como doadora de prosperidade, mostrando como amor e generosidade podem se manifestar de formas não destrutivas. A tradição de oferecer presentes no mar para obter seu favor reforça a crença na reciprocidade e na interação harmoniosa com as forças espirituais para alcançar abundância e sucesso nos empreendimentos. Pense positivo e aja com simplicidade, pois esses são dois elementos fundamentais para a prosperidade.

Reflita:

Como você reflete sobre o equilíbrio entre seguir seus desejos e entender suas limitações para evitar causar dano a si mesmo ou aos outros?

De que maneira você considera o impacto da generosidade e como ela pode transformar vidas, mesmo quando o amor direto não é possível?

Para você, o que é ser rico e próspero?

Como você lida com a responsabilidade de possuir ou distribuir recursos que podem afetar significativamente a vida de outras pessoas?

Palavra-chave: #prosperidade **Orixás:** Ajê Xalugá, Olocum

3 MAIO QUEM ARMA CILADAS PARA OS OUTROS PODE ACABAR CAINDO NELAS

ODUDUA CAI NA ARMADILHA QUE ELE MESMO PREPARA PARA OXALÁ

No início dos tempos, Odudua e Obatalá viviam em rivalidade. Odudua aproveitou-se do descuido de Obatalá, que não realizou os sacrifícios necessários e acabou embriagado, para roubar o saco da Criação e formar o mundo. Obatalá, ao despertar, descobriu que a Terra já estava criada e recebeu a tarefa de criar o homem, como oportunidade de redimir-se. A rivalidade entre ambos deu origem a uma guerra contínua entre seus seguidores. Obatalá planejou eliminar Odudua, mas Odudua, protegido por amuletos e conselhos de Orunmilá, conseguiu sobreviver às tentativas. Em um ato de vingança, Odudua preparou uma armadilha para Obatalá, mas acabou caindo nela, enquanto Obatalá atravessou ileso. Ao final, Obatalá foi aclamado como o "Senhor do Mundo" e "Grande Orixá".

> Odudua e Obatalá exploram a dinâmica de rivalidade e a consequência das ações impensadas, destacando como a falta de vigilância por parte de Obatalá abriu caminho para Odudua criar o mundo. A atribuição da criação do homem a Obatalá como uma forma de redenção enfatiza a oportunidade de transformação e responsabilidade. A proteção de Odudua por meio de amuletos e da sabedoria de Orunmilá ilustra a importância de estar preparado e buscar orientação. A reviravolta final, onde Odudua cai em sua própria armadilha, mostra a lição de que intenções vingativas podem se voltar contra o próprio planejador. Seja resiliente e íntegro como Obatalá, e sua vitória será cheia de honra e senso de justiça.

Reflita:

Como você avalia as consequências de enganos e traições, e como elas podem perpetuar ciclos de conflito e rivalidade?

De que maneira você considera a importância da humildade e da redenção ao buscar resolver disputas e diferenças com outros?

O que você aprende sobre o perigo de criar armadilhas para os outros e como elas podem se voltar contra você?

Como você lida com a ideia de que o verdadeiro triunfo pode vir não da vingança, mas da superação e aceitação dos próprios erros?

Palavra-chave: #rivalidade **Orixás:** Odudua, Obatalá (Oxalá), Orunmilá

ORANIÃ DEFENDEU O PLANETA DE IRMÃOS REPLETOS DE COBIÇA

ORANIÃ CRIA A TERRA

No início, sob o céu, havia apenas água. Olodumare, o deus supremo, criou sete príncipes e lhes deu artefatos preciosos, incluindo uma galinha e barras de ferro. Ao descerem sobre as águas, uma semente lançada do céu gerou uma palmeira, que abrigou os príncipes. Cada príncipe recebeu um reino, e Oraniã, o mais jovem, foi feito rei de Oió. Com apenas a galinha, barras de ferro e um pano preto contendo uma estranha substância, Oraniã criou a Terra ao jogar a substância na água. A galinha ciscou, expandindo o montículo até formar a Terra. Quando os irmãos viram a grandeza do que surgiu, sentiram inveja. Eles também queriam o domínio daquela nova Terra, mesmo já tendo recebido presentes e territórios. Oraniã, então, defendeu a Terra dos irmãos cobiçosos, tornando-se o grande rei de Oió, a capital de todas as cidades.

> Oraniã destaca a capacidade de criação e transformação. Ele, com recursos limitados, manifesta a Terra a partir das águas primordiais, simbolizando inovação e engenhosidade. A palmeira que abriga os príncipes ilustra a conexão entre o divino e o terreno, servindo como ponte entre os céus e a Terra. A escolha de Oraniã como rei de Oió ressalta a importância do mérito e da liderança visionária, demonstrando que grandeza pode emergir de origens humildes. A defesa da Terra contra os irmãos cobiçosos demonstra a coragem e a determinação necessárias para proteger e preservar aquilo que se criou. Inspire-se na liderança de Oraniã fazendo o que precisa ser feito.

Reflita:

Como você reflete sobre a capacidade de transformar o que parece insignificante em algo grandioso?

De que maneira você considera a importância da liderança e a defesa de seus ideais diante da oposição?

O que você aprende sobre a distribuição de riqueza e poder, e como o verdadeiro valor pode não estar nos tesouros materiais?

Como você lida com a responsabilidade de criar e proteger aquilo que construiu, especialmente quando outros desejam tomar posse?

Palavra-chave: #criação **Orixá:** Oraniã

5 MAIO

QUANDO ORI SE ERGUE, ATÉ OS DEUSES SE DOBRAM

ORI VENCE OS ORIXÁS NUMA DISPUTA

Uma mulher enfrentava muitos problemas e foi orientada a fazer uma oferenda ao seu Ori, oferecendo dois obis. No caminho, encontrou 16 orixás, e Xangô, ofendido pela falta de saudação da mulher, tomou os obis, comendo um e dando outro a Oxalá. Ori, ao saber disso, confrontou Xangô e começou uma disputa. Ori lançou Xangô e outros orixás para diferentes cidades, onde cada um se tornou cultuado. Após três anos, os orixás se reuniram novamente e reconheceram que Ori os havia beneficiado, pois agora eram adorados em suas respectivas cidades. A celebração aconteceu, com todos se alegrando e reconhecendo o poder e a importância de Ori.

> Ori enfatiza a importância do autoconhecimento e da conexão com o próprio destino. Ele representa a essência pessoal e espiritual. A disputa com Xangô e os outros orixás destaca a capacidade de Ori de enfrentar desafios e superar adversidades, mesmo diante de forças poderosas. A dispersão dos orixás e sua posterior adoração em diferentes cidades acentua a ideia de que conflitos e desafios podem levar a novas oportunidades e crescimento. Diante disso, valorize e honre seu próprio caminho, mostrando que a verdadeira força reside dentro de cada um, sendo fundamental para alcançar harmonia e sucesso.

Reflita:

Como você honra sua própria essência e identidade ao enfrentar desafios?

De que maneira você considera o valor das reviravoltas inesperadas na vida que podem, a princípio, parecer adversidades, mas acabam trazendo benefícios?

O que você aprende sobre a capacidade de transformar conflitos em oportunidades de crescimento e reconhecimento?

Como você lida com a ideia de que sua própria essência (Ori) pode guiá-lo para novos caminhos e realizações, mesmo quando os outros não compreendem suas ações?

Palavra-chave: #individualidade **Orixás:** Ori, Xangô

A FORÇA DE EXU RESIDE NA ARTE DA MEDIAÇÃO

6 MAIO

EXU AJUDA OLOFIM NA CRIAÇÃO DO MUNDO

No início da criação do mundo, Olofim-Olodumare reuniu os sábios do Orum para ajudar na manifestação da vida na Terra. No entanto, as diferentes ideias geraram conflitos, impedindo que chegassem a um consenso. Diante da impossibilidade de avançar, Exu surgiu como um auxílio essencial. Ele sugeriu a Olofim que, para superar os obstáculos, fosse necessário sacrificar 101 pombos, utilizando o sangue deles para purificar as perturbações que afetavam os espíritos benevolentes. Apesar da relutância, Olofim concordou em sacrificar os pombos em prol do bem de seus filhos. Exu guiou Olofim em todo o processo de purificação, e, ao final, Olofim reconheceu a importância de Exu, garantindo que ele seria sempre louvado antes de qualquer nova empreitada.

> Exu ajudando Olofim na criação do mundo representa a importância do equilíbrio e da mediação, com Exu servindo como o elemento catalisador que resolve os conflitos entre os sábios do Orum. A solução proposta por Exu simboliza a necessidade de sacrifícios e purificações para superar obstáculos e harmonizar forças divergentes. O papel de Exu, como guia no processo, destaca a sua sabedoria e habilidade em transformar caos em ordem, reafirmando sua posição como uma figura indispensável na conexão entre o divino e o mundano. O reconhecimento de Exu por Olofim e sua promessa de louvá-lo antes de novas empreitadas enfatiza a lição de que o verdadeiro sucesso é alcançado por meio da valorização de todas as vozes e da aceitação de soluções inovadoras e, por vezes, não convencionais. Seja autêntico!

Reflita:

Como você lida com os conflitos em sua vida e quais sacrifícios está disposto a fazer para alcançar a harmonia?

Em que áreas da sua vida você poderia se beneficiar ao abraçar soluções não convencionais, assim como Exu fez na criação do mundo?

De que maneira você reconhece e valoriza as vozes e influências diversas ao seu redor para promover o seu sucesso?

Como você pode se tornar um mediador eficaz em situações de tensão, transformando caos em ordem na sua jornada pessoal?

Palavra-chave: #mediação **Orixá:** Exu

7 MAIO

QUANDO O SILÊNCIO SE TORNA ENSURDECEDOR

OGUM MATA SEUS SÚDITOS E É TRANSFORMADO EM ORIXÁ

Ogum, filho de Odudua e um guerreiro renomado, sempre trouxe vitórias para o reino de seu pai. Amante da liberdade, teve um filho, Oxóssi, com uma mulher chamada Ojá e envolveu-se com outras mulheres, incluindo as esposas de seu rival Xangô. Após conquistar a coroa de Irê, Ogum se tornou o rei, conhecido como Ogum Onirê. Quando retornou de uma guerra, encontrou sua cidade em silêncio devido a um ritual sagrado. Sentindo-se ignorado e desprezado, Ogum, em um acesso de fúria, atacou seus súditos. Após o fim do ritual, seu filho e outros sobreviventes o reconheceram e prestaram homenagens, mas Ogum estava inconsolável pelo massacre que causara. Dominado pelo arrependimento e pela vergonha, Ogum decidiu deixar o mundo humano. Enterrou sua espada no chão e foi tragado pela terra, ascendendo ao Orum como um orixá.

> Ogum destaca a dualidade entre a força e a vulnerabilidade, evidenciada pelo seu papel como guerreiro vitorioso e seu trágico erro ao atacar seus súditos em um momento de fúria. A história ressalta a importância do reconhecimento e da comunicação, já que o silêncio do ritual foi mal interpretado por Ogum, levando a consequências devastadoras. O profundo arrependimento de Ogum após o massacre revela a complexidade das emoções humanas e a busca por redenção diante dos próprios erros. A ascensão dele ao Orum como um orixá simboliza a transformação e a transcendência, mostrando que, mesmo após cair em desgraça, há a possibilidade de renascer em um estado mais elevado de existência. Seja um lutador vulnerável!

Reflita:

Como você reage quando se sente ignorado ou desprezado, e de que maneira poderia evitar ações impulsivas nesses momentos?

Quais são as consequências de suas ações impensadas e como você busca redenção e aprendizado a partir de seus erros?

De que forma você interpreta o silêncio ou a falta de comunicação dos outros, e como isso afeta suas relações?

Em momentos de arrependimento, como você transforma essas experiências em oportunidades de crescimento e renovação pessoal?

Palavra-chave: #redenção **Orixás:** Ogum, Odudua, Oxóssi, Xangô

A FORÇA DA VIDA ESTÁ EM TRANSFORMAR ARREPENDIMENTO EM SABEDORIA

OXÓSSI MATA A MÃE COM UMA FLECHADA

Olodumare encarregou Orunmilá de uma tarefa desafiadora: trazer-lhe uma codorna. Após várias tentativas sem sucesso, Orunmilá encontrou Oxóssi, um grande caçador, e pediu sua ajuda. Lisonjeado, Oxóssi aceitou a missão. No entanto, após caçar a codorna, a caça foi roubada, e sua mãe desdenhou da importância da tarefa. Determinado, Oxóssi caçou outra codorna e a entregou a Olodumare, que, satisfeito, fez de Oxóssi o rei dos caçadores. Para punir o ladrão da primeira codorna, Oxóssi atirou uma flecha ao acaso, ocasionando a morte da própria mãe. Desesperado e arrependido, Oxóssi recusou o título que recebera de Olodumare.

> Oxóssi evidencia a importância da determinação e da habilidade, destacando como seu talento como caçador o levou a cumprir a tarefa desafiadora de Orunmilá e ser reconhecido por Olodumare. A história traz à tona a questão da confiança e do valor das palavras, já que a descrença de sua mãe na missão e o roubo da primeira codorna impulsionam suas ações subsequentes. O trágico erro de Oxóssi, ao matar sua própria mãe com uma flecha destinada ao ladrão, revela as consequências devastadoras de ações impulsivas e a complexidade do arrependimento. Cuidado com o que pede, pois você pode conseguir.

Reflita:

Como você lida com o fracasso e a descrença dos outros quando está determinado a alcançar um objetivo importante?

Em que momentos você agiu impulsivamente e quais foram as consequências que mais impactaram sua vida?

Como você equilibra a busca por reconhecimento e sucesso com a importância dos relacionamentos pessoais e da integridade?

Quando confrontado com arrependimento, de que maneira você busca aprender e crescer a partir de suas experiências dolorosas?

Palavra-chave: #consequência **Orixás:** Oxóssi, Orunmilá

9 MAIO

A RIQUEZA INESPERADA DE OSSAIM

OSSAIM TEM AS SUAS OFERENDAS REJEITADAS POR ORUNMILÁ

Ossaim, o orixá das folhas, estava triste por não poder oferecer inhames suficientes na festa de Orunmilá, restando-lhe levar apenas abóboras. Xangô levou suas oferendas à festa, mas Orunmilá aceitou apenas os inhames, devolvendo as abóboras de Ossaim. Desolado e passando por necessidades, Ossaim decidiu cozinhar uma das abóboras rejeitadas e descobriu que estavam recheadas de dinheiro. Assim, Ossaim percebeu que a riqueza estava em sua casa o tempo todo, tornando-se rico e respeitado.

> Ossaim destaca a importância de aceitar e valorizar o que se tem, mostrando como suas abóboras, inicialmente rejeitadas por Orunmilá, continham a riqueza de que ele tanto precisava. A história também nos faz refletir sobre a resiliência e a capacidade de encontrar valor em situações adversas, como quando Ossaim, mesmo desolado, decidiu cozinhar as abóboras rejeitadas. Além disso, o mito ilustra como a verdadeira riqueza pode estar oculta em nossas vidas, esperando para ser descoberta e apreciada. Finalmente, a transformação de Ossaim em uma figura rica e respeitada demonstra que o reconhecimento e o sucesso podem surgir de onde menos se espera, desde que se mantenha a fé e a curiosidade. Na sua vida passam poucas abóboras, mas sempre passam. Não as perca de vista!

Reflita:

Como você pode aprender a valorizar o que possui, mesmo quando os outros não o fazem?

Em que áreas de sua vida você não está reconhecendo o potencial escondido em suas próprias "abóboras"?

Que lições você pode tirar das rejeições que já enfrentou, transformando-as em oportunidades de crescimento e prosperidade?

Como você pode desenvolver a confiança em suas próprias ofertas e talentos, mesmo quando não são inicialmente valorizados por outros?

Palavra-chave: #riqueza **Orixás:** Ossaim, Orunmilá, Xangô

A UNIDADE E A REVERÊNCIA PODEM TRANSFORMAR A DISCÓRDIA EM PROSPERIDADE DURADOURA

10 MAIO

OBALUAÊ CONQUISTA O DAOMÉ

Obaluaê, conhecido por seu poder de trazer pestes, dirigiu-se à terra dos Mahis no Daomé com seus guerreiros. Os habitantes, temerosos, consultaram um adivinho que lhes recomendou fazer oferendas a Obaluaê, incluindo pipoca, inhame pilado e dendê, além de se prostrarem em submissão total. Acalmado pela pipoca e satisfeito com a submissão, Obaluaê poupou o povo e decidiu permanecer no reino, que logo prosperou. Lá, foi conhecido como Sapatá, Ainon (Senhor da Terra) ou Jeholu (Senhor das Pérolas). Esses nomes diferentes, adotados por famílias importantes, causaram desentendimentos com os reis do Daomé, levando a conflitos e epidemias de varíola como represália. A discórdia gerada foi tamanha, que até hoje há incerteza sobre o melhor nome para chamar Obaluaê.

> Obaluaê no Daomé ressalta o poder transformador e ao mesmo tempo devastador que ele possui, evidenciado pela sua capacidade de trazer tanto pestes quanto prosperidade ao reino. A adoção de diferentes nomes para Obaluaê, como Sapatá e Jeholu, revela como a diversidade cultural e a reverência podem levar a conflitos internos, refletindo a complexidade das tradições e identidades em uma comunidade. A discórdia gerada em torno de seu nome simboliza a divisão e a incerteza que podem surgir quando a unidade em torno de uma figura poderosa é comprometida, provocando repercussões duradouras através das gerações. Como você tem lidado com conflitos é tão importante quanto a maneira como os tem resolvido.

Reflita:

Como você usa a força e o poder para promover a paz e a prosperidade, em vez de provocar medo e discórdia?

De que forma você incentiva a unidade e a cooperação entre diferentes pessoas, mesmo diante de diferenças e rivalidades?

O que você pode aprender sobre o impacto de suas ações e como elas influenciam a harmonia e o equilíbrio em sua comunidade?

Como você se mobiliza para inspirar a si e aos outros a encontrar soluções pacíficas e respeitosas em situações de conflito?

Palavra-chave: #unidade **Orixá:** Obaluaê

11 MAIO

NUNCA DESPREZE AQUELE QUE TE AJUDA

ORIXÁ OCÔ É EXPULSO DE SEU REINO

Orixá Ocô, um hábil fazendeiro e conhecedor de ervas, vivia em Iraô. Quando três pássaros negros devastaram as plantações, ele preparou uma poderosa poção, que os afugentou, salvando as colheitas. Em gratidão, o povo o coroou rei. No entanto, o medo de que Ocô pudesse usar seus poderes contra eles levou os súditos a se rebelarem, expulsando-o. Com o retorno dos pássaros e nova devastação, o povo arrependido implorou por sua ajuda. Decepcionado, Orixá Ocô se recusou a voltar, mas deixou um cajado com a promessa de proteção, desaparecendo sob a terra.

> Ocô destaca a habilidade e o conhecimento como forças capazes de proteger e fazer prosperar uma comunidade, evidenciado por sua vitória sobre os pássaros negros que devastavam as plantações. A coroação de Ocô como rei simboliza o reconhecimento e a gratidão do povo por sua liderança eficaz, mas também revela a fragilidade dos laços construídos sobre o medo, já que os súditos rapidamente se voltaram contra ele. A rebeldia dos habitantes, movida pelo temor de seus poderes, ilustra como a incompreensão e a desconfiança podem destruir relacionamentos valiosos. Ocô deixa um cajado como promessa de proteção, que estimula você a refletir hoje sobre a decepção e a necessidade de aprender a valorizar aqueles que trazem bem-estar e segurança, mesmo quando já é tarde demais.

Reflita:

Como você lida com a desconfiança dos outros e prova seu verdadeiro caráter por meio de ações consistentes?

De que forma você pode encontrar equilíbrio entre oferecer ajuda e proteger-se de ser explorado ou mal interpretado?

O que você pode aprender sobre o poder do arrependimento e a importância de reconhecer os erros para fortalecer laços de confiança?

Como você acredita que pode deixar um legado duradouro que continue a ajudar os outros, mesmo quando não estiver mais presente fisicamente?

Palavra-chave: #confiança **Orixá:** Ocô

EUÁ É A SENHORA DOS CEMITÉRIOS

EUÁ SE DESILUDE COM XANGÔ E ABANDONA O MUNDO DOS VIVOS

12 MAIO

Euá, filha de Obatalá, vivia reclusa devido ao amor possessivo do pai. Sua beleza era conhecida por todos, incluindo Xangô, que decidiu seduzi-la. Empregando-se como jardineiro do palácio, ele encantou Euá com presentes, incluindo uma cabaça cheia de mistérios. Euá entregou-se a Xangô, mas o amor trouxe infelicidade. Desiludida, Euá pediu para ser enviada a um lugar onde não pudesse ser vista por homens novamente. Obatalá atendeu ao pedido, dando a ela o domínio sobre o cemitério, um lugar evitado pelos vivos. Lá, Euá entrega os cadáveres a Oiá, enquanto Obaluaê os conduz a Orixá Ocô, que os transforma para voltarem à terra de Nanã, de onde vieram. Assim, Euá reina sozinha no cemitério, sem ser incomodada.

> A liberdade de escolher o próprio caminho é um direito fundamental. A morte é uma parte natural da vida, e a aceitação dela permite viver de forma mais plena. A vida é um constante processo de transformação, e é possível encontrar novas oportunidades mesmo nos momentos mais difíceis. O mito de Euá apresenta uma narrativa sobre a busca pela liberdade, a aceitação da morte e a importância de seguir o próprio coração, ensinando que a felicidade não está necessariamente ligada à companhia dos outros, mas sim à sua capacidade de encontrar paz interior. Sinta como a paz pode habitar você hoje!

Reflita:

Como você lida com desilusões amorosas que mudam completamente sua vida?

De que forma o isolamento pode ser uma resposta à dor emocional?

Como você reage quando a proteção excessiva se transforma em prisão?

Qual é o preço de entregar seu coração a alguém que apenas quer seduzi-lo?

Palavra-chave: #transformação

Orixás: Euá, Obatalá, Xangô, Oiá, Obaluaê, Ocô, Nanã

13 MAIO

OBALUAÊ SE REVELA O MAIS BELO DE TODOS

OBALUAÊ TEM SUAS FERIDAS TRANSFORMADAS EM PIPOCA POR OIÁ

Obaluaê, orixá das doenças e da cura, ao retornar à sua aldeia, encontrou uma festa com todos os orixás, mas sua aparência marcada pelas doenças o impedia de participar. Ogum, compadecido, o cobriu com palhas e o convidou a entrar, mas, mesmo assim, Obaluaê permaneceu isolado e envergonhado. Oiá, orixá dos ventos e tempestades, percebendo a tristeza de Obaluaê, decidiu agir. Esperou o momento em que ele estava no centro da festa e, com um sopro de seus ventos, levantou as palhas que o cobriam. Nesse instante, as feridas de Obaluaê se transformaram em pipocas, curando-o e revelando sua beleza. Livre do sofrimento e da rejeição, Obaluaê se tornou um jovem belo e radiante. Ele e Oiá se tornaram grandes amigos, reinando juntos sobre o mundo dos espíritos e compartilhando o poder de controlar as ações dos mortos sobre os vivos.

> Obaluaê, em sua jornada de cura e transformação, o convida a buscar a cura para suas próprias feridas, tanto físicas quanto emocionais. Reflita sobre as dores e os sofrimentos que você carrega consigo. Permita-se ser acolhido e cuidado, reconhecendo que a cura é um processo que envolve amor, compaixão e apoio. Lembre-se de que, assim como Obaluaê encontrou cura e transformação através de Oiá, você também pode encontrar a cura em seus relacionamentos, em suas práticas espirituais ou em outras formas de cuidado e autoconhecimento. As feridas que você carrega, em vez de te definirem, podem ser transformadas em força e beleza, impulsionando seu crescimento e mudança. Reflita sobre os desafios que você já superou em sua vida e quais ainda deseja superar. Reconheça que a cura é possível e que você tem o poder de se libertar das marcas do passado e seguir em frente com mais força, sabedoria e amor.

Reflita:

Como você pode transformar suas vulnerabilidades em força, reconhecendo que suas feridas e desafios podem se tornar fontes de beleza e poder quando abordados com coragem e aceitação?

De que maneira você pode oferecer apoio e compaixão a quem enfrenta dificuldades, entendendo que seu gesto pode ser a chave para a transformação e a cura de alguém?

Quando se sentir isolado ou envergonhado, como pode encontrar a coragem para se revelar e permitir que sua verdadeira beleza e poder internos brilhem?

Como você pode cultivar amizades e alianças que fortalecem e elevam você e os outros, reconhecendo que juntos vocês têm o poder de transformar o ambiente ao seu redor?

Palavra-chave: #chagas **Orixás:** Obaluaê, Oiá

PARA GANHAR A GUERRA, USE A CRIATIVIDADE

OXAGUIÃ INVENTA O PILÃO

Um jovem orixá, conhecido como o rei de Ejigbô, era um guerreiro ávido e um amante de boas refeições, especialmente de inhame amassado. No entanto, a preparação do inhame atrasava seus jantares e suas campanhas de guerra. Para resolver esse problema, o jovem orixá consultou os babalaôs, fez oferendas a Exu e trouxe uma invenção para a humanidade: o pilão. Com o pilão, o preparo do inhame tornou-se mais rápido e eficiente, permitindo que o rei se alimentasse bem e fosse pontual para a guerra. Sua paixão pelo inhame pilado o tornou conhecido como Oxaguiã, o "Orixá Comedor de Inhame Pilado".

> Oxaguiã ensina a importância da proatividade na resolução de problemas, demonstrada por sua iniciativa em buscar soluções para agilizar o preparo do inhame. O mito também destaca a importância da organização e do planejamento, já que Oxaguiã se preocupava com a pontualidade em suas campanhas de guerra e reconhecia a importância de uma boa alimentação para alcançar seus objetivos. Aqui existe um convite para você valorizar o trabalho e a persistência, pois Oxaguiã, apesar de ser um rei, não se eximiu de buscar ferramentas que o auxiliassem em suas tarefas. Busque soluções criativas para os desafios do dia a dia, assim como Oxaguiã, que, por meio da invenção do pilão, encontrou uma forma de conciliar suas necessidades com seus objetivos.

Reflita:

Qual a importância da inovação e da criatividade para você superar obstáculos e otimizar tarefas diárias?

De que maneira tem considerado a relação entre suas paixões pessoais e como elas podem motivar o desenvolvimento de novas soluções?

O que você tem feito com o equilíbrio entre atender suas necessidades pessoais e cumprir suas responsabilidades e compromissos?

Como lida com a ideia de que a busca por eficiência pode abrir novas oportunidades para alcançar objetivos maiores?

Palavra-chave: #inovação **Orixás:** Oxaguiã, Exu

15 MAIO

A CURA DE UMA DOENÇA QUE NÃO EXISTIA

OXUM NAVEZUARINA CEGA SEUS RAPTORES

Durante uma intensa guerra entre tribos, várias jovens mulheres foram capturadas, entre elas uma virgem chamada Navezuarina, outro nome de Oxum. Usando sua força mágica, Navezuarina criou um clarão ofuscante que cegou os guerreiros que as mantinham cativas. Incapazes de ver, os soldados ficaram desorientados, permitindo que as prisioneiras considerassem a fuga. Navezuarina então preparou uma poção com ervas, aplicando-a nos olhos dos guerreiros e restaurando a visão deles. Gratos, os soldados libertaram todas as prisioneiras. Navezuarina, junto com suas amigas, incluindo Dantã, retornou ao seu lar no país dos nagôs, onde todas se tornaram sacerdotisas da casa de Queviossô. Unidas até hoje, elas vestem roupas cor-de-rosa em sinal de sua irmandade e poder.

> Oxum Navezuarina ilustra sua astúcia e poder mágico ao cegar seus raptores com um clarão ofuscante, transformando uma situação de cativeiro em uma oportunidade de libertação. A capacidade de Navezuarina de não apenas desorientar os guerreiros mas também de restaurar sua visão com uma poção de ervas, demonstra sua compaixão e habilidade em usar seu poder para alcançar resultados precisos. A gratidão dos soldados, que, ao recuperarem a visão, libertam as prisioneiras, destaca o potencial de redenção e mudança através do reconhecimento e do agradecimento. Nada está perdido diante de quem tem fé e acredita no bom destino.

Reflita:

Como você lida com o poder da compaixão e da cura até em situações de conflito?

De que forma você faz uso da sabedoria e da magia para transformar situações adversas?

Qual a importância da solidariedade e da irmandade em tempos de dificuldade para você?

Como você pode agir com bondade e buscar soluções pacíficas, mesmo quando confrontado com a violência?

Palavra-chave: #libertação **Orixá:** Oxum Navezuarina

O CIÚME PODE SER ALGO ATERRADOR

EUÁ É PRESA NO FORMIGUEIRO POR OMULU

16
MAIO

Euá, uma caçadora de notável beleza, tinha o poder de cegar com veneno aqueles que ousavam fitá-la. Casada com Omulu, ela enfrentou o ciúme excessivo do marido. Dominado pela desconfiança, Omulu a prendeu em um formigueiro, onde Euá foi picada quase até a morte, ficando deformada e perdendo sua beleza. Para ocultar sua aparência alterada, Omulu a cobriu com palha da costa vermelha, preservando a lembrança de sua antiga beleza como caçadora.

> Euá e Omulu exploram as complexidades do ciúme e suas consequências trágicas, mostrando como a desconfiança de Omulu levou a um ato de crueldade ao prender Euá em um formigueiro. A transformação de Euá, de uma caçadora de notável beleza a alguém deformada pelas picadas, simboliza a destruição que o ciúme pode causar não apenas fisicamente mas também emocionalmente. A cobertura com palha da costa vermelha feita por Omulu para ocultar sua aparência alterada é uma tentativa de preservar a memória de sua beleza perdida, destacando o arrependimento e o desejo de remediar suas ações. Que a resistência e adaptação de Euá sirva de exemplo para a superação dos seus obstáculos.

Reflita:

Como você encontra força interior para superar a dor e a transformação física que já sofreu?

De que forma você pode inspirar outros a ver além das aparências e reconhecer a verdadeira essência de uma pessoa?

O quanto você aceita mudanças inevitáveis e encontra beleza em novas formas de ser?

Como você pode lidar com ciúmes e desconfianças de maneira saudável e construtiva?

Palavra-chave: #resiliência **Orixás:** Euá, Omulu

17 MAIO

A FÚRIA DA INJUSTIÇA MOSTRA A SOBREVIVÊNCIA HUMANA EM XEQUE

IEMANJÁ VINGA SEU FILHO E DESTRÓI A PRIMEIRA HUMANIDADE

Iemanjá, uma rainha poderosa e sábia, tinha sete filhos, sendo o primogênito o seu favorito. Esse filho, um jovem negro encantador e eloquente, era invejado por homens e deuses. Acusado injustamente de conspirar contra seu pai, o rei, ele foi condenado à morte. Iemanjá, tomada pela ira, tentou salvar o filho, mas seus apelos foram ignorados. Em retaliação, Iemanjá decretou que os homens habitariam a Terra apenas enquanto ela permitisse e, ao perder seu filho amado, fez com que suas águas salgadas invadissem a terra, privando a humanidade da água doce. Assim, a primeira humanidade foi destruída.

> Iemanjá e seu filho ilustram a dor devastadora de uma mãe ao perder seu filho injustamente, evidenciando como a inveja e a injustiça podem levar a consequências catastróficas. A ira de Iemanjá, ao ver seus apelos ignorados, transformou-se em um ato de vingança que realça seu poder absoluto sobre a Terra e seus habitantes, demonstrando que a vida humana depende de sua benevolência. Ao fazer suas águas salgadas invadirem a terra, Iemanjá simboliza a força implacável da natureza quando provocada, lembrando-nos da fragilidade da humanidade diante de forças maiores. A destruição da primeira humanidade serve como um aviso sobre os perigos da injustiça e do julgamento precipitado, reforçando a necessidade de compaixão e compreensão. Seja mais sereno no dia de hoje.

Reflita:

Como você lida com as consequências devastadoras da inveja e das acusações injustas?

De que forma você usa suas emoções intensas e tem consciência da importância de controlá-las para evitar uma destruição?

O quanto sente e participa da responsabilidade coletiva em evitar injustiças e proteger inocentes?

Como você reconhece o valor da justiça e da busca de soluções pacíficas em momentos de conflito?

Palavra-chave: #justiça **Orixá:** Iemanjá

O REI, ANTES DE ASSUMIR O TRONO, CUROU SEUS SÚDITOS

18 MAIO

SAPATÁ TORNA-SE REI NA TERRA DOS JEJE

Sapatá, vivendo de forma desregrada e ignorando os mandatos de Olofim, contraiu doenças contagiosas e foi acusado de atrair a peste às terras iorubás. Para se redimir, ele jogou água em uma panela contendo a peste conforme os encantamentos eram pronunciados. Ainda assim, permaneceu malvisto e partiu vagando. No caminho, encontrou seu irmão Xangô, que lhe ensinou segredos de cura usando ingredientes como azeite de dendê e pipoca, conhecimentos recebidos de Ossaim. Xangô aconselhou Sapatá a ir curar os Jeje, que sofriam com pestilência. Sapatá seguiu o conselho, curou os doentes e foi aclamado rei pelos Jeje em gratidão.

> A cura, tanto física quanto espiritual, é fundamental para o bem-estar individual e coletivo. O conhecimento é uma ferramenta poderosa que pode ser utilizada para o bem ou para o mal. Mesmo aqueles que cometeram erros podem se redimir e encontrar um novo propósito na vida. O mito de Sapatá apresenta uma narrativa sobre a transformação, a redenção e o poder da cura, ensinando que, mesmo após cometer erros, é possível mudar e fazer a diferença na vida das pessoas.

Reflita:

Como você pode transformar erros passados em oportunidades de aprendizado e crescimento, redimindo-se através de ações positivas e impactantes?

Quando enfrenta adversidades e julgamentos, como você pode encontrar força e orientação em aliados e mentores que oferecem sabedoria e apoio?

De que maneira você pode usar o conhecimento adquirido em experiências difíceis para ajudar e curar os outros, promovendo o bem-estar coletivo?

Qual é a importância de reconhecer e valorizar a diversidade de habilidades e conhecimentos dentro de uma comunidade, permitindo que todos, incluindo você, contribuam para a saúde e prosperidade comum?

Palavra-chave: #redenção **Orixás:** Sapatá, Xangô, Ossaim

19
MAIO

O INÍCIO DA MENSTRUAÇÃO E A MEMÓRIA DA FERTILIDADE

OBATALÁ FERE ACIDENTALMENTE SUA ESPOSA IEMU

Após casar-se com Iemu, Obatalá percebeu que ela tinha parado de beber água e passou a consumir sangue fresco, acreditando que isso a ajudaria a ter filhos. Sem armas para caçar, Obatalá recebeu de um babalaô uma colher de pau mágica que fazia os animais jorrarem sangue. Iemu, curiosa sobre como Obatalá conseguia o sangue, seguiu-o secretamente e acabou acidentalmente ferida pela colher mágica. O sangue jorrava de suas pernas, e, após consultar o babalaô, Iemu ofereceu sacrifícios e parou de sangrar. Depois ela engravidou e teve muitos filhos. Desde então, as mulheres passaram a sangrar mensalmente, simbolizando a capacidade de ter filhos. Obatalá, por sua vez, abandonou qualquer associação com o sangue.

> Obatalá e Iemu revelam a complexidade da natureza humana e divina, tecendo uma narrativa que transcende a mera explicação da menstruação. A história destaca a força do desejo materno e a crença na magia como meio de alcançar objetivos. A figura de Obatalá, inicialmente associada à Criação, experimenta uma transformação após um erro, evidenciando a dualidade presente em todas as divindades. A menstruação, resultado de um acidente trágico, é reinterpretada como um símbolo de fertilidade e da capacidade de gerar vida, instituindo um ciclo natural que conecta as mulheres à força criadora do universo. Sinta e perceba como você tem explorado no seu cotidiano temas profundos como a culpa, a redenção e a relação entre o divino e o humano.

Reflita:

Como você lida com as ações motivadas por mal-entendidos e como elas podem ser transformadas em crescimento?

De que maneira você exercita a comunicação clara e o entendimento mútuo nos seus relacionamentos?

Que rituais você tem no seu dia a dia que favorecem a busca por desejos pessoais e coletivos?

Como você se conecta com a ideia de que a magia pode estar presente na sua vida?

Palavra-chave: #transformação **Orixá:** Obatalá

APÓS DORMIR E SONHAR, OBATALÁ CRIA OS SERES HUMANOS

20 MAIO

OBATALÁ CRIA O HOMEM

No início o mundo era apenas uma ideia de Olodumare, com o céu e o mar coexistindo. Obatalá (Orixalá) foi incumbido de criar o mundo, mas ignorou os conselhos de Orunmilá sobre fazer oferendas para Exu. Odudua, seu irmão, seguiu as instruções de Orunmilá e fez as oferendas necessárias. Quando Obatalá, embriagado com vinho de palma, adormeceu, Odudua assumiu a tarefa da criação, criando a Terra a partir da superfície do mar. Odudua estabeleceu a cidade de Ifé e tornou-se o dono da Terra. Ao acordar, Obatalá percebeu que havia perdido a oportunidade de criar o mundo. Em compensação, Olodumare confiou a Obatalá a criação dos seres vivos, incluindo o homem e a mulher, que foram moldados em barro e animados pelo sopro divino de Olodumare.

> Obatalá ensina a importância da disciplina e da obediência, pois, ao ignorar os conselhos de Orunmilá, Obatalá perde a oportunidade de criar o mundo. A história também mostra o valor da responsabilidade e da iniciativa, demonstradas por Odudua ao assumir a tarefa da criação. Aqui está ressaltada a capacidade de adaptação e de aceitação, uma vez que Obatalá, mesmo frustrado, encontra um novo propósito na criação dos seres vivos. Lembre-se de que todos têm um papel importante a desempenhar no mundo, inclusive você. Busque realizar o seu potencial com dedicação e gratidão, assim como Obatalá ao criar o homem e a mulher.

Reflita:

O quanto você tem dado chances a si mesmo para ouvir conselhos e seguir orientações sábias para alcançar sucesso em grandes empreitadas?

De que maneira considera as consequências de agir de forma impulsiva e negligente, mesmo quando possui grandes habilidades?

O que você aprende sobre a importância de perceber as oportunidades e como uma falha pode levar a novas responsabilidades e recompensas?

Como lida com a ideia de que a criação e a colaboração entre diferentes forças e pessoas são fundamentais para a realização de algo grandioso?

Palavra-chave: #criação **Orixás:** Obatalá (Orixalá), Odudua, Orunmilá, Exu

21 MAIO

O MEDO E A PUNIÇÃO NÃO PODEM SER ARMAS PARA GARANTIR A DISCIPLINA

IÁ MI USAM PROIBIÇÕES PARA APRISIONAR OS IMPRUDENTES

As Iá Mi Oxorongá, conhecidas por sua ira e desejo de controle, estabeleceram três proibições aos humanos: colher quiabos de Ejió, recolher folhas de ossum de Alorã e contorcer o corpo no quintal da casa de Mosionto. Cientes de que as pessoas frequentemente ignoravam essas proibições, as Iá Mi usavam isso como pretexto para acusá-las e exigir sacrifícios e oferendas em troca de perdão. Para evitar a ira das Iá Mi, as pessoas tinham que oferecer parte de suas posses. No entanto, aqueles que procuravam refúgio em Orunmilá eram poupados, pois ele havia feito sacrifícios que apaziguavam as Iá Mi, protegendo seus devotos da fúria.

> Iá Mi Oxorongá exploram a relação entre o poder divino e a condição humana. As Iá Mi, por meio de suas proibições, exercem um controle rígido sobre os indivíduos, utilizando o medo e a punição para garantir a obediência. No entanto, a figura de Orunmilá emerge como um contraponto, oferecendo proteção e sabedoria aos seus devotos. Apazigue sua ira interna e estabeleça relações mais saudáveis com as pessoas próximas a você.

Reflita:

Como você lida com as consequências de ignorar regras e proibições, mesmo que pareçam injustas ou arbitrárias?

De que forma você analisa a importância de oferecer respeito às forças que não compreende completamente?

O quanto você tem acessado e buscado a sabedoria espiritual?

Como você pode inspirar outros a reconhecer a importância de líderes e guias espirituais na busca de proteção e paz?

Palavra-chave: #respeito **Orixá:** Orunmilá

A SEREIA, NO FUNDO DO MAR, GUARDA SEU SEGREDO

22
MAIO

OLOCUM ISOLA-SE NO FUNDO DO OCEANO

Olocum, de natureza anfíbia, vivia tanto na água quanto na terra, mas sentia vergonha de sua dualidade. Atraída por Orixá Ocô, hesitava em se aproximar por medo de ser ridicularizada. Após buscar conselho de Olofim, que garantiu a seriedade de Orixá Ocô, Olocum decidiu viver com ele. No entanto, ao descobrir a natureza de Olocum, Orixá Ocô espalhou sua particularidade, expondo-a ao ridículo. Tomada pela vergonha, Olocum se isolou no fundo do oceano, onde ninguém pode alcançá-la. Dizem que ela se transformou em uma sereia ou serpente marinha, mas isso permanece sem comprovação.

> Olocum narra a jornada de uma divindade que, por sua natureza dual, experimenta a exclusão e o isolamento. A vergonha de sua particularidade a leva a buscar refúgio nas profundezas do oceano, onde se transforma em uma criatura marinha. A história de Olocum levanta questões sobre identidade, aceitação e o custo da exposição. Atenção: a diferença não é um defeito, e sim uma característica que torna você único!

Reflita:

Como você pensa na importância de aceitar sua identidade e particularidades, mesmo quando teme o julgamento alheio?

De que maneira você considera a confiança e a discrição em relacionamentos, e como isso impacta suas escolhas de compartilhar sua vulnerabilidade?

O que você aprende sobre as consequências do julgamento e exposição pública de características pessoais?

Como você lida com o desejo de se isolar em resposta a experiências traumáticas ou de vergonha, e o que faz para enfrentar e superar essas emoções?

Palavra-chave: #identidade **Orixás:** Olocum, Ocô

23 MAIO

DOIS OLHOS, UMA BOCA E UMA NOVA VIDA PARA COMEÇAR

ODUDUA É ENCARREGADO DE DOTAR OS HOMENS DE CABEÇA

Na criação do mundo, Olodumare desceu com Obatalá para realizar sua obra, mas enfrentou desafios. Os homens inicialmente foram criados sem cabeça, uma obra imperfeita. Odudua foi encarregado de adicionar cabeças, mas cometeu um erro ao criar cabeças com apenas um olho. Olodumare então confiou a Obatalá a tarefa de corrigir a criação, dando aos homens dois olhos, uma boca e a capacidade de falar. Embora a humanidade tenha sido completada, o mito sugere que erros iniciais ou descuidos podem ter contribuído para a capacidade destrutiva dos homens na Terra.

> Odudua e sua função de criar as cabeças humanas revela a complexidade do processo criativo e a natureza dual da humanidade. A imperfeição inicial na criação, representada pelos homens sem cabeça, destaca a necessidade de constante aprimoramento e a importância da colaboração entre os deuses. A adição dos olhos e da boca simboliza a capacidade humana de perceber e comunicar, mas também a possibilidade de utilizar esses dons para fins destrutivos. A natureza humana é marcada por contradições, e a busca pela perfeição é uma jornada constante. Portanto, fique atento sobre as suas formas de interagir consigo e com o mundo.

Reflita:

Como você reflete sobre a noção de imperfeição em obras criativas e a importância de revisões e correções?

De que maneira você considera a responsabilidade coletiva na preservação do mundo, mesmo quando falhas podem ter raízes em origens divinas?

O que você aprende sobre os desafios de delegar tarefas e confiar na habilidade dos outros para completar um trabalho complexo?

Como você lida com a ideia de que pequenas falhas iniciais podem ter grandes impactos a longo prazo, tanto em criações quanto em ações?

Palavra-chave: #imperfeição **Orixás:** Odudua, Obatalá (Oxalá)

A MONTANHA NASCE DO FUNDO DO MAR

ORANIÃ TRAZ OQUÊ, A MONTANHA, DO FUNDO DO MAR

No início, o mundo era dominado por Olocum, o senhor do mar, e tudo era água. Olofim-Olodumare, entediado com a vastidão das águas, concedeu a Oraniã a força para trazer do fundo do mar Oquê, a Montanha. Oquê tornou-se a primeira terra firme, permitindo que a vida na Terra fosse possível. Olodumare então reuniu os orixás sobre Oquê para designar seus domínios. Sem Oquê, os orixás não teriam poder sobre a Terra, e o mundo seria apenas mar. Assim, é vital lembrar e fazer oferendas a Oquê e Oraniã, pois eles trouxeram equilíbrio, transformando o domínio absoluto do mar.

> Oraniã e a criação de Oquê narram a passagem de um mundo primordial dominado pelas águas para um mundo diversificado e organizado. Oraniã, com sua força e determinação, emerge como o protagonista da criação da terra firme, permitindo a manifestação da vida e a organização do cosmos pelos orixás. A montanha Oquê se torna o eixo central do mundo, simbolizando a estabilidade e a ordem. Sinta e perceba a importância do equilíbrio entre os elementos e a necessidade de honrar as forças naturais e sobrenaturais que regem o mundo como um todo e o seu mundo particular.

Reflita:

Como você reflete sobre a importância de elementos estáveis e firmes em sua vida, que proporcionam segurança e sustentação?

De que maneira você considera a capacidade de transformar monotonia ou estagnação em novas possibilidades e equilíbrio?

O que você aprende sobre o papel de pioneiros, como Oraniã, que trazem mudanças fundamentais, e como isso pode inspirar suas próprias ações?

Como você lida com a responsabilidade de preservar aquilo que é essencial para o equilíbrio e bem-estar em seu entorno?

Palavra-chave: #equilíbrio **Orixás:** Oraniã, Oquê, Olocum

25 MAIO

ORI OPTOU POR NÃO RENASCER

ORI DECIDE NÃO NASCER DE NOVO

Ori decidiu que queria renascer em sua família, como os eguns fazem. Ao pedir permissão a Olorum, Ori foi informado de que poderia reencarnar, mas deveria respeitar duas condições: apenas Olorum saberia o dia de sua morte, e seu destino só poderia ser alterado sob os desígnios de Ifá. Considerando essas condições muito restritivas, Ori optou por não renascer novamente. Assim, Ori nasce apenas uma vez.

> Ori, ao tomar sua decisão de não renascer, apresenta uma reflexão profunda sobre a natureza da existência e a relação entre o destino individual e a vontade divina. Ao decidir isso, Ori demonstra sua consciência sobre as limitações da reencarnação e a importância da autonomia individual. As condições impostas por Olorum, embora restritivas, revelam a complexidade da relação entre os seres humanos e o divino. O quanto você tem dito não para assuntos que realmente não deseja pode ser tão ou mais importante do que o que tem aceito sem convicção.

Reflita:

Como é para você a aceitação das limitações naturais da vida e a sabedoria de viver plenamente a única vida que tem?

De que maneira você considera a importância de respeitar o tempo e o destino, sem tentar controlar o incontrolável?

O que você pensa sobre a ideia de que algumas escolhas, como a de viver apenas uma vida, podem ser mais libertadoras do que restritivas?

Como você lida com a noção de que viver com intenção e propósito pode ser mais valioso do que perseguir a ideia de recomeçar indefinidamente na mesma vida?

Palavra-chave: #aceitação **Orixás:** Ori, Ifá

A FOME INSACIÁVEL DE EXU

EXU COME TUDO E GANHA O PRIVILÉGIO DE COMER PRIMEIRO

26
MAIO

Exu, o filho caçula de Iemanjá e Orunmilá, tinha uma fome insaciável, que o levou a devorar todos os animais, plantas e até ameaçar o mar. Sua fome era tão intensa, que Orunmilá, temendo pela destruição do Céu, pediu a Ogum que o detivesse, resultando na morte de Exu. No entanto, mesmo após sua morte, a presença devoradora de Exu continuou a consumir tudo, causando doenças e mortes na aldeia devido à escassez. Um sacerdote consultou o oráculo de Ifá, que revelou que Exu, mesmo em espírito, exigia atenção. Para aplacar sua fome e evitar desastres, Orunmilá decretou que Exu deveria ser o primeiro a receber oferendas antes de qualquer outro orixá.

> Exu e sua fome insaciável revela a complexidade da natureza humana pelos excessos. A figura de Exu, com sua voracidade e destrutividade, representa os impulsos mais primitivos e descontrolados. A necessidade de oferecer-lhe as primeiras oferendas demonstra o reconhecimento de sua força e o desejo de apaziguar sua energia. Esse mito ensina a importância de encontrar um equilíbrio entre nossos desejos e a necessidade de respeitar as forças da natureza. Saiba reconhecer e direcionar seus instintos!

Reflita:

Você tem se permitido saciar sua fome pela vida ou está reprimindo seus desejos mais profundos?

Como você lida com aquilo que tenta controlar em sua vida, mas continua se manifestando de outras formas?

Você tem dado a devida atenção às suas necessidades primordiais ou as ignora até que se tornem incontroláveis?

Que aspectos da sua vida precisam ser honrados primeiro para que todo o resto flua em harmonia?

Palavra-chave: #precedência **Orixás:** Exu, Iemanjá, Orunmilá, Ogum

27 MAIO

UM TRIÂNGULO AMOROSO E SUAS VÁRIAS CONSEQUÊNCIAS PARA O DESTINO

OGUM REPUDIA OIÁ POR CAUSA DE XANGÔ

Ogum vivia com sua esposa, Oiá, até que o irmão dele, Xangô, ao visitá-los, ficou encantado com a beleza de Oiá. Dominado pelo desejo, Xangô fingiu estar doente e pediu a Ogum que Oiá preparasse seu prato favorito, o amalá, acreditando que isso o curaria. Ogum permitiu, e Oiá, de boa vontade, preparou a refeição. Xangô instruiu Oiá a adicionar um pó especial ao amalá, mas advertiu-a para não provar a comida. Movida pela curiosidade, Oiá desobedeceu, provou o amalá com o pó e ganhou o poder de cuspir fogo. Ao ver isso, Ogum repudiou Oiá e ofereceu-a a Xangô, que cinicamente recusou, mas depois levou Oiá com ele, satisfeito por ter conseguido o que desejava.

> Ogum, Oiá e Xangô revelam a complexidade das relações humanas e as consequências da paixão, da traição e da ambição. A história narra um triângulo amoroso que culmina na separação de Ogum e Oiá e na união desta com Xangô. A desconfiança e a desobediência minam a confiança entre os personagens, levando à destruição do relacionamento. Esse mito ensina a importância da lealdade, da honestidade e da comunicação nas relações interpessoais. Em quem você confia diz muito sobre quem deve ser priorizado nas suas relações.

Reflita:

Você já percebeu como sua curiosidade pode transformar completamente o rumo da sua vida?

Quantas vezes você permitiu que outras pessoas manipulassem suas decisões por meio de falsas intenções?

Em quais momentos da sua vida você abriu mão de algo importante por orgulho ou ressentimento?

Você reconhece quando está sendo usado como peça em um jogo de interesses alheios?

Palavra-chave: #traição **Orixás:** Ogum, Oiá, Xangô

A DESOBEDIÊNCIA DE OXÓSSI TRAZ PROBLEMAS INCALCULÁVEIS

OXÓSSI DESOBEDECE A OBATALÁ E NÃO CONSEGUE MAIS CAÇAR

Durante um período de grande fome na Terra, Obatalá enviou Oxóssi para caçar e prover alimento para todos. Oxóssi, no entanto, tornou-se obsessivo com a caça, desejando matar tudo o que encontrasse. Apesar dos pedidos de Obatalá para que parasse, Oxóssi continuou. Ele matou um pombo branco, um animal sagrado para Obatalá, desconsiderando o aviso. Finalmente, ao tentar caçar um veado, Oxóssi disparou várias flechas, mas sem sucesso. Ao se aproximar e flechar a cabeça do animal, o veado se revelou como Obatalá disfarçado. Como consequência, Oxóssi perdeu a habilidade de caçar e ficou mergulhando em profundo desgosto.

> Oxóssi e sua desobediência a Obatalá mostram a importância da obediência, do respeito à vida e do equilíbrio. A obsessão de Oxóssi pela caça o leva a desrespeitar as leis da natureza e a perder sua habilidade. A revelação de Obatalá como o veado flechado serve como um lembrete da presença divina e da necessidade de humildade. A história de Oxóssi ensina que a desobediência pode ter consequências graves e que o equilíbrio é fundamental para a harmonia do universo. O quanto você foge das regras apenas para atender suas vontades pode ser muito prejudicial.

Reflita:

Você consegue identificar quando sua obsessão por algo está ultrapassando limites em sua vida?

Quantas vezes sua teimosia e desobediência já custaram algo precioso em sua jornada?

Em que momento você percebe que sua ambição pode estar destruindo aquilo que você mais ama?

Como você reage quando o universo te apresenta lições por meio de perdas significativas?

Palavra-chave: #moderação **Orixás:** Oxóssi, Obatalá

29 MAIO

ORUNMILÁ DESCOBRE A ARMADILHA

OSSAIM É MUTILADO POR ORUNMILÁ

Ossaim estava em constante conflito com Orunmilá, criando armadilhas para prejudicá-lo. Desconfiado de um inimigo oculto, Orunmilá consultou Xangô, que recomendou um ritual com 12 mechas de algodão em chamas e 12 pedras de raio para revelar o agressor. Durante a cerimônia, um raio atingiu Ossaim, mutilando sua perna e cegando-o de um olho enquanto ele estava na floresta tramando contra Orunmilá. O som dos gemidos de Ossaim guiou Orunmilá até ele, revelando a identidade de seu inimigo.

> Ossaim e Orunmilá apresentam uma história de rivalidade, traição e justiça divina. A tentativa de Ossaim de prejudicar Orunmilá culmina em sua própria punição, quando um raio o atinge, revelando sua identidade e incapacitando-o. A história destaca o poder da adivinhação e a importância da justiça, mostrando que as ações de cada um têm consequências. A mutilação de Ossaim serve como um lembrete de que a maldade não fica impune e de que a natureza, por meio de seus elementos, pode restaurar o equilíbrio. Reflita no dia de hoje sobre as maldades cometidas que presenciou. As lições desses eventos podem ser fundamentais para novos caminhos em seu destino.

Reflita:

Você já percebeu como suas próprias armadilhas podem se voltar contra você?

De que forma suas intenções negativas têm prejudicado sua própria caminhada?

Como você lida com pessoas que secretamente tramam contra você?

Você consegue identificar quando o universo está revelando verdades ocultas em sua vida?

Palavra-chave: #consequências **Orixás:** Ossaim, Orunmilá, Xangô

A CHUVA RESTAUROU A VIDA NA TERRA

SAPATÁ SE ESQUECE DE TRAZER ÁGUA PARA A TERRA

Sapatá e Sobô, dois irmãos, foram encarregados de governar após a Criação. Sapatá decidiu viver na Terra, levando consigo todas as riquezas, enquanto Sobô ficou no Céu. Sapatá se tornou rei, mas logo enfrentou uma seca devastadora. Dois homens, divulgadores de Ifá, ajudaram Sapatá a perceber que a discórdia entre ele e Sobô causava a falta de chuva. Após realizar um sacrifício, Sobô aceitou as oferendas e lembrou Sapatá de sua tolice por não ter levado fogo e água, elementos essenciais para governar. Ao reconciliar-se, Sobô enviou chuva à Terra, restaurando a vida normal. A sabedoria de Sobô e a reconciliação entre os irmãos trouxeram equilíbrio e, às vezes, Sobô visita a Terra em forma de relâmpago.

> Sapatá e Sobô ensinam a importância da cooperação e do equilíbrio entre os elementos. A divisão entre os irmãos e a consequente seca revelam a necessidade de harmonia para a manutenção da vida na Terra. A consulta a Ifá e a subsequente reconciliação entre Sapatá e Sobô demonstram o poder da sabedoria ancestral. Ainda, a história mostra que a união e a cooperação asseguram a prosperidade e o bem-estar de todos. Faça uso das suas amizades e construa coletivamente o caminho do seu sucesso.

Reflita:

Você tem se lembrado de levar consigo os elementos essenciais para sua jornada ou está correndo atrás de riquezas superficiais?

Como suas desavenças familiares podem estar afetando sua prosperidade e abundância?

Com quais aspectos da sua vida você precisa se reconciliar para que a prosperidade volte a fluir?

Você reconhece quando sua ambição o faz esquecer das necessidades básicas para sua sobrevivência?

Palavra-chave: #equilíbrio **Orixás:** Sapatá, Sobô, Ifá

31
MAIO

A IMPORTÂNCIA DA FÉ E DA ESPIRITUALIDADE NA BUSCA POR UMA VIDA MELHOR

ORIXÁ OCÔ TIRA JOIAS DA BARRIGA DE SUAS CAÇAS

Olagbirim, um caçador que se sentia na miséria, consultou os babalaôs e foi aconselhado a fazer oferendas envolvendo galinhas-d'angola, coelhos e búzios. Após as oferendas, ele voltou à caça de elefantes e descobriu que dos intestinos desses animais saíam joias e objetos de valor. As galinhas-d'angola que sacrificava cantavam louvores de sorte, prometendo filhos e riqueza. Olagbirim tornou-se conhecido como Orixá Ocô, o caçador de riquezas, trazendo prosperidade aos campos e sendo celebrado também como o Orixá-Agricultor.

> Após as oferendas, Olagbirim, um caçador humilde, encontra a prosperidade. A narrativa destaca a relação intrínseca entre o homem e a natureza, simbolizada pela descoberta das joias nos intestinos dos elefantes. Essa conexão revela que a riqueza não está apenas nos objetos materiais mas também na harmonia com o mundo natural. A transformação de Olagbirim em Ocô simboliza a elevação espiritual e a aquisição de poderes divinos. O caçador torna-se um orixá, responsável pela fertilidade da terra e pela prosperidade das comunidades. Busque explorar e caçar em sua vida transformação, prosperidade, fé e a conexão com a natureza.

Reflita:

Você está disposto a fazer os sacrifícios necessários para transformar sua escassez em abundância?

Como você tem aproveitado os sinais de prosperidade que aparecem em seu caminho?

Você consegue enxergar as riquezas ocultas nas situações aparentemente comuns da sua vida?

De que forma você tem transformado seus talentos em fonte de prosperidade para si e para outros?

Palavra-chave: #riqueza **Orixá:** Ocô

JUNHO

MÊS DA JUSTIÇA E DA REALEZA

Orixás: Exu e Xangô

Junho marca o ponto médio do ano, um momento para fazer um balanço e traçar novos rumos. A energia de Exu, o orixá das encruzilhadas, é a que abre e fecha os ciclos, garantindo que a segunda metade do ano seja próspera e harmoniosa. A celebração do mês se intensifica com as festas juninas, manifestações de devoção e alegria que reúnem as pessoas em torno da fogueira, da dança e de comidas típicas, uma exaltação da vida e da comunidade. Essa festividade se alinha perfeitamente à energia vibrante de Xangô, o orixá do fogo, do trovão e da justiça, que aprecia congregações e nos convida a celebrar a vida com sabedoria e dignidade.

"Junho, na balança de Xangô, a justiça que ilumina os caminhos abertos por Exu, nos convida a celebrar a jornada com alegria e sabedoria."

1 JUN

XANGÔ É RECONHECIDO PELO SEU PAI

XANGÔ É RECONHECIDO POR AGANJU COMO SEU FILHO LEGÍTIMO

Xangô, sem conhecer seu pai, Aganju, ousou entrar na casa dele, onde se fartou de frutas e descansou. Ao retornar, Aganju encontrou Xangô dormindo e, furioso, tentou queimá-lo, mas o fogo não o afetou, pois Xangô era o próprio fogo. Aganju então tentou afogá-lo no mar, mas Iemanjá Conlá, mãe de Xangô, intercedeu, revelando a verdade. Reconhecendo a semelhança entre eles, Aganju aceitou Xangô como seu filho legítimo. Admirados pela coragem um do outro, pai e filho celebraram juntos, cantando e dançando em regozijo.

> A história de Xangô, o orixá dos raios e dos trovões, que descobre seu pai, Aganju, o orixá do fogo, é rica em simbologias e ensinamentos profundos. O mito evidencia a importância da descoberta da identidade, representada pela busca de Xangô por suas origens. A narrativa também destaca a força da natureza, simbolizada pelos elementos fogo e água, que representam os poderes dos orixás. A história ressalta o poder do amor maternal, representado pela intercessão de Iemanjá Conlá, que une pai e filho. Por fim, a história celebra a união familiar e a força dos laços sanguíneos. Revisite seus laços familiares e sinta o poder da reconciliação.

Reflita:

Você tem coragem de ocupar os espaços que são seus por direito, mesmo sem ter certeza de pertencer a eles?

Como você reage quando suas características mais autênticas são testadas pelo fogo das provações?

Você reconhece os sinais que revelam sua verdadeira origem e propósito?

De que forma você celebra os encontros transformadores que a vida proporciona?

Palavra-chave: #reconciliação **Orixás:** Xangô, Aganju, Iemanjá Conlá

IANSÃ NÃO PERDOA O TRAIDOR

IANSÃ É TRAÍDA PELO CARNEIRO

2 JUN

Iansã foi alvo de um feitiço planejado por Oxum e outro cúmplice, que colocaram o feitiço em um bracelete dentro de uma caixa destinada a ela. Agbô, o Carneiro, foi encarregado de entregar a caixa. Conhecido por espalhar informações, Agbô inadvertidamente se tornou um instrumento contra Iansã. No entanto, Iansã, com sua intuição aguçada, pressentiu o perigo e interceptou a caixa. Transformando-se em vento, ela trocou o bracelete por um pequeno pássaro antes que o feitiço pudesse alcançá-la. Sentindo-se traída pelo papel de Agbô, Iansã desenvolveu um ódio por carneiros e passou a recusá-los completamente.

> A história de Iansã, a orixá dos ventos, que é traída por Oxum e Agbô, o Carneiro, é rica em simbologias e ensinamentos profundos. O mito evidencia a importância da intuição e da percepção, representadas pela capacidade de Iansã em perceber o perigo e evitar a armadilha. A narrativa destaca a traição e a inveja, simbolizadas pelas ações de Oxum e Agbô, que buscam prejudicar Iansã. Além disso, ressalta a força da transformação, representada pela capacidade de Iansã de se transformar em vento para escapar do perigo. A história celebra a justiça, representada pela punição de Agbô, que é banido da alimentação de Iansã e de seus filhos. Tenha atenção a tudo que o cerca, pois a traição normalmente se desenvolve aos poucos e lentamente.

Reflita:

Como você lida com aqueles que usam sua confiança para tentar prejudicá-lo?

Você usa sua intuição para identificar e evitar armadilhas em seu caminho?

De que forma você transforma tentativas de prejudicá-lo em oportunidades de mostrar sua força?

Quais situações ou pessoas você decidiu banir de sua vida após uma traição?

Palavra-chave: #intuição **Orixás:** Iansã, Oxum

3 JUN

A BELEZA DE OXUM É ATEMPORAL

OXUM MATA O CAÇADOR E TRANSFORMA-SE NUM PEIXE

Oxum, que vivia perto de uma lagoa, frequentava suas margens para polir suas joias e seus indés (pulseiras), lavar seu idá e cuidar de sua beleza, sonhando com a chegada de um amor. De tanto Oxum caminhar na margem sobre as pedras que lá estavam, elas se desgastaram. Viraram seixos rolados pelo tempo, modelados e alisados sob os pés do orixá. Um dia, um belo caçador apareceu e Oxum, encantada, dançou para ele na água. O caçador, seduzido, chamou-a para a terra. Porém, quando o vento revelou o rosto de Oxum, ele se surpreendeu ao ver que ela havia envelhecido, confundindo-a com uma feiticeira temida, Iá Mi Oxorongá. Sentindo-se traído e assustado, o caçador quis avisar a aldeia. Oxum, não querendo que seu envelhecimento fosse descoberto, matou o caçador e, em desespero, se lançou ao lago, transformando-se em peixe. Embora sua beleza física tenha desaparecido, sua essência permaneceu nos seixos polidos pela sua presença.

> O mito de Oxum e o caçador nos ensina a fragilidade da beleza, os perigos da traição, a força da natureza e a persistência da beleza interior. Em primeiro lugar, a história de Oxum evidencia a fragilidade da beleza, representada pela transformação da orixá em peixe após o envelhecimento. A narrativa destaca a traição e a decepção, simbolizadas pela reação do caçador ao ver o rosto envelhecido de Oxum. A história celebra a persistência da beleza, simbolizada pelos seixos polidos por ela. Busque e preze pela verdadeira beleza da vida. Que ela seja perene assim como os seixos de Oxum, assim como suas amizades construídas até aqui.

Reflita:

Como você lida com as transformações naturais que o tempo traz ao seu corpo e à sua vida?

De que forma você equilibra a vaidade com a aceitação do envelhecimento?

Você já se viu forçado a esconder sua verdadeira natureza por medo do julgamento alheio?

Como você reage quando alguém que antes o admirava muda completamente sua percepção sobre você?

Palavra-chave: #transformação **Orixá:** Oxum

O FOGO TEME A ENERGIA DO CEMITÉRIO

EUÁ ATEMORIZA XANGÔ NO CEMITÉRIO

4 JUN

Em uma manhã coberta de neblina, Xangô dançava alegremente ao som de um tambor, sem saber que estava em um cemitério. Uma figura feminina, Euá, apareceu e questionou a presença dele naquele lugar. Xangô, confiante, respondeu que fazia o que desejava onde quisesse. Euá, revelando ser a governante daquele local, lançou seus eflúvios, dissipando a névoa e revelando as sepulturas. Assustado pela visão dos mortos, Xangô fugiu aterrorizado. Ele consultou Orunmilá, que disse a ele que a mulher era Euá, a senhora do cemitério. Desde então, Xangô e seus seguidores nunca mais entraram em um cemitério, temendo a morte e os eguns.

> A história de Xangô, o orixá dos raios e dos trovões, que é atemorizado por Euá, a orixá do cemitério, é rica em simbologias e ensinamentos profundos. O mito evidencia a importância do respeito aos mortos e aos lugares sagrados, representada pela autoridade de Euá sobre o cemitério. A narrativa destaca a fragilidade do poder, simbolizada pelo medo de Xangô diante de Euá. O mito ressalta a importância da sabedoria ancestral, representada pela consulta de Xangô a Orunmilá. A história celebra a vida e a necessidade de honrar os ancestrais. Respeite os mortos, afinal eles demonstram a fragilidade do poder. Ao mesmo tempo, celebre a vida. Estar vivo é a maior magia que você pode ter!

Reflita:

Em quais momentos sua arrogância o levou a situações de confronto com forças que você não compreendia?

Como você reage quando descobre que está em um território que não lhe pertence?

Quais são os limites sagrados que você aprendeu a respeitar após experiências intimidantes?

De que forma você lida com o medo da morte e dos mistérios que ela representa?

Palavra-chave: #humildade **Orixás:** Xangô, Euá, Orunmilá

5 JUN

IEMANJÁ FAZ O QUE NENHUM OUTRO ORIXÁ FEZ E É TRANSFORMADA NA SENHORA DE TODAS AS CABEÇAS

IEMANJÁ É NOMEADA PROTETORA DAS CABEÇAS

Em um dia importante, todos os deuses foram convocados por Olodumare para uma reunião. Iemanjá, ocupada em casa matando um carneiro, foi avisada por Legba sobre o encontro. Com pressa e sem nenhuma outra oferenda disponível, Iemanjá levou a cabeça do carneiro como presente para Olodumare. Ao perceber que apenas Iemanjá havia trazido uma oferenda, Olodumare declarou: "Awoyó ori dorí re" ("Cabeça trazes, cabeça serás"), nomeando Iemanjá a senhora de todas as cabeças.

> O mito pode ser interpretado como um chamado para que você cuide de seus pensamentos e emoções, que são as verdadeiras ferramentas para moldar a vida. Assim como Iemanjá recebeu a responsabilidade sobre todas as cabeças, cada um de nós carrega a responsabilidade de cuidar da própria mente. A história de Iemanjá convida a refletir sobre a importância da espiritualidade e da conexão com algo maior que você. A cabeça, nesse contexto, representa a nossa divindade interior, a essência espiritual. Cuide da sua cabeça como o maior presente dos orixás que possa ter.

Reflita:

Como você lida com a importância de estar preparado e agir rapidamente em situações inesperadas?

Qual é o sacrifício mais valioso que você está disposto a oferecer por sua fé?

De que forma você honra as responsabilidades que recebe por meio de suas ações?

Como você lida com momentos em que precisa tomar decisões rápidas que afetam seu caminho espiritual?

Palavra-chave: #responsabilidade **Orixás:** Iemanjá, Legba

A DISCÓRDIA DE HOJE PODE GERAR O SUCESSO DE AMANHÃ

6 JUN

AJAGUNÃ INSTAURA O REINO DA DISCÓRDIA E PROMOVE O PROGRESSO

Ajagunã, encarregado por Olodumare de promover o progresso, plantou a discórdia, a revolução e o conflito entre os homens e nações. Sua agressividade gerou protestos, levando Olodumare a repreendê-lo. Ajagunã argumentou que a discórdia era necessária para o progresso, instigando o desejo humano de crescer e explorar novos caminhos. Olodumare aceitou essa explicação e Ajagunã continuou a incitar guerras, acreditando que elas impulsionavam o desenvolvimento e a transformação. Assim, mesmo no exílio, Ajagunã fomentou mudanças, cumprindo o papel que lhe foi atribuído.

O mito de Ajagunã mostra que a discórdia, embora muitas vezes seja vista como algo negativo, pode ser um motor de transformação e progresso. No entanto, é fundamental que a discórdia seja utilizada de forma construtiva, buscando sempre o diálogo e a resolução pacífica dos conflitos. A história de Ajagunã ensina a valorizar a mudança e a inovação, mas também a reconhecer a importância da harmonia e da cooperação para construir um mundo mais justo e equitativo. Reflita sobre seus recentes conflitos e divergências, pois muitas vezes esses eventos mobilizam você a questionar, a buscar novas perspectivas e a construir um futuro melhor.

Reflita:

Como você enxerga o papel do conflito e da discórdia em seu processo de crescimento?

De que forma as adversidades em sua vida têm impulsionado seu desenvolvimento?

Você consegue identificar o propósito maior por trás dos momentos de turbulência?

Como você equilibra a necessidade de mudança com a manutenção da paz interior?

Palavra-chave: #transformação **Orixá:** Ajagunã

7 JUN

A LEMBRANÇA DE UMA GRANDE AMIZADE

ORIXALÁ GUARDA DE LEMBRANÇA UMA PENA DE ECODIDÉ

Orixalá tinha uma forte amizade com Ecodidé, um papagaio de penas vermelhas, com quem compartilhava seus segredos. Exu, movido por inveja, armou para destruir essa amizade, colocando azeite de dendê perto de Ecodidé, que acabou escorrendo sobre Orixalá. Como dendê é um tabu para Orixalá, ele expulsou Ecodidé, rompendo a amizade. Apesar do incidente, Orixalá guardou uma pena vermelha de Ecodidé como lembrança da amizade que um dia tiveram.

> A amizade entre Orixalá e Ecodidé representa um vínculo profundo, baseado em confiança e compartilhamento de segredos. A pena vermelha, guardada como lembrança, simboliza a força desse laço, mesmo após a separação. A figura de Exu, como o orixá da encruzilhada e da comunicação, aqui assume um papel de instigador da discórdia. Sua ação, ao colocar azeite de dendê sobre Orixalá, revela a natureza complexa e ambivalente desse orixá, que pode tanto auxiliar quanto atrapalhar os planos dos outros. Orixalá e Exu convidam a refletir sobre a natureza das relações humanas, a importância da amizade, os perigos da traição e a necessidade de perdoar. Perdoe e siga em frente!

Reflita:

Como você lida com as memórias de amizades que foram rompidas por mal-entendidos?

Que lembranças você guarda das pessoas que foram importantes em sua vida, mesmo após o afastamento?

Como você reage quando terceiros interferem em suas relações de confiança?

De que forma você preserva o valor das experiências vividas, mesmo quando elas terminam de forma dolorosa?

Palavra-chave: #amizade **Orixás:** Orixalá, Exu

A DISPUTA ENTRE REMÉDIO E OFERENDA TEM UM DESFECHO INUSITADO

8 JUN

ORUNMILÁ TRAVA LONGA CONTENDA COM SEU ESCRAVO OSSAIM

Orunmilá comprou Ossaim como escravo e o encarregou de desmatar terras, mas Ossaim, conhecedor das ervas curativas, recusou-se. Orunmilá, intrigado, trouxe Ossaim para suas sessões de adivinhação, mas isso gerou rivalidade entre eles. O rei Ajalaiê propôs um desafio: enterrar os filhos de ambos por sete dias, e aquele cujo filho respondesse primeiro ao chamado seria o vencedor. Orunmilá, orientado por Ifá, fez sacrifícios que incluíam um coelho que Exu ressuscitou para alimentar seu filho, Sacrifício. O filho de Ossaim, Remédio, fez um pacto com Sacrifício para permanecer calado. Quando chamados, apenas Sacrifício respondeu, provando que o Sacrifício é mais eficaz que o Remédio, e Orunmilá foi declarado vencedor.

> O mito de Orunmilá e Ossaim apresenta uma profunda reflexão sobre a natureza do conhecimento e do poder. Orunmilá, detentor da sabedoria divina, e Ossaim, mestre das ervas e da cura, representam duas formas distintas de conhecimento. A disputa entre eles, instigada por um desafio real, revela a complexidade da busca pela verdade e a importância de diferentes perspectivas. A vitória de Orunmilá, obtida por meio de um sacrifício e da orientação divina, destaca a relevância da tradição e da espiritualidade. No entanto, o mito também reconhece o valor do conhecimento prático e da conexão com a natureza, representado por Ossaim. A história de Orunmilá e Ossaim convida a refletir sobre a importância de integrar diferentes formas de saber, buscando um equilíbrio entre o conhecimento intelectual e a sabedoria ancestral, a fim de alcançar uma compreensão mais completa da realidade. Não esqueça o remédio e lembre-se dos sacrifícios necessários para uma vida feliz.

Reflita:

Como você lida com situações em que precisa provar seu valor ou conhecimento?

De que forma você equilibra a competição com a sabedoria de fazer alianças?

Qual é o papel do sacrifício em sua jornada de crescimento e aprendizado?

Como você administra relações em que existe uma disputa de poder e conhecimento?

Palavra-chave: #sacrifício **Orixás:** Orunmilá, Ossaim, Exu

9 JUN

O ENIGMA DAS IÁ MI PARA ORUNMILÁ

IÁ MI PROPÕEM ENIGMA A ORUNMILÁ

As Iá Mi Oxorongá, após chegarem à Terra e beberem das águas de sete rios, ameaçaram os filhos dos humanos com seus próprios filhos. Desesperados, os humanos buscaram proteção em diversos orixás, mas somente Orunmilá aceitou ajudá-los. Com o auxílio de Exu, que conhecia bem as Iá Mi, Orunmilá preparou uma série de oferendas específicas, que incluíam um prato de terra, ovo de galinha, mel e várias folhas sagradas. As oferendas apaziguaram as Iá Mi, mas elas propuseram um enigma a Orunmilá: o que elas lançavam sete vezes e ele pegava sete vezes? Orunmilá respondeu corretamente que era um ovo de galinha e que usava algodão para pegá-lo. Com isso, ele conquistou a paz e a benevolência das Iá Mi, protegendo os humanos de sua ira.

> As Iá Mi, como deusas ancestrais, representam forças poderosas da natureza e da criação. Ao ameaçarem os humanos, elas evidenciam o poder e a imprevisibilidade das forças naturais. Orunmilá, por sua vez, demonstra sua sabedoria e conhecimento profundo dos mistérios do universo. Ao recorrer a Exu e preparar oferendas específicas, ele demonstra sua capacidade de negociar e apaziguar forças poderosas. O enigma proposto pelas Iá Mi testa a inteligência e a perspicácia de Orunmilá, que, ao responder corretamente, demonstra seu domínio sobre os elementos da natureza e a sua capacidade de compreender os mistérios do universo. A resolução do enigma simboliza a vitória da sabedoria sobre a força bruta e a importância do diálogo e da negociação para resolver conflitos. Encare de frente os enigmas da sua vida!

Reflita:

Como você enfrenta situações que exigem sabedoria e astúcia para resolver conflitos?

De que forma você lida com forças poderosas que ameaçam seu bem-estar ou o de outros?

Qual é o papel da diplomacia, dos bons relacionamentos e conversas em sua vida para alcançar harmonia?

Como você usa sua inteligência para decifrar os enigmas que a vida lhe apresenta?

Palavra-chave: #harmonia **Orixás:** Orunmilá, Exu

O CAMALEÃO E SEUS PODERES VÃO ALÉM DO QUE VOCÊ PODE ENXERGAR

10 JUN

OLOCUM PERDE UMA DISPUTA PARA OXALÁ

Olocum, que reinava no fundo do oceano, desejava estender seu domínio à terra, governada por Orixá Nlá (Oxalá). Para provar sua superioridade, Olocum desafiou Oxalá a uma disputa de vestes luxuosas com o povo como juiz. Oxalá enviou um camaleão como seu representante. A cada troca de roupa por Olocum, o camaleão igualava a riqueza e beleza de suas vestes. Após sete trocas, Olocum concluiu que, se o mensageiro de Oxalá era tão impressionante, Oxalá deveria ser ainda mais grandioso. Reconhecendo a superioridade de Oxalá, Olocum desistiu do desafio e retornou ao fundo do mar, aceitando que a terra permanecesse sob o domínio de Oxalá.

> O mito da disputa entre Olocum e Oxalá apresenta uma narrativa rica em simbolismos e lições sobre poder, humildade e a natureza da autoridade. O desejo de Olocum em estender seu domínio para a terra revela a ambição inerente aos seres humanos e a busca constante por poder e influência. A escolha da disputa de vestes como meio de provar a superioridade simboliza a importância da aparência, da riqueza e do status social na sociedade. Já a decisão de Olocum em desistir da disputa demonstra sua capacidade de reconhecer a superioridade de outro e a importância da humildade. A verdadeira grandeza não está na busca incessante por poder e domínio, mas sim na capacidade de reconhecer os próprios limites e de respeitar a superioridade dos outros. Busque e desenvolva a sabedoria, a humildade e a diplomacia como formas de viver em harmonia com os outros.

Reflita:

Como você reage quando precisa provar seu valor ou sua posição por meio de demonstrações de poder?

De que forma você lida com a ambição de expandir seus domínios além de suas fronteiras naturais?

Qual é sua reação quando encontra alguém que consegue igualar ou superar suas capacidades?

Como você aceita os limites de seu poder e reconhece a grandeza dos outros?

Palavra-chave: #humildade **Orixás:** Olocum, Oxalá (Orixá Nlá)

11 JUN A CASA DO CAÇADOR É UM PRESENTE

ODUDUA CONSTRÓI UM ABRIGO PARA SEU AMADO CAÇADOR

Odudua, em suas caminhadas pela floresta, encontrou um caçador de beleza singular chamado Odé, por quem se apaixonou intensamente. No local onde se conheceram, Odudua construiu uma choupana para abrigar seu amor. Embora a paixão tenha sido passageira, Odudua prometeu proteger todos os humanos que visitassem aquele lugar, em homenagem ao amor vivido com Odé.

O mito explora a natureza do amor, mostrando que ele pode ser intenso e passageiro, mas também pode deixar marcas profundas e gerar ações duradouras. A história de Odudua e Odé nos mostra como a criação e a proteção estão interligadas. Ao criar um espaço sagrado, Odudua garante a proteção dos seres humanos. A floresta, como cenário do encontro amoroso, simboliza a natureza como fonte de vida, inspiração e proteção. A narrativa ensina a beleza do amor, a importância da criação e a necessidade de proteger os lugares sagrados. Esteja atento às emoções, como o amor e a paixão, e inspire-se nesses atos de grande significado.

Reflita:

Como você honra as memórias dos amores que passaram por sua vida?

De que forma você transforma experiências amorosas em bênçãos para outros?

Como você mantém promessas feitas em momentos de paixão mesmo após seu término?

Qual é o legado que seus encontros amorosos deixam para além das relações pessoais?

Palavra-chave: #proteção **Orixás:** Odudua, Odé

OS ETERNOS NAMORADOS FAZEM O IMPOSSÍVEL ACONTECER

12 JUN

OXÓSSI É FEITO REI DE QUETO POR OXUM

Oxóssi, em uma de suas expedições de caça para alimentar sua tribo, encontrou Oxum nas águas doces e ficou imediatamente encantado por sua beleza. Esquecido das necessidades de sua tribo, Oxóssi se entregou ao amor por Oxum. Sentindo-se traídos, seus companheiros atiraram flechas contra ele. Para protegê-lo, Oxum cantou uma cantiga de encantamento, defendendo-o das flechas mortais. Juntos, eles fugiram e encontraram refúgio na cidade de Queto, onde Oxum fez de Oxóssi o rei, tornando-o Alaqueto. Assim, Oxóssi, além de ser um grande caçador, tornou-se também o rei de Queto.

> O amor entre Oxóssi e Oxum é uma força poderosa que transforma suas vidas e as vidas de todos ao seu redor. A história destaca a importância da lealdade nas relações humanas e as consequências da traição. Oxum, como orixá das águas e da fecundidade, demonstra seu poder e sua capacidade de proteger e transformar. O poder pode ser adquirido de diversas formas, não apenas pela força física mas também pela sabedoria, pela beleza e pela capacidade de inspirar os outros. O mito de Oxóssi e Oxum ensina a força do amor, a importância da lealdade, o poder da transformação e a natureza complexa das relações humanas. O destino de um indivíduo pode ser moldado por encontros inesperados e por forças divinas. Deixe-se ser surpreendido!

Reflita:

Como você equilibra suas responsabilidades com seus desejos do coração?

De que forma o amor em sua vida já transformou seu destino e seu olhar sobre algum problema ou visão de um tema?

Como você reage quando precisa escolher entre o dever coletivo e sua felicidade pessoal?

Que novos caminhos e oportunidades o amor já abriu em sua vida?

Palavra-chave: #transformação **Orixás:** Oxóssi, Oxum

13 JUN

UM GRANDE GUERREIRO PROTEGE OS SEUS

ORANIÃ É INVOCADO PARA SALVAR SUA CIDADE E MATA SEUS SÚDITOS

Odudua governava Ifé e designou Oraniã para governar Benim. Com a morte iminente de Odudua, ele nomeou Oraniã como governante de Ifé. Oraniã, um guerreiro destemido, deixou um monólito chamado "Opá Oraniã" como símbolo de sua promessa de proteger Ifé. Quando ameaças surgiram, ele foi invocado e defendeu a cidade vitoriosamente. No entanto, em uma ocasião de festa, Oraniã foi chamado imprudentemente, pensando que fosse um ataque. Na escuridão, ele atacou seu próprio povo, confundindo-os com inimigos. Ao perceber seu erro, Oraniã decidiu nunca mais lutar e retornou ao mundo dos orixás. O monólito permanece como lembrança de sua grandeza e tragédia.

> Aqueles que possuem poder têm a responsabilidade de usá-lo com sabedoria e justiça. A impulsividade e a falta de cautela podem levar a consequências trágicas. Mesmo os maiores heróis podem cometer erros e precisam de oportunidades para se redimir. O mito de Oraniã oferece uma profunda reflexão sobre a natureza do poder, a importância da responsabilidade e a inevitabilidade do erro humano. A história de Oraniã serve como um lembrete de que mesmo os mais poderosos estão sujeitos às fraquezas da condição humana. Seja vulnerável e descobrirá que, mais do que qualquer coisa, o quanto você cuida de si determina a sua realização.

Reflita:

Como você reflete sobre as consequências de ações impulsivas e a importância de considerar o contexto antes de agir?

De que maneira você considera a responsabilidade que vem com o poder e a liderança, especialmente em proteger aqueles sob seu cuidado?

O que você aprende sobre a importância da comunicação clara e prudente para evitar tragédias?

Como você lida com o legado de decisões difíceis e a necessidade de aprender com erros para o futuro?

Palavra-chave: #tragédia **Orixás:** Oraniã, Odudua

CABEÇA FORTE É SINÔNIMO DE ENERGIAS NEGATIVAS DISTANTES

ORI LIVRA ORUNMILÁ DE AMEAÇAS

Orunmilá percebeu que estava sendo observado por entidades ameaçadoras: Morte, Doença, Perda, Paralisia e Fraqueza. Assustado, ele consultou seu Ori, pois sabia que apenas sua essência pessoal poderia protegê-lo desses males. Orunmilá realizou sacrifícios ao seu Ori, fortalecendo-o através de oferendas. Com Ori fortalecido, todas as ameaças foram expulsas, e Orunmilá foi salvo das forças negativas que o cercavam.

> O mito destaca a importância da espiritualidade e da conexão com o divino como fonte de força e proteção. A presença constante de desafios e obstáculos faz parte da experiência humana. A decisão de Orunmilá de buscar a proteção de seu Ori demonstra a força da vontade e a importância de tomarmos as rédeas de nossas vidas. Orunmilá e Ori ensinam que cada um de nós possui uma força interior que pode nos proteger dos desafios da vida. Ao fortalecer a conexão com sua essência divina, você pode superar obstáculos e alcançar a plenitude.

Reflita:

Como você cultiva e fortalece sua essência interior diante das adversidades?

De que forma você busca proteção quando se sente ameaçado por forças negativas?

Como você mantém sua força espiritual em momentos de medo e incerteza?

Qual é o papel do autoconhecimento em sua proteção pessoal?

Palavra-chave: #proteção **Orixás:** Orunmilá, Ori

15 JUN

EXU É MAIS PERIGOSO QUE O PRÓPRIO FOGO

EXU PÕE FOGO NA CASA E VIRA REI

Exu, após realizar um ebó para enriquecer rapidamente, foi para a cidade de Ijebu e hospedou-se na casa de um homem importante em vez de no palácio do chefe local. Durante a noite, Exu incendiou a casa e fingiu que havia perdido uma grande fortuna no incêndio, que supostamente estava guardada ali. Ao atrair a atenção dos curiosos e do chefe da aldeia com seus clamores, Exu convenceu o chefe a compensá-lo pelas perdas. Incapaz de pagar o valor, o chefe proclamou Exu como o novo rei, tornando-o dono de Ijebu e os habitantes seus súditos.

> A história alerta para os perigos da manipulação e da busca desenfreada por poder. A mentira e a trapaça podem levar a ganhos a curto prazo, mas a longo prazo podem gerar consequências negativas. Exu representa a dualidade da natureza humana, com suas qualidades positivas e negativas. O mito de Exu que põe fogo na casa e se torna rei nos apresenta uma narrativa fascinante sobre o poder, a ambição e a natureza humana. A história de Exu serve como um lembrete de que o poder pode corromper e que a busca por riqueza e status pode levar a consequências inesperadas. Fique atento!

Reflita:

Como você lida com situações nas quais a astúcia e a estratégia são necessárias para alcançar seus objetivos?

De que forma você transforma aparentes perdas em oportunidades de ganho?

Como você avalia o uso de artifícios e engenhosidade para mudar sua posição social?

Qual é o limite entre esperteza e ética em suas ações para conquistar poder?

Palavra-chave: #astúcia **Orixá:** Exu

OGUM É GENEROSO E A VENDEDORA TORNA-SE RICA

OGUM E A VENDEDORA DE ACAÇÁ

Uma senhora que vendia acaçá (um tipo de mingau) para sobreviver buscou ajuda para melhorar de vida e foi orientada a fazer um ebó, um ritual de oferenda. Tempos depois, o general Ogum apareceu em sua casa com seu exército faminto, e a senhora, generosamente, ofereceu alimento a todos. Ogum, reconhecendo a generosidade da mulher e sem ter dinheiro para recompensá-la, decidiu dividir com ela o butim de guerra, repleto de riquezas e tesouros. A vendedora de acaçá, surpresa com a recompensa inesperada, se tornou muito rica e espalhou a história da generosidade de Ogum por toda parte, demonstrando como a justiça e a gratidão podem trazer prosperidade e reconhecimento.

> Ogum, em sua justiça e reciprocidade, o convida a refletir sobre como você retribui a generosidade e o apoio que recebe. Demonstre gratidão e reconhecimento àqueles que o ajudam, lembrando que a reciprocidade é essencial para construir relações saudáveis. A vendedora de acaçá o inspira a cultivar empatia e solidariedade. Coloque-se no lugar do outro e ajude quem necessita, contribuindo para um mundo mais justo e acolhedor por meio da generosidade. Ogum e a vendedora de acaçá também o convidam a reconhecer a importância do trabalho e da dedicação. Dedique-se ao seu trabalho com amor e responsabilidade, buscando prosperidade em diferentes aspectos da vida. Valorize seu trabalho e busque prosperidade com honestidade e gratidão.

Reflita:

Como você pode cultivar a generosidade em sua vida cotidiana, reconhecendo que pequenos atos de bondade podem ter um impacto significativo nas vidas dos outros e na sua própria?

De que maneira você pode aprender a valorizar o que tem, mesmo em tempos de dificuldade, e encontrar maneiras criativas de compartilhar com aqueles ao seu redor?

Quando você se depara com oportunidades inesperadas ou recompensas, como pode usar essa abundância para beneficiar não apenas a si mesmo mas também a sua comunidade?

Como você pode espalhar histórias de gratidão e justiça, inspirando outros a agir com generosidade e a reconhecer a importância de retribuir o próximo?

Palavra-chave: #generosidade **Orixá:** Ogum

17 JUN

A LIÇÃO DERRADEIRA DO CAÇADOR É APRESENTADA

OXÓSSI QUEBRA O TABU E É PARALISADO COM SEU ARCO E FLECHA

Oxóssi era um caçador dedicado, indo à floresta todos os dias. No entanto, havia um dia especial, um dia de "euó", quando todas as atividades eram proibidas. Nesse dia, ninguém trabalhava: as mulheres não vendiam, os homens não cultivavam, os pescadores não pescavam, os guerreiros não guerreavam, e os caçadores não caçavam. Oxóssi, desconsiderando essa proibição, decidiu caçar. Ignorando os tabus estabelecidos por Olodumare, ele entrou na floresta e começou a lançar flechas indiscriminadamente. De repente, uma visão bestial apareceu diante dele, e ele quis abatê-la. Antes que pudesse atirar sua flecha, a besta se transformou em Odudua. Percebendo o significado dos tabus, Oxóssi ficou petrificado com o arco esticado e paralisado no gesto de ataque. Ele foi eternamente congelado naquela posição, bem como seu arco e flecha imortalizados como símbolo.

> As regras e leis existem para proteger a sociedade e garantir o bem-estar de todos. Suas ações têm consequências, e desrespeitar as leis pode levar a punições. A natureza deve ser respeitada e protegida, pois ela é a fonte de toda a vida. O mito de Oxóssi ensina a importância de respeitar as leis divinas e as regras da sociedade. A história de Oxóssi serve como um lembrete de que a transgressão pode ter consequências graves e que a humildade e o respeito são virtudes essenciais. Quem deve, paga.

Reflita:

Como você respeita os limites e tabus estabelecidos em sua comunidade?

De que forma você lida com a tentação de quebrar regras que parecem limitar sua liberdade?

Como você reage quando sua obsessão por algo o leva a ignorar avisos importantes?

Qual é o preço que você paga ao desrespeitar tradições e valores estabelecidos?

Palavra-chave: #respeito **Orixás:** Oxóssi, Odudua

NÃO PERTURBE O SENHOR DA CURA E DA DOENÇA

18 JUN

SAPATÁ É PROIBIDO DE VIVER JUNTO COM OS OUTROS ORIXÁS

Os orixás viviam em harmonia na Terra, celebrando festivais, inclusive um durante a colheita de batata-doce. Sapatá, com sua perna de madeira, sentia--se isolado e envergonhado, preferindo não dançar. Quando os outros orixás insistiram e zombaram dele, Sapatá, furioso e humilhado, começou a golpear os presentes com seu bastão, espalhando a varíola. Obatalá, ao saber do ocorrido, condenou Sapatá a viver na floresta, considerando-o perigoso para a comunidade. Desde então, Sapatá é temido por sua capacidade de infligir doenças, sendo referido indiretamente por nomes que denotam respeito e temor.

> A exclusão e a discriminação podem levar as pessoas a cometer atos de violência. Muitas vezes, as doenças são manifestações físicas de sofrimentos emocionais. A cura pode ser encontrada por meio da compaixão, do perdão e da busca por um sentido de comunidade. O mito de Sapatá ensina as consequências da exclusão social e da falta de empatia. A história de Sapatá serve como um lembrete da importância de tratarmos todos com respeito, independentemente de suas diferenças. O que você tem feito sobre isso, diz muito sobre sua essência.

Reflita:

Como você reage quando se sente excluído ou ridicularizado por outros?

De que forma a dor da rejeição pode se transformar em ações destrutivas?

Como você lida com pessoas que são diferentes ou têm limitações físicas?

Qual é o impacto do bullying e da zombaria na vida de quem os sofre?

Palavra-chave: #redenção **Orixás:** Sapatá, Obatalá

19 JUN

A JUSTIÇA CHEGA PARA TODOS

ORIXÁ OCÔ JULGA OS PRATICANTES DE FEITIÇARIA

Orixá Ocô era um velho e solitário caçador conhecido por sua sabedoria e suas melodias encantadoras tocadas em um pífaro, que guiavam seu fiel cão de volta para casa quando se perdia na floresta. Com o passar do tempo ele se retirou para uma caverna, onde se tornou um respeitado vidente. Na época, a feitiçaria era proibida e Ocô era responsável por julgar aqueles acusados de tais práticas. Se considerados culpados, os acusados eram executados por uma criatura que vivia no fundo da caverna e cortava suas cabeças. Orixá Ocô, mesmo solitário, era procurado por muitos em busca de orientação.

A história de Ocô ressalta a importância da justiça e da aplicação das leis. As ações de cada indivíduo têm consequências, e a transgressão das normas pode levar a punições. A espiritualidade e a conexão com o divino podem fornecer sabedoria e orientação. O mito de Ocô apresenta uma narrativa sobre a justiça, o poder e a ética. A figura de Ocô, como juiz solitário e sábio, convida a refletir sobre o papel da justiça na sociedade e as consequências de nossas ações. Julgue com prudência a si e aos atos em seu entorno.

Reflita:

Como você equilibra justiça e compaixão ao julgar as ações dos outros?

De que forma a solidão influencia sua capacidade de tomar decisões importantes?

Como você lida com o poder de influenciar o destino de outras pessoas?

Qual é o papel para você da sabedoria na aplicação de punições e julgamentos?

Palavra-chave: #sabedoria **Orixá:** Ocô

SOLSTÍCIO DE INVERNO – UMA DISPUTA APAIXONADA POR OIÁ

20 JUN

XANGÔ ROUBA IANSÃ DE OGUM

Xangô, buscando novas aventuras, chegou a Irê, onde Ogum, o senhor da forja, vivia com Iansã, a senhora dos ventos e tempestades. Encantado por Iansã, Xangô conquistou seu coração e juntos fugiram para Oió, onde o meio-irmão dele, Dadá Ajacá, reinava. Em Oió, Xangô ajudou a expandir o reino ao fundar Cossô, mas acabou destronando Dadá, tornando-se o governante absoluto. Aclamado como "Kabiyesi Xangô, Alafin Oió Alayeluwa" (Viva Sua Majestade Xangô, dono do palácio de Oió e senhor da terra), ele construiu um palácio esplendoroso e teve muitas esposas e filhos, incluindo Iansã, Oxum e Obá.

> O amor pode ser uma força motivadora, capaz de impulsionar as pessoas a grandes feitos. A busca pelo poder é uma característica inerente à natureza humana, mas deve ser acompanhada de sabedoria e responsabilidade. A família é um pilar para a construção de uma sociedade mais estruturada. O mito de Xangô e Iansã apresenta uma narrativa sobre amor, poder e construção de um império. Esta história serve como um lembrete de que a paixão, a ambição e a capacidade de liderança podem levar à grandeza, mas também exigem sabedoria e responsabilidade. Apaixone-se pela vida e tome consciência de todos os seus atos.

Reflita:

Como você lida com desejos que podem prejudicar relacionamentos estabelecidos?

De que forma você equilibra ambição pessoal com lealdade familiar?

Como você justifica suas ações quando elas afetam a vida de outros?

Qual é o preço do poder e da conquista em suas relações pessoais?

Palavra-chave: #ambição

Orixás: Xangô, Ogum, Iansã, Dadá Ajacá, Oxum, Obá

21 JUN

SOLSTÍCIO DE INVERNO – A FORÇA DE DOIS IRMÃOS

XANGÔ ORDENA QUE PRIMEIRO SAÚDEM SEU IRMÃO MAIS VELHO

Xangô, apesar de seu caráter ardente e guerreiro, sempre demonstrou profundo respeito e lealdade ao seu irmão mais velho, Dadá Baiani Ajacá. Dadá era pacífico e deixava a Xangô a tarefa de enfrentar as adversidades. Durante as festas grandiosas no palácio de Oió, Xangô insistia que os convidados saudassem primeiro Dadá antes de saudá-lo. Essa tradição se mantém até hoje, quando, ao louvar Xangô, também se saúda Dadá Baiani, assegurando a satisfação de Xangô e reconhecendo a riqueza e generosidade de Dadá para com seus devotos.

> A família é a base da sociedade, e o respeito aos mais velhos é fundamental para a harmonia e o bem-estar de todos. A figura de Xangô e Dadá mostra que a força e a paz podem coexistir e se complementar. Reconheça e agradeça as pessoas que contribuíram para o seu sucesso. O mito de Xangô e Dadá Baiani Ajacá ensina a importância da família, do respeito aos mais velhos e da harmonia entre diferentes personalidades. A história desses dois irmãos mostra que a força e a sabedoria podem coexistir e que a gratidão é um valor que sustenta a vida em comunidade. Saiba reconhecer seus irmãos independentemente dos laços sanguíneos e trabalhe firme para potencializar a amizade entre vocês.

Reflita:

Como você demonstra respeito pela família em sua vida?

De que forma você honra aqueles que vieram antes de você?

Como você equilibra poder e humildade em suas relações?

Qual é a importância de manter tradições que reconhecem a autoridade dos mais velhos?

Palavra-chave: #respeito **Orixás:** Xangô, Dadá Baiani Ajacá

OIÁ TRANSFORMA-SE NO PRÓPRIO VENTO

IANSÃ FOGE LIGEIRA E TRANSFORMA-SE NO VENTO

22 JUN

Iansã, conhecida por sua beleza e poder, possuía muitas joias, que usava com orgulho. Certo dia, desejou sair de casa adornada com elas, mas seus pais a advertiram sobre o perigo e tentaram impedi-la. Enfurecida pela restrição, Iansã entregou suas joias a Oxum e, em um ato de revolta e liberdade, transformou-se no vento, escapando rapidamente pela casa e destruindo tudo em seu caminho.

> A liberdade é um valor fundamental para os seres humanos, mas deve ser exercida com responsabilidade. Suas ações têm consequências, e é importante pensar antes de agir. A natureza é uma força poderosa e imprevisível, que deve ser respeitada e protegida. O mito de Iansã apresenta uma narrativa sobre a força da natureza, a busca pela liberdade e as consequências das nossas escolhas. Celebre a sua individualidade e busque sua própria liberdade, ao mesmo tempo que se lembra da importância de respeitar os limites e as consequências de seus atos.

Reflita:

Como você lida com restrições impostas à sua liberdade?

De que forma você expressa sua independência quando se sente controlado?

Como você equilibra seus desejos pessoais com os conselhos daqueles que se preocupam com você?

Qual é o preço da liberdade quando ela é conquistada através da rebeldia?

Palavra-chave: #liberdade **Orixás:** Iansã, Oxum

23 JUN

A VONTADE DE PROTEGER SUA FILHA MOBILIZA OXUM A FAZER MILAGRES

OXUM TRANSFORMA SANGUE MENSTRUAL EM PENAS DE PAPAGAIO

Oxalá tinha três esposas, e a principal, filha de Oxum, era responsável por cuidar de suas ferramentas cerimoniais. As outras esposas, invejosas, jogaram as ferramentas no mar. Desesperada, a filha de Oxum encontrou as ferramentas dentro de peixes comprados para a festa. Ainda assim, as rivais continuaram a conspirar, colocando um preparado mágico em sua cadeira, causando-lhe sangramento durante a celebração. Oxalá, ao ver a esposa em estado de impureza, a expulsou de casa. A filha de Oxum buscou refúgio com sua mãe, que a banhou com folhas, transformando o sangue em penas vermelhas do papagaio-da-costa, ecodidés, consideradas raras e preciosas. Quando Oxalá descobriu as penas, perdoou sua esposa, e Oxum completou seu prodígio. Ele decretou que as sacerdotisas, as iaôs, deveriam usar essas penas em suas iniciações para serem facilmente reconhecidas pelos orixás.

> A história de Oxum e sua filha mostra como é possível superar a adversidade e transformar o negativo em positivo. O amor de uma mãe é capaz de proteger e transformar seus filhos. Os símbolos religiosos possuem um grande poder, capaz de conectar as pessoas com o sagrado e fortalecer sua identidade. O mito de Oxum e as penas de papagaio revela uma narrativa rica em simbolismo, que explora temas como inveja, superação, transformação e poder feminino. Mesmo diante de uma adversidade, não deixe de procurar a beleza e a esperança que habitam sua vida!

Reflita:

Como você lida com situações de injustiça e falsas acusações?

De que forma você transforma adversidades em oportunidades de crescimento?

Como você responde quando pessoas próximas conspiram contra você?

Qual é o papel da sabedoria materna em momentos de crise?

Palavra-chave: #transformação **Orixás:** Oxum, Oxalá

XANGÔ É CONHECIDO POR SER UM REI DE TEMPERAMENTO FORTE

24 JUN

XANGÔ TORNA-SE REI DE COSSÔ

Xangô, filho de Oraniã e da princesa Iamassê, nasceu e foi criado na terra de sua mãe, onde desde pequeno demonstrou um temperamento forte e liderou um exército de brinquedo. Crescido, partiu em busca de aventuras, levando consigo seu machado de duas lâminas e seus poderes místicos. Ao visitar Cossô, foi rejeitado como rei devido ao seu caráter intranquilo. Magoado, Xangô usou seus poderes para castigar a cidade com trovões e pedras de raio, forçando a população a se render. Reconhecido como rei, Xangô governou Cossô com justiça e realizou grandes obras, sendo eternamente lembrado como o grande Obá Cossô, aclamado por seu povo.

> Xangô é conhecido pelo temperamento forte e pela liderança natural desde a infância, simbolizando seu destino para a grandeza e o poder. Sua rejeição inicial como rei de Cossô, devido ao seu caráter intranquilo, ressalta como julgamentos precipitados podem levar a consequências drásticas. O uso de seus poderes místicos para punir a cidade ressalta a capacidade de Xangô de impor respeito e obediência, transformando adversidade em oportunidade. Saiba que a realização de grandes obras ilustra como a força e a determinação, quando canalizadas corretamente, podem se converter em um legado duradouro, eternamente lembrado e aclamado por todos.

Reflita:

Como você pode canalizar seu poder e temperamento para promover o bem-estar dos seus?

De que forma você pode transformar rejeição em oportunidade para mostrar sua verdadeira liderança e capacidade de realização?

O que você pode refletir sobre a importância de conquistar a confiança e o respeito por meio de ações justas e exemplares?

Como você pode inspirar outros a usar suas habilidades para superar desafios e deixar um legado positivo?

Palavra-chave: #liderança **Orixás:** Xangô, Oraniã

25 JUN

A TRAIÇÃO FOI REVELADA E IEMANJÁ FICOU COM CICATRIZES

IEMANJÁ TRAI SEU MARIDO, OGUM, COM AIÊ

Iemanjá, casada com Ogum, um guerreiro forte e bruto, sofria maus-tratos e acabou traindo seu marido com Aiê, o senhor da Terra. Um dia, enquanto Iemanjá se encontrava com Aiê, um dos cães de Ogum seguiu suas pegadas e revelou a traição ao seu dono. Enfurecido, Ogum ordenou que o cachorro atacasse Iemanjá. Mordida pelo cão, Iemanjá conseguiu escapar, mas desde então desenvolveu um profundo medo de cães.

> As relações humanas são complexas e cheias de nuances, e a traição é uma parte inerente da experiência humana. As ações têm consequências, e as escolhas que fazemos podem ter um impacto duradouro na sua vida e na vida dos outros. A história de Iemanjá mostra a importância do perdão e da capacidade de seguir em frente, mesmo após experiências dolorosas. O mito de Iemanjá, Ogum e Aiê é uma narrativa que explora temas universais como amor, traição, violência e perdão. Existe muita fragilidade nas relações humanas e, por isso, entenda a importância de lidar com as consequências de suas escolhas.

Reflita:

Como você reage quando um relacionamento abusivo leva a escolhas moralmente questionáveis?

De que forma o medo pode ser uma cicatriz permanente de traumas passados?

Como você lida com as consequências de suas escolhas em momentos de desespero?

Qual é o preço, para você, da busca pela felicidade quando ela envolve trair a confiança de alguém?

Palavra-chave: #libertação **Orixás:** Iemanjá, Ogum, Aiê

A LIBERDADE DE OXALUFÃ É CELEBRADA POR TODOS

26 JUN

OXALUFÃ É BANHADO COM ÁGUA FRESCA E LIMPA AO SAIR DA PRISÃO

Oxalufã, decidido a visitar seu filho Xangô em Oió, ignorou o aviso de um babalaô sobre os perigos da viagem. Aconselhado a levar três panos brancos, limo da costa e sabão, Oxalufã encontrou Exu três vezes no caminho, se sujando a cada vez que ajudava Exu com fardos pesados. Chegando em Oió, foi injustamente preso ao ser confundido com um ladrão de cavalos. Durante seu encarceramento, Oxalufã, silenciosamente, lançou uma maldição sobre Oió, causando uma seca devastadora. Xangô, ao descobrir o erro, pediu perdão a Oxalufã, lavando-o com água fresca e vestindo-o de branco, assim como todo o povo de Oió. Após ser libertado e honrado, Oxalufã retornou para casa, onde Oxaguiã celebrou seu retorno com grandes festejos.

> A história de Oxalufã ensina a importância da humildade, mesmo para os mais poderosos. A justiça deve prevalecer, e até mesmo os deuses estão sujeitos a ela. O perdão é um ato de libertação que cura feridas e restaura a harmonia. O mito de Oxalufã e a prisão em Oió apresentam uma narrativa sobre a justiça, a humildade e a importância do perdão. A história de Oxalufã ensina que mesmo os mais poderosos podem cometer erros e que a redenção é sempre possível. Renda-se ao poder de Oxalá e busque a sua paz interior!

Reflita:

Como você pode manter a calma e a dignidade em situações de injustiça, transformando desafios em oportunidades de reflexão e mudança positiva?

De que maneira você pode aprender a ouvir conselhos e sinais de alerta, equilibrando sua determinação com a sabedoria de outros para evitar consequências indesejadas?

Quando confrontado com erros e mal-entendidos, como você pode buscar reconciliação e perdão, promovendo a cura e a harmonia entre todos os envolvidos?

Como você pode garantir que suas ações e escolhas reflitam seu verdadeiro caráter, mesmo quando enfrenta obstáculos e provações?

Palavra-chave: #paciência **Orixás:** Oxalufã, Oxaguiã, Xangô, Exu

27 JUN

OXALÁ PROTEGE AS CRIANÇAS

OXALÁ SALVA SEUS FILHOS COM A AJUDA DE ORUNMILÁ

Os filhos de Oxalá eram meninos travessos, conhecidos por causar confusões e invadir propriedades alheias. Preocupado, Oxalá, com a ajuda de Orunmilá, decidiu realizar um ebó para acalmar os ânimos de seus filhos. Enquanto eles estavam reclusos na casa de Orunmilá para cumprir as obrigações, os outros meninos continuaram suas travessuras sem eles. Durante uma de suas aventuras, foram surpreendidos pelo proprietário de uma árvore, que os afugentou com disparos. Assustadas, as crianças caíram, ferindo-se gravemente. Os filhos de Oxalá, protegidos pelo ebó, evitaram esse destino e, com a lição aprendida, cresceram para se tornarem homens respeitosos e respeitados.

> A educação é fundamental para o desenvolvimento das crianças, ensinando-as a distinguir o certo do errado. A fé e a espiritualidade podem oferecer conforto e proteção em momentos de dificuldade. Suas ações têm consequências, e deve-se assumir a responsabilidade por elas. O mito de Oxalá e seus filhos travessos ensina a importância da educação, da proteção divina e das consequências de nossas ações. Lembre-se de lidar com os desafios da paternidade (maternidade e amizade) e da educação dos filhos ou crianças da sua família.

Reflita:

Como você lida com a proteção daqueles que ama em momentos de perigo?

De que forma você aceita a orientação de pessoas mais sábias em sua vida?

Como você transforma experiências difíceis em lições de crescimento?

Qual é sua atitude quando precisa tomar decisões preventivas para evitar problemas?

Palavra-chave: #transformação **Orixás:** Oxalá, Orunmilá

ORUNMILÁ RESOLVE A RIXA ENTRE OXALÁ E ODUDUA

28 JUN

ORUNMILÁ ENGANA OXALÁ E ODUDUA E FAZ A PAZ NA TERRA

Após a criação do mundo, uma feroz disputa surgiu entre Oxalá e Odudua, ameaçando a estabilidade do Universo. Preocupado, Orunmilá interveio, sabendo que a guerra final poderia destruir o mundo. Ele foi até Oxalá e afirmou que Odudua reconhecia sua supremacia, encerrando o conflito para Oxalá. Depois, visitou Odudua e disse que Oxalá reconhecia o domínio de Odudua devido à sua velhice, também apaziguando Odudua. Com sua astúcia, Orunmilá conseguiu terminar a guerra entre os dois, trazendo paz à Terra e salvando o mundo da destruição.

> A diplomacia e a negociação são ferramentas poderosas para resolver conflitos e construir pontes entre diferentes perspectivas. Em situações extremas, pode ser necessário tomar decisões difíceis e utilizar estratégias que não são necessariamente morais. A paz é um valor fundamental para a humanidade, e deve ser buscada ativamente a harmonia em suas relações com os outros. O mito de Orunmilá e a paz entre Oxalá e Odudua ensina a importância da sabedoria, da diplomacia e da busca pela paz. Mesmo em situações de conflito, é possível encontrar soluções pacíficas e construir um futuro melhor!

Reflita:

Como você entende o poder da diplomacia e da comunicação eficaz na resolução de conflitos complexos?

De que maneira você considera o papel de líderes e mediadores que utilizam inteligência e estratégia para promover a paz?

O que você aprende sobre a importância de reconhecer e validar os sentimentos e percepções dos outros para solucionar disputas?

Como você lida com a noção de que, às vezes, soluções criativas e indiretas são mais eficazes do que confrontos diretos?

Palavra-chave: #diplomacia **Orixás:** Orunmilá, Oxalá, Odudua

29 JUN

O COMBINADO ENTRE O DEUS DO DESTINO E AS MÃES ANCESTRAIS

IÁ MI FAZEM UM PACTO COM ORUNMILÁ

Quando as Iá Mi estavam a caminho da Terra, encontraram Orunmilá, que soube de seus planos de espalhar males àqueles que não fossem seus aliados. Orunmilá pediu que poupassem seus filhos que viviam na Terra. As Iá Mi concordaram, mas exigiram que os filhos de Orunmilá fizessem certas oferendas específicas, como folhas de tintureira, cabaça, partes de preá, massa de milho com azeite e búzios. Ao chegar à Terra, as Iá Mi se estabeleceram em sete árvores, planejando espalhar o mal. No entanto, os filhos de Orunmilá, ao seguirem as instruções e fazerem os sacrifícios exigidos, receberam a proteção das Iá Mi. Eles conseguiram transformar o mal em bem para aqueles que buscavam sua ajuda, equilibrando as forças por meio de oferendas e cantos tristes.

> A vida é uma constante luta entre o bem e o mal, e é importante buscar o equilíbrio entre as duas forças. A religiosidade oferece ferramentas para lidar com o sofrimento e conectar-se com o divino. A gratidão e a oferenda são formas de expressar respeito e fortalecer nossos laços com o sagrado. O mito de Iá Mi e Orunmilá apresenta uma narrativa sobre a complexidade das relações entre os deuses e os seres humanos, e a importância de buscar o equilíbrio entre as forças da natureza. Mesmo diante de ameaças, é possível encontrar soluções por meio da sabedoria, da negociação e da espiritualidade.

Reflita:

Como você protege aqueles que ama das influências negativas ao seu redor?

De que maneira você transforma desafios e negatividades em oportunidades de crescimento?

Como o cumprimento de promessas e rituais pessoais ajuda a manter o equilíbrio em sua vida?

Qual é o papel, para você, da gratidão e do sacrifício na busca por proteção e harmonia?

Palavra-chave: #equilíbrio **Orixá:** Orunmilá

EXU FICA NA PORTA

ELEGUÁ GUARDA O PORTÃO DE AGANJU

30 JUN

Aganju avistou Oxum enquanto ela se banhava no rio e tentou conquistá-la, mas, ao ser rejeitado, tentou usar a força. Em defesa de Oxum, surgiu Eleguá, um ser pequeno que a protegia por vê-la como uma figura materna. Após o incidente, todos se tornaram amigos, e Aganju convidou Oxum e Eleguá para sua casa. No entanto, Eleguá se recusou a entrar e permaneceu à porta, tornando-se o guardião da entrada e, por isso, sempre o primeiro a ser servido.

> A relação entre Eleguá e Oxum é um exemplo de lealdade e amizade, mostrando a importância desses valores nas relações. A proteção garante a nossa segurança e o nosso bem-estar. A tradição de servir Eleguá primeiro é um reconhecimento da importância dos guardiões e daqueles que protegem a todos. O mito de Eleguá, Oxum e Aganju apresenta uma narrativa sobre a lealdade, a proteção e a importância das relações interpessoais. Mesmo os mais pequenos podem ter um grande impacto; logo, você pode e deve ter acesso à proteção, que é um valor fundamental para a vida em comunidade.

Reflita:

Como você reage quando testemunha injustiças ou agressões a alguém que ama?

De que forma você define e protege seus limites pessoais em seus relacionamentos?

Como a lealdade e a proteção influenciam suas amizades e conexões com os outros?

Qual é a importância de reconhecer e honrar aqueles que sempre estão prontos para te proteger?

Palavra-chave: #proteção **Orixás:** Eleguá, Aganju, Oxum

JULHO

MÊS DA FLORESTA E DA CURA

Orixás: Iroco e Ossaim

Julho é o mês que abriga o Dia da Proteção às Florestas. Iroco, o orixá da gameleira, é o elo entre o céu e a terra, representando a longevidade e a ancestralidade. Ossaim, o senhor das ervas, detém o conhecimento ancestral das plantas e da cura. Juntos, eles nos convidam a nos reconectar com a natureza e a buscar a cura em nossas vidas.

"Julho, no abraço de Iroco, a sabedoria das árvores e o poder de Ossaim nos trazem a cura e a proteção da floresta."

1 JUL

O PODER DAS OFERENDAS TRAZ TODA A POTÊNCIA DE OGUM

OGUM FAZ EBÓ E SE TORNA UMA POTÊNCIA

Ogum, um homem honesto e trabalhador, enfrentava constantes perseguições de seus rivais. Para superar as dificuldades que o impediam de realizar seus desejos, foi aconselhado a realizar um ebó, um ritual de oferenda e limpeza espiritual. Após realizar o ebó, Ogum transformou-se em uma força poderosa e temida na região de Irê.

> A espiritualidade pode ser uma fonte de força e proteção, auxiliando-nos a superar os desafios da vida. Os rituais, como o ebó, podem ser ferramentas poderosas para a transformação pessoal e espiritual. A história de Ogum inspira a buscar a superação e a realização de seus objetivos, mesmo diante das adversidades. O mito de Ogum e o ebó apresenta uma narrativa sobre a transformação pessoal e o poder da espiritualidade. Através da fé e da realização de rituais que são importantes para você, é possível contribuir para a superação dos desafios e alcançar a realização pessoal.

Reflita:

Como você lida com as adversidades e perseguições em sua vida diária?

De que maneira você busca força interior e clareza quando enfrenta obstáculos?

Como rituais ou práticas pessoais ajudam você a superar desafios e alcançar seus objetivos?

Qual é o papel da persistência e dedicação na transformação de sua vida e conquistas?

Palavra-chave: #transformação **Orixá:** Ogum

A BUSCA IMPRUDENTE DOS DESEJOS

ODÉ MATA O IRMÃO QUE TRAI OS SEUS SEGREDOS

2 JUL

Odé, antes de partir para uma expedição de caça, foi aconselhado por um babalaô a oferecer um ebó para Exu e a evitar bebida alcoólica e a inveja alheia, pois poderiam ser sua perdição. Ignorando os avisos, Odé encontrou três cervos na floresta, que se transformaram em belas mulheres. Ele roubou suas peles, que eram a chave de sua transformação, e as escondeu. Ao reencontrá-las, Odé as convenceu a se casar com ele sob a condição de não revelar sua origem e respeitar seus tabus. A felicidade do lar de Odé despertou a inveja de sua cunhada, que, junto com o irmão de Odé, embebedou-o e descobriu os segredos das mulheres. A cunhada quebrou os tabus, revelando a verdadeira forma das esposas de Odé, que, em desespero, fugiram levando os filhos. Ao perceber a traição, Odé, consumido pelo ódio e arrependimento por não ter feito o ebó, matou o irmão traidor.

> O mito de Odé é um alerta sobre a importância da prontidão e do autocontrole no aprendizado diário. A tragédia começa quando Odé ignora o conselho preventivo do babalaô (o "ebó" da prudência), o que reflete nossa falha em valorizar a sabedoria em prol da proteção pessoal. Sua queda, causada pela embriaguez, que expôs seus segredos, sublinha o perigo de ceder aos vícios e à falta de autodisciplina, tornando-nos vulneráveis à inveja e traição alheias. No cotidiano, isso nos ensina a realizar o nosso "ebó" proativo – tendo planejamento ou cuidando da nossa saúde mental – e a proteger o que é valioso. O ato final de Odé, motivado por arrependimento e ódio, é o derradeiro aviso contra a impulsividade, reforçando que a verdadeira lição do mito reside em honrar a prudência para evitar consequências irreversíveis.

Reflita:

Como você lida com as consequências de ignorar conselhos sábios e avisos em sua vida?

De que forma a confiança e o respeito aos limites dos outros impactam seus relacionamentos?

Como você pode superar a inveja e a traição, tanto em si mesmo quanto nos outros, para manter sua paz interior?

Qual é a importância de refletir sobre suas ações e aprender com seus erros para evitar arrependimentos futuros?

Palavra-chave: #traição **Orixás:** Odé (Oxóssi), Exu

3 JUL

XAPANÃ, DOENTE, CURA A SI MESMO E VAI PARA O MUNDO CURAR OS OUTROS...

XAPANÃ É PROCLAMADO O SENHOR DA TERRA

Xapanã, um homem que vivia de forma dissoluta nas terras iorubás, foi acometido por várias doenças por desobedecer aos conselhos das divindades. Com o tempo, foi isolado e expulso pelos orixás, que o consideraram responsável pelas epidemias. Exu, movido por compaixão, ajudou Xapanã a encontrar Orunmilá, que o aconselhou a realizar ebós e a andar sempre com cachorros, conforme seu destino (odu). Xapanã seguiu para o Daomé, onde um rei cruel estava à beira da morte devido a uma peste. O rei se humilhou diante de Xapanã, que fez oferendas e trouxe a cura, restaurando a saúde do rei. No Daomé, Xapanã foi adorado como Obaluaê, o senhor da terra, ganhando respeito e importância.

> A experiência de Xapanã mostra a importância da humildade e da aceitação das próprias limitações. Mesmo após cometer erros, é possível se redimir e encontrar um novo propósito na vida. A gratidão é uma virtude que permite reconhecer o bem que se recebe e valorizar as oportunidades que a vida oferece. O mito de Xapanã apresenta uma narrativa sobre a transformação pessoal, a importância da espiritualidade e a capacidade de superar as adversidades. Mesmo diante das dificuldades, é possível contribuir para o bem da humanidade ou, pelo menos, para o seu próprio.

Reflita:

Como você reage quando enfrenta as consequências de suas próprias ações e escolhas?

De que maneira a humildade e a aceitação de ajuda podem transformar sua vida e a dos outros ao seu redor?

Como você pode usar suas experiências de superação para ganhar respeito e se tornar uma força positiva para aqueles à sua volta?

Qual é o papel da compaixão e da sabedoria em seu caminho para a cura e a redenção pessoal?

Palavra-chave: #cura **Orixás:** Xapanã, Exu, Orunmilá, Obaluaê

OBATALÁ CONFIOU AO ORIXÁ OCÔ O PLANTIO DA COMIDA

4 JUL

ORIXÁ OCÔ RECEBE DE OBATALÁ O PODER SOBRE AS PLANTAÇÕES

Obatalá possuía plantações de inhame, um fruto sagrado com poderes mágicos que podia revelar segredos enquanto as pessoas dormiam. Precisando de alguém discreto para cuidar dessas plantações, Obatalá escolheu Orixá Ocô, um jovem sério e casto, apesar de já ter experimentado a vida de prazeres. Ocô aceitou a responsabilidade de cuidar dos inhames, mantendo seus mistérios protegidos. Como resultado, os inhames floresceram ocultos sob a terra. Satisfeito com o trabalho de Ocô, Obatalá concedeu-lhe o domínio sobre a agricultura.

> A história de Ocô ensina a importância de assumir as responsabilidades e cumprir as tarefas com dedicação. A natureza é uma fonte de vida e deve ser tratada com respeito e cuidado. O conhecimento é uma força poderosa que deve ser utilizada com sabedoria e responsabilidade. O mito de Ocô e Obatalá apresenta uma narrativa sobre a importância da responsabilidade, da confiança e da conexão com a natureza. Com dedicação e lealdade, é possível alcançar o reconhecimento e a realização pessoal.

Reflita:

Como você equilibra a seriedade e a responsabilidade com a tentação dos prazeres em sua vida?

De que forma manter segredos e respeitar responsabilidades pode levar a oportunidades de crescimento pessoal e profissional?

Como você cultiva e protege aquilo que é valioso, seja em seu ambiente físico ou em seus relacionamentos?

Qual é a importância de confiar em suas habilidades e em seus compromissos para alcançar sucesso e reconhecimento?

Palavra-chave: #integridade **Orixás:** Ocô, Obatalá

5 JUL

A FORÇA DE XANGÔ NA BATALHA TEM UM SEGREDO

XANGÔ FAZ OFERENDAS E VENCE OS INIMIGOS

Vivendo cercado por inimigos, Xangô foi aconselhado a realizar um ebó (sacrifício) para obter vitória. O babalaô indicou que ele oferecesse búzios, dois galos, dois pombos, 12 pedras, 12 pavios de lamparina e 12 bastões. Após realizar o sacrifício, que apaziguou os deuses, Xangô voltou à batalha. Com o fogo aceso no pavio da lamparina, ele usou seu poder de cuspir fogo e empunhou seu machado duplo, transformando-se em uma força invencível. Xangô venceu seus inimigos e, ao retornar da guerra, foi aclamado por todos, incluindo aqueles que nunca o haviam saudado. Ele dançou em regozijo, sendo saudado com entusiasmo e reverência.

> A fé em um poder superior pode dar força e coragem para superar os desafios. Os rituais podem ser uma forma de conectar-se com o sagrado e obter orientação e proteção. A vitória sobre os inimigos representa a superação de obstáculos e a conquista de seus objetivos. O mito de Xangô e o ebó apresenta uma narrativa sobre a força da fé, a importância dos rituais e a busca pela vitória. Com a ajuda dos orixás, você pode superar muitos obstáculos e alcançar os seus objetivos.

Reflita:

Como você se prepara mental e espiritualmente para enfrentar desafios e adversidades em sua vida?

De que maneira a fé e a realização de rituais pessoais fortalecem sua determinação e confiança?

Como você celebra suas vitórias e conquistas, e qual é o impacto disso em sua autoestima e em suas relações?

Qual é o papel do reconhecimento e da celebração coletiva na valorização de suas conquistas pessoais?

Palavra-chave: #vitória **Orixá:** Xangô

O RIO PRETO QUE PROTEGE O REINO

OIÁ CRIA O RIO DUM PEDAÇO DE PANO PRETO

Preocupado com a segurança de seu reino diante de uma possível invasão, o rei dos nupes buscou orientação dos adivinhos, que lhe recomendaram um ritual envolvendo uma peça de tecido negro. A tarefa de rasgar o tecido coube à filha do rei, uma virgem, que durante o ritual cantou "Oiá, ela cortou". Ao lançar os pedaços do pano no chão, estes se transformaram em águas negras, criando o rio (Odô) Oiá. Esse rio-orixá formou uma barreira protetora ao redor do reino, garantindo seu isolamento e segurança.

> A história de Oiá mostra que a criação é um ato poderoso que pode transformar o mundo ao nosso redor. Os rituais possuem um significado profundo e podem ser utilizados para conectar-se com o sagrado e manifestar os seus desejos mais profundos. A natureza é uma força poderosa que pode ser tanto protetora quanto destrutiva e é necessário respeitá-la e preservá-la. O mito de Oiá e a criação do rio Odô Oiá apresenta uma narrativa sobre a criação, a proteção e o poder da natureza. Seja como Oiá e proteja o seu tesouro maior, que é a sua própria vida, com as águas da prudência e sabedoria.

Reflita:

Como você transforma desafios em oportunidades para proteger e fortalecer seu ambiente?

De que forma o simbolismo e os rituais podem inspirar soluções criativas para os problemas que você enfrenta?

Como você utiliza seus talentos e recursos para criar barreiras protetoras em sua vida pessoal e profissional?

Qual é a importância da paciência e da inovação ao buscar segurança e estabilidade?

Palavra-chave: #proteção **Orixás:** Oiá

7 JUL

OXUM AUXILIA OXALÁ COM COMPAIXÃO E AMOR

OXUM RECUPERA O BÁCULO DE ORIXALÁ QUE IANSÃ JOGA NO MAR

Iansã, revoltada, jogou o báculo de Orixalá no mar, causando-lhe grande aflição. Oxum, sempre bondosa, prontamente entrou no mar e recuperou o opaxorô, lavando-o no rio antes de devolvê-lo a Orixalá. Para confortá-lo, Oxum cantou uma canção prometendo que sempre viria em seu auxílio quando ele precisasse apenas cantando essa melodia. Orixalá valorizava profundamente Oxum por sua bondade. Quando ele sofreu uma ferida na perna e Iansã, novamente cruel, aplicou uma mistura dolorosa como "curativo", Orixalá entoou a cantiga de Oxum. Ela veio rapidamente, lavou a ferida com água do rio, aplicou ervas curativas e a envolveu com uma toalha branca. Orixalá logo se recuperou, reafirmando sua adoração por Oxum devido à sua compaixão e cuidado.

> A compaixão é uma virtude que permite conectar com os outros e oferecer ajuda quando ela é mais necessária. É importante encontrar um equilíbrio entre as suas emoções, evitando que a impulsividade o leve a tomar decisões precipitadas. A gratidão é uma atitude que permite reconhecer o valor das pessoas e das coisas que tens em sua vida. O mito de Oxum, Iansã e Orixalá apresenta uma narrativa sobre as relações humanas, a importância da compaixão e a força da natureza. A bondade e a compaixão podem transformar o mundo ao seu redor.

Reflita:

Como você reage quando presencia injustiças ou atos de crueldade, e qual é seu papel em trazer harmonia?

De que maneira a compaixão e a bondade influenciam suas ações e relacionamentos?

Como você pode ser um apoio constante para aqueles que precisam, mesmo quando enfrentam desafios?

Qual é a importância de cultivar a confiança e a gratidão em suas relações com os outros?

Palavra-chave: #cuidado **Orixás:** Oxum, Orixalá (Oxalá), Iansã

O PODER DOS CAROÇOS DE DENDÊ

EXU LEVA AOS HOMENS O ORÁCULO DE IFÁ

Em tempos antigos os deuses estavam passando fome porque os humanos não faziam mais oferendas. Sem a proteção dos deuses, a Terra foi tomada pela desgraça, com doenças e infelicidades. Exu decidiu buscar uma solução e consultou Iemanjá. Ela aconselhou a encontrar algo que os humanos desejam para motivá-los a fazer oferendas novamente. Exu então procurou Orungã, que sugeriu usar 16 caroços de dendê para criar algo valioso para os humanos. Exu conseguiu os caroços de palmeira e, com a ajuda de macacos, foi instruído a aprender o significado deles em 16 lugares diferentes, acumulando sabedoria e histórias conhecidas como odus. Após um ano de aprendizado, Exu voltou ao Orum e compartilhou seu conhecimento com os deuses. Os deuses, por sua vez, ensinaram os homens a usar o Ifá para interpretar o futuro e fazer sacrifícios apropriados, restaurando a relação entre os humanos e os deuses e trazendo felicidade para ambos.

> A história mostra a importância da comunicação entre os seres humanos e os deuses, e como a falta dessa comunicação pode levar ao desequilíbrio. O conhecimento dos odus oferece aos seres humanos a possibilidade de compreender o mundo e tomar decisões mais conscientes. O oráculo de Ifá estabelece uma ponte entre o mundo humano e o mundo divino, permitindo aos homens buscar orientação e proteção. O mito da criação do oráculo de Ifá apresenta uma narrativa sobre a origem da sabedoria divina e a importância da conexão entre nós e os deuses. A história de Exu e dos caroços de dendê mostra como um simples objeto pode se transformar em uma ferramenta poderosa para a compreensão do mundo e a busca pela felicidade. Certamente existem coisas simples na sua vida que podem se transformar do mesmo jeito. Pense nisso!

Reflita:

Como você pode buscar soluções inovadoras e criativas para problemas complexos, inspirando-se em sabedorias antigas e modernas?

De que maneira você pode servir como um intermediário que conecta diferentes mundos ou perspectivas, ajudando a restaurar a harmonia e o equilíbrio em sua comunidade?

Quando você enfrenta desafios que afetam não apenas você mas também aqueles ao seu redor, como pode agir com iniciativa e coragem para trazer mudanças positivas?

Como você pode aprender e compartilhar conhecimentos valiosos, garantindo que suas ações contribuam para o bem-estar coletivo e fortaleçam laços importantes?

Palavra-chave: #sabedoria **Orixás:** Exu, Iemanjá, Orungã

9 JUL

O TRABALHO INCESSANTE PODE TER POUCOS BENEFÍCIOS E MUITOS DANOS

AJAGUNÃ DESTRÓI PALÁCIOS PARA O POVO TRABALHAR

Ajagunã, filho guerreiro de Oxalá, aliado a Ogum, promovia a guerra e o progresso. Onde Ogum destruía, Ajagunã construía cidades maiores e mais prósperas, incentivando o povo a trabalhar incessantemente. Ao visitar a cidade de Ogum, viu que o povo descansava após construir um novo palácio. Insatisfeito, Ajagunã destruiu o palácio, incitando-os a construir algo ainda melhor. Esse ciclo se repetiu até que os habitantes se tornaram renomados construtores, conhecidos por sua engenharia. Ajagunã acreditava que a discórdia e o movimento eram essenciais para evitar a acomodação e promover o progresso.

> A mudança é uma constante na vida, e a capacidade de se adaptar e superar os desafios é fundamental para o crescimento pessoal e coletivo. O trabalho é a base de toda sociedade e é por meio do trabalho que construímos nossas vidas e nossas comunidades. A criação é um ato de transformação que permite deixar a sua marca no mundo e construir um futuro melhor. O mito de Ajagunã apresenta uma narrativa sobre a complexidade da natureza humana e a relação entre destruição e criação. Aproveite o dia de hoje para refletir sobre a importância da mudança e do progresso, e sobre o papel do trabalho na construção de uma vida mais justa e próspera.

Reflita:

Como você pode transformar os desafios e as destruições em oportunidades para construir algo ainda mais grandioso em sua vida?

De que maneira você pode evitar a acomodação e manter-se em constante movimento, buscando sempre o aprimoramento pessoal e profissional?

Quando enfrenta situações de insatisfação, como pode canalizar essa energia para motivar a si mesmo e aos outros a alcançar novos patamares?

Qual é o papel da persistência e da inovação em seu caminho para se tornar um "construtor renomado" em sua área de atuação?

Palavra-chave: #progresso **Orixás:** Ajagunã, Oxalá, Ogum

A CONEXÃO DE OXALÁ COM AS DIFERENTES PESSOAS NO MUNDO

10 JUL

OXALÁ É PROIBIDO DE CONSUMIR SAL

Oxalá, em busca de orientação para uma vida harmoniosa, consultou Ifá, que recomendou um ebó com uma cabaça de sal e um pano branco para evitar transtornos e desonras. Ignorando o conselho, Oxalá não realizou o ritual. Durante a noite, Exu entrou em sua casa e amarrou uma cabaça cheia de sal nas costas de Oxalá, fazendo com que ele acordasse corcunda. Desde então, Oxalá se tornou o protetor dos corcundas, albinos e de todos que possuem deficiências. Além disso, foi proibido de consumir sal para sempre.

Os rituais são importantes para estabelecer uma conexão com o sagrado e receber proteção. As suas ações têm consequências, e a desobediência à sua essência pode levar a resultados inesperados. A história de Oxalá ensina a ter compaixão pelos marginalizados e a valorizar a diversidade. O mito de Oxalá e o sal apresenta uma narrativa sobre a importância da obediência, da purificação e da aceitação das diferenças. Lembre-se de que até mesmo os deuses podem cometer erros e a humildade é fundamental para o crescimento espiritual.

Reflita:

Como você reage quando ignora um bom conselho e enfrenta as consequências, e o que pode aprender com essas experiências para o futuro?

De que forma você pode transformar suas limitações ou seus desafios pessoais em uma força que beneficia a si mesmo e aos outros ao seu redor?

Quando enfrenta momentos de desonra ou vergonha, como pode encontrar maneiras de se reconciliar com sua situação e buscar a harmonia interior?

Qual é a importância de seguir orientações sábias em sua vida, mesmo quando parecem desconfortáveis ou desafiadoras?

Palavra-chave: #empatia **Orixás:** Oxalá, Exu

11 JUL

A SABEDORIA DE ORUNMILÁ LEVA AO SEU RECONHECIMENTO COMO GRANDE SÁBIO

ORUNMILÁ RECEBE O TÍTULO DE SENHOR DO MUNDO

Em um momento de grande descontentamento, o mundo se levantou contra Olofim, o ser supremo. Olofim chamou Ogum para proteger o palácio, ordenando que ele decapitasse todos que se aproximassem. Ogum cumpriu a ordem, mas, quando Orunmilá chegou, ele se recusou a participar do conflito, afirmando que não era de sua competência. Admirando a sabedoria e a neutralidade de Orunmilá, Olofim lhe concedeu o título de Senhor do Mundo, reconhecendo sua perspicácia e discernimento.

> A sabedoria é mais poderosa do que a força bruta e permite encontrar soluções pacíficas para os conflitos. Em momentos de conflito, é importante manter a neutralidade e buscar soluções que beneficiem a todos, inclusive você! Os líderes deveriam ser sábios e justos, buscando sempre o bem comum. O mito de Orunmilá e o título de Senhor do Mundo apresenta uma narrativa sobre a importância da sabedoria, da paz e da liderança. A história de Orunmilá ensina que a violência não é a única solução para os conflitos. Use sua sabedoria como uma ferramenta poderosa para construir um destino melhor.

Reflita:

Como você reflete sobre a importância de saber quando se envolver ou se abster de conflitos, e como isso pode impactar sua vida?

De que maneira você considera a sabedoria de manter a neutralidade em situações de tensão e conflito?

O que você aprende sobre o papel da sabedoria e da paciência em conquistar respeito e reconhecimento?

Como você lida com a ideia de que, às vezes, a verdadeira força reside em permanecer firme em suas convicções, mesmo quando pressionado a agir de outra forma?

Palavra-chave: #sabedoria **Orixás:** Orunmilá, Ogum

EXU FOI O PRIMEIRO A TER ORI

LEGBA CARREGA UMA PANELA QUE SE TRANSFORMA EM SUA CABEÇA

Desolado por uma briga com seu soberano, Ifá consultou o oráculo, que indicou um sacrifício de frutas redondas. O ebó, porém, precisava ser entregue por sua mãe, que vivia longe. Ifá contratou Exu (Legba) para buscá-la. Exu, ao encontrar a mãe, exigiu um pagamento. A mulher ofereceu um bode de 12 chifres que estava sob sua guarda. Ignorando o aviso de que o animal não lhe pertencia, Exu o sacrificou. O sangue do bode, puro fogo, o envolveu. Para se livrar das chamas, Exu consultou um babalaô, que o instruiu a oferecer as vísceras do animal. Em seguida, ele tentou cozinhar a cabeça do bode, mas ela não amolecia. Frustrado, ele a colocou sobre os ombros, usando uma rodilha. A panela grudou e se transformou em sua cabeça. Naquele tempo, Exu não tinha uma cabeça fixa. Ao saber do ocorrido, Ifá lamentou não ter uma cabeça também. O oráculo disse que ambos precisavam de um ori. A mãe de Ifá levou frutas redondas ao rei. Ele partiu um mamão, e uma das metades grudou em seus ombros, tornando-se sua cabeça. Assim, as cabeças passaram a existir, tendo Exu a primeira.

> Esse mito carrega símbolos importantes. O bode, com seus chifres, é frequentemente associado à fertilidade e à masculinidade. O fogo, resultado do sangue do bode, simboliza a transformação e a criação. A cabeça, onde se encontra o cérebro, é considerada a sede da consciência e da inteligência. Diante disso, entende-se o porquê dos rituais, como o sacrifício do bode, serem uma forma de conectar-se com o sagrado e promover a transformação. A história de Legba oferece uma explicação mítica sobre a origem da humanidade e a natureza da consciência. A vida é um processo de constante transformação, e os desafios que você enfrenta podem levar a experiências que moldam a sua identidade. O mito de Legba e a cabeça de bode é uma narrativa rica em simbolismo e significado. Acredite na capacidade de mudança e renovação que está presente dentro de você!

Reflita:

Como você lida com as consequências imprevistas de suas ações, e de que maneira pode aprender a abraçar transformações inesperadas em seu caminho?

Quando confrontado com desafios, como pode encontrar sabedoria em suas tradições e buscar orientação para navegar por situações complexas?

De que forma você pode aceitar e adaptar-se a mudanças inevitáveis, transformando obstáculos em oportunidades de crescimento pessoal?

Qual é a importância de honrar compromissos e manter a integridade, mesmo quando enfrenta dificuldades ou pressões externas?

Palavra-chave: #transformação **Orixás:** Ifá, Exu

13 JUL

RECONQUISTAR PODE SER BEM MAIS DESAFIADOR DO QUE CONQUISTAR

OGUM RECONQUISTA O AMOR DE OXUM

Ogum e sua esposa Oxum tiveram uma discussão que terminou com Ogum jogando Oxum em um rio. Xangô resgatou Oxum e a levou para seu palácio. Mais tarde, Ogum, arrependido, encontrou Oxum novamente e desejou reconquistá-la. Ele enviou presentes a Xangô, incluindo um carneiro gordo, mas Xangô respondeu com um cachorro magro como piada. Persistente, Ogum mandou um cesto de quiabos, sabendo da paixão de Xangô por eles. Enquanto Xangô se deliciava com o amalá feito de quiabos, Ogum aproveitou a oportunidade para reconquistar Oxum e levá-la de volta. Desde então, Oxum Apara acompanha Ogum em suas jornadas, vivendo nas estradas e participando de suas guerras.

> O mito de Ogum e Oxum nos ensina a reparação de erros e a estratégia na reconciliação. O ato inicial de Ogum ilustra o perigo da impulsividade e a necessidade de controle da raiva para evitar rupturas. Contudo, o foco está em seu arrependimento ativo: Ogum não apenas lamenta, mas persiste, mesmo após a provocação de Xangô, o que demonstra sua resiliência. O envio estratégico dos quiabos é a chave do aprendizado, sublinhando a importância da inteligência emocional e do conhecimento situacional para identificar a "chave" (o momento ou o método certo) que pode quebrar a resistência e criar uma oportunidade de reparo. A reconquista de Oxum e a subsequente parceria (Oxum Apara) mostram que a verdadeira reconciliação, conquistada com esforço e dedicação, pode resultar em um vínculo mais forte e duradouro, transformando o erro passado em um alicerce para o futuro.

Reflita:

Como você pode usar a persistência e a criatividade para reconquistar relações importantes em sua vida após um desentendimento?

Quando se depara com obstáculos em seus relacionamentos, como pode identificar as paixões e interesses mútuos para fortalecer as conexões?

De que maneira você pode transformar arrependimento em ações positivas que demonstram seu compromisso e desejo de reconciliação?

Qual é a importância de aprender a perdoar e seguir em frente, acompanhando aqueles que ama em novas jornadas e desafios?

Palavra-chave: #reconciliação **Orixás:** Ogum, Oxum, Xangô

O ENCONTRO DE DOIS RIOS

14 JUL

ERINLÉ TRANSFORMA-SE EM RIO E ENCONTRA OXUM

Erinlé, um orixá caçador e guerreiro, tornou-se amigo de Orunmilá, que lhe emprestou dinheiro em um momento de necessidade. Incapaz de pagar a dívida e sem condições de realizar as dispendiosas oferendas recomendadas pelo oráculo, Erinlé, envergonhado, retirou-se para um local ermo e desapareceu, deixando apenas suas armas e uma quartinha de água. Seus filhos, desesperados, buscaram a orientação de Orunmilá, que lhes disse para fazerem oferendas em busca de um sinal do pai. Ao realizarem as oferendas, a água da quartinha transbordou e formou um rio, unindo-se ao rio de Oxum. Juntos, tornaram-se um rio calmo e caudaloso. Da união de Oxum e Erinlé nasceu Logum Edé. Em um local chamado Ibualama, foi erigido um templo em homenagem a Erinlé, que também passou a ser conhecido como Ibualama.

> A transformação de Erinlé em rio mostra a importância de aceitar as mudanças e de encontrar novas formas de existir. A união das águas de Erinlé e Oxum simboliza a interconexão de todos os seres e a importância da harmonia com você mesmo e de você com a natureza. Essa transformação também pode ser vista como uma renúncia à identidade individual em prol de algo maior. O mito de Erinlé apresenta uma narrativa sobre transformação, renúncia e conexão com a natureza. Aceite as mudanças da vida e não deixe de buscar paz e harmonia com o mundo ao seu redor!

Reflita:

Como você pode encontrar força e transformação pessoal em momentos de desespero, tal como Erinlé se transformou em um rio?

Quando enfrenta dívidas ou obrigações que parecem insuperáveis, como pode buscar apoio e orientação para encontrar soluções criativas?

De que forma você pode aceitar mudanças inevitáveis em sua vida e permitir que novas uniões e parcerias tragam calma e plenitude?

Qual é a importância de construir histórias e memórias duradouras e significativas a partir de suas experiências e desafios, tal como o templo de Ibualama honra Erinlé?

Palavra-chave: #transformação

Orixás: Erinlé (Inlé), Orunmilá, Oxum, Logum Edé

15 JUL OS ENFERMOS FORAM CURADOS

XAPANÃ GANHA SEU CULTO ENTRE OS IORUBÁS

Xapanã, após ser expulso do Daomé por causar guerras com seus feitiços, foi para Oió, tentando convencer o Alafim a guerrear contra o Daomé. O Alafim recusou, e Xapanã, enfurecido, abriu uma fenda na terra, desaparecendo nela. Quando isso ocorreu, a varíola se espalhou por Oió. O povo implorou ao Alafim por uma solução e o babalaô aconselhou a usar um pote de água para aspergir os enfermos, após depositar nele a tesoura e corrente de Xapanã. Os enfermos foram curados. Para evitar novas pestes, sacrificaram animais a Xapanã, sem usar metais, mas com facas de madeira. Durante o sacrifício, um besouro apareceu, identificado pelo babalaô como o mensageiro de Xapanã. Desde então, sacrifícios e oferendas são feitas para apaziguar Xapanã e evitar doenças.

Xapanã representa a dualidade da natureza humana, capaz tanto de causar destruição quanto de promover a cura. Os rituais são uma forma de estabelecer uma conexão com o sagrado e de buscar proteção e orientação. A sua fé é a medida de potencializar a eficiência desses rituais. A relação entre Xapanã e seus seguidores é baseada na busca por um equilíbrio entre o medo e a veneração, entre a doença e a cura. O mito de Xapanã apresenta uma narrativa sobre a complexidade da natureza humana, o poder da fé e a importância dos rituais. Saiba que mesmo as forças mais destrutivas podem ser domesticadas e transformadas em algo positivo.

Reflita:

Como você pode transformar a raiva e a frustração em ações construtivas que beneficiem a si mesmo e aos outros, em vez de causar destruição?

Quando confrontado com desafios de saúde ou crises, como pode buscar soluções criativas e respeitar tradições que promovam a cura e o bem-estar?

De que maneira você pode aprender a apaziguar conflitos internos e externos através de práticas que fomentem a paz e a harmonia?

Qual é a importância de reconhecer sinais e mensageiros em sua vida, e como pode usá-los para orientar suas decisões e ações?

Palavra-chave: #equilíbrio **Orixá:** Xapanã

O FRUTO DA TERRA E SEU LEGADO PARA A POSTERIDADE

ORIXÁ OCÔ DESAPARECE E DEIXA O CAJADO EM SEU LUGAR

Nos campos próximos à cidade de Iraô, vivia Orixá Ocô, um homem muito velho que desceu do Céu. Ele era tão idoso que às vezes desejava ser visto e outras vezes não. Ocô usava um cajado para caminhar lentamente pelos campos, assegurando-se de que tudo estava em ordem. Com o tempo, seus descendentes o convenceram a se mudar para a cidade, onde ele foi muito bem cuidado. Pessoas do campo e da cidade começaram a trazer-lhe presentes em reconhecimento ao seu valor. Quando Orixá Ocô faleceu, seu corpo desapareceu, restando apenas seu cajado, que passou a ser reverenciado. Em sua homenagem, uma grande festa é realizada anualmente, na qual oferendas são depositadas no local do cajado, celebrando-o como o orixá da agricultura.

A agricultura é a base da civilização e garante a nossa sobrevivência. A veneração a Ocô demonstra o respeito pelos ancestrais e a importância de preservar a memória dos que nos precederam. A transformação do corpo de Ocô em um símbolo sagrado demonstra a capacidade da natureza de transformar e renovar. O mito de orixá Ocô apresenta uma narrativa sobre a transformação de um homem em divindade e a importância da agricultura para a vida humana. Não esqueça da importância de respeitar a natureza e agradecer pelos frutos da terra.

Reflita:

Como você pode deixar um legado duradouro em sua vida, algo que seja reverenciado e celebrado pelas futuras gerações?

Quando se sente invisível ou não reconhecido, como pode encontrar maneiras de mostrar seu valor e sua contribuição aos seus entes queridos?

De que forma você pode equilibrar o desejo de isolamento com a necessidade de conexão, buscando apoio e reconhecimento quando necessário?

Qual é a importância de celebrar e honrar aqueles que contribuíram para o bem-estar de sua comunidade, e como pode participar ativamente dessas celebrações?

Palavra-chave: #legado **Orixá:** Ocô

17 JUL

XANGÔ VENCEU O MONSTRO

XANGÔ MATA O MONSTRO E LANÇA CHAMAS PELA BOCA

Quando um temível monstro começou a devorar homens, mulheres, crianças e idosos em Tácua, espalhando o terror, Xangô soube do perigo e partiu de Mina para enfrentá-lo. Desafiando os avisos sobre o risco de perder a vida, Xangô se apresentou com coragem, determinado a derrotar a criatura. Sem a ajuda de soldados, ele enfrentou o monstro sozinho em combate corpo a corpo e o derrotou. Após a vitória, Xangô celebrou, cantando e lançando chamas pela boca, expressando sua alegria e seu contentamento.

> A coragem de Xangô em enfrentar o monstro (interno, talvez?) é um exemplo a ser seguido. A transformação de Xangô em um ser capaz de cuspir fogo simboliza a capacidade humana de superar desafios e se transformar. Celebrar as vitórias é importante para fortalecer o espírito e motivar a continuar lutando. O mito de Xangô e o monstro de Tácua apresenta uma narrativa sobre a luta em busca de realização, a importância da coragem e a força da transformação. Mesmo diante de grandes desafios, é possível vencer e celebrar a vida!

Reflita:

Como você pode enfrentar seus "monstros" pessoais ou desafios com a coragem e determinação de Xangô, mesmo quando as probabilidades parecem estar contra você?

Quando se depara com uma situação assustadora, como pode encontrar a força e a confiança interior para agir, mesmo sem o apoio de outros?

De que maneira você pode celebrar suas vitórias e conquistas, expressando alegria e reconhecimento por sua própria bravura?

Qual é a importância de transformar medo em ação positiva, usando suas experiências para inspirar e motivar aqueles ao seu redor?

Palavra-chave: #coragem **Orixá:** Xangô

OIÁ É UM RIO DE MUITA FORÇA

OIÁ TRANSFORMA-SE NO RIO NÍGER

18 JUL

Oiá foi orientada a seguir ao lado de seu marido Xangô e a não retornar à sua terra natal, Irá, enquanto o amasse. No entanto, encontrou-se dividida entre seu amor e suas raízes. Ignorando os conselhos, ela voltou para Irá. Quando recebeu a devastadora notícia da morte de Xangô, sua tristeza foi tão profunda que, em um ato de transformação e dor, usou seus poderes sobrenaturais para se transformar no rio, Odô Oiá, conhecido como o rio Níger.

> A história de Oiá revela a complexidade da natureza humana, com seus desejos conflitantes e suas emoções intensas. A transformação de Oiá em rio demonstra o poder da água e a capacidade de transformação dos elementos. A morte faz parte da vida e é um processo natural que leva à renovação e à transformação. O mito de Oiá e a transformação no rio Níger apresenta uma narrativa sobre amor, perda, transformação e a força da natureza. Aceite as mudanças da vida e encontre conforto na natureza, em especial, nas águas.

Reflita:

Como você pode equilibrar o amor por alguém e a conexão com suas próprias raízes, buscando um caminho que honre ambas as partes de sua vida?

Quando confrontado com uma perda devastadora, como pode encontrar formas de transformar sua dor em algo significativo e duradouro?

De que maneira você pode usar suas habilidades e poderes pessoais para criar mudanças positivas em momentos de sofrimento?

Qual é a importância de respeitar conselhos e sabedoria recebidos, e como pode usá-los para navegar por dilemas emocionais e escolhas difíceis?

Palavra-chave: #transformação **Orixás:** Oiá, Xangô

19 JUL

O AMARELO DE OXUM É OURO, MAS TAMBÉM É AMOR LEAL

OXUM FICA POBRE POR AMOR A XANGÔ

Oxum, conhecida por sua beleza e riqueza, teve muitos amantes que a presentearam com joias e roupas luxuosas. Um dia, conheceu Xangô, um belo tocador de tambor e se apaixonou por ele. Apesar de suas tentativas de conquistá-lo, Xangô inicialmente a rejeitou. Após um tempo, eles se envolveram, mas Xangô a tratou com desdém. Quando Xangô perdeu sua fortuna e fama, Oxum permaneceu ao seu lado, sacrificando tudo o que possuía para sustentá-lo. Ela vendeu suas joias, roupas e pertences, ficando apenas com um vestido branco que lavava constantemente no rio. Com o tempo, o vestido ficou amarelo. Foi então que Xangô verdadeiramente reconheceu e amou Oxum por sua devoção e sacrifício.

> O amor tem o poder de transformar as pessoas e as situações. O sacrifício é um ato de amor e pode fortalecer os laços entre as pessoas. A humildade é uma virtude que permite apreciar as pequenas coisas e encontrar a felicidade mesmo em meio às dificuldades. O mito de Oxum e Xangô apresenta uma narrativa sobre o amor, o sacrifício e a transformação. O verdadeiro amor não se baseia em bens materiais, mas sim na compaixão, na lealdade e na capacidade de se doar ao outro.

Reflita:

Como você pode demonstrar amor e lealdade em seus relacionamentos, mesmo quando as circunstâncias são adversas e exigem sacrifícios pessoais?

Quando se sente subestimado ou desdenhado por alguém que ama, como pode manter sua dignidade e seu valor próprio enquanto continua a apoiar a pessoa?

De que maneira você pode transformar dificuldades em oportunidades para mostrar sua verdadeira essência e dedicação?

Qual é a importância de reconhecer e valorizar aqueles que permanecem ao seu lado nos momentos difíceis, e como pode expressar gratidão e amor genuíno por eles?

Palavra-chave: #sacrifício **Orixás:** Oxum, Xangô

O CANTO DA SEREIA É ALGO INIMAGINÁVEL...

IEMANJÁ AFOGA SEUS AMANTES NO MAR

20 JUL

Iemanjá, uma divindade de beleza extraordinária e apetites extravagantes, ocasionalmente emerge do mar em busca de prazer. Ela seduz pescadores jovens e atraentes, levando-os para as profundezas do oceano. Embora seus encontros sejam repletos de prazer, os pescadores, sendo mortais, acabam morrendo afogados nos braços de Iemanjá. Ao amanhecer, ela devolve seus corpos sem vida à praia. Esse ciclo se repete noite após noite, levando as noivas e esposas desesperadas a implorar por misericórdia, oferecendo presentes a Iemanjá na esperança de que seus homens retornem vivos e o mar continue abundante em peixes.

> A natureza é uma força poderosa e imprevisível, que devemos respeitar e temer. A vida e a morte são faces da mesma moeda, e a aceitação da morte é fundamental para vivermos plenamente. A fé em um poder superior pode dar conforto e esperança em momentos de dificuldade. O mito de Iemanjá e seus amantes é uma narrativa rica em simbolismo e complexidade. Ele convida a refletir sobre a natureza da vida, da morte e da relação entre os seres humanos e a natureza. A figura de Iemanjá, tanto amada quanto temida, representa a força indomável da natureza e a complexidade da alma humana que mora dentro de você. Tenha consciência com o uso dela.

Reflita:

Como você pode equilibrar seus desejos e impulsos com a responsabilidade e o respeito pelas consequências de suas ações na vida dos outros?

Quando busca prazer pessoal, como pode garantir que suas escolhas não causem danos ou sofrimento a si mesmo e aos outros ao seu redor?

De que maneira você pode aprender a ouvir e respeitar os sentimentos e desejos daqueles que são afetados por suas decisões, buscando um caminho de harmonia?

Qual é a importância de reconhecer os ciclos repetitivos em sua vida que podem estar causando dor e como pode romper esses padrões para criar relações mais saudáveis e equilibradas?

Palavra-chave: #desejo **Orixá:** Iemanjá

21 JUL

OBÁ NÃO SE DÁ POR VENCIDA E TENTA RECONQUISTAR XANGÔ

OBÁ E A MORTE DO CAVALO DE XANGÔ

Xangô, um rei conquistador, era casado com Obá, sua dedicada esposa, que cuidava de seus afazeres domésticos. No entanto, Xangô, sempre em busca de novas conquistas, se apaixonou por Oiá e se casou com ela. Em seguida, tomou Oxum como sua terceira esposa, criando um clima de rivalidade entre as três. Obá, na tentativa de reconquistar o amor de Xangô e afastá-lo de suas rivais, primeiro deu um cavalo branco para seu esposo. Xangô adorou o presente. Depois, ela consultou o oráculo e foi instruída a oferecer um espanta-moscas feito com rabo de cavalo. Influenciada por Oxum, que desejava prejudicar Obá, Eleguá (Exu) cortou a cauda do mesmo cavalo branco de Xangô, causando a morte do animal. Ao retornar da guerra, Xangô descobriu o espanta-moscas feito com o rabo de seu cavalo e, enfurecido com a traição de Obá, a repudiou mais uma vez.

> Xangô, em seu comportamento conquistador, o convida a refletir sobre seus próprios desejos e a forma como você busca satisfação em seus relacionamentos. Reflita consigo se você está completo e realizado com o que tem, ou se está sempre em busca de novas experiências e conquistas. Além disso, pense em como você lida com a tentação e o desejo por novidades. É importante reconhecer seus próprios limites e os limites da liberdade individual dentro de um relacionamento, buscando o equilíbrio entre a realização pessoal e o respeito ao compromisso afetivo. Obá, em seu papel de esposa dedicada, o convida a questionar os padrões tradicionais e os papéis que você assume em seus relacionamentos. A rivalidade entre as esposas de Xangô também o convida a refletir sobre a inveja e a competição em seus relacionamentos. Identifique as raízes desses sentimentos e como eles afetam suas interações. Busque cultivar a empatia, a compaixão e a colaboração, construindo relações mais saudáveis e harmoniosas.

Reflita:

Como você pode lidar com sentimentos de insegurança e rivalidade em seus relacionamentos, encontrando maneiras construtivas de expressar sua dedicação e amor sem recorrer a ações que possam causar dano ou mal-entendidos?

De que maneira você pode buscar clareza e discernimento ao seguir conselhos de outros, garantindo que suas decisões sejam baseadas em sua própria sabedoria e não em influências externas que possam ter intenções ocultas?

Quando confrontado com situações de conflito ou traição, como pode abordar as emoções intensas com calma e comunicação aberta, evitando reações impulsivas que possam prejudicar seus relacionamentos?

Como você pode cultivar confiança e honestidade em suas relações, trabalhando para criar um ambiente onde todos se sintam valorizados e respeitados, mesmo em meio a desafios complexos?

Palavra-chave: #família **Orixás:** Obá, Xangô, Oxum, Oiá, Exu

O ALBINO É FILHO DE OXALÁ

OXALÁ É FEITO ALBINO POR EXU

22 JUL

Oxalá e Exu entraram em uma disputa para determinar quem era o mais antigo dos orixás. Ambos consultaram Ifá, mas apenas Oxalá realizou as oferendas. No dia da luta, na praça de Ifé, Oxalá derrubou Exu três vezes com suas mãos. Pressionado, Exu usou uma cabaça mágica, que liberou uma fumaça branca, descolorindo a pele de Oxalá permanentemente. Apesar disso, Oxalá venceu a disputa final, forçando Exu a entregar-lhe a cabaça mágica. Com isso, Oxalá foi aclamado como o maior de todos os orixás e passou a usar o poder da cabaça para marcar seus devotos, transformando-os em albinos.

> A disputa entre Oxalá e Exu demonstra a existência da rivalidade e da competição entre os deuses, assim como entre os homens. A vitória de Oxalá sobre Exu demonstra a importância da sabedoria e da espiritualidade para superar os desafios. O albinismo, como marca distintiva dos seguidores de Oxalá, simboliza a aceitação da diferença e da diversidade. O mito de Oxalá e Exu nos apresenta uma narrativa sobre poder, rivalidade e a origem de uma característica física marcante. Nunca deixe de reconhecer a importância da sabedoria, da aceitação e da valorização das diferenças.

Reflita:

Como você pode lidar com rivalidades e disputas de forma justa e honrada, mesmo quando enfrenta adversários que recorrem a truques ou artimanhas?

Quando confrontado com mudanças inesperadas em sua vida, como pode transformar essas experiências em uma fonte de força e sabedoria?

De que maneira você pode usar os desafios enfrentados para criar algo positivo e significativo que beneficie não apenas a si mesmo mas também os outros?

Qual é a importância de reconhecer e celebrar suas vitórias, mesmo quando elas vêm acompanhadas de cicatrizes ou mudanças permanentes?

Palavra-chave: #identidade **Orixás:** Oxalá, Exu

23 JUL

ORUNMILÁ, ORIXALÁ E OGUM SÃO FUNDAMENTAIS PARA A PROSPERIDADE

ORUNMILÁ DÁ O ALIMENTO À HUMANIDADE

No início dos tempos, Olodumare enviou Ogum e Orixalá para conduzir a humanidade na Terra, mas ambos falharam em alimentar adequadamente os humanos, oferecendo apenas palitos de madeira e água, respectivamente. Orunmilá, conhecido como "Rei que Come Alimento", ofereceu-se para cuidar dos humanos. Ele consultou um babalaô e fez os sacrifícios apropriados, plantando sementes que resultaram em abundância de alimentos. Sob a liderança de Orunmilá, a humanidade prosperou. Invejando seu sucesso, Ogum e Orixalá planejaram vingança, mas, ao serem recebidos com um banquete por Orunmilá, desistiram de seus planos e reconheceram sua contribuição. Orunmilá, com humildade, não aceitou o título de Dono do Mundo, ressaltando a importância de todos os três orixás na prosperidade humana.

> Esse mito oferece alguns simbolismos fundamentais. A semente, plantada por Orunmilá, representa a origem da vida e a promessa de um futuro próspero. O banquete oferecido por Orunmilá simboliza a abundância e a prosperidade que a agricultura proporciona. A sabedoria de Orunmilá, representada pela consulta ao oráculo e pela realização dos rituais, garante a sobrevivência da humanidade. Sendo assim, a colaboração entre as pessoas é fundamental para alcançar objetivos comuns e construir uma sociedade mais justa e equitativa. O mito de Orunmilá e o alimento da humanidade nos apresenta uma narrativa sobre a origem da agricultura, a importância da sabedoria e a colaboração entre os deuses. Saiba que a generosidade assegura a prosperidade e o bem-estar na sua vida.

Reflita:

Como você reflete sobre a importância da preparação e do planejamento para alcançar o sucesso e a prosperidade?

De que maneira você considera o papel da generosidade e da hospitalidade em transformar rivais em aliados?

O que você aprende sobre a interdependência e a colaboração entre diferentes talentos e habilidades para o bem comum?

Como você lida com a ideia de que o reconhecimento e a gratidão são fundamentais para manter a harmonia e a paz?

Palavra-chave: #prosperidade **Orixás:** Orunmilá, Ogum, Orixalá

O BANQUETE DE ORUNMILÁ APAZIGUA AS PODEROSAS FEITICEIRAS

24 JUL

IÁ MI PERSEGUEM ORIXALÁ PELO ROUBO DA ÁGUA

Orixalá, ao plantar algodão, é constantemente perturbado pelas Iá Mi Oxorongá, que consomem sua plantação. Quando os homens já haviam tomado o poder, as Iá Mi ressentidas receberam de Olodumare um rio inesgotável, Olontoqui, como fonte de poder. Orixalá, necessitando de água para criar o homem, começa a roubar água do rio das Iá Mi. Ao descobrirem o roubo, as Iá Mi perseguem Orixalá, que busca refúgio com Egum, Ogum e Orunmilá, mas só Orunmilá as enfrenta com hospitalidade, oferecendo-lhes um banquete. Impressionadas e gratas, as Iá Mi perdoam Orixalá, estabelecendo uma relação de respeito e confiança com Orunmilá, que se torna um intermediário para suas necessidades. Em gratidão, Orixalá presenteia Orunmilá com seu facão.

> A água é um recurso essencial para a vida e deve ser utilizada de forma responsável. A negociação e o diálogo são ferramentas importantes para resolver conflitos e construir relações. A gratidão é uma virtude que fortalece os laços entre as pessoas. O mito de Orixalá, Iá Mi e Orunmilá apresenta uma narrativa sobre a importância da água, da sabedoria e da negociação. Sinta em seu coração como a cooperação e o respeito mútuo contribuem para a construção de um mundo mais justo e equitativo.

Reflita:

Como você pode encontrar soluções criativas e pacíficas quando enfrenta conflitos ou disputas com outros, especialmente em questões de recursos compartilhados?

Quando confrontado por aqueles que se sentem prejudicados por suas ações, como pode mostrar empatia e buscar um entendimento mútuo para restaurar a harmonia?

De que maneira você pode transformar adversários em aliados, usando gestos de bondade e generosidade para construir relações de confiança e respeito?

Qual é a importância de reconhecer o papel dos mediadores em conflitos e como pode apoiar aqueles que ajudam a facilitar o diálogo e a resolução pacífica?

Palavra-chave: #hospitalidade **Orixás:** Orixalá, Orunmilá, Ogum

25 JUL

APÓS A ENGANAÇÃO, A SOLUÇÃO DO PROBLEMA

ORUNMILÁ LUDIBRIA OXALÁ COM A AJUDA DE EXU

Após uma briga entre Orunmilá e Oxalá, Oxalá proibiu seus filhos de ter contato com Orunmilá, isolando-o. Uma mulher aconselhou Orunmilá a resolver a situação e ele fez um ebó para Exu. Exu, ao receber a oferenda, foi até Oxalá e o convenceu de que Orunmilá era um homem poderoso, enfrentando muitos sem distinção. Curioso, Oxalá decidiu se submeter a Orunmilá para restaurar a paz. Com o acordo de outros orixás, Oxalá e um cortejo buscaram o perdão de Orunmilá. Desde então, Orunmilá foi reconhecido como o único que pode resolver todos os problemas da vida, sendo consultado sempre que houver dúvidas.

> Orunmilá, Oxalá e Exu revelam a complexidade das relações divinas e a importância da diplomacia e da estratégia nas interações sociais. Por meio de uma artimanha de Exu, Orunmilá, inicialmente isolado por Oxalá, consegue reverter a situação e consolidar seu poder. A história destaca o papel de Exu como mensageiro e manipulador, capaz de influenciar as decisões dos outros orixás. A submissão de Oxalá a Orunmilá demonstra a dinâmica de poder entre as divindades e a importância do reconhecimento mútuo. A vida nem sempre se apresenta como certo e errado, bom e mau. Você deve entender profundamente as conexões dos temas e seguir sua intuição em direção ao que acredita ser seu propósito mais profundo.

Reflita:

Como você reflete sobre a importância da reconciliação e da humildade em resolver conflitos?

De que maneira você considera o papel de mediadores, como Exu, que facilitam a comunicação e os acordos entre partes em conflito na sua vida?

O que você aprende sobre o poder de persuasão e como ele pode ser utilizado para promover a sua alegria?

Como você lida com a ideia de que sabedoria e entendimento são buscados em tempos de incerteza e que figuras de sabedoria devem ser respeitadas por seu conhecimento?

Palavra-chave: #reconciliação **Orixás:** Orunmilá, Oxalá, Exu

A AGRICULTURA E O SEU PATRONO NA CONSTRUÇÃO DE UMA SOCIEDADE MELHOR

26 JUL

OGUM ENSINA AOS HOMENS AS ARTES DA AGRICULTURA

Ogum, aborrecido no Orum (o mundo espiritual), desejava retornar ao Aiê (a Terra) para compartilhar seu conhecimento com os humanos. Diante disso, consultou Ifá, que recomendou um ebó (ritual) para abrir os caminhos. Após realizar o ebó, Ogum desceu à Terra e rapidamente se destacou por suas contribuições. Ele ensinou as artes da agricultura, mostrando como cultivar milho e inhame, e deu aos homens o segredo da colheita, tornando-se o patrono da agricultura. Além disso, ele ensinou a caçar e a forjar o ferro. Por suas realizações, foi aclamado rei de Irê, o Onirê. Ogum é visto como aquele que possui tudo de criativo no mundo, oferecendo uma casa aberta a todos.

> A agricultura é a base da civilização e garante a nossa sobrevivência. O conhecimento, por sua vez, é uma força poderosa que pode transformar o mundo. Ogum, como líder, serve de exemplo para todos, demonstrando a importância do trabalho e da partilha do conhecimento. O mito de Ogum e a origem da agricultura apresenta uma narrativa sobre a importância da agricultura para a sobrevivência da humanidade e o papel dos líderes em guiar e proteger seu povo. Valorize o trabalho e a partilha do conhecimento, e a construção de um futuro melhor para você emergirá com muita potência.

Reflita:

Como você pode usar suas habilidades e conhecimentos para melhorar a vida dos outros e contribuir para o bem comum?

Quando sente insatisfação ou aborrecimento, como pode transformar esses sentimentos em ações positivas que promovam crescimento e desenvolvimento pessoal e comunitário?

De que maneira você pode liderar pelo exemplo, inspirando aqueles ao seu redor a aprender e a adotar práticas que beneficiem a todos?

Qual é a importância de ser generoso com seus talentos e recursos, criando um ambiente acolhedor e inclusivo que fomente a criatividade e a colaboração?

Palavra-chave: #conhecimento **Orixás:** Ogum, Ifá

27 JUL

O SILÊNCIO CONSCIENTE REPRESENTA MUITA SABEDORIA

ERINLÉ TEM A LÍNGUA CORTADA POR IEMANJÁ

Erinlé, conhecido como o mais belo dos caçadores, tinha uma beleza irresistível. Iemanjá, encantada por sua aparência, o raptou e levou-o para o fundo do mar, onde se apaixonou por ele. Após satisfazer seus desejos, Iemanjá acabou se cansando de Erinlé e o devolveu ao mundo. No entanto, antes de liberá-lo, Iemanjá cortou a língua de Erinlé para garantir que ele não revelasse os mistérios e segredos do mar que havia presenciado. Desde então, Erinlé fala por meio de Iemanjá, que se tornou sua porta-voz.

> A linguagem é uma ferramenta poderosa que pode ser usada para criar e destruir. A curiosidade pode levar à descoberta de segredos que não deveriam ser revelados. Em algumas situações, o silêncio pode ser mais poderoso do que as palavras. O mito de Erinlé e Iemanjá nos apresenta uma narrativa sobre poder, conhecimento e as consequências de revelar segredos. O conhecimento pode ser uma arma de dois gumes e o seu silêncio pode ser uma forma de proteção.

Reflita:

Como você pode lidar com situações em que sente que sua voz ou expressão foi silenciada, encontrando outras maneiras de se comunicar e compartilhar suas experiências?

Quando confrontado com a necessidade de guardar segredos ou respeitar confidências, como pode equilibrar a honestidade com a discrição?

De que maneira você pode transformar experiências desafiadoras em oportunidades de crescimento, encontrando força em sua resiliência e adaptabilidade?

Qual é a importância de confiar em aliados que possam ajudá-lo a expressar suas ideias e sentimentos, especialmente quando enfrenta limitações ou desafios pessoais?

Palavra-chave: #silêncio **Orixás:** Erinlé, Iemanjá

A AMIZADE PERMITE QUE A PAZ VOLTE A REINAR

28 JUL

OXAGUIÃ MANDA LIBERTAR O AMIGO PRESO INJUSTAMENTE

Oxaguiã, filho de Oxalufã e rei de Ejigbô, conquistou o reino junto com seu amigo Auoledjê, um grande babalaô. Oxaguiã era apaixonado por inhame pilado e seu reino prosperou graças às oferendas recomendadas por Auoledjê. Anos depois, quando Auoledjê retornou e referiu-se a Oxaguiã por seu apelido, foi preso injustamente pelos soldados. Ofendido, Auoledjê lançou uma maldição sobre Ejigbô, trazendo catástrofes. Ao descobrir o erro, Oxaguiã libertou Auoledjê, que exigiu que a injustiça fosse lembrada anualmente por meio de uma cerimônia com varetas. Assim, o reino voltou à paz e Oxaguiã tornou-se um dos maiores reis, com a memória da injustiça perpetuada para evitar que se repetisse.

> Oxaguiã e Auoledjê destacam, de forma profunda, a importância da justiça, da amizade e da memória. A história narra a ascensão e queda de um reino, demonstrando como a injustiça, mesmo cometida por um líder, pode gerar caos e sofrimento. A figura de Oxaguiã, inicialmente cego pela ambição e poder, evolui ao reconhecer seu erro e buscar a reparação. A instituição de uma cerimônia anual serve como um lembrete constante da fragilidade da justiça e da necessidade de vigilância permanente para evitar novas injustiças. A amizade profunda entre os dois personagens, marcada pela lealdade e pelo respeito mútuo, é outro ponto central do mito, revelando a importância dos laços humanos e a necessidade de perdoar e aprender com os erros. Faça amigos e alimente essa amizade com confiança.

Reflita:

Como você entende o valor da justiça e do reconhecimento dos erros para restaurar a harmonia e a paz?

De que maneira você mantém hábitos que lembram injustiças passadas para evitar que se repitam no futuro?

Como você exerce o poder do perdão e da reconciliação na reconstrução de relações quebradas?

Como você lida com a ideia de que ações impensadas podem ter consequências duradouras, e qual é a importância de remediá-las?

Palavra-chave: #justiça **Orixás:** Oxaguiã, Oxalufã

29 JUL

A ESTRATÉGIA FEMININA DE XANGÔ

XANGÔ FOGE DE SEUS PERSEGUIDORES VESTIDO DE MULHER

Em um momento de perigo extremo, Xangô estava sendo perseguido por inimigos que desejavam sua cabeça. Ele buscou refúgio na casa de Oiá, que, com astúcia, concebeu um plano para ajudá-lo a escapar. Vestindo Xangô com suas roupas, cortou seus cabelos e adornou-o com colares, anéis e pulseiras, transformando-o na imagem de Oiá. Quando Xangô saiu à rua, seus inimigos abriram caminho acreditando que era Oiá. Mais tarde, quando perceberam o engano, já era tarde demais e Xangô havia escapado, salvo pela inteligência de Oiá.

> A história de Xangô desafia as noções tradicionais de gênero e identidade, mostrando que a identidade de gênero é fluida e pode ser transformada. A ajuda de Oiá a Xangô demonstra a importância da solidariedade e da ajuda mútua. O mito de Xangô disfarçado de mulher apresenta uma narrativa sobre a transformação, a identidade e a importância da solidariedade. A capacidade de se adaptar é, portanto, fundamental para a sobrevivência.

Reflita:

Como você pode usar a criatividade e a inteligência para superar situações desafiadoras e encontrar caminhos inesperados para a segurança e o sucesso?

Quando confrontado com perigo ou perseguição, como pode confiar em aliados que estão dispostos a oferecer apoio e soluções?

De que maneira você pode acolher e valorizar a flexibilidade e a adaptabilidade como ferramentas para navegar por momentos difíceis?

Qual é a importância de reconhecer e agradecer àqueles que o ajudam em tempos de necessidade, fortalecendo laços de amizade e gratidão?

Palavra-chave: #estratégia **Orixás:** Xangô, Oiá

A BRINCADEIRA COM FOGO DO MENINO XANGÔ

XANGÔ CAI NO FOGO E BRINCA COM AS BRASAS

Xangô, criado por Dadá, era um menino teimoso e impetuoso que não dava ouvidos aos conselhos de sua protetora. Dadá cuidava de Xangô com muito zelo e ficava preocupada com as ordens de seu pai, Obatalá, para que ele fosse morto. Ela o advertia contra brincadeiras perigosas, mas Xangô fazia o que queria, sempre vitorioso em lutas e destemido ao montar cavalos. Um dia, enquanto brincava na cozinha, caiu no fogão, mas as brasas não o machucaram, pois ele tinha afinidade com o fogo. Dadá, que o mimou demais, viu crescer um homem que seguia apenas sua própria vontade, sem ouvir conselhos.

> A história de Xangô mostra que a desobediência pode ter consequências, mas também pode levar à descoberta de nossos próprios poderes. Xangô, apesar de sua teimosia, possui uma força de personalidade que o torna único e admirado. A figura de Dadá representa o amor incondicional de uma mãe e a importância da proteção na infância. O mito de Xangô e o fogo apresenta uma narrativa sobre a formação de um herói, marcada pela desobediência, pela força e pela descoberta de seus poderes. A personalidade é moldada por uma combinação de fatores, incluindo a genética, a educação e as experiências de vida.

Reflita:

Como você pode encontrar um equilíbrio entre coragem e prudência, garantindo que sua bravura não se transforme em imprudência?

Quando recebe conselhos de pessoas que se importam com você, como pode aproveitar essa sabedoria para evitar perigos e tomar decisões mais sábias?

De que maneira você pode transformar seus talentos e afinidades naturais em forças que o ajudem a enfrentar desafios de maneira segura e eficaz?

Qual é a importância de reconhecer o valor da orientação e do cuidado de mentores e protetores, mesmo quando se sente autossuficiente ou invencível?

Palavra-chave: #independência **Orixás:** Xangô, Dadá, Obatalá

31 JUL A FORÇA DE ELEFANTE DE OIÁ

OIÁ TRANSFORMA-SE NUM ELEFANTE

Oiá nasceu em circunstâncias trágicas, com a morte de sua mãe, sendo criada por Odulecê, cuja relação com ela era nebulosa quanto à paternidade. Aos 12 anos, sua beleza e inteligência eram evidentes, atraindo a atenção de muitos, inclusive de Odulecê. Numa noite, ele tentou possuí-la, levando Oiá a fugir desesperadamente. Apesar dos obstáculos, sua fuga parecia impossível. Em seu desespero, Oiá utilizou seus poderes sobrenaturais, transformando-se em pedra, madeira e cacho de dendê, mas Odulecê persistia. Finalmente, ela se transformou em um grande elefante branco, atacando Odulecê, que fugiu, desistindo de persegui-la.

> A história de Oiá demonstra a força e a resiliência das mulheres, mesmo diante de adversidades. A capacidade de se transformar é essencial para superar desafios e alcançar a liberdade. A busca de Oiá por independência é um exemplo para todas as pessoas que buscam viver suas próprias vidas. O mito de Oiá e a transformação em elefante nos apresenta uma narrativa sobre a força, a independência e a capacidade de transformação. Lembre-se: mesmo diante das adversidades, é possível encontrar a força para superar os desafios e alcançar a liberdade.

Reflita:

Como você pode acessar e usar sua força interior e habilidades únicas para superar situações difíceis e proteger sua integridade?

Quando enfrenta pressão ou perigo, como pode se transformar e adaptar de maneiras que garantam sua segurança e liberdade?

De que maneira você pode reconhecer e celebrar sua resiliência e capacidade de se reinventar em resposta a desafios e ameaças?

Qual é a importância de estabelecer limites claros, defendendo-se contra aqueles que não respeitam seu espaço e segurança?

Palavra-chave: #autodefesa **Orixá:** Oiá

AGOSTO

MÊS DA FAMÍLIA DA PALHA (OLUBAJÉ)

Orixás: Nanã, Euá, Omulu, Ossaim, Oxumarê

Agosto é o mês do Olubajé, a festa da Família da Palha. Esses orixás representam os ciclos da vida, da morte e da cura. Nanã é a sabedoria ancestral e a lama primordial, Omulu é o orixá da cura e da doença, Euá é a beleza do horizonte, Oxumarê é a renovação e a ciclicidade, e Ossaim é o conhecimento das ervas.

“Agosto, no ciclo da vida, a sabedoria de Nanã, a cura de Omulu, o mistério de Euá, a magia de Ossaim e a beleza de Oxumarê nos convidam a honrar a nossa jornada.”

1 AGO

OS ENCANTOS DE OXUM FAVORECEM APRENDER O JOGO DE BÚZIOS

OXUM DEITA-SE COM EXU PARA APRENDER O JOGO DE BÚZIOS

Obatalá, mestre na arte da adivinhação ensinada por Orunmilá, guardava o segredo dos búzios e obis. Oxum, fascinada por esse conhecimento, pediu várias vezes para aprender, mas Obatalá recusou, apesar de sua atração por ela. Um dia, enquanto Obatalá banhava-se no rio, Exu roubou suas vestes brancas. Quando Oxum encontrou Obatalá desamparado e envergonhado, ela propôs recuperar as roupas em troca do aprendizado da adivinhação. Obatalá relutou, mas viu-se sem alternativas e concordou. Oxum encontrou Exu, que estava obcecado por sua beleza e propôs um acordo: ele lhe devolveria as roupas se ela se deitasse com ele. Oxum aceitou, recuperou as vestes e as devolveu a Obatalá, que, cumprindo sua promessa, ensinou-lhe o segredo dos búzios e obis. Assim, Oxum adquiriu o conhecimento do oráculo.

> O conhecimento é poder e deve ser buscado e valorizado. As relações humanas são complexas e envolvem negociações, trocas e, às vezes, sacrifícios. O poder deve ser exercido com sabedoria e responsabilidade. O mito de Oxum e o segredo dos búzios apresenta uma narrativa sobre o desejo de conhecimento, o poder e a complexidade das relações humanas. Neste dia, reflita sobre como o conhecimento pode ser adquirido por meio de diversos caminhos, mas ele também traz consigo responsabilidades.

Reflita:

Como você pode buscar o conhecimento e a sabedoria que deseja, garantindo que os caminhos que escolhe para alcançá-los respeitem seus valores e limites pessoais?

Quando confrontado com dilemas ou negociações difíceis, como pode garantir que suas decisões reflitam sua integridade e seus objetivos de longo prazo?

De que maneira você pode usar sua inteligência e charme para abrir portas e criar oportunidades, sem comprometer sua ética ou identidade?

Qual é a importância de aprender com experiências passadas, transformando desafios em lições valiosas que aprimoram sua compreensão e suas habilidades?

Palavra-chave: #sabedoria **Orixás:** Oxum, Obatalá (Oxalá), Exu

A FORÇA DE IEMANJÁ DÁ ORIGEM À LUA

IEMANJÁ SALVA O SOL DE EXTINGUIR-SE

Orum, o Sol, estava exausto por brilhar incessantemente desde a criação do mundo, ameaçando se apagar e causando destruição na Terra com seu calor incessante. Preocupados, os orixás se reuniram para buscar uma solução. Iemanjá, com sua sabedoria, interveio ao liberar alguns raios de Sol que guardara sob suas saias, permitindo que Orum descansasse. Esses raios formaram Oxu, a Lua, cuja luz suave trouxe alívio à Terra. Assim, o Sol pôde recuperar suas forças, enquanto a Lua refrescava o mundo, preservando a vida. Graças à intervenção de Iemanjá, o ciclo de dia e noite foi estabelecido, com as estrelas velando pelo descanso do Sol.

> O mito de Orum, Iemanjá e Oxu é uma lição sobre a sustentabilidade da energia e o equilíbrio vital. O esgotamento do Sol, que ameaça a vida, espelha o perigo da produtividade incessante e a necessidade de pausas estruturadas para evitar o burnout. A sábia intervenção de Iemanjá, que usa a própria luz do Sol para criar a Lua, modela a importância de buscar o apoio e o insight de outros para encontrar soluções restauradoras quando nos sentimos sobrecarregados. A criação do ciclo dia e noite enfatiza que devemos manter um ritmo de vida que intercale o esforço com a recuperação e o silêncio. O aprendizado final é a validação de que luz e escuridão (trabalho e descanso) são complementares e essenciais, mostrando que o equilíbrio depende da valorização tanto da ação quanto da pausa em nosso cotidiano. Procure equilibrar o trabalho com o descanso, assim como a Lua e o Sol estão em harmonia com a Terra.

Reflita:

Como você pode encontrar equilíbrio entre trabalho e descanso, garantindo que sua energia e criatividade sejam sustentáveis a longo prazo?

Quando os desafios parecem insuportáveis, como pode contar com a sabedoria e o apoio de outros para encontrar soluções inovadoras e restauradoras?

De que maneira você pode criar e manter um ritmo de vida que respeite seus limites, permitindo-se momentos de pausa e recuperação?

Qual é a importância de reconhecer e valorizar a contribuição de cada elemento em sua vida, entendendo que tanto a luz quanto a escuridão têm seu papel no equilíbrio geral?

Palavra-chave: #equilíbrio **Orixá:** Iemanjá

3 AGO

O CÉU E A TERRA NÃO ESTÃO MAIS UNIDOS

OBATALÁ SEPARA O CÉU DA TERRA

No princípio, não havia barreiras entre o Céu (Orum) e a Terra (Aiê), permitindo o trânsito livre entre os dois mundos. Um casal desesperado por um filho implorou a Obatalá, que concordou em lhes dar uma criança sob a condição de que ela nunca cruzasse para o Orum. Apesar dos esforços dos pais para esconder a existência do Céu, a curiosidade do menino o levou a seguir seu pai e entrar no Orum, quebrando o tabu. Preso pelos soldados de Obatalá, o menino causou grande alvoroço. Enfurecido pela transgressão, Obatalá bateu seu báculo no chão, criando no Universo uma rachadura que separou permanentemente o Céu da Terra. Desde então, os orixás residem no Orum, e os humanos no Aiê, com a possibilidade de acessar o Orum apenas após a morte.

> O mito de Obatalá nos ensina a estrutura, os limites e as consequências da transgressão no dia a dia. A quebra do tabu pelo menino, motivada pela curiosidade desmedida, ilustra como a desobediência a regras essenciais (leis, ética, combinados) pode levar a rupturas. A rachadura criada por Obatalá simboliza que algumas transgressões geram consequências permanentes e divisões irreversíveis. Além disso, o mito nos alerta sobre a necessidade de exercer o discernimento antes de cruzar limites, reconhecendo que a liberdade individual deve ser orientada pelo respeito à ordem, a fim de manter a harmonia. A separação final entre Orum e Aiê reforça o custo de você se afastar de fontes de sabedoria ao ignorar as regras que sustentam o Universo.

Reflita:

Como você pode respeitar limites e regras que são colocados para o bem-estar comum, mesmo quando a curiosidade e o desejo de explorar são fortes?

Quando confrontado com consequências inesperadas de suas ações, como pode aprender e crescer a partir dessas experiências, aceitando responsabilidades e buscando reparação?

De que maneira você pode equilibrar a busca por conhecimento e aventura com a necessidade de respeitar fronteiras e tradições culturais e espirituais?

Qual é a importância de compreender e aceitar que certas experiências e conhecimentos são reservados para momentos específicos da vida, respeitando os ciclos naturais e espirituais?

Palavra-chave: #limite **Orixá:** Obatalá

ORUNMILÁ É FAVORECIDO POR ALGO INESPERADO

4
AGO

ORUNMILÁ É ESCONDIDO DE SEUS PERSEGUIDORES POR UMA ARANHA

Orunmilá, prestes a viajar, esqueceu de realizar os sacrifícios necessários para sua proteção. Durante a jornada, parou para comer frutos e foi avistado por inimigos. Fugindo, ele encontrou refúgio em um buraco, onde uma aranha rapidamente teceu uma teia para esconder sua presença. Seus perseguidores não o encontraram e foram embora. Exu, que havia se separado na fuga, encontrou Ogum, que ajudou a localizar Orunmilá. Eles o retiraram do esconderijo com cuidado, respeitando a aranha que o protegeu.

> Os rituais são uma forma de conectar-se com o sagrado e obter proteção. A natureza é uma fonte de sabedoria e pode nos ensinar muito sobre a vida. Esta união de Exu e Ogum na busca por Orunmilá demonstra a importância da ajuda mútua e da solidariedade. O mito de Orunmilá e a aranha apresenta uma narrativa sobre a proteção divina, a importância dos rituais e a sabedoria da natureza. Valorize a ajuda dos outros e respeite todas as formas de vida.

Reflita:

Como você lida com a importância de estar preparado e seguir orientações para evitar perigos?

De que maneira você considera o papel da natureza e dos animais como aliados e protetores inesperados?

O que você aprende sobre a lealdade e a busca incansável de amigos e aliados em tempos de perigo?

Como você lida com a ideia de que, mesmo em momentos de esquecimento ou erro, o universo pode providenciar ajuda de formas imprevisíveis?

Palavra-chave: #proteção **Orixás:** Orunmilá, Exu, Ogum

5 AGO

O CASAMENTO DEPOIS DA NEGOCIAÇÃO

IÁ MI ODU TORNA-SE ESPOSA DE ORUNMILÁ

Odu, também conhecida como Ôro Modi Modi, é presenteada por Olodumare com um pássaro poderoso chamado aragamago, que pode ser usado para o bem ou para o mal. Ao chegar à Terra, Orunmilá deseja tê-la como esposa e consulta Ifá. Este revela o poder de Odu. Para conquistá-la, Orunmilá faz uma série de oferendas, incluindo preá, peixe, caracol, azeite e búzios, que agradam a Odu. Com a oferta aceita, Odu decide casar-se com Orunmilá, prometendo lutar a seu favor. No entanto, ela impõe que seu rosto nunca seja visto pelas outras esposas de Orunmilá. Além disso, Orunmilá deve tratá-la com respeito e nunca zombar dela, reconhecendo seu poder superior.

> A negociação entre Orunmilá e Odu demonstra a importância da comunicação e do diálogo para resolver conflitos e construir relacionamentos. O respeito mútuo é fundamental para a construção de relações duradouras e satisfatórias. A união de Orunmilá e Odu representa a necessidade de equilibrar diferentes tipos de poder. O mito de Iá Mi Odu e Orunmilá apresenta uma narrativa sobre poder, conhecimento e a construção de relacionamentos. A história de Odu ensina a importância do respeito, da negociação e da valorização das diferenças. Seja como Odu e valorize-se sempre!

Reflita:

Como você pode reconhecer e respeitar os poderes e talentos únicos que você ou outros possuem, garantindo que esses dons sejam usados para o bem maior?

Quando busca alianças ou parcerias, como pode demonstrar apreciação e respeito, entendendo as condições e necessidades de todos os envolvidos?

De que maneira você pode equilibrar o desejo de conquista com a necessidade de manter relações saudáveis e respeitosas, valorizando a individualidade de cada pessoa?

Qual é a importância de estabelecer e honrar acordos e limites em suas relações, garantindo que todos se sintam valorizados e respeitados?

Palavra-chave: #respeito **Orixá:** Orunmilá

A VINGANÇA DE EXU É CONTUNDENTE

6 AGO

EXU PROMOVE UMA GUERRA EM FAMÍLIA

Um rei e sua família deixaram de prestar as devidas homenagens a Exu, que decidiu vingar-se. Exu disse à rainha, enciumada pela atenção do rei à esposa mais nova, que cortasse um fio da barba do rei com uma faca para um feitiço. Ele também enganou o príncipe herdeiro, dizendo que o rei queria vê-lo com seus guerreiros. Exu alertou o rei de que a rainha planejava matá-lo. Quando a rainha se aproximou com a faca, o rei pensou que ela queria assassiná-lo e começou a lutar com ela. O príncipe, ao ouvir a luta, invadiu o quarto com soldados, acreditando que o rei tentava matar sua mãe. Isso resultou em grande mortandade, cumprindo a vingança de Exu.

> O desrespeito aos deuses e aos outros pode ter consequências graves. A manipulação e a mentira podem destruir relacionamentos e causar grande sofrimento. A falta de comunicação e a desconfiança são as principais causas dos conflitos. O mito de Exu e a guerra familiar nos apresenta uma narrativa sobre as consequências da traição, da manipulação e da falta de comunicação. Dê importância ao respeito, à honestidade e à busca pela paz. Isso fortalecerá seu bom caráter.

Reflita:

Como você pode evitar mal-entendidos e conflitos ao se comunicar aberta e honestamente com aqueles ao seu redor, especialmente em situações emocionalmente carregadas?

Quando confrontado com provocações ou manipulações, como pode manter o foco e avaliar objetivamente a situação antes de reagir?

De que maneira você pode construir e fortalecer a confiança dentro de sua família ou comunidade, prevenindo divisões e conflitos desnecessários?

Qual é a importância de prestar atenção às suas ações e omissões, reconhecendo que negligenciar certas responsabilidades pode ter consequências indesejadas?

Palavra-chave: #comunicação **Orixá:** Exu

7 AGO OGUM COMETE UMA FALTA GRAVE E SE ARREPENDE

OGUM TRAI O PAI E DEITA-SE COM A MÃE

Obatalá tinha um galo branco que servia como guardião, alertando-o sobre eventos incomuns. Durante a ausência de Obatalá, seu filho Ogum aproveitou para deitar-se com sua mãe, Iemu. O galo, cumprindo seu papel, cantou “Ogundadié!” para alertar Obatalá, que rapidamente voltou para casa. Iemu percebeu o alvoroço do galo e pediu a Ogum que fugisse. Obatalá, ao retornar, desconfiou de algo ao olhar nos olhos de Iemu. Mais tarde, fingindo ir embora em uma longa viagem, Obatalá se escondeu e esperou. Novamente, Ogum e Iemu se relacionaram e o galo cantou mais uma vez. Obatalá voltou e surpreendeu Ogum, que se ajoelhou pedindo perdão e aceitou seu castigo: nunca descansar de dia ou de noite. Como punição, Ogum foi condenado a vagar eternamente entre as estrelas, ajudando viajantes perdidos, recebendo oferendas em troca.

> As ações têm consequências, e a transgressão das leis divinas leva a punições. A família é uma das bases da sociedade e as relações familiares devem ser baseadas no respeito e na harmonia. A punição de Ogum é justa, mas a possibilidade de redenção por meio do serviço aos outros demonstra a compaixão divina. O mito de Ogum, Obatalá e Iemu apresenta uma narrativa sobre a complexidade das relações familiares, a importância da ordem e as consequências da traição. Saiba que mesmo os mais poderosos podem cometer erros e que a redenção é possível por meio de genuíno arrependimento e serviço aos outros.

Reflita:

Como você pode assegurar que suas ações respeitem os valores e laços familiares, evitando decisões que possam causar dor e arrependimento?

Quando confrontado com desejos ou impulsos que podem levar a consequências negativas, como pode refletir sobre suas escolhas e considerar as repercussões a longo prazo?

De que maneira você pode buscar o perdão e reparar danos causados por suas ações, aprendendo com seus erros e evoluindo como indivíduo?

Qual é a importância de ouvir e respeitar os sinais e alertas que indicam que você pode estar se desviando de seu caminho ético e moral?

Palavra-chave: #consequências **Orixás:** Ogum, Obatalá

ERINLÉ, INOCENTE, DESAPARECEU DO MUNDO

ERINLÉ É ACUSADO DE ROUBAR CABRAS E OVELHAS

Erinlé era um caçador admirado em Ijebu, afinal era conhecido por sua habilidade e generosidade. No entanto, alguns moradores invejosos conspiraram contra ele, roubando cabras e ovelhas do rei e acusando Erinlé de ser o ladrão. Durante o julgamento, Erinlé foi acusado, mas ele apresentou provas de sua inocência ao mostrar peles e presas de animais selvagens que havia caçado. O rei reconheceu sua inocência, mas a acusação injusta deixou Erinlé profundamente abalado. Sentindo-se desgraçado e temendo futuras acusações, Erinlé perdeu a vontade de caçar e se isolou. Em desespero, ele entrou em um rio e desapareceu, tornando-se o orixá do rio Erinlé.

> A inveja é um sentimento destrutivo que pode levar as pessoas a cometer atos injustos. Além disso, é fundamental que a justiça seja feita e que os inocentes sejam protegidos. A transformação pode ser uma forma de escapar de situações dolorosas e encontrar um novo significado para a vida. Em resumo, o mito de Erinlé e a acusação injusta apresenta uma narrativa sobre a inveja, a injustiça e a transformação. Sinta e reflita sobre a importância da justiça e da verdade, pois elas mostram que, mesmo diante das adversidades, é possível encontrar a paz e a liberdade.

Reflita:

Como você pode lidar com acusações injustas ou críticas, mantendo sua integridade e demonstrando sua verdade através de ações e evidências?

Quando confrontado com a inveja e conspirações de outros, como pode proteger seu bem-estar emocional e continuar confiando em suas habilidades e valores?

De que maneira você pode transformar experiências dolorosas em oportunidades de crescimento e renovação, encontrando novos caminhos e significados em sua vida?

Qual é a importância de manter sua identidade e paixão, mesmo quando enfrenta desafios e injustiças que ameaçam seu senso de valor e propósito?

Palavra-chave: #injustiça **Orixá:** Erinlé

9 AGO

OXUM AJUDA XANGÔ EM SUA FUGA

XANGÔ FOGE DE OIÁ COM A AJUDA DE OXUM

Oiá, movida por ciúmes, desejava manter Xangô sob seu domínio utilizando sua habilidade de controlar os eguns (mortos) como guardiões para aprisioná-lo em sua casa. Cada tentativa de Xangô de escapar era frustrada pelo medo que os mortos lhe causavam. No entanto, quando Oiá se ausentou, Oxum veio visitar Xangô e descobriu a situação. Com inteligência, Oxum usou aguardente para embebedar um dos guardiões e mel para adoçar o coração de outro que se apaixonou por ela. Xangô, então, cobriu-se de efum (giz branco) para parecer um egum e, assim disfarçado, conseguiu escapar da casa sem ser notado.

> O amor de Oxum por Xangô a leva a agir para libertá-lo, demonstrando o poder do amor e da amizade. A inteligência e a astúcia de Oxum são fundamentais para superar os desafios e alcançar a liberdade. A fuga de Xangô demonstra a capacidade humana de superar obstáculos e encontrar a liberdade. O mito de Xangô, Oiá e Oxum apresenta uma narrativa sobre amor, rivalidade e a importância da liberdade. Aprenda e reflita sobre a importância da amizade, da inteligência e da coragem para superar os desafios da sua vida.

Reflita:

Como você pode usar sua inteligência e criatividade para superar desafios e escapar de situações que ameaçam sua liberdade e bem-estar?

Quando confrontado com sentimentos de possessividade ou ciúmes, de que maneira pode trabalhar para libertar-se desses sentimentos e promover relações mais saudáveis e equilibradas?

De que maneira você pode buscar apoio e alianças com aqueles que compartilham seus valores, ajudando-se mutuamente a encontrar soluções para problemas difíceis?

Qual é a importância de manter a calma e a astúcia em situações de alta pressão, utilizando seus recursos e habilidades para navegar por dificuldades de maneira eficaz?

Palavra-chave: #liberdade **Orixás:** Xangô, Oiá, Oxum

APÓS PERDER PARA O CARNEIRO, XANGÔ ALÇA AOS CÉUS

XANGÔ É VENCIDO PELO CARNEIRO

Em uma disputa motivada por ciúmes envolvendo uma mulher, Xangô e seu Carneiro entraram em uma intensa batalha. Inicialmente o Carneiro, parecendo exausto, recuou para se armar com chifres e, após descansar, retornou ao combate e conseguiu vencer Xangô. Humilhado, Xangô partiu com o vento, subindo ao Céu por meio de uma corda. Sua fuga diante do poder do Carneiro gerou murmúrios e blasfêmias entre os espectadores. No entanto, os amigos de Xangô, apesar de desapontados, realizaram um ebó com pedras miúdas. Após o ritual, o céu se encheu de trovões e relâmpagos, solidificando a crença de que Xangô havia ascendido ao Céu, e o incidente se tornou uma lembrança ocasional entre as pessoas.

> Mesmo os mais poderosos podem ser derrotados pela humildade e pela subestimação do adversário. A capacidade de se recuperar de uma derrota é fundamental para o sucesso. A vida é marcada por altos e baixos, e é importante manter a perspectiva diante das adversidades. O mito de Xangô e seu Carneiro apresenta uma narrativa sobre a natureza humana, a força e a fragilidade. Seja humilde, desenvolva resiliência e aceite os ciclos da vida.

Reflita:

Como você pode lidar com a derrota ou humilhação, transformando essas experiências em oportunidades para crescimento e aprendizado?

Quando confrontado com adversidades inesperadas, de que maneira pode encontrar novos caminhos para superar desafios e reinventar-se?

De que maneira você pode usar rituais ou práticas pessoais para recuperar a confiança e resiliência após ter enfrentado momentos difíceis?

Qual é a importância de manter a coragem e a dignidade, mesmo quando as coisas não saem conforme o esperado, e como pode usar isso para inspirar a si e aos outros?

Palavra-chave: #resiliência **Orixá:** Xangô

11 AGO

OIÁ CRIA O VENTO APENAS COM O SEU SOPRO

OIÁ SOPRA A FORJA DE OGUM E CRIA O VENTO E A TEMPESTADE

Oxaguiã estava em uma guerra interminável devido à escassez de armas, já que Ogum, o ferreiro, produzia lentamente. Oiá, esposa de Ogum, decidiu ajudar, soprando a forja de Ogum para intensificar as chamas e acelerar a produção de armas. Com mais armas, Oxaguiã venceu a guerra. Em agradecimento, Oxaguiã visitou Ogum e se apaixonou por Oiá. Eles fugiram juntos, deixando Ogum enfurecido. Mesmo vivendo com Oxaguiã, Oiá continuou a ajudar Ogum à distância, soprando sua forja de longe. Esse sopro, que atravessava terras e arrastava tudo em seu caminho, foi reconhecido pelo povo como vento, e, quando soprava com força destrutiva, era chamado de tempestade.

> Os elementos da natureza estão interligados e a ação sobre um elemento pode gerar consequências em outros. A criação é um ato poderoso que pode transformar o mundo. O amor pode ser uma força poderosa, capaz de superar obstáculos e gerar grandes transformações. O mito de Oiá, Ogum e a origem do vento apresenta uma narrativa sobre a criação, o poder feminino e a interconexão dos elementos. A história de Oiá e Ogum ensina a valorizar a natureza e a reconhecer a força da criação. Fique atento para onde os ventos do seu destino estão apontando.

Reflita:

Como você pode usar sua energia e criatividade para acelerar processos e trazer mudanças positivas nas situações em que está envolvido?

Quando confrontado com decisões difíceis envolvendo lealdade e amor, como pode equilibrar seus sentimentos e responsabilidades de maneira justa e respeitosa?

De que maneira você pode continuar a apoiar aqueles que ama, mesmo quando as circunstâncias mudam e a distância se torna um fator?

Qual é a importância de reconhecer e valorizar as contribuições que você faz para o sucesso dos outros, mesmo que nem sempre sejam visíveis ou reconhecidas?

Palavra-chave: #criatividade **Orixás:** Oiá, Ogum, Oxaguiã

O AMOR PERMITE ALCANÇAR OBJETIVOS IMPOSSÍVEIS

12 AGO

ORUNMILÁ DESPOSA A FILHA DE OLOCUM

Orunmilá desejava casar-se com Torô, a bela filha de Olocum. Após consultar os babalaôs, ele realizou um ebó com várias oferendas. Exu ajudou Orunmilá a se transformar em um homem belíssimo, conquistando o coração de Torô. No entanto, os imolés, furiosos por serem rejeitados por Torô, tentaram impedir a união cavando obstáculos ao redor de Orunmilá. Exu interveio novamente usando as oferendas de Orunmilá para eliminar os obstáculos. Orunmilá e Torô fugiram, mas os imolés instruíram os barqueiros a não levar um casal à Terra. Orunmilá escondeu Torô em um saco e cobriu a própria cabeça com outro, enganando os barqueiros. Chegando a Ifé, casou-se com Torô, deixando os imolés irritados, mas sem poder interferir.

> O amor, quando é verdadeiro, pode superar qualquer obstáculo. A astúcia e a inteligência são ferramentas importantes para superar os desafios. Os obstáculos são parte da vida e devem ser enfrentados com coragem e determinação. O mito de Orunmilá e Torô apresenta uma narrativa sobre o amor, a superação de obstáculos e a importância da astúcia. Isto é para você: o amor pode vencer qualquer obstáculo! Além disso, lembre-se de que a persistência é fundamental para alcançar os seus objetivos.

Reflita:

Como você reflete sobre o poder do amor e a determinação em superar obstáculos para alcançar seus desejos?

De que maneira você considera a importância de aliados inesperados, como Exu, para ajudar a realizar seus objetivos?

O que você aprende sobre a criatividade e a inteligência para vencer desafios e adversidades?

Como você lida com a ideia de que a verdadeira beleza pode ser uma combinação de aparência externa e virtudes internas?

Palavra-chave: #determinação **Orixás:** Orunmilá, Exu, Olocum

13 AGO OXUM INTERCEDE E A ÁGUA VOLTA À TERRA

OXUM LEVA EBÓ AO ORUM E SALVA A TERRA DA SECA

Olodumare, desejando punir a humanidade, retirou as águas da Terra, provocando uma seca devastadora. Diante do sofrimento, Ifá foi consultado e revelou a necessidade de um ebó, composto por bolos, ovos, linha preta e branca, uma agulha e um galo para apaziguar a ira divina. Oxum assumiu a missão de levar o ebó ao Céu. No caminho ela encontrou Exu e lhe ofereceu os fios e a agulha; depois, encontrou Obatalá e entregou-lhe os ovos. Em troca, Obatalá mostrou o caminho até a porta do Céu. Ao chegar, Oxum encontrou crianças e repartiu os bolos com elas. Olodumare, comovido pela generosidade e compaixão de Oxum, decidiu devolver as águas à Terra, restaurando a vida e a prosperidade.

> A compaixão de Oxum demonstra a importância de ajudar os outros, especialmente os mais necessitados. A fé em um poder superior e a realização de rituais são formas de encontrar esperança e conforto em momentos de dificuldade. A história de Oxum demonstra a interconexão entre os seres humanos e a natureza, e a importância de cuidar do planeta. O mito de Oxum e o ebó apresenta uma narrativa sobre a importância da fé, da compaixão e da conexão com a natureza. Una-se com sua essência e estabeleça importantes elos de cooperação, pois ambos são fundamentais para superar os desafios e construir um mundo melhor para você e os seus.

Reflita:

Como você pode usar sua generosidade e compaixão para criar mudanças positivas e aliviar o sofrimento ao seu redor?

Quando confrontado com desafios aparentemente insuperáveis, de que maneira pode encontrar soluções criativas e persistir em sua missão?

De que maneira você pode colaborar com outros, compartilhando recursos e sabedoria, para alcançar objetivos comuns e benefícios mútuos?

Qual é a importância de reconhecer o poder das pequenas ações e dos gestos de bondade, que podem ter um impacto profundo e duradouro?

Palavra-chave: #renovação **Orixás:** Oxum, Exu, Obatalá (Oxalá)

IEMANJÁ É A MATRIARCA DO MEIO AMBIENTE

IEMANJÁ IRRITA-SE COM A SUJEIRA QUE OS HOMENS LANÇAM AO MAR

Desde o início dos tempos, os humanos sujam as águas de Iemanjá, jogando lixo e detritos no mar. Indignada com essa falta de respeito, Iemanjá foi até Olodumare reclamar sobre a situação insustentável de suas águas poluídas. Em resposta, Olodumare concedeu a Iemanjá o poder de devolver à terra tudo de indesejável que os humanos lançassem no mar. Foi assim que surgiram as ondas, que trazem de volta à praia o que não pertence ao oceano.

> A história de Iemanjá ensina a importância de respeitar a natureza e preservar o meio ambiente. As ações da sociedade têm consequências, e a poluição dos oceanos é um exemplo claro disso. A busca por um equilíbrio entre o homem e a natureza é fundamental para a própria sobrevivência. Esse mito, apesar de suas raízes antigas, tem uma forte ressonância com os desafios ambientais que enfrentamos hoje. A poluição dos oceanos é um problema global que ameaça a vida marinha e a saúde humana. A história de Iemanjá nos convida a pensar em nossa relação com a natureza e a buscar soluções para proteger os oceanos.

Reflita:

Como você pode demonstrar respeito e responsabilidade em relação ao meio ambiente, contribuindo para a preservação dos recursos naturais?

Quando confrontado com ações ou comportamentos que causam dano, de que maneira pode utilizar sua voz e influência para promover mudanças positivas e conscientização?

De que maneira você pode inspirar outros a adotar práticas sustentáveis e respeitosas, criando um impacto coletivo benéfico para o planeta?

Qual é a importância de entender que nossas ações têm consequências, e como você pode utilizar esse entendimento para tomar decisões mais conscientes e respeitosas?

Palavra-chave: #responsabilidade ambiental **Orixá:** Iemanjá

15 AGO

O GRANDE DESAFIO DE ADIVINHAÇÃO

ORUNMILÁ DISPUTA COM SEU ESCRAVO QUEM É O MELHOR ADIVINHO

Orunmilá, conhecido como o maior adivinho, foi ao mercado para comprar um escravo e encontrou pescadores e caçadores, para os quais adivinhou a quantidade de peixes e preás, ganhando-os como recompensa. Enterrou-os e marcou os locais com folhas verdes. Comprou um menino escravo que adivinhou a quantia que Orunmilá tinha. O menino, após ser deixado no mercado, recolheu os peixes e preás e organizou uma festa na casa de Orunmilá. Impressionado com o talento do menino, o rei os desafiou a provar quem era o melhor adivinho. O rei trancou 100 homens e pediu que adivinhassem quantos estavam na sala selada. O menino disse 100, mas Orunmilá disse 201. Em cinco dias, Orunmilá realizou um ebó. Quando a sala foi aberta, havia 100 homens, cada um com um filho nos ombros, e um homem adicional, totalizando 201. O rei ficou admirado e declarou que não havia outro tão sábio quanto Orunmilá.

> Esse mito carrega símbolos interessantes. Os búzios, utilizados por Orunmilá para fazer suas adivinhações, representam o conhecimento ancestral e a conexão com o divino. O número 100, como quantidade de homens na sala selada, pode simbolizar a totalidade, a perfeição ou a infinitude. A presença dos filhos dos homens na sala simboliza a continuidade da vida e a importância da procriação. Sendo assim, surgem algumas lições. A humildade é uma virtude que permite aprender e crescer. O conhecimento não é estático, ele se transforma e se renova constantemente. A sabedoria vai além do conhecimento técnico, envolvendo a compreensão profunda da natureza humana e do universo. O mito de Orunmilá e o escravo adivinho apresenta uma narrativa sobre a natureza do conhecimento, a humildade e a sabedoria. O conhecimento é um processo contínuo e cabe a você buscar pela verdade com humildade e abertura para novas perspectivas.

Reflita:

Como você reflete sobre a importância da sabedoria e da intuição na resolução de desafios?

De que maneira você considera o papel da preparação e do ritual em fortalecer habilidades e talentos?

O que você aprende sobre a capacidade de reconhecer e valorizar o potencial e as habilidades dos outros, mesmo em situações competitivas?

Como você lida com a ideia de que a verdadeira sabedoria pode se manifestar de maneiras inesperadas e surpreendentes?

Palavra-chave: #sabedoria **Orixá:** Orunmilá

A CURA EM VÁRIOS NÍVEIS

OMULU CURA TODOS DA PESTE E É CHAMADO OBALUAÊ

Omulu, ainda menino, deixou sua casa para buscar sustento, mas ninguém o ajudou. Abandonado, ele e seu cachorro foram viver na floresta. Lá Omulu adoeceu e ficou coberto de chagas. Com o tempo, ele escutou uma voz que o guiou a cuidar dos outros. Ao acordar, suas feridas estavam curadas. Agora chamado Obaluaê, ele usou o conhecimento das ervas e dos remédios da floresta para curar uma peste que assolava a Terra. Onde quer que fosse, era celebrado como curandeiro. Ele ensinava proteção com folhas de peregum (dracena), pintando a cabeça com efum, ossum e uági (pós branco, vermelho e azul). Usava também o xaxará, uma vassoura mágica, para limpar a peste. Quando voltou para casa, curou seus pais e foi aclamado como Obaluaê, o senhor da terra.

> Omulu, que se torna Obaluaê, destaca a transformação por meio da adversidade, mostrando como experiências difíceis podem levar a um propósito maior. Sua jornada de abandono e doença, seguida pela cura e descoberta de sua vocação como curandeiro, enfatiza a resiliência e o poder de regeneração, refletindo a ideia de que a cura começa de dentro. A habilidade de Omulu em usar o conhecimento das ervas e dos remédios da floresta simboliza a conexão profunda com a natureza e a sabedoria ancestral, além da importância de cuidar dos outros em momentos de crise. Celebre a cura e a compaixão, destacando como o amor pode restaurar relações e comunidades!

Reflita:

Como você pode transformar suas experiências de sofrimento em forças para ajudar e curar os outros?

De que forma você aprende a importância da resiliência e da sabedoria adquirida por meio de adversidades?

Qual a importância da compaixão e da generosidade em tempos de necessidade?

Como pode inspirar outros a ver o valor daqueles que foram rejeitados ou subestimados?

Palavra-chave: #cura **Orixá:** Omulu/Obaluaê

17 AGO

O PRIMEIRO É SEMPRE EXU

ELEGUÁ GANHA A PRIMAZIA NAS OFERENDAS

Olofim, um rei muito doente, não conseguia encontrar cura mesmo com muitos tentando ajudá-lo. Enquanto isso, Eleguá vivia na miséria, sobrevivendo do que encontrava no lixo. Ao saber da enfermidade de Olofim, Eleguá, vestindo um gorro branco como os babalaôs, visitou o rei com suas ervas e conseguiu curá-lo. Grato, Olofim perguntou a Eleguá qual recompensa ele desejava. Eleguá, conhecendo a miséria e o desprezo, pediu para ter primazia nas oferendas, receber um pouco de tudo o que fosse oferecido a qualquer um, ser colocado à entrada das casas e ser saudado por quem saísse. Olofim, em agradecimento, concedeu todos os pedidos de Eleguá.

> A humildade de Eleguá o leva a ser reconhecido e recompensado. O conhecimento é poder e pode ser utilizado para ajudar os outros. A gratidão é um sentimento fundamental para o bem-estar pessoal e social. O mito de Eleguá e a primazia nas oferendas apresenta uma narrativa sobre a importância da humildade, da sabedoria e da gratidão. Se mesmo aqueles que se encontram em situações difíceis podem alcançar grandes feitos através de suas ações, é possível movimentar-se para a busca do que lhe faz bem.

Reflita:

Como você pode transformar suas experiências de adversidade e desprezo em oportunidades para demonstrar seu valor e conquistar respeito e reconhecimento?

Quando receber a oportunidade de ajudar alguém em necessidade, de que maneira pode fazer isso com compaixão e sabedoria, sabendo que suas ações podem ter um impacto transformador?

Como você pode estabelecer práticas que priorizem o reconhecimento e a gratidão, garantindo que suas contribuições sejam sempre valorizadas e lembradas?

Qual é a importância de pedir recompensas ou condições que realmente beneficiem seu bem-estar a longo prazo, em vez de soluções temporárias ou superficiais?

Palavra-chave: #reconhecimento **Orixá:** Eleguá

EXU E OGUM TRABALHAM JUNTOS E CRESCEM

18 AGO

BARÁ APRENDE A TRABALHAR COM OGUM

Bará era um menino esperto e arteiro, conhecido por suas artimanhas e sempre buscando tirar vantagem das situações. Sua mãe, preocupada, o prendia no portão para evitar suas travessuras. Ali, Bará pedia favores a quem passava, permitindo a passagem apenas a quem lhe desse algo. Para instruir Bará, sua mãe chamou Ogum, um orixá responsável e trabalhador, que passou a tomar conta dele. Ogum ficou com Bará na porta de casa, e, através dessa convivência, Bará aprendeu a importância do trabalho. Embora continuasse travesso, ele passou a ser útil e a realizar trabalhos para todos, tornando-se necessário para quem precisava de favores.

> O trabalho é fundamental para o desenvolvimento pessoal e para a construção de uma sociedade mais justa. O exemplo de outras pessoas pode inspirar e motivar à mudança. A educação, mesmo que informal, como o aprendizado com Ogum, contribui para o desenvolvimento humano. O mito de Bará e Ogum nos apresenta uma narrativa sobre a importância do trabalho, da educação e da transformação pessoal. Você tem todo o potencial para mudar e crescer! O trabalho é importante para alcançar suas metas de vida.

Reflita:

Como você pode canalizar sua energia e criatividade, que antes eram usadas para travessuras, em ações produtivas e benéficas para si mesmo e para os outros?

De que maneira a orientação de uma figura responsável e trabalhadora pode ajudar você a encontrar propósito e disciplina em sua vida?

Como você pode equilibrar sua natureza travessa e divertida com a responsabilidade e o compromisso com o trabalho, tornando-se uma presença essencial e confiável para os outros?

Qual é a importância de aprender com aqueles que possuem habilidades e qualidades que você admira, e como isso pode enriquecer seu próprio caminho e crescimento pessoal?

Palavra-chave: #trabalho **Orixás:** Bará (Exu), Ogum

19 AGO

QUEM TEM MARIÔ NA PORTA, NÃO SOFRE ATAQUES DE OGUM

OGUM LIVRA UM POBRE DE SEUS EXPLORADORES

Um pobre homem, explorado por donos de terras que se apoderavam de tudo o que construía, buscou ajuda de um babalaô. Ele o instruiu a fazer um ebó na mata. Enquanto realizava o ritual, Ogum foi atraído pelo barulho e encontrou o homem, que caiu a seus pés, pedindo perdão por invadir a mata e oferecendo a Ogum os itens do ebó. Ogum, satisfeito, aceitou a oferta e ouviu a história do peregrino. Comovido, Ogum instruiu o homem a desfiar folhas de dendezeiro (mariô) e colocá-las nas portas das casas de seus amigos, marcando-as para proteção. Naquela noite, Ogum destruiu a cidade que explorava o peregrino, poupando apenas as casas sinalizadas pelo mariô.

> O mito demonstra que a justiça, mesmo que tardia, sempre prevalece. A fé em um poder superior pode trazer conforto e proteção. A gratidão é uma virtude que deve ser cultivada e expressa por meio de ações. O mito de Ogum e o pobre explorado apresenta uma narrativa sobre a justiça, a proteção divina e a importância da gratidão. A história ensina que, mesmo em momentos de dificuldade, a esperança e a fé podem guiar você para um futuro melhor.

Reflita:

Como você pode buscar apoio e orientação quando se sente explorado ou injustiçado, encontrando forças em aliados inesperados?

De que maneira você pode transformar uma situação de desespero em esperança e ação, utilizando recursos e estratégias que talvez não tenha considerado antes?

Como você pode marcar e proteger aquilo que é valioso e justo em sua vida, garantindo que o que é importante esteja sempre resguardado das adversidades?

Qual é a importância de reconhecer quando é preciso se posicionar contra a injustiça, e como você pode agir de maneira eficaz para proteger a si mesmo e aos outros?

Palavra-chave: #justiça **Orixá:** Ogum

O PODER DO ORIXÁ DAS ÁGUAS PROFUNDAS

ERINLÉ É CHAMADO IBUALAMA

Erinlé, conhecido como o grande caçador de elefantes, estava próximo a um rio quando uma mulher passou por ali. Ele pediu que ela lhe desse água para beber. Ela entrou no rio, mas, ao ouvir Erinlé pedir para que fosse mais fundo, percebeu o perigo de se afogar e saiu rapidamente. Erinlé, que era manifestação do próprio rio, reclamou que ela não oferecia nada em troca da água que desejava recolher. Com o tempo, Erinlé passou a ser cultuado como orixá, sendo chamado de Ibualama, que significa "Água Profunda". Essa nominação simboliza a necessidade de oferecer presentes ao rio antes de entrar em suas profundezas.

> A história de Erinlé ensina a importância de respeitar a natureza e seus elementos. A gratidão é uma virtude que deve ser cultivada, e oferecer algo em troca é uma forma de expressar nosso reconhecimento. Os mitos e lendas transmitem conhecimentos ancestrais sobre a natureza e a espiritualidade, e este mito de Erinlé e Ibualama apresenta uma narrativa sobre a origem do culto a um orixá ligado às águas profundas. Respeite a natureza, tenha gratidão com a vida e busque sua conexão particular e verdadeira com o sagrado.

Reflita:

Como você pode reconhecer e respeitar a reciprocidade em suas interações, entendendo a importância de dar algo em troca por aquilo que recebe?

De que maneira você pode aprender a identificar os limites e perigos potenciais em suas ações, garantindo que suas escolhas sejam seguras e equilibradas?

Como você pode desenvolver uma relação respeitosa e harmoniosa com a natureza, reconhecendo a necessidade de oferecer algo em troca dos recursos que utiliza?

Qual é a importância de honrar e apreciar as profundezas e mistérios da vida, encontrando maneiras de se conectar com o que é sagrado e significativo?

Palavra-chave: #reciprocidade **Orixá:** Erinlé (Ibualama)

21 AGO

NO APAGAR DAS LUZES, O REI FOI COROADO

XANGÔ USURPA A COROA DE OGUM

Xangô e Ogum, irmãos e rivais, disputavam o trono. Iemanjá, mãe de ambos, preferia Ogum como rei por ser mais velho, confiável, calmo e responsável, ao contrário de Xangô, que era mimado e traquinas. Apesar de ser o filho favorito, Xangô não foi escolhido para o trono. Durante a festa de coroação de Ogum, Xangô decidiu que não poderia deixar de ser rei. Ele traiu Ogum, colocando um feitiço em sua bebida, o que fez Ogum dormir profundamente. Aproveitando-se da situação, Xangô disfarçou-se com uma pele de carneiro para parecer Ogum, que era peludo. Sentou-se no trono durante o ritual e, na escuridão, recebeu a coroa de Iemanjá. Quando as luzes foram acesas, todos perceberam que Xangô havia sido coroado em vez de Ogum.

> A ambição excessiva pode levar à traição e à destruição das relações. A honestidade é fundamental para construir relações sólidas e duradouras. As ações têm consequências, e a traição pode levar à ruína. O mito de Xangô e Ogum apresenta uma narrativa sobre a luta pelo poder, a traição e as consequências das nossas ações. A ambição desmedida pode levar à ruína, e a honestidade constrói relações sólidas.

Reflita:

Como você lida com situações de rivalidade e competição, garantindo que suas ações sejam éticas e respeitosas em relação aos outros?

Quando confrontado com desejos intensos, como você pode encontrar maneiras construtivas de alcançar seus objetivos sem comprometer seus valores ou prejudicar os outros?

De que maneira você pode aprender a aceitar decisões que vão contra suas expectativas, encontrando paz e propósito naquilo que lhe foi confiado?

Qual é a importância de reconhecer e respeitar o papel e a contribuição de cada pessoa ao seu redor, evitando práticas de usurpação ou deslealdade?

Palavra-chave: #ética **Orixás:** Xangô, Ogum, Iemanjá

NANÃ OFERECE A FERTILIDADE E A VIDA EXISTENTES NA LAMA PARA MARCAR A TRAJETÓRIA DA HUMANIDADE

NANÃ DÁ A SUA LAMA PARA MODELAR O CORPO HUMANO

Olorum, o deus supremo, encarregou Oxalá de criar o mundo e moldar o ser humano. Oxalá deu forma aos rios, montanhas, animais e plantas. Mas, quando tentou criar o ser humano, enfrentou dificuldades. Ele tentou usar diversos materiais, mas nada dava certo. Desanimado, Oxalá pediu ajuda a Nanã, a orixá mais antiga, que entendeu a dificuldade de Oxalá. Ela mergulhou em suas águas sagradas e retirou do fundo a lama primordial. Com essa lama, Oxalá finalmente conseguiu moldar o corpo humano. Olorum, então, soprou o sopro da vida nas criaturas de barro, e assim surgiram os primeiros seres humanos. A partir da lama de Nanã, a humanidade se espalhou pela Terra. Depois disso, um aviso foi dado por Nanã: o que ela deu, queria de volta. Portanto, quando um ser humano morre, seu corpo precisa voltar para a terra, voltar para Nanã.

> Nanã o convida a se conectar com suas origens. Reflita sobre a sua própria história e reconheça a importância do legado que você carrega. Assim como Nanã, identifique a emoção primordial que o move. Cultive a fertilidade em sua vida, manifestando seus sonhos e projetos, e buscando o crescimento e a renovação. Assim como a lama se renova após a chuva, esteja aberto a mudanças e transformações, permitindo que a vida floresça em abundância. Cuide do seu corpo, sua morada neste mundo, com respeito e carinho. Que seu corpo tenha tanta lama quanto sua vida tem abundância de axé e fartura, ou seja, que a força vital e a prosperidade estejam presentes sempre. Observe também o seu lar, seu espaço de convívio. Reflita sobre como você pode honrar a sabedoria de Nanã, cuidando do seu corpo, do seu lar e da abundância em sua vida.

Reflita:

Como você pode reconhecer e honrar a importância das raízes e tradições que moldam sua identidade e existência?

De que maneira você pode buscar sabedoria, colaboração e apoio para superar desafios e alcançar seus objetivos?

Quando confrontado com a impermanência e os ciclos da vida, como pode encontrar paz e aceitação, entendendo que tudo o que nasce da terra retorna à terra em um ciclo de renovação?

Como você pode valorizar e cuidar do ambiente ao seu redor, reconhecendo a importância de devolver o que se recebe em equilíbrio e respeito?

Palavra-chave: #criação **Orixás:** Nanã, Oxalá

23 AGO OIÁ PODE SER TUDO, INCLUSIVE UM CORAL

OIÁ TRANSFORMA-SE EM CORAL

Oiá, tentando escapar de Xangô, refugiou-se na mata, mas temia ser encontrada. Durante sua fuga, encontrou Exu e pediu sua ajuda. Exu aconselhou-a a ir até o mar e girar sobre si mesma. Ele então lançou um encantamento, transformando Oiá em um coral, de modo que Xangô passou por ela sem perceber sua presença.

> Esse mito apresenta importantes referências simbólicas. O coral, com sua aparência frágil e delicada, esconde uma força e resistência surpreendentes, simbolizando a proteção divina. O mar, domínio de Iemanjá, mãe de Oiá, representa um lugar de segurança e proteção. A capacidade de se transformar é uma estratégia comum em muitos mitos, representando a adaptação e a capacidade de superar desafios. Sendo assim, é possível entender que a busca por proteção é uma necessidade humana fundamental. A natureza oferece proteção e refúgio para aqueles que a respeitam. Por fim, a capacidade de se adaptar a diferentes situações é essencial para a sobrevivência. O mito de Oiá e a transformação em coral apresenta uma narrativa sobre a fuga, a proteção e a transformação. A história de Oiá ensina a importância da natureza, da adaptação e da busca por proteção.

Reflita:

Quando você enfrenta situações de perseguição ou pressão, como pode encontrar maneiras criativas e inesperadas de se proteger e preservar sua paz?

De que forma você pode buscar ajuda e conselhos de aliados, garantindo que suas ações sejam estratégicas e eficazes em momentos de desafio?

Como você pode aprender a se adaptar e se transformar em resposta a situações difíceis, encontrando força em sua própria flexibilidade e resiliência?

Qual é a importância de reconhecer quando é necessário desaparecer ou se camuflar temporariamente para proteger seu bem-estar, e como isso pode ser feito de maneira saudável?

Palavra-chave: #camuflagem **Orixás:** Oiá, Xangô, Exu

O NASCIMENTO DE OXUM E A INTERVENÇÃO DE OGUM

24
AGO

OXUM NASCE DE IEMANJÁ E É CURADA POR OGUM

Oxum, a primeira filha de Iemanjá, nasceu após um processo de concepção difícil. Iemanjá, sem conseguir engravidar, buscou orientação dos adivinhos, que lhe recomendaram levar ebó ao rio a cada cinco dias, acompanhada de crianças, e trazer água em um pote branco. Após seguir essas instruções, Iemanjá finalmente engravidou. Durante o parto, Iemanjá deu à luz Oxum sozinha. No entanto, após três dias, o umbigo de Oxum começou a sangrar incessantemente. Preocupada, Iemanjá consultou Ifá novamente e foi aconselhada a procurar Ogum. Este, com a orientação de Ossaim, preparou um remédio com folhas de língua-de-vaca e pimenta-verde, que curou Oxum. Assim, Oxum cresceu saudável e tornou-se uma jovem bonita.

> A família, representada por Iemanjá e Oxum, é a base da sociedade e oferece proteção e cuidado. A natureza oferece recursos para a cura e o bem-estar. A fé em um poder superior e a realização de rituais podem trazer conforto e esperança. O mito de Oxum e seu nascimento apresenta uma narrativa sobre a origem da vida, a importância da família e o poder da cura. Esta história ensina a valorizar a natureza, a buscar a ajuda dos mais experientes e a ter fé em um poder superior.

Reflita:

Como você pode enfrentar desafios aparentemente insuperáveis com paciência e perseverança, buscando orientação e soluções criativas?

De que maneira você pode reconhecer a importância de buscar ajuda e colaboração de outros, como Ogum e Ossaim, para superar obstáculos em sua vida?

Como você pode integrar práticas de autocuidado e cura em sua rotina diária, garantindo que seu bem-estar físico e emocional seja nutrido?

Qual é a importância de honrar os processos naturais de crescimento e transformação, aceitando o tempo necessário para que cada etapa se desenvolva plenamente?

Palavra-chave: #cura **Orixás:** Oxum, Iemanjá, Ogum, Ossaim

25 AGO

A MÃE QUE DEFENDE É TAMBÉM A QUE REPREENDE

IEMANJÁ ATEMORIZA SEU FILHO XANGÔ

Xangô, conhecido por seu comportamento destrutivo e briguento, foi repreendido por sua mãe, Iemanjá, que se preocupava com seu caráter e queria corrigi-lo. Xangô reagiu com raiva, soltando fogo pela boca, pelo nariz e pelos ouvidos. Em resposta, Iemanjá assumiu uma forma imponente e aterrorizante, com suas saias se transformando em enormes ondas que quase afogaram Xangô. Assustado pela fúria de sua mãe, Xangô passou a respeitar e temer Iemanjá, obedecendo suas ordens. Embora respeite a disciplina de Iemanjá, ela é a única que pode repreendê-lo, defendendo Xangô contra qualquer acusação externa.

> A disciplina é fundamental para o desenvolvimento pessoal e para o bem-estar social. A mãe, como figura de autoridade, exerce grande influência na educação dos filhos. A força da natureza é incontestável e deve ser respeitada. O mito de Iemanjá e Xangô apresenta uma narrativa sobre a relação entre mãe e filho, o poder da natureza e a importância da disciplina. A história de Xangô ensina que mesmo os mais poderosos podem ser controlados e que o respeito às figuras de autoridade é importante para o nosso desenvolvimento.

Reflita:

Como você lida com suas emoções destrutivas, e de que maneira pode aprender a canalizá-las de forma positiva e construtiva?

Quando confrontado com comportamentos desafiadores, como pode usar a assertividade e a autoridade de forma eficaz para guiar e disciplinar, garantindo que o respeito seja mantido?

De que forma você pode reconhecer a importância de figuras de autoridade e orientação em sua vida, aceitando suas críticas construtivas como oportunidades de crescimento e transformação?

Qual é a importância de equilibrar disciplina com proteção, garantindo que você defenda aqueles sob sua responsabilidade, mas também os corrija quando necessário?

Palavra-chave: #respeito **Orixás:** Iemanjá, Xangô

O LADO NEFASTO DO DINHEIRO

OXALÁ EXPULSA O FILHO CHAMADO DINHEIRO

Oxalá tinha um filho chamado Dinheiro, que era arrogante e acreditava ser mais poderoso que seu pai. Para provar seu valor, Dinheiro se propôs a capturar a Morte. Após realizar um ebó, ele descobriu onde a Morte residia e, astutamente, a prendeu em uma rede ao tocar seus tambores fúnebres. Orgulhoso de sua façanha, Dinheiro levou a Morte até Oxalá para demonstrar seu poder. No entanto, Oxalá, furioso, repreendeu Dinheiro por trazer a Morte para sua casa, destacando que Dinheiro, capaz de causar tanto bem quanto mal, deveria ser banido. Assim, Oxalá expulsou Dinheiro, afirmando que ele, aliado à Morte, nunca traria coisas boas.

> A ambição excessiva pode levar à ruína e à destruição. A busca pelo equilíbrio é fundamental para a harmonia e o bem-estar. A desobediência às leis naturais pode ter consequências graves. O mito de Oxalá e Dinheiro apresenta uma narrativa sobre o poder, a ambição e as consequências de nossas ações. A história de Dinheiro ensina que o poder deve ser utilizado com sabedoria e que a busca desenfreada por riqueza e poder pode levar à destruição. Você deve ter consciência da ganância e da generosidade que coabitam em você.

Reflita:

Como você pode reconhecer os limites do poder e da influência do dinheiro, entendendo que ele não pode controlar todos os aspectos da vida, especialmente aqueles mais essenciais?

De que maneira você pode evitar que o orgulho e a arrogância comprometam seu julgamento, garantindo que suas ações estejam sempre alinhadas com valores éticos e morais?

Como você pode aprender a usar seus recursos, incluindo o dinheiro, de maneira que promova o bem-estar e evite o mal, reconhecendo o impacto potencial de suas escolhas?

Qual é a importância de compreender que algumas forças, como a morte, estão além do seu controle e devem ser respeitadas em seu próprio domínio?

Palavra-chave: #responsabilidade **Orixá:** Oxalá

27 AGO

O FILHO DE ORUNMILÁ É RECONHECIDO

ORUNMILÁ RECONHECE SEU FILHO COM IEMANJÁ

Enquanto passeava com seus Exus, Orunmilá cruzou com a comitiva de Iemanjá, cuja beleza o encantou. Intrigado, Orunmilá enviou Exu várias vezes para comunicar seu desejo de encontrar-se com Iemanjá, que inicialmente recusou, mas acabou concordando. Dessa união, Iemanjá engravidou e mais tarde deu à luz um filho. Para confirmar a paternidade, Orunmilá enviou Exu para verificar se a criança tinha um sinal distintivo. Após confirmação, Orunmilá reconheceu a criança como seu filho.

> O amor é uma força poderosa que pode unir pessoas de diferentes origens e culturas. A família pode ser uma importante base da sociedade e a importância dos laços familiares é, praticamente, indiscutível. A identidade é construída a partir de diversas influências, incluindo a família e a cultura. O mito de Orunmilá e Iemanjá apresenta uma narrativa sobre o amor, a paternidade e a construção da identidade. Sinta e viva a importância da família, da conexão entre as gerações e da busca pela sua real identidade.

Reflita:

Como você avalia a complexidade das relações e os encontros inesperados que podem mudar destinos?

De que maneira você considera o papel de mensageiros e intermediários na comunicação e criação de vínculos?

O que você aprende sobre a importância do reconhecimento e da aceitação de responsabilidades em relacionamentos?

Como você lida com a ideia de que sinais ou características únicas podem ser fundamentais na identificação e conexão com os outros?

Palavra-chave: #reconhecimento **Orixás:** Orunmilá, Iemanjá, Exu

SE FOR OFERTAR ALGO, ENTREGUE O SEU MELHOR

28 AGO

EXU VINGA-SE POR CAUSA DE EBÓ FEITO COM DISPLICÊNCIA

Alumã, um lavrador, precisava de chuvas para salvar suas plantações secas e ofereceu um ebó a Exu, utilizando carne de bode. No entanto, a comida estava tão apimentada, que deixou Exu com sede, e sem água disponível ele decidiu abrir as torneiras do céu, trazendo uma chuva torrencial, que salvou as colheitas. Contudo, a chuva não parou, e Alumã percebeu que o excesso agora ameaçava suas plantações com inundações. Ele então ofereceu outro ebó a Exu, desta vez com a pimenta no ponto certo. Exu aceitou a oferta e fez a chuva cessar. Alumã reconheceu a justiça de Exu.

> Oferte aos orixás as oferendas de forma correta e respeitosa. A busca pelo equilíbrio é essencial em todas as esferas da vida, seja na natureza, nas relações humanas ou nos rituais religiosos. As suas ações têm consequências, e é importante estar atento às escolhas feitas. O mito de Exu e o ebó mal feito apresenta uma narrativa sobre a importância dos rituais religiosos e as consequências de nossos atos. A história de Alumã ensina a importância do respeito aos orixás e a necessidade de realizar os rituais de forma correta e consciente. Observe como tem feito no seu dia a dia os rituais que criou e como os sustenta.

Reflita:

Como você pode garantir que suas ações e ofertas sejam feitas com atenção e cuidado, evitando que a displicência cause consequências indesejadas?

Quando estiver enfrentando uma situação que saiu do controle, como você pode aprender a ajustar suas abordagens e corrigir seus erros de maneira eficaz?

De que forma você pode reconhecer e respeitar as forças que influenciam sua vida, encontrando maneiras de trabalhar em harmonia com elas em vez de tentar manipulá-las?

Qual é a importância de aprender com as experiências passadas, reconhecendo os sinais de alerta e ajustando suas práticas para garantir um resultado equilibrado?

Palavra-chave: #justiça **Orixá:** Exu

29 AGO A FOME DE OXUM É CESSADA COM AJUDA DE OGUM

OGUM LIVRA OXUM DA FOME IMPOSTA POR XANGÔ

Oxum vivia com Xangô, mas sofria de fome porque ele só oferecia galo com quiabo, um prato que ela não comia. Apesar de viver em luxo, Oxum estava triste devido à fome. Um dia, enquanto Xangô estava fora, Ogum passou e viu Oxum chorando. Ao saber da situação, Ogum deu a Oxum cinco galinhas, que ela cozinhou e comeu, ficando satisfeita. Quando Xangô voltou e viu a felicidade de Oxum, ficou ciumento e confrontou Ogum, suspeitando de seu envolvimento. Ogum tentou explicar que sua intenção era apenas ajudar Oxum, pois ela merecia a comida que apreciasse. Xangô insistiu que cuidaria de sua mulher como quisesse, levando a um confronto entre os irmãos. Apesar de Ogum tentar evitar a briga, Xangô atacou e eles lutaram até que Xangô, temendo a água que apaga seu fogo, se rendeu.

> Coloque-se no lugar do outro e compreenda as suas necessidades. A vida é feita de contrastes, e a busca pelo equilíbrio entre eles é essencial para a felicidade. A violência nunca é a solução para os conflitos. O diálogo e a compreensão mútua são caminhos mais eficazes. O mito de Ogum, Oxum e Xangô apresenta uma narrativa sobre as relações interpessoais, a importância da alimentação e a necessidade de respeito às diferenças. A história de Oxum ensina a importância da empatia, da compreensão e da busca por um equilíbrio entre os nossos desejos e as necessidades dos outros. Procure olhar para si e sentir o quanto a empatia tem habitado os seus pensamentos e atos.

Reflita:

Como você pode garantir que suas ações e decisões respeitem as necessidades e desejos dos outros, evitando impor suas próprias preferências de forma egoísta?

Quando alguém próximo está em sofrimento, como você pode intervir de maneira sensível e respeitosa, oferecendo ajuda que realmente atenda às suas necessidades?

De que maneira você pode lidar com o ciúme e a competição de forma saudável, reconhecendo o valor das contribuições dos outros sem ver isso como uma ameaça?

Qual é a importância de buscar soluções pacíficas e evitar confrontos desnecessários, especialmente quando as intenções por trás das ações são benevolentes?

Palavra-chave: #empatia **Orixás:** Ogum, Oxum, Xangô

O SEGREDO DE OTIM VIRA RIO E GERA A MONTANHA QUE ACOLHE

30 AGO

OTIM ESCONDE QUE NASCEU COM QUATRO SEIOS

Otim, filha do rei Oquê de Otã, nasceu com quatro seios, um segredo guardado pelo rei. Quando cresceu ela foi aconselhada a nunca se casar, para manter o segredo. No entanto, um dia, um caçador se apaixonou por ela e insistiu em casar-se, aceitando a condição de nunca revelar seu segredo, enquanto Otim prometeu nunca usar mel em sua comida. As esposas ciumentas do caçador sabotaram a comida de Otim, levando o caçador a expor sua deformidade em um momento de raiva. Humilhada, Otim fugiu e se transformou em um rio, enquanto seu pai, tentando detê-la, tornou-se uma montanha. Ambos são cultuados em Otã, simbolizando a persistência e superação de Otim e o amor e proteção do pai.

> A história de Otim ensina a importância de aceitar as diferenças e a diversidade. A transformação de Otim em um rio simboliza a capacidade de superar as adversidades e encontrar a felicidade. O amor de Oquê por sua filha demonstra a importância da família e da proteção. O mito de Otim apresenta uma narrativa sobre aceitação, superação e transformação. Ame e aceite as diferenças! Ao buscar a felicidade, mesmo diante das adversidades, seu destino será melhor.

Reflita:

Como você pode abraçar suas diferenças e singularidades, recusando-se a ser definido por expectativas sociais ou julgamentos alheios?

Quando enfrenta pressões externas para revelar aspectos pessoais que prefere manter privados, como pode estabelecer limites claros e proteger sua autonomia?

De que maneira você pode encontrar força em momentos de vulnerabilidade, transformando desafios em oportunidades de crescimento e autodescoberta?

Qual é a importância de respeitar compromissos e promessas feitas a si mesmo e aos outros, reconhecendo as consequências de quebrar a confiança?

Palavra-chave: #segredo **Orixás:** Otim, Oquê

31 AGO

QUEM TEM MEDO DOS EGUNS?

XANGÔ É SALVO POR OIÁ DA PERSEGUIÇÃO DOS EGUNS

Xangô, que tinha um medo profundo dos eguns (espíritos dos mortos), encontrou-se em uma situação desesperadora quando foi perseguido por eles. Oiá, sua esposa, veio em seu auxílio, já que conhecia um método eficaz para resolver a situação. Ela deu a Xangô nove espelhos, pois sabia que os eguns não suportam ver suas próprias imagens refletidas, devido à sua feiura. Quando os eguns se aproximaram, Xangô usou os espelhos para refletir suas imagens. Horrorizados ao verem a si mesmos, os eguns fugiram apavorados. Com a ajuda de Oiá, Xangô conseguiu vencer seus temores e afastar os espíritos.

> Todos sentem medo em algum momento da vida. Observe atentamente os momentos que você sentiu medo. A busca por proteção é um instinto natural e humano. A inteligência e a criatividade podem ser utilizadas para superar os desafios. O mito de Xangô e Oiá apresenta uma narrativa sobre os medos, a proteção e a força do amor. Entenda que é normal ter medo, porém é possível superá-lo com a ajuda dos outros e com a sua própria inteligência emocional e racional, propriamente dita.

Reflita:

Como você pode enfrentar seus medos mais profundos, reconhecendo que algumas soluções exigem criatividade e coragem?

De que forma você pode contar com o apoio de pessoas próximas para encontrar soluções eficazes para os desafios que enfrenta?

Quando confrontado com aspectos de si mesmo ou de sua vida que prefere evitar, como pode usar esses momentos como oportunidades para crescimento e autocompreensão?

Qual é a importância de aceitar ajuda e orientação quando necessário, reconhecendo que a força não está apenas em enfrentar tudo sozinho mas também em saber quando aceitar apoio?

Palavra-chave: #coragem **Orixás:** Xangô, Oiá

SETEMBRO

MÊS DA TRANSFORMAÇÃO E DA LEALDADE

Orixás: Oiá, Iemanjá, Ogunjá e Odé

Setembro, com a chegada da primavera, representa a renovação. Oiá é a força da transformação e dos ventos, Iemanjá é a mãe que nutre, e Ogum e Oxóssi, os caçadores guerreiros. A união desses orixás simboliza a lealdade, a família e a luta pelos que se ama.

"Setembro, nos ventos de Oiá, na lealdade de Ogum e na maternidade de Iemanjá, a vida se renova, e a nossa família se fortalece."

1 SET

O FOGO É UTILIZADO PARA COZINHAR E DESENVOLVER A SOCIEDADE

XANGÔ ENSINA AO HOMEM COMO FAZER FOGO PARA COZINHAR

Em tempos antigos, um homem dotado de grande sabedoria por Olorum e Exu foi incumbido de oferecer uma festa aos deuses Obatalá, Xangô e Ifá, que desejavam comida quente, algo que ainda não existia. Sem saber como fazer fogo, o homem pediu ajuda a Exu e esperou três dias na encruzilhada. Ao ouvir o som de árvores esfregando galhos, ele invocou Xangô, que respondeu com uma tempestade de raios, incendiando alguns galhos. O homem recolheu as brasas, criando um montinho coberto de gravetos e terra, descobrindo assim o carvão. Ele usou as brasas para acender o carvão entre as pedras, inventando o fogão. Com isso, conseguiu cozinhar os alimentos, satisfazendo os deuses, que permitiram que ele também se alimentasse das comidas cozidas.

> O mito de Xangô nos ensina que a inovação é impulsionada pela necessidade e pelo processo de observação ativa. A busca do homem por "comida quente" representa a solução de um desafio que exige criatividade. Sua espera na encruzilhada simboliza a paciência ativa e a prontidão receptiva, essenciais para captar insights. O fogo surge da conexão entre o indício natural (galhos esfregando) e a força transformadora (raio de Xangô), ensinando que a solução emerge da observação e da oportunidade. O principal aprendizado é o processo de estruturar o insight: o homem captura a brasa, processa-a (carvão) e a transforma em uma ferramenta (fogão). Essa maestria não só resolve o problema inicial, mas eleva sua condição, mostrando que o domínio de uma nova habilidade pode garantir novos caminhos, com melhores possibilidades para nosso cotidiano.

Reflita:

Como você pode utilizar sua criatividade e sabedoria para encontrar soluções inovadoras para problemas aparentemente insolúveis?

De que maneira você pode aprender a reconhecer sinais e oportunidades no ambiente ao seu redor, transformando desafios em descobertas valiosas?

Quando confrontado com uma tarefa nova e desconhecida, como pode manter a paciência e a perseverança, confiando que a solução surgirá no momento certo?

Qual é a importância de compartilhar suas descobertas e inovações com outros, garantindo que o conhecimento se torne um benefício coletivo?

Palavra-chave: #inovação **Orixás:** Xangô, Obatalá, Ifá, Exu, Olorum

O FILHO VOLTA PARA A MÃE

XANGÔ SEDUZ A MÃE ADOTIVA

Xangô, filho de Aganju, foi abandonado por sua mãe e adotado por Iemanjá, que o criou com dedicação, tornando-o rei. Seu primeiro casamento foi com Obá, mas, ao perder sua beleza devido aos afazeres domésticos, foi desprezada por Xangô. Ele então casou-se com Oiá, sua companheira de guerra contra Ogum, e depois com Oxum, com quem viveu um amor perfeito. No entanto, Xangô se apaixonou por sua mãe adotiva, Iemanjá. Após ser rejeitado e expulso de casa por ela, Xangô, determinado, fez um feitiço com a ajuda dos Ibejis, seus filhos com Oxum. O feitiço fez Iemanjá aceitá-lo novamente e, assim, Xangô a possuiu.

> A história de Xangô pode ajudar você a reconhecer e compreender seus próprios desejos inconscientes, especialmente aqueles relacionados à figura materna. A busca por ajuda profissional pode ser fundamental para lidar com questões complexas como o Complexo de Édipo e outras dinâmicas psicológicas. A história de Xangô serve como um alerta sobre os perigos de relações baseadas na posse e na idealização, incentivando a construção de relações saudáveis e maduras. A análise psicológica do mito de Xangô e Iemanjá revela a complexidade das relações humanas, especialmente aquelas que envolvem a figura materna. Ao explorar temas como a projeção e a busca pela completude, esse mito convida a refletir sobre seus próprios desejos e comportamentos, buscando uma maior compreensão de si e das suas relações.

Reflita:

Como você pode reconhecer e respeitar os limites e as dinâmicas nas relações pessoais, evitando que desejos momentâneos comprometam laços importantes e duradouros?

De que maneira você pode lidar com rejeições e decepções de forma madura e responsável, sem recorrer a manipulações ou ações que possam ferir a confiança e o respeito mútuo?

Quando confrontado com sentimentos complexos, como pode buscar clareza e entendimento, garantindo que suas ações sejam guiadas por valores éticos e respeitosos?

Qual é a importância de construir e manter relacionamentos baseados em respeito e compreensão, reconhecendo o impacto de suas escolhas sobre os outros?

Palavra-chave: #desejo **Orixás:** Xangô, Iemanjá, Obá, Oiá, Oxum, Ibejis

3 SET

OXÓSSI OFERTA MEL PARA OXALÁ

ORIXALÁ RECEBE O MEL DE OXÓSSI

Oxalá e Oxóssi, apesar de grandes amigos, viviam em constante conflito devido a seus ritmos e temperamentos opostos. Oxalá, velho e lento, reclamava da agilidade de Odé, enquanto o jovem caçador se incomodava com a lentidão de Oxalá. Diante das dificuldades de convivência, decidiram se separar, mas a tristeza pela separação era mútua. Para demonstrar seu afeto e gratidão por Oxalá, Odé prometeu que todo o mel que colhesse seria entregue ao velho orixá. Ele renunciou ao prazer de saborear o mel, reservando-o exclusivamente para Oxalá, como forma de manter o vínculo e a lembrança viva entre eles. Assim, mesmo separados, Oxalá e Odé permaneceram conectados pelo mel, símbolo do amor, do cuidado e da gratidão. Odé nunca mais provou o mel, e Oxalá, ao saboreá-lo em suas refeições, sempre se lembrava com carinho de seu jovem amigo caçador.

> Oxalá e Oxóssi, em suas diferenças e desafios de convivência, revelam a importância do amor, do cuidado e da gratidão para manter laços afetivos. Mesmo diante de personalidades e ritmos opostos, o afeto e o respeito mútuo podem superar conflitos e fortalecer as conexões. Reflita sobre seus próprios relacionamentos e como você expressa amor e gratidão àqueles que ama. Assim como Oxóssi, que renunciou ao prazer de saborear o mel para presentear Oxalá, sinta que gestos de carinho e cuidado você pode oferecer às pessoas importantes em sua vida. Lembre-se de que, mesmo diante de diferenças e desafios, o amor e a gratidão são capazes de unir e fortalecer as relações.

Reflita:

Como você pode encontrar maneiras de expressar amor e gratidão, mesmo quando diferenças ou distâncias surgem em suas relações?

De que maneira você pode transformar conflitos em oportunidades de aprendizado e conexão, reconhecendo que cada pessoa tem um ritmo e temperamento únicos?

Quando confrontado com a separação de alguém querido, como pode cultivar gestos simbólicos que mantenham vivo o vínculo e a lembrança, nutrindo a relação à distância?

Como você pode usar a doçura e a generosidade para fortalecer suas conexões, reconhecendo que pequenos atos de cuidado podem ter um impacto profundo e duradouro?

Palavra-chave: #lembrança **Orixás:** Oxalá, Oxóssi

DO PAVÃO AO ABUTRE, UM CAMINHO DE SACRIFÍCIO PELA HUMANIDADE

OXUM É TRANSFORMADA EM PAVÃO E ABUTRE

Nos primórdios do mundo, os orixás se rebelaram contra Olodumare, acreditando que ele estava distante demais. Em resposta, Olodumare retirou a chuva, causando uma seca devastadora. Quando a fome e a morte começaram a tomar conta, os orixás decidiram implorar por perdão, mas não sabiam como alcançar Olodumare. Após várias tentativas fracassadas de outros pássaros, Oxum se ofereceu, transformando-se em um pavão. Apesar das risadas e descrenças dos outros orixás, ela persistiu. Durante sua jornada, o sol queimou suas penas, transformando-a em uma ave feia e careca. Finalmente, chegando ao palácio de Olodumare, ela explicou que fez o sacrifício pela humanidade. Comovido, Olodumare lhe deu a chuva para devolver à Terra, nomeando-a mensageira. Oxum-abutre trouxe a chuva de volta, restaurando a fertilidade e salvando a humanidade.

> A trajetória de Oxum neste mito espelha o caminho da autoconsciência e da resiliência pessoal. A transformação do belo pavão no humilde e corajoso abutre simboliza a necessidade de desapego da vaidade externa em favor de um propósito maior. A verdadeira força não reside na aprovação alheia, mas sim na perseverança diante das adversidades e da descrença geral. Você deve entender que a sua jornada de sacrifício ou esforço, mesmo que o torne vulnerável ou "feio" aos olhos do mundo, é o que realmente gera a mudança e a restauração. A aceitação da sua versão mais crua e a ação movida pela empatia são os catalisadores para alcançar seus objetivos mais elevados. Portanto, não hesite em abraçar o seu "lado abutre" quando o propósito exigir.

Reflita:

Como você pode permanecer firme em seus propósitos, mesmo quando enfrenta críticas e descrenças de quem está ao seu redor?

De que maneira você está disposto a se sacrificar em prol de um bem maior, e como isso pode trazer transformações significativas, tanto para você quanto para aqueles que dependem de suas ações?

Quando a jornada se torna árdua e você se sente transformado de maneiras inesperadas, como pode encontrar significado e propósito nas mudanças que vivencia?

Como você pode assumir o papel de mensageiro de esperança e renovação em sua vida, trazendo soluções e conforto, mesmo quando o caminho é solitário e desafiador?

Palavra-chave: #sacrifício **Orixá:** Oxum

5 SET O DESFECHO INESPERADO PARA IEMANJÁ

IEMANJÁ OFERECE O SACRIFÍCIO ERRADO A OXUM

Iemanjá, apaixonada por Ogum, buscou a ajuda de Oxum para conquistar o coração dele. Oxum instruiu Iemanjá a oferecer uma cabrita em sacrifício, mas, não tendo uma cabra, Iemanjá ofereceu uma ovelha. Apesar disso, Oxum usou seu poder de sedução e, com um prato de mel e suas danças, conseguiu colocar Ogum ao lado de Iemanjá. No entanto, após o encontro, Ogum partiu sem compromisso. Quando Iemanjá voltou a procurar Oxum, pedindo mais ajuda, Oxum recusou, insatisfeita com o sacrifício inadequado que havia recebido.

> Os rituais, tanto religiosos quanto do cotidiano, têm um significado profundo e devem ser realizados com respeito e conhecimento. Suas ações, por menores que pareçam, podem ter consequências significativas. A gratidão é um sentimento fundamental para fortalecer os laços e receber bênçãos. O mito de Iemanjá e Oxum apresenta uma narrativa sobre o amor, a amizade e a importância dos rituais. Vá ao encontro dos seus sonhos, porém preste atenção aos detalhes, pois mesmo pequenas diferenças podem ter grandes consequências.

Reflita:

Como você pode assegurar-se de que está seguindo instruções e conselhos de maneira precisa, especialmente quando busca alcançar objetivos importantes em sua vida?

De que maneira você lida com as consequências de não cumprir promessas ou expectativas, e como pode aprender com essas experiências para agir de forma mais cuidadosa no futuro?

Quando seus esforços não produzem os resultados desejados, como você pode reavaliar suas estratégias e buscar novas formas de alcançar seus objetivos, mantendo a integridade e a autenticidade?

Como você pode reconhecer o valor dos conselhos que recebe e expressar gratidão de maneira que fortaleça suas relações e colaborações com os outros?

Palavra-chave: #responsabilidade **Orixás:** Iemanjá, Ogum, Oxum

ENFIM, O SEXO VOLTOU!

OXAGUIÃ DEVOLVE O SEXO AOS HOMENS

Dois príncipes irmãos disputaram o trono e o mais jovem venceu. Ainda assim, poupou a vida do irmão mais velho, castrando-o para evitar ameaças futuras. Para garantir a fidelidade da esposa dada ao irmão mais velho, o jovem rei costurou a vagina dela. O casal viveu isolado, cuidando da plantação de inhame de Oxaguiã, mas eram infelizes devido à impossibilidade de consumar seu amor. Quando a peste devastou o reino, Oxaguiã teve pena do casal e restaurou suas capacidades sexuais, criando um pênis de inhame para o irmão mais velho e abrindo a vagina da esposa. Assim, eles puderam ter filhos, repovoando a Terra. Desde então, os humanos devem abster-se de sexo em certos dias, em memória do tempo em que isso lhes foi negado, honrando Oxaguiã por devolver-lhes o prazer e a capacidade de procriação.

> A sexualidade é uma parte fundamental da experiência humana e deve ser celebrada. É importante buscar a justiça e a compaixão em todas as nossas ações. A história de Oxaguiã lembra a importância de agradecer pela capacidade de procriar e de dar continuidade à vida. O mito de Oxaguiã e a restauração da sexualidade apresenta uma narrativa sobre a relevância da sexualidade para a vida humana e a necessidade de compaixão e justiça. Sexo é vida! Valorize a vida e a capacidade de ter prazer, ciente da importância de buscar a harmonia e o equilíbrio em todas as nossas relações.

Reflita:

Como você lida com o poder que a sexualidade exerce sobre suas decisões e relacionamentos?

De que forma você equilibra seus desejos sexuais com as restrições sociais e morais?

Como sua sexualidade influencia sua percepção de felicidade e realização pessoal?

Qual é o impacto da privação sexual em sua vida emocional e em seus relacionamentos?

Palavra-chave: #sexo **Orixá:** Oxaguiã (Oxalá)

7 SET

EUÁ NOS ENSINA A LIBERDADE COMO FORÇA DA NATUREZA

EUÁ TRANSFORMOU-SE EM NÉVOA

Euá era uma princesa, filha de Nanã, a orixá ancestral. Euá era conhecida por sua beleza e doçura, mas também por sua independência e desejo de liberdade. Diversos pretendentes a pediram em casamento, mas Euá recusava a todos. Ela não queria se submeter à vontade de ninguém. Sua mãe, Nanã, pressionava-a para que se casasse, seguindo o destino esperado para uma princesa. O conflito entre o desejo de liberdade de Euá e a pressão social gerou grande angústia. Em meio a essa tormenta interior, Euá implorou aos deuses e recorreu a Orunmilá por uma solução. Após fazer os ebós, em resposta ao seu apelo, Euá começou a se transformar. Seu corpo foi se dissipando até se tornar uma névoa branca, que se espalhou pela terra. Euá, agora livre, se tornou a névoa que viaja com o vento, levando a chuva e a umidade. Ela se tornou a própria mudança, a transformação constante da natureza, zelando pelos amantes indecisos.

> Euá, em sua transformação em névoa, te convida a questionar as amarras e imposições que te impedem de ser livre. Reflita sobre como você se sente em relação à sua liberdade e autonomia. Lembre-se de que a liberdade é um direito seu e que você pode se libertar das amarras que te impedem de ser quem você realmente é. A névoa, em sua constante transformação, também te ensina a importância da adaptabilidade e da impermanência. Conecte-se com o fluxo da vida, encontrando beleza em cada fase e aprendendo com as mudanças que surgem em seu caminho. A felicidade pode estar presente nos momentos mais simples, como a liberdade de caminhar, de respirar, de amar e de ser você mesma(o). Permita-se sentir a beleza da vida em cada instante, cultivando a gratidão e a alegria pelas pequenas coisas. Reflita sobre como você pode se inspirar em Euá para se libertar das amarras, exercer sua liberdade, se adaptar às mudanças e encontrar a beleza em cada momento da sua jornada.

Reflita:

Como você pode encontrar maneiras de honrar sua independência e liberdade pessoal, mesmo quando confrontado com expectativas e pressões externas?

De que maneira você pode transformar seus desafios internos em oportunidades de crescimento e autodescoberta, permitindo que suas escolhas reflitam sua verdadeira essência?

Quando se sentir preso ou em conflito, como pode buscar soluções criativas e inovadoras que lhe permitam viver de acordo com seus próprios valores e desejos?

Como você pode abraçar a constante transformação e mudança em sua vida, reconhecendo que a evolução pessoal é um processo contínuo que traz liberdade e realização?

Palavra-chave: #liberdade **Orixás:** Euá, Orunmilá, Nanã

NUNCA DESVALORIZE O GUARDIÃO DA PORTA

8 SET

ELEGUÁ ESPANTA A CLIENTELA DAS ADIVINHAS

Oxum, Iemanjá e Obatalá viviam juntas como adivinhas. Elas tinham Eleguá como guardião da porta. Apesar de receberem muitas oferendas de suas clientes, davam a Eleguá apenas ossos, guardando o melhor para si e seus convidados. Insatisfeito, Eleguá começou a comer um rato na porta da casa, espantando a clientela com sua visão, o que deixou as adivinhas sem clientes e com fome. Oxóssi, ao visitar a casa e descobrir a situação, repreendeu as adivinhas por não valorizarem Eleguá, o guardião da porta por onde entrava sua prosperidade. Prometeu a Eleguá que, se a clientela voltasse, ele seria bem alimentado. Com a promessa cumprida, os clientes retornaram e Eleguá passou a receber muitas oferendas, trazendo prosperidade permanente à casa.

> O respeito é fundamental em todas as relações, seja com os deuses, com a família ou com os amigos. As ações têm consequências e a justiça divina sempre prevalece. A gratidão fortalece o bem-estar e os laços sociais. O mito de Eleguá e as adivinhas apresenta uma narrativa sobre a importância do respeito, da justiça e da gratidão. A ingratidão pode ter consequências negativas; logo, pense que a sua prosperidade está ligada ao equilíbrio e à harmonia nas relações que estabelece.

Reflita:

Como você pode garantir que todos os membros de sua equipe ou comunidade sejam valorizados e reconhecidos, entendendo a relevância de cada um no sucesso coletivo?

De que maneira suas ações e atitudes podem impactar as pessoas ao seu redor, e como você pode promover um ambiente de respeito e gratidão que favoreça o crescimento e a prosperidade?

Quando percebe que algo não está funcionando como deveria, como você pode identificar as causas e implementar mudanças positivas que beneficiem todos os envolvidos?

Como você pode aprender a importância de compartilhar e distribuir recursos de forma justa, reconhecendo que a generosidade é frequentemente recompensada com prosperidade e harmonia?

Palavra-chave: #valorização **Orixás:** Eleguá, Oxum, Iemanjá, Obatalá, Oxóssi

9 SET

A SABEDORIA DE ORUNMILÁ LEVA AO SEU RECONHECIMENTO COMO GRANDE SÁBIO

ORUNMILÁ RECEBE O TÍTULO DE SENHOR DO MUNDO

Em um momento de grande descontentamento, o mundo se levantou contra Olofim, o ser supremo. Olofim chamou Ogum para proteger o palácio, ordenando que ele decapitasse todos que se aproximassem. Ogum cumpriu a ordem, mas, quando Orunmilá chegou, ele se recusou a participar do conflito afirmando que não era de sua competência. Admirando a sabedoria e a neutralidade de Orunmilá, Olofim lhe concedeu o título de Senhor do Mundo, reconhecendo sua perspicácia e discernimento.

> A sabedoria é mais poderosa do que a força bruta e permite encontrar soluções pacíficas para os conflitos. Em momentos de conflito, é importante manter a neutralidade e buscar soluções que beneficiem a todos, inclusive você! Os líderes deveriam ser sábios e justos, buscando sempre o bem comum. O mito de Orunmilá e o título de Senhor do Mundo apresenta uma narrativa sobre a importância da sabedoria, da paz e da liderança. A história de Orunmilá ensina que a violência não é a única solução para os conflitos. Use sua sabedoria como uma ferramenta poderosa para construir o seu destino melhor.

Reflita:

Como você reflete sobre a importância de saber quando se envolver ou se abster de conflitos, e como isso pode impactar sua vida?

De que maneira você considera a sabedoria de manter a neutralidade em situações de tensão e conflito?

O que você aprende sobre o papel da sabedoria e da paciência em conquistar respeito e reconhecimento?

Como você lida com a ideia de que, às vezes, a verdadeira força reside em permanecer firme em suas convicções, mesmo quando pressionado a agir de outra forma?

Palavra-chave: #sabedoria **Orixás:** Orunmilá, Ogum

OS DESCONHECIDOS E A TRAIÇÃO CONTRA XANGÔ

10 SET

XANGÔ ENCANTA-SE JUNTAMENTE COM IANSÃ E OXUM

Xangô, conhecido por sua habilidade com a espada, vivia com suas companheiras, Iansã e Oxum. Um dia, três desconhecidos vieram aprender com ele, mas Xangô sentiu que havia traição no ar. Em uma luta feroz, os três tentaram empurrá-lo para um fogo que haviam acendido. Apesar de sua destreza, Xangô estava em desvantagem. Ele então chamou Iansã e Oxum em seu auxílio. Iansã usou seu poder para liberar relâmpagos, enquanto Oxum fez com que as águas corressem. Combinando seus poderes, eles transformaram a situação e os três foram levados ao Orum, o reino espiritual, tornando-se orixás.

> A história demonstra que a união faz a força e que juntos podemos superar qualquer obstáculo. A família formada por Xangô, Iansã e Oxum representa a importância dos laços familiares e da lealdade. A ascensão ao Orum representa a recompensa pela coragem e pela luta contra o mal. O mito de Xangô, Iansã e Oxum apresenta uma narrativa sobre a união, a força e a ascensão espiritual. A história ensina a importância da família, da coragem e da luta contra o mal. Percebа o mal como aquilo que nos afasta da felicidade. Tenha coragem para reconhecer ele dentro de você e extirpá-lo. Use a força de Xangô, Iansã e Oxum para isso!

Reflita:

Como você pode reconhecer quando precisa de apoio e saber quando é hora de pedir ajuda, confiando nas habilidades e forças de quem está ao seu lado?

De que maneira pode usar a colaboração e a união de forças para superar desafios, sabendo que a sinergia pode transformar situações difíceis em oportunidades de crescimento?

Quando confrontado com traição ou adversidade, como pode manter a calma e usar seus recursos internos para virar o jogo a seu favor?

Como pode celebrar as parcerias em sua vida, reconhecendo o poder de trabalhar juntos para alcançar objetivos comuns e enfrentar adversidades?

Palavra-chave: #união **Orixás:** Xangô, Iansã, Oxum

11 SET

A FUGA DE XANGÔ

XANGÔ USA VÁRIOS NOMES PARA ESCAPAR DE IEMANJÁ

Xangô, conhecido por suas muitas esposas e filhos, deixava seus filhos aos cuidados de Iemanjá, sua mãe adotiva, sem jamais permanecer por perto. Para evitar ser encontrado por Iemanjá, que o procurava incessantemente, Xangô usava diferentes nomes em cada lugar que ia: Badé, Obakossô, Gonocô, entre outros. Isso impedia que Iemanjá o localizasse, pois ela sempre perguntava pelo nome Xangô. No entanto, após uma longa busca, Iemanjá finalmente o encontrou. Determinada a não deixá-lo escapar novamente, ela se casou com ele.

> Por mais que tente fugir, o destino muitas vezes lhe alcança. A busca de Iemanjá por Xangô demonstra a importância dos laços familiares. A capacidade de se adaptar a diferentes situações é fundamental para a sobrevivência. O mito de Xangô e Iemanjá apresenta uma narrativa sobre amor, liberdade e destino. Esta história ensina que, por mais que você tente fugir, o destino o alcança e, para ter sucesso, os laços familiares são imprescindíveis.

Reflita:

Como você pode encontrar equilíbrio entre a necessidade de liberdade e responsabilidade em suas relações pessoais, garantindo que aqueles que dependem de você se sintam seguros e valorizados?

De que maneira você pode ser autêntico em suas interações, evitando criar falsas identidades ou barreiras que possam prejudicar suas conexões e o entendimento com os outros?

Quando se sente tentado a fugir de situações difíceis, como você pode enfrentar os desafios de frente, buscando soluções que promovam o crescimento pessoal e o fortalecimento das relações?

Como você pode reconhecer e valorizar as pessoas que persistentemente buscam sua presença e apoio, e o que isso revela sobre a importância dessas conexões em sua vida?

Palavra-chave: #responsabilidade **Orixás:** Xangô, Iemanjá

XANGÔ É O TROVÃO E SUAS ESPOSAS SÃO ORIXÁS

12 SET

XANGÔ E SUAS ESPOSAS TRANSFORMAM-SE EM ORIXÁS

Xangô, um rei poderoso, vivia com suas esposas Iansã, Obá e Oxum. Sempre em busca de novas magias para vencer seus inimigos, Xangô acreditou ter encontrado uma fórmula poderosa e lançou um experimento do alto de uma colina. O resultado foi o raio, mas a invenção saiu de controle, destruindo seu palácio, incendiando a cidade e causando a morte de muitos súditos. Desesperado pelo desastre, Xangô fugiu para a terra dos vizinhos tapas, com Iansã ao seu lado, e depois se refugiou em Cossô. Consumido pela dor e tristeza, Xangô pisou forte no chão e desapareceu na terra, indo para o Orum (mundo espiritual). Iansã o seguiu, fazendo o mesmo em Irá, e foi seguida por Oxum e Obá. Assim, Xangô se tornou presente no trovão, enquanto suas esposas passaram a correr como rios, transformando-se em orixás.

> O poder deve ser exercido com moderação e sabedoria, pois o excesso pode levar à destruição. A vida é um ciclo contínuo de nascimento, crescimento, morte e renascimento. É necessário aceitar as mudanças e as transformações como parte natural da vida. A transformação de Xangô e suas esposas em orixás reforça a importância da tradição e da memória cultural. O mito de Xangô e suas esposas oferece uma profunda reflexão sobre a natureza do poder, o valor do equilíbrio e a inevitabilidade das mudanças. A história desses orixás convida a buscar a sabedoria e a humildade, e a aceitar os ciclos da vida com serenidade.

Reflita:

Como você pode lidar com as consequências de suas ações, especialmente quando suas intenções não produzem os resultados esperados, e como pode aprender com essas experiências para evitar futuros erros?

De que maneira você pode encontrar força e apoio nos laços que compartilha com aqueles ao seu redor, especialmente em momentos de grandes desafios e transformações pessoais?

Quando se sente sobrecarregado pela culpa ou arrependimento, como pode buscar reconciliação e paz interior, transformando essas emoções em oportunidades de crescimento e renovação?

Como você pode honrar e integrar suas experiências passadas em sua identidade atual, tornando-se uma fonte de inspiração e orientação para os outros através de sua própria jornada de transformação?

Palavra-chave: #transformação **Orixás:** Xangô, Iansã, Oxum, Obá

13 SET

QUANDO O VERMELHO SE RENDE AO PODER DA CRIAÇÃO

XANGÔ GANHA O COLAR VERMELHO E BRANCO

Xangô, conhecido por sua rebeldia e independência, frequentemente causava preocupação a seu pai, Obatalá, que recebia queixas sobre as ações do filho. Embora justificasse o comportamento de Xangô pela distância entre eles durante a criação, Obatalá aguardava o dia em que Xangô se submeteria a ele. Em um evento significativo, enquanto Xangô estava na casa de uma de suas esposas, Obatalá e Odudua passaram e levaram o cavalo de Xangô. Ao perceber, Xangô saiu em busca do cavalo e encontrou Obatalá. Apesar de querer enfrentá-lo, Xangô foi desarmado pela autoridade de Obatalá, que exigiu respeito e submissão. Obatalá instruiu Xangô a ajoelhar-se e prostrar-se, e Xangô obedeceu. Em seguida, Obatalá desfez o colar de contas vermelhas de Xangô e o combinou com as contas brancas de seu próprio colar, criando um colar vermelho e branco. Esse ato simbolizava o reconhecimento de Xangô como filho de Obatalá.

> A relação entre Xangô e Obatalá destaca a importância da hierarquia e do respeito aos mais velhos. A submissão de Xangô representa um passo importante em seu processo de amadurecimento e desenvolvimento pessoal. O colar vermelho e branco simboliza a importância de reconhecer as nossas origens e de construir a sua identidade a partir delas. O mito de Xangô e o colar vermelho e branco apresenta uma narrativa sobre a relação pai-filho, a importância da autoridade e a construção da identidade. A história ensina que a disciplina, quando feita com respeito e reconhecimento, pode ser um passo importante para o seu crescimento pessoal.

Reflita:

Como você pode equilibrar sua independência com o respeito e a reverência pelas figuras de autoridade e mentores em sua vida, reconhecendo o valor da sabedoria e orientação que eles oferecem?

De que maneira você pode transformar momentos de confronto e desafio em oportunidades de crescimento e fortalecimento das relações, aceitando que a humildade pode abrir portas para novas possibilidades?

Quando enfrenta a necessidade de mudança ou adaptação, como pode abraçar essas transformações como parte de seu desenvolvimento pessoal, integrando novas experiências em sua identidade?

Como você pode reconhecer e celebrar suas raízes e conexões familiares, entendendo que sua história pessoal é uma poderosa fonte de força e inspiração em sua jornada?

Palavra-chave: #identidade **Orixás:** Xangô, Obatalá, Odudua

O REDEMOINHO E O RAIO DE OIÁ

OIÁ LIBERTA XANGÔ DA PRISÃO USANDO O RAIO

Em Tákua Tulempe, durante festas repletas de hipocrisia, Xangô foi preso por aqueles que o invejavam. Ele possuía uma gamela mágica para observar os acontecimentos, mas a deixara com Oiá. Quando Xangô não retornou para casa, Oiá consultou a gamela e descobriu que ele estava encarcerado. Sentindo a interferência na gamela, Xangô enviou trovões como sinal para Oiá. Compreendendo a mensagem, Oiá acendeu uma fogueira, entoou encantamentos e cruzou os braços para o céu, formando o número sete. Um poderoso raio então partiu as grades da prisão, libertando Xangô. Oiá, em um redemoinho, apareceu pelo céu e resgatou Xangô, levando-o para longe em segurança. Assim, Oiá utilizou o raio e o vento para libertar Xangô.

> A amizade entre Xangô e Oiá demonstra a importância de ter pessoas em quem confiar. A natureza possui uma força poderosa e imprevisível, que pode ser utilizada para o bem ou para o mal. A libertação de Xangô representa a luta contra a injustiça e a busca pela liberdade. O mito de Oiá e Xangô apresenta uma narrativa sobre o amor, a lealdade e o poder da natureza, ensinando a importância da amizade, da força e da perseverança. Persevere em suas amizades!

Reflita:

Como você pode desenvolver e confiar em suas habilidades intuitivas e recursos internos para enfrentar desafios, transformando situações adversas em oportunidades de libertação e crescimento?

De que maneira você pode cultivar relações fortes e de confiança, nas quais o apoio mútuo e a compreensão profunda permitam que você e aqueles ao seu redor superem obstáculos juntos?

Quando se encontra em uma situação de injustiça ou aprisionamento, físico ou emocional, como pode buscar formas criativas e poderosas para se libertar e restabelecer seu caminho?

Como você pode usar sua própria força e talento para ajudar e proteger aqueles que ama, garantindo que suas ações sejam guiadas por amor e lealdade?

Palavra-chave: #libertação **Orixás:** Oiá, Xangô

15 SET

OXUM MATA SEUS INIMIGOS

OXUM FAZ EBÓ E MATA OS INVASORES DO SEU REINO

Oxum, rainha de um próspero reino, enfrentou a invasão de um povo chamado Ioni. Derrotada, ela fugiu à noite para evitar ser capturada. Em seu esconderijo, Oxum enviou instruções a seus súditos leais para preparar um ebó de abarás e colocá-lo nas margens de um rio, caminho dos invasores. Quando os soldados ioni, famintos e cansados, encontraram os abarás, não resistiram e os comeram. O alimento, no entanto, estava envenenado, causando a morte imediata dos guerreiros. Com isso, Oxum recuperou seu reino e, em homenagem à vitória, adotou o nome do povo derrotado, sendo conhecida como Oxum Ioni.

> A inteligência e a estratégia são ferramentas poderosas para superar os desafios. As ações têm consequências, e a justiça, mesmo que tardia, sempre prevalece. A capacidade de se adaptar e se transformar é fundamental para superar as adversidades. O mito de Oxum e a vitória contra os Ioni apresenta uma narrativa sobre a força, a inteligência e a justiça. A história de Oxum ensina a importância da estratégia, da coragem e da capacidade de se adaptar às mudanças. O conhecimento de até onde vai sua capacidade de adaptar-se às mudanças é uma chave importante para as possibilidades de ampliar seu destino.

Reflita:

Como você pode usar sua inteligência e criatividade para superar desafios aparentemente insuperáveis, encontrando soluções que protejam o que é importante para você?

De que maneira você pode transformar a adversidade em uma oportunidade de crescimento e fortalecimento pessoal, aprendendo a se adaptar e reagir de forma eficaz às mudanças no ambiente ao seu redor?

Quando confrontado com a necessidade de proteger seu espaço ou valores, como pode agir com estratégia e sabedoria, garantindo que suas ações sejam justas e eficazes?

Como você pode integrar as lições de suas experiências passadas em sua identidade atual, celebrando suas vitórias e honrando os desafios superados ao longo do caminho?

Palavra-chave: #resiliência **Orixá:** Oxum

O ENCONTRO ENTRE FILHO E MÃE

IEMANJÁ SEDUZ SEU FILHO XANGÔ

Xangô costumava descansar ao lado de sua mãe, Iemanjá, em momentos de tranquilidade. Certo dia, Iemanjá foi tomada por um desejo intenso e inapropriado pelo corpo de seu filho. Enquanto se aproximava dele, Xangô despertou e se espantou com o comportamento de Iemanjá. Desesperado, fugiu e subiu em uma palmeira. Iemanjá, determinada, declarou seus desejos ao pé da árvore. Apesar da rejeição inicial de Xangô, ele acabou por sucumbir à sedução e desceu, envolvendo-se com Iemanjá de maneira íntima.

> Esse mito é rico em simbolismos. A palmeira, onde Xangô se refugia, simboliza a vida, o crescimento e a proteção. A união entre Iemanjá (associada à água) e Xangô (associado ao fogo) representa a união de forças opostas, criando uma energia poderosa e complexa. Em algumas interpretações mais simbólicas e psicológicas, o incesto é visto como um ato criativo, representando a união dos princípios masculino e feminino na criação do universo. O mito revela a complexidade da natureza humana, com seus desejos, conflitos e contradições. A maneira como você tem unido os opostos do desejo e da racionalidade facilita o seu caminhar na vida pessoal e profissional.

Reflita:

Como você avalia os limites dos desejos pessoais e as implicações éticas de cruzar fronteiras em suas relações?

De que maneira você lida com conflitos internos entre dever e desejo, e como isso impacta suas decisões diárias?

O que você aprende sobre a complexidade das relações humanas ao confrontar tabus sociais e familiares?

Como você considera as consequências de suas ações impulsivas e o que faz para garantir que elas estejam alinhadas com seus valores?

Palavra-chave: #conflito **Orixás:** Iemanjá, Xangô

17 SET

OBATALÁ É O REI DOS ORIXÁS

OBATALÁ USA A COROA DE ECODIDÉ E É CHAMADO REI DOS ORIXÁS

Obatalá desejava ser reconhecido como o rei dos orixás e, após consultar um babalaô, foi orientado a realizar um ebó. Parte do conselho incluía comprar a primeira escrava que encontrasse no mercado sem reclamar. Ele encontrou uma moça aleijada e a levou para vigiar seus cultivos de inhame, onde ela usou pedras destinadas ao ebó para espantar pássaros. As aves, ao voar, deixaram cair penas vermelhas, chamadas ecodidés, que a escrava usou para enfeitar a coroa de Obatalá. Ao comparecer a uma festa de orixás com sua nova coroa, Obatalá foi admirado por todos e sua coroa se tornou um símbolo de beleza e poder. Com a venda de coroas semelhantes, Obatalá prosperou e foi aclamado como o Rei dos Orixás (Orixá Nlá).

> A história de Obatalá mostra a importância da criatividade e da inovação para alcançar nossos objetivos. A escrava, apesar de sua condição, demonstra grande sabedoria e contribui para a criação de um símbolo de poder. Os símbolos possuem a capacidade de unir as pessoas e de representar ideias complexas. O mito de Obatalá e a coroa de ecodidé apresenta uma narrativa sobre a busca pelo poder, a importância da criatividade e a construção de símbolos, ensinando que a sabedoria e a humildade podem levar à grandeza e que a beleza pode ser encontrada nas coisas mais simples.

Reflita:

Como você pode reconhecer e valorizar as oportunidades que surgem de maneira inesperada, transformando desafios em fontes de beleza e poder pessoal?

De que maneira você pode aceitar e integrar ajudas e recursos que inicialmente parecem insignificantes, mas que podem se revelar fundamentais para alcançar seus objetivos?

Quando busca reconhecimento e liderança, como pode agir com humildade e sabedoria, sabendo que o verdadeiro poder vem da capacidade de inspirar e unir os outros em torno de uma visão comum?

Como você pode transformar seus sucessos em uma fonte de prosperidade contínua, criando algo que não apenas enriqueça sua vida mas também daqueles ao seu redor?

Palavra-chave: #superação **Orixá:** Obatalá (Oxalá)

O EBÓ PARA EXU CURA O DOENTE

EXU RECEBE EBÓ E SALVA UM HOMEM DOENTE

18 SET

Um homem com muitos discípulos adoeceu gravemente e enviou seus seguidores pelo mundo em busca de alguém que pudesse curá-lo. Apesar de realizar um ebó conforme orientado, todos acabaram por abandoná-lo. Exu, que havia recebido o ebó, decidiu ajudá-lo. Ele instruiu o homem a levantar-se e segui-lo, prometendo apoiá-lo por trás até que chegassem a Orunmilá. Orunmilá, ao contrário dos discípulos, não desprezou o homem em seu momento mais difícil e o curou.

> A lealdade é um valor fundamental nas relações humanas. A fé em um poder superior pode oferecer conforto e esperança em momentos de dificuldade. A gratidão é uma virtude que deve ser cultivada, pois ela fortalece os laços e atrai coisas boas. O mito de Exu e o homem doente apresenta uma narrativa sobre a lealdade, a fé e a importância da ajuda mútua. A história ensina que, mesmo nos momentos mais difíceis, a esperança e a compaixão podem guiar você para a cura. Cure-se!

Reflita:

Como você pode encontrar força e resiliência em momentos de dificuldade, buscando apoio em fontes inesperadas quando aqueles em quem confiava não estão disponíveis?

De que maneira você pode cultivar a capacidade de reconhecer e valorizar a ajuda que vem de onde menos espera, abrindo-se para caminhos alternativos de cura e solução?

Quando enfrenta desafios de saúde ou emocionais, como pode manter a esperança e a determinação, confiando que a ajuda e a cura virão na hora certa e do lugar certo?

Como você pode aprender a ser um apoio verdadeiro para os outros em seus momentos de necessidade, inspirando-se na compaixão e no compromisso demonstrados por figuras como Exu e Orunmilá?

Palavra-chave: #lealdade **Orixás:** Exu, Orunmilá

19 SET

OGUM E A FORÇA MASCULINA

OGUM CONQUISTA PARA OS HOMENS O PODER DAS MULHERES

No início do mundo as mulheres tinham o poder sobre a Terra e governavam os homens, manipulando-os com habilidade. Iansã, uma das líderes, tinha criado o mistério das sociedades dos egunguns, o culto aos antepassados, o que mantinha os homens submissos. Para humilhar os maridos, as mulheres se reuniam sob uma árvore com Iansã e usavam um macaco treinado para assustar os homens. Cansados da submissão, os homens consultaram Orunmilá, que aconselhou um ebó (sacrifício) com galos, uma roupa, uma espada e um chapéu. Ogum realizou o sacrifício sob a árvore antes da chegada das mulheres, vestindo-se e armando-se. Ao verem Ogum, forte e imponente, as mulheres fugiram apavoradas, e o poder passou para os homens. Desde então, os homens mantêm o segredo e o poder, excluindo as mulheres das sociedades secretas, embora Iansã continue sendo a rainha do culto dos egunguns.

> O mito demonstra a natureza cíclica da luta pelo poder e a tendência humana de buscar a dominação. As identidades de gênero são construídas socialmente e podem ser modificadas ao longo do tempo. A busca por um equilíbrio de poder entre homens e mulheres é fundamental para uma sociedade justa e equitativa. O mito de Ogum e a conquista do poder masculino apresenta uma narrativa sobre a luta pela dominação, a construção de identidades de gênero e a importância do equilíbrio. A história ensina que o poder pode ser conquistado e perdido, e que a busca por justiça e equidade é um processo contínuo.

Reflita:

Como você pode reconhecer e respeitar as dinâmicas de poder em suas relações, buscando equilíbrio e colaboração ao invés de dominação ou submissão?

De que maneira você pode utilizar seus talentos e habilidades para transformar situações de desvantagem em oportunidades de crescimento e empoderamento mútuo?

Quando confrontado com estruturas de poder que parecem injustas ou limitantes, como pode agir de forma estratégica e responsável para promover mudanças positivas e inclusivas?

Como você pode honrar e integrar as contribuições de diferentes grupos e indivíduos em sua comunidade, reconhecendo que a verdadeira força vem da diversidade e do respeito mútuo?

Palavra-chave: #poder **Orixás:** Iansã, Ogum, Orunmilá

O TOURO NÃO É PÁREO PARA XANGÔ

XANGÔ MATA O TOURO COM SEU MACHADO DUPLO

Xangô, conhecido por sua engenhosidade e determinação, cuidava de tudo para Iemanjá e Orixalá. Certa vez, durante uma festa repleta de desafios, Xangô enfrentou um temido touro que já havia matado muitos guerreiros. Quando o touro o derrubou, Iemanjá e Orixalá temeram por sua vida. No entanto, Xangô se levantou determinado, correu para casa e retornou com seu oxê, o machado duplo. Com coragem e precisão, ele enfrentou o touro novamente e, com um único golpe certeiro entre os chifres, derrubou a fera. A multidão aplaudiu entusiasticamente sua vitória, e Xangô ofereceu o touro abatido a Iemanjá, em sinal de respeito e devoção.

> A história de Xangô ensina a importância da coragem para enfrentar os desafios da vida. A determinação de Xangô em vencer o touro demonstra que com foco e persistência é possível superar qualquer obstáculo. A oferta do touro a Iemanjá demonstra a importância da gratidão e do respeito aos outros. O mito de Xangô e o touro apresenta uma narrativa sobre a força, a coragem e a devoção. Enfrente seus desafios com determinação e agradeça toda e qualquer conquista, por menor que ela seja.

Reflita:

Como você pode encontrar a coragem e a determinação para enfrentar desafios que parecem insuperáveis, confiando em suas habilidades e recursos para superar obstáculos?

De que maneira você pode transformar experiências de queda ou fracasso em oportunidades de aprendizado e ressurgimento, lembrando-se de que cada batalha é uma chance de se fortalecer?

Quando se depara com situações que testam seus limites, como pode buscar inspiração nas pessoas e valores que são importantes para você, usando-os como motivação para triunfar?

Como você pode demonstrar gratidão e respeito às forças e figuras que apoiam sua jornada, reconhecendo o papel que elas desempenham em seu sucesso e crescimento?

Palavra-chave: #coragem **Orixás:** Xangô, Iemanjá, Orixalá

21 SET

OS CÃES DE OGUM E O CONFLITO SEM FIM

XANGÔ DÁ A OBALUAÊ OS CÃES DE OGUM

Xangô era muito popular e foi abordado na praça por Obaluaê, um leproso que buscava uma conversa. Xangô explicou que só queria falar com seus irmãos, um de sangue e um adotivo, conforme instruído por Obatalá. Obaluaê revelou ser o irmão adotivo, enquanto Ogum, presente com seus cães, era o irmão de sangue. Xangô aconselhou Obaluaê a buscar sorte em terras distantes, mas ele estava debilitado pela doença. Com compaixão, Xangô deu a Obaluaê dois cães de Ogum para guiá-lo e protegê-lo. Ogum, descontente por perder seus cães, atacou Xangô, resultando em um conflito duradouro entre os dois irmãos. Desde então, Ogum é conhecido como Ogunjá, "Ogum dos Cães", e a rivalidade entre Xangô e Ogum tornou-se lendária.

> A atitude de Xangô em ajudar Obaluaê demonstra a importância da compaixão e da generosidade. A doação dos cães, embora feita com boas intenções, desencadeia uma série de eventos que levam à rivalidade entre os irmãos. As relações humanas são complexas e cheias de nuances, e os conflitos são parte integrante da vida. O mito de Xangô, Obaluaê e Ogum apresenta uma narrativa sobre a fraternidade, a compaixão, a perda e a rivalidade. A história ensina a importância da compaixão, mas também nos alerta para as consequências de nossas ações. Esteja muito atento ao dia de hoje!

Reflita:

Como você pode demonstrar compaixão e generosidade em suas relações, mesmo quando isso significa sacrificar algo que é importante para você, para ajudar alguém em necessidade?

De que maneira você pode lidar com conflitos e rivalidades, buscando uma compreensão mais profunda das motivações e emoções envolvidas, e trabalhando para resolver as diferenças de forma construtiva?

Quando percebe um desequilíbrio entre suas ações e as expectativas dos outros, como pode comunicar suas intenções de maneira clara e respeitosa, buscando preservar os laços importantes em sua vida?

Como você pode reconhecer e honrar os laços familiares e de amizade, mesmo quando surgem desentendimentos, lembrando-se da importância da empatia e do apoio mútuo?

Palavra-chave: #compromisso **Orixás:** Xangô, Obaluaê, Ogum, Obatalá

EQUINÓCIO DE PRIMAVERA – O AMOR POR IANSÃ É A FORÇA DE XANGÔ

XANGÔ CONQUISTA IANSÃ NA GUERRA CONTRA OGUM

Na disputa pela conquista de Iansã, Xangô e Ogum se enfrentaram em uma intensa batalha. Ogum, com sua armadura metálica e arsenal de armas, parecia invencível em combate direto. Xangô, por outro lado, veio desprovido de armaduras, agindo por impulso e sem preparação aparente, portando apenas uma pedra. Essa pedra, um meteorito que emite chamas, era o corisco, a verdadeira pedra de raio. Xangô lançou a pedra em Ogum, fazendo-o pegar fogo, e assim, com sua magia e astúcia, derrotou Ogum e conquistou Iansã. Ogum, o feroz orixá guerreiro, era conhecido por sua vida de caça e luta nas florestas, sempre lutando para sobreviver. Xangô, apesar de igualmente briguento, sabia apreciar e desfrutar dos prazeres da vida.

> A vitória de Xangô demonstra a importância da estratégia e da inteligência para superar os desafios. O poder pode ser utilizado tanto para o bem quanto para o mal, e é importante usá-lo com sabedoria. O amor por Iansã é a força motriz que impulsiona Xangô a vencer a batalha. O mito de Xangô e Ogum apresenta uma narrativa sobre a rivalidade, a estratégia e o amor, ensinando a importância da inteligência, da coragem e da perseverança para alcançar grandes objetivos.

Reflita:

Como você pode usar sua criatividade e intuição para superar desafios que parecem fora do seu alcance, encontrando soluções que destaquem seus talentos únicos?

De que maneira você pode equilibrar a determinação e a paixão em suas ações, garantindo que suas decisões sejam guiadas tanto pelo coração quanto pela razão?

Quando enfrenta um rival ou desafio, como pode manter o foco em seus próprios objetivos e valores, em vez de se deixar consumir pela competição ou pela comparação?

Como você pode aprender a celebrar os triunfos e prazeres da vida, reconhecendo que a verdadeira vitória é uma combinação de estratégias inteligentes e capacidade de apreciar o momento presente?

Palavra-chave: #astúcia **Orixás:** Xangô, Iansã, Ogum

23 SET

EQUINÓCIO DE PRIMAVERA - OIÁ É UMA PODEROSA GUERREIRA E NINGUÉM MUDA ISSO

OIÁ É DISPUTADA POR XANGÔ E OGUM

Oiá, conhecida por sua beleza, sedução e habilidades guerreiras, além de ser uma exímia preparadora de acarajés, foi raptada por Xangô da casa de Ogum. Ao retornar de uma caçada, Ogum ficou sabendo do rapto e prometeu recuperar Oiá. E assim foi iniciada uma rivalidade acirrada entre os dois orixás pela conquista de Oiá. Ambos consultaram Ifá e fizeram oferendas: Ogum com inhames e farofa; Xangô com amalá e orobôs. Eles se prepararam para a batalha com seus respectivos escravos. Antes de lutar, comeram das oferendas e iniciaram um combate que nunca teve fim, dando origem a muitas histórias. Durante essa disputa, Oiá recebeu de Ogum uma espada e se consolidou como uma guerreira formidável, sempre disputada por Xangô e Ogum.

> As relações humanas são complexas e podem ser marcadas por amor, rivalidade e competição. A disputa entre Xangô e Ogum representa a natureza cíclica da vida, marcada por conflitos e transformações. O mito de Oiá, Xangô e Ogum apresenta uma narrativa sobre amor, poder, rivalidade e construção da identidade. A história de Oiá ensina a importância da independência, da força e da perseverança. Seja você mesmo, seja independente!

Reflita:

Como você pode afirmar sua identidade e seu propósito em meio a situações de disputa, mantendo sua autonomia e força interior, mesmo quando outros tentam definir seu caminho?

De que maneira você pode transformar desafios e conflitos em oportunidades de crescimento pessoal, desenvolvendo novas habilidades e fortalecendo seu caráter?

Quando se encontra em um ambiente competitivo, como pode manter a clareza de seus valores e objetivos, garantindo que suas ações reflitam quem você realmente é?

Como você pode equilibrar seus talentos e paixões, reconhecendo a importância de ser tanto um guerreiro quanto um criador, integrando força e criatividade em sua vida?

Palavra-chave: #rivalidade **Orixás:** Oiá, Xangô, Ogum

OXUM CONSEGUE O QUE QUER

OXUM DIFAMA OXALÁ E ELE A FAZ RICA PARA SE LIVRAR DELA

Oxum, uma jovem ambiciosa, desejava alcançar grandes riquezas. Ao ser encarregada de entregar um ebó à casa de Oxalá, ela viu a oportunidade de pedir algo a ele. Mesmo sem poder entrar na casa, Oxum começou a difamar Oxalá, espalhando rumores cruéis sobre sua suposta mesquinhez e egoísmo. Suas palavras reverberaram pela cidade, preocupando os amigos de Oxalá. Eles aconselharam Oxalá a conceder a Oxum tudo o que ela desejasse para silenciá-la. Assim, pressionado, Oxalá atendeu ao pedido de Oxum, tornando-a extremamente rica.

> As palavras têm o poder de curar ou ferir, e é importante usá-las com sabedoria. A inveja é um sentimento destrutivo que pode levar à infelicidade e à ruína. A atitude pacífica de Oxalá diante da difamação é um exemplo de como a paz interior pode ser mais valiosa que a riqueza material. O mito de Oxum e Oxalá apresenta uma narrativa sobre a inveja, a ambição e as consequências das palavras malditas. A história de Oxum ensina a importância da humildade, da gratidão e da utilização consciente do poder de comunicação. Utilize todo o seu poder de comunicação em prol do que ama.

Reflita:

Como você pode buscar alcançar seus objetivos de maneira ética, evitando ações que possam prejudicar outros ou comprometer sua integridade?

De que maneira você pode lidar com críticas e fofocas de forma construtiva, usando-as como oportunidades para fortalecer sua reputação e responder com sabedoria?

Quando confrontado com situações em que se sente injustamente tratado, como pode encontrar soluções que beneficiem a todos, promovendo a harmonia e a compreensão?

Como você pode definir e perseguir o que realmente importa para você, garantindo que suas ambições estejam alinhadas com seus valores e propósito de vida?

Palavra-chave: #manipulação **Orixás:** Oxum, Oxalá

25 SET

IEMANJÁ É SOBERANA

IEMANJÁ TEM SEU PODER SOBRE O MAR CONFIRMADO POR OBATALÁ

No início dos tempos, orixás e humanos se revoltaram contra Iemanjá, que frequentemente trazia as águas do mar para inundar a terra. Eles buscaram Olorum, que enviou Obatalá para investigar as queixas. Eleguá, ouvindo tudo, alertou Iemanjá para consultar Ifá. Após a consulta, Iemanjá realizou um sacrifício de carneiro para se proteger dos inimigos. Enquanto Obatalá ouvia as reclamações em Ifé, Iemanjá novamente inundou a terra, cavalgando as ondas com soberania e mostrando a cabeça do carneiro como oferenda. Obatalá aceitou a oferenda e confirmou o poder de Iemanjá sobre o mar. Assim, Iemanjá foi reafirmada em seu domínio, e suas marés continuam a invadir a terra periodicamente.

> É fundamental encontrar um equilíbrio entre os diferentes poderes da natureza. A sabedoria orienta as decisões e ajuda a resolver conflitos. A vida é marcada por ciclos de crescimento e declínio, e é importante aceitar essa realidade. O mito de Iemanjá e Obatalá apresenta uma narrativa sobre o poder da natureza, a importância do equilíbrio e a necessidade de respeito aos ciclos da vida. A história de Iemanjá ensina a admirar a força da natureza e a encontrar um lugar de harmonia dentro dela. Procure e ocupe o seu lugar no mundo!

Reflita:

Como você pode afirmar seu poder e autoridade de maneira que promova respeito e compreensão, mantendo sua posição sem causar ressentimentos desnecessários?

De que maneira você pode usar suas habilidades para transformar situações de conflito em oportunidades de reconhecimento e reforço de suas capacidades, mostrando seu verdadeiro valor?

Quando enfrenta críticas ou oposição, como pode responder de forma estratégica, utilizando a sabedoria e os recursos ao seu alcance para demonstrar sua legitimidade e propósito?

Como você pode celebrar e honrar os dons que possui, reconhecendo seu papel único no mundo e a importância de sua contribuição, enquanto mantém o equilíbrio com as necessidades dos outros?

Palavra-chave: #autoridade **Orixás:** Iemanjá, Obatalá, Eleguá, Ifá

ORUNMILÁ INTERFERE DE FORMA PRECISA

ORUNMILÁ PROÍBE O SACRIFÍCIO DE SERES HUMANOS

No reino do Benim, a filha do rei, Poié, perdeu-se na floresta, confirmando a previsão dos adivinhos que o rei ignorou. Orunmilá, ao procurar um escravo fugitivo chamado Xierê, caiu em uma armadilha na floresta. Após sete dias, foi resgatado por Poié. Em gratidão, Orunmilá prometeu a ela o que quisesse e ela pediu um filho. Orunmilá a engravidou, mas não pôde casar-se com ela devido a suas outras esposas. Poié deu à luz Olomó, filha de Orunmilá. Quando Olomó foi escolhida para um sacrifício humano, ela cantou sobre sua origem, alertando as esposas de Orunmilá. Reconhecendo-a como sua filha, Orunmilá proibiu o sacrifício de humanos, substituindo-os por uma cabra.

> A história demonstra a importância de ouvir os conselhos dos mais velhos e de aprender com a sabedoria ancestral. A proibição do sacrifício humano por Orunmilá destaca a importância da compaixão e da valorização da vida humana. A família, representada pela relação entre Orunmilá, Poié e Olomó, é a base da sociedade e deve ser protegida. O mito de Orunmilá e o sacrifício humano apresenta uma narrativa sobre a importância da família, da compaixão e da sabedoria. A história de Orunmilá ensina a valorizar a vida humana e a combater práticas cruéis. Não seja cruel com você.

Reflita:

Como você reflete sobre a importância de ouvir e respeitar os conselhos sábios, mesmo quando parecem absurdos?

De que maneira você considera o papel da gratidão e da retribuição em fortalecer laços e criar mudanças positivas?

O que você aprende sobre a importância de questionar tradições e práticas que não respeitam a vida e a dignidade humana?

Como você lida com a ideia de que o reconhecimento de laços familiares pode transformar ações e decisões importantes?

Palavra-chave: #transformação **Orixás:** Orunmilá, Ifá

27 SET

BRINCADEIRA DE CRIANÇA PODE SALVAR VIDAS

OS IBEJIS ENCONTRAM ÁGUA E SALVAM A CIDADE

Durante uma época de seca severa, quando a sede e a morte ameaçavam o povoado, os irmãos Ibejis, conhecidos por sua natureza travessa, brincavam no quintal. Contudo, sua brincadeira tinha um propósito profundo: procurar água. Ao escavar a terra, os Ibejis descobriram uma fonte subterrânea de água cristalina. Com essa descoberta eles encheram potes e vasos, oferecendo a água preciosa a todos no povoado. Assim, os Ibejis salvaram a comunidade da seca, matando a sede de seu povo e afastando a morte iminente.

> Os Ibejis destacam a importância da inocência e da perseverança, mostrando como a natureza travessa deles se transformou em um ato heroico ao encontrar água durante uma seca severa. A descoberta da fonte subterrânea de água cristalina enfatiza a ideia de que soluções valiosas podem surgir de ações aparentemente simples e despretensiosas. Ao compartilhar generosamente a água encontrada, os Ibejis exemplificam o espírito de comunidade e solidariedade, essencial para superar crises coletivas. Descubra em você a força de união e cooperação, lembrando que até mesmo os mais jovens podem ser agentes de mudança significativa.

Reflita:

Como percebe a capacidade das crianças de trazer soluções inesperadas e valiosas para desafios críticos?

De que forma você explora e valoriza a curiosidade e a criatividade inata das crianças que residem em você?

O que você pensa sobre a esperança e a resiliência em tempos de crise, especialmente quando a ajuda vem de onde menos se espera?

Como você reconhece e encoraja o potencial transformador que cada pessoa importante tem em sua vida, independentemente da idade?

Palavra-chave: #esperança **Orixás:** Ibejis

O PODER DE CRIAÇÃO DE OGUM E NANÃ

OGUM CRIA A TERRA

Olodumare decidiu criar o mundo e convocou seus filhos para ajudar. Cada um levou itens necessários, e Ogum recebeu uma espada e um saco de terra preta. Durante a jornada, Ogum descansou em uma palmeira, usando folhas de mariô para se proteger dos insetos. Quando a chuva veio incessantemente, Ogum espalhou a terra preta do alto da palmeira, criando uma lagoa. Da lama da lagoa, surgiu Nanã. Ogum e Nanã juntos começaram a criar o mundo. Ogum construiu casas e plantações, tornando seu reino próspero. Quando seus irmãos vieram tentar dividir seu reino, Nanã aconselhou Ogum, que usou sua espada mágica para proteger suas terras e derrotar aqueles que queriam usurpar seu domínio.

> A criação do mundo por Ogum demonstra a importância da criatividade e da capacidade de transformar o mundo ao seu redor. A defesa do território por Ogum ensina a importância de proteger o que é seu e de lutar por aquilo em que acredita. A parceria entre Ogum e Nanã representa a necessidade de equilíbrio entre os princípios masculino e feminino, entre a força e a fertilidade. O mito de Ogum como criador da terra apresenta uma narrativa sobre a origem do mundo e a importância da criação e da proteção. Valorize a natureza, defenda o que é justo e busque o equilíbrio entre os diferentes aspectos da vida.

Reflita:
Como você pode usar seus talentos e recursos para construir uma base sólida em sua vida, criando um ambiente próspero e sustentável para você e para os outros?

De que maneira você pode colaborar com outros, reconhecendo que as parcerias podem levar à criação de algo maior e mais significativo do que seria possível sozinho?

Quando confrontado com desafios ou ameaças externas, como pode proteger o que é importante para você, utilizando suas habilidades e inteligência de forma estratégica e eficaz?

Como você pode equilibrar a ação e a proteção, garantindo que suas conquistas sejam mantidas enquanto continua a crescer e expandir suas possibilidades?

Palavra-chave: #criação **Orixás:** Ogum, Nanã

29 SET O CARNEIRO PROTEGE OIÁ CONTRA O FOGO DE XANGÔ

XANGÔ INCENDEIA SUA CIDADE ACIDENTALMENTE

Xangô, desejando aumentar seu poder e intimidar seus inimigos, convocou feiticeiros de Oió, mas acabou pedindo ajuda a Exu. Exu preparou um remédio especial que Oiá foi buscar. Curiosa, Oiá experimentou um pouco do pó vermelho durante o caminho. Ao entregar o pó a Xangô, ele percebeu que Oiá havia provado o remédio, pois o fogo saiu da boca ao falar. Enfurecido, Xangô a perseguiu, lançando pedras de raio. Oiá se escondeu entre carneiros que foram mortos pelas pedras de Xangô. Com o tempo, a raiva de Xangô acalmou-se, e ele ordenou que Oiá fosse trazida de volta. Ao experimentar o pó em um local elevado, Xangô acidentalmente incendiou toda a cidade de Oió. A cidade foi destruída, mas posteriormente reconstruída. Após o incidente, Xangô continuou governando, e a lembrança dos carneiros que protegiam Oiá levou seus devotos a absterem-se de comer carne de carneiro.

> O poder deve ser exercido com responsabilidade e sabedoria, pois suas consequências podem ser devastadoras. A curiosidade pode levar a descobertas importantes, mas também pode trazer consequências indesejadas. É preciso ter cautela e ponderar as ações antes de agir. A vida é um ciclo de perdas e ganhos, e a capacidade de se reconstruir após uma grande perda é fundamental para o bem-estar emocional. A história de Xangô e Oiá lembra a importância de respeitar todas as formas de vida, incluindo os animais. O mito de Xangô e o incêndio de Oió apresenta uma narrativa complexa sobre o poder, a responsabilidade, a destruição e a renovação. Use seu poder com sabedoria e nunca deixe de respeitar a natureza e de aprender com os seus próprios erros.

Reflita:

Como você pode aprender a controlar suas emoções, especialmente a raiva, para evitar ações impulsivas que possam causar danos a você e aos outros?

De que maneira você pode reconhecer e assumir a responsabilidade por seus erros, transformando-os em lições valiosas para o futuro?

Quando suas ações resultam em consequências indesejadas, como pode encontrar maneiras de reparar os danos e reconstruir o que foi perdido, mostrando resiliência e liderança?

Como você pode usar a experiência e o aprendizado de eventos passados para moldar um caminho mais sábio e equilibrado, garantindo que suas decisões futuras sejam informadas e ponderadas?

Palavra-chave: #emoções **Orixás:** Xangô, Oiá, Exu

A FORTUNA INESPERADA DE OBARÁ MEJI

XANGÔ É VISITADO PELOS 15 ODUS E ACABA FICANDO RICO

No início do mundo, 15 odus procuraram os babalaôs para melhorarem suas vidas, sem avisar Xangô (Obará Meji), que era um deles. Embora os babalaôs receitassem oferendas, nenhum dos odus seguiu as instruções. Xangô, sabendo do ocorrido, decidiu realizar o ebó sozinho, arriscando-se para isso. Mais tarde, os odus visitaram Olofim-Olodumare, novamente sem Xangô, e receberam abóboras como presente. Sentindo fome no caminho de volta, os odus foram à casa de Xangô, que os acolheu generosamente, oferecendo-lhes comida. Em agradecimento, deixaram as abóboras para ele. Ao abrir as abóboras, Xangô descobriu pedras preciosas dentro delas, tornando-se o homem mais rico da região. Quando os odus retornaram a Olofim, descobriram que as abóboras continham fortunas destinadas a cada um deles, mas a sorte fez com que tudo pertencesse a Xangô. Olofim declarou que a justiça já havia sido feita, ratificando a riqueza de Xangô.

> A história de Xangô ensina que a generosidade não apenas beneficia os outros mas também retorna para si de diversas formas. Acreditar em uma força superior que recompensa o bem e pune o mal pode trazer conforto e esperança. Os conselhos dos mais velhos e a tradição são guias importantes para tomar decisões sábias. A gratidão é um sentimento que atrai mais positividade para nossas vidas. A riqueza material é importante, mas não deve ser o único objetivo da vida. A busca por um equilíbrio entre o material e o espiritual é fundamental para a felicidade. O mito de Xangô e os 15 odus convida a refletir sobre a importância da generosidade, da fé, da sabedoria e do equilíbrio. Lembre-se de que, mais dia ou menos dia, a bondade e a gratidão são recompensadas, e a verdadeira riqueza está além do dinheiro.

Reflita:

Como você pode agir proativamente em sua vida, tomando a iniciativa de realizar tarefas e rituais que possam abrir portas para novas oportunidades de sucesso?

De que maneira você pode mostrar generosidade e acolhimento, mesmo quando os outros não reconhecem imediatamente seu valor ou contribuição?

Quando a sorte parece estar a seu favor, como pode garantir que suas ações e decisões sejam guiadas por ética e gratidão, reconhecendo as bênçãos que recebeu?

Como você pode transformar desafios e situações inesperadas em oportunidades de crescimento e prosperidade, mantendo a fé em sua capacidade de superar adversidades?

Palavra-chave: #generosidade **Orixá:** Xangô (Obará Meji)

OUTUBRO

MÊS DA JUVENTUDE E DA MATERNIDADE

Orixás: Ibejis e Oxum

Outubro é o mês das crianças (Ibejis), que representam a alegria, a juventude e a renovação. A energia de Oxum, a orixá da beleza, do amor e da fertilidade, se une à dos Ibejis para celebrar a maternidade e a pureza da infância.

"Outubro, no riso dos Ibejis, o amor de Oxum nos lembra que a alegria da infância é o caminho para a beleza da vida."

1 OUT

O AMOR DE XANGÔ POR OXUM NÃO SE MEDE

XANGÔ OFERECE MIL RIQUEZAS A OXUM

Xangô, conhecido por sempre conseguir o que deseja, viu Oxum, uma mulher de grande beleza, e a desejou intensamente, apesar de já ter se casado com Iansã. Oxum era casada com Ogum, um caçador que não tinha muitos recursos para oferecer. Xangô, sendo belo, forte e rico, prometeu a Oxum abrir um tapete de ouro aos seus pés e compartilhar com ela suas mil riquezas. Atraída pela promessa de riqueza e pela personalidade de Xangô, Oxum foi embora com ele. A conexão entre Xangô e Oxum foi imediata e eles se tornaram intensamente apaixonados um pelo outro. A história destaca o poder de atração de Xangô e sua habilidade em conquistar o que deseja.

A história demonstra o poder da atração e como a beleza, a riqueza e o poder podem influenciar as escolhas das pessoas. O amor é um sentimento complexo que pode ser motivado por diversos fatores, como paixão, desejo, segurança e companheirismo. A história revela a natureza humana, com seus desejos, paixões e conflitos. O mito de Xangô e Oxum apresenta uma narrativa sobre o amor, o poder e a complexidade das relações humanas, ensinando que a beleza, a riqueza e o poder são elementos atraentes, mas que o amor verdadeiro vai além dessas qualidades. Ame do seu jeito, mas não deixe de amar a si e a vida.

Reflita:
Como você pode equilibrar seus desejos e ambições com respeito e consideração pelas relações e compromissos existentes em sua vida?

De que maneira você pode reconhecer o verdadeiro valor dos relacionamentos, indo além da atração superficial e construindo conexões baseadas em respeito e compreensão mútua?

Quando confrontado com a tentação de buscar o que parece mais brilhante ou atraente, como pode avaliar suas escolhas com base em seus valores e propósito a longo prazo?

Como você pode usar seu carisma e suas habilidades de persuasão de maneira responsável, garantindo que suas ações beneficiem todos os envolvidos e promovam harmonia?

Palavra-chave: #desejo **Orixás:** Xangô, Oxum, Iansã, Ogum

A CURIOSIDADE DE OIÁ A TORNA TÃO PODEROSA QUANTO XANGÔ

2 OUT

OIÁ USA A POÇÃO DE XANGÔ PARA CUSPIR FOGO

Oiá, a poderosa deusa dos ventos e tempestades, sempre foi conhecida por sua coragem e audácia. Quando Xangô, o rei da cidade de Oió, a encarregou de buscar a poção mágica nas terras dos baribas, ela não hesitou. Sabia que a jornada seria perigosa, mas sua determinação a impulsionava adiante. Ao chegar às terras baribas, Oiá se deparou com paisagens exuberantes que guardavam segredos ancestrais. Após muitos desafios e aventuras, ela finalmente encontrou quem guardava a poção. Ele a advertiu sobre os perigos de tal poder, mas a curiosidade de Oiá era maior. Ela consumiu a poção e, imediatamente, sentiu uma onda de energia percorrer seu corpo. Com a nova habilidade de cuspir fogo, Oiá se tornou uma força da natureza. Ao retornar, trouxe também uma nova sabedoria sobre a responsabilidade que vem com tais habilidades. Agora, ela usava seu fogo não apenas como uma arma, mas como uma forma de proteção e purificação, tornando-se ainda mais respeitada entre os orixás.

> A jornada de Oiá representa a busca incessante por conhecimento e autoconhecimento. O poder deve ser usado com sabedoria e responsabilidade, pois pode trazer tanto benefícios quanto prejuízos. A experiência de Oiá demonstra que a transformação é possível e que você pode evoluir e se tornar a melhor versão de si mesmo. O mito de Oiá e a poção mágica apresenta uma narrativa sobre a busca por poder, a responsabilidade e a transformação, ensinando a importância de usar suas forças com sabedoria e buscar o conhecimento para o seu desenvolvimento como indivíduo.

Reflita:

Como você pode enfrentar seus desafios com coragem e determinação, mesmo quando o caminho parece incerto ou perigoso?

De que maneira pode transformar as experiências e os conhecimentos adquiridos em habilidades valiosas que beneficiem a si mesmo e aqueles ao seu redor?

Quando você ganha novos poderes ou responsabilidades, como pode garantir que os use com sabedoria e intenção positiva, reconhecendo o impacto que suas ações podem ter?

Como pode integrar coragem e sabedoria em suas decisões, usando sua energia e suas habilidades para proteger e purificar, em vez de usá-las apenas para conquistar ou impressionar?

Palavra-chave: #curiosidade **Orixás:** Oiá, Xangô

3 OUT

NUNCA EXCLUA OXUM

OXUM FAZ AS MULHERES ESTÉREIS EM REPRESÁLIA AOS HOMENS

Quando o mundo foi criado, os orixás se reuniram para tomar decisões e dividir responsabilidades, mas apenas os homens participavam dessas reuniões. Oxum, ressentida por ser excluída, decidiu se vingar, tornando as mulheres estéreis. Isso impediu a continuidade da vida e do legado dos homens. Preocupados, eles consultaram Olodumare, que revelou que a exclusão de Oxum era a causa do problema. Olodumare aconselhou que incluíssem Oxum e as outras mulheres nas decisões. Os orixás seguiram o conselho e, assim, com Oxum participando, as mulheres recuperaram a capacidade de gerar filhos, permitindo que a vida na Terra prosperasse novamente.

> A história de Oxum ensina a importância da igualdade de gênero e da participação de todos nas decisões que afetam a sociedade. A exclusão de um grupo pode levar a consequências graves para todos. A resolução do problema por meio da inclusão de Oxum demonstra a importância da cooperação e do diálogo para encontrar soluções. O mito de Oxum e a esterilidade das mulheres apresenta uma narrativa sobre a importância da igualdade de gênero, o poder feminino e as consequências da exclusão. A história de Oxum ensina a valorizar a diversidade e a buscar a justiça em todas as nossas relações.

Reflita:

Como você pode garantir que todas as vozes sejam ouvidas e valorizadas em suas esferas de influência, promovendo equidade e inclusão em suas decisões?

De que maneira pode transformar sentimentos de exclusão ou ressentimento em ações construtivas que promovam diálogo e mudança positiva?

Quando confrontado com desequilíbrios de poder, como pode trabalhar para restaurar a harmonia e permitir que todos contribuam de forma significativa para o bem comum?

Como pode aprender com o passado para criar um futuro mais inclusivo e próspero, no qual a colaboração e o respeito mútuo sejam a base de suas interações?

Palavra-chave: #inclusão **Orixá:** Oxum

IEMANJÁ CONQUISTA A FAÇANHA DE SER A DONA DE TODAS AS CABEÇAS

4 OUT

IEMANJÁ CURA OXALÁ E GANHA O PODER SOBRE AS CABEÇAS

Olodumare designou a cada orixá uma tarefa específica no mundo recém-criado. A Exu deu poder da comunicação e das encruzilhadas. A Ogum deu o poder da forja, o comando da guerra e o domínio dos caminhos. A Oxóssi entregou o patronato da caça e da fartura. A Obaluaê deu o controle das epidemias. A Oxumarê ofereceu o arco-íris e o poder de comandar a chuva. Xangô recebeu o poder do trovão e da lei. Oiá ficou com o raio e o reino dos mortos, enquanto Euá foi governar os cemitérios. Oxum ganhou o zelo pela feminilidade, riqueza material, fertilidade das mulheres e amor. Obá ganhou o patronato da família, e a Nanã coube a sabedoria dos mais velhos. A Oxalá deu o privilégio de criar o homem, e a Odudua coube a missão de fazer o mundo. A criação se completou com Oxaguiã, que inventou a arte de fazer os utensílios, a cultura material. Iemanjá recebeu a responsabilidade de cuidar de Oxalá. Insatisfeita com pouco, Iemanjá reclamou incessantemente até que Oxalá enlouqueceu devido à pressão. Arrependida, Iemanjá cuidou dele, oferecendo-lhe o que precisava. Com a cura de Oxalá e com o consentimento de Olodumare, Iemanjá ganhou a incumbência de cuidar do ori (cabeça) de todos os mortais, tornando-se a senhora das cabeças, finalmente recebendo uma grande missão.

> A história de Iemanjá ensina a importância da compaixão e do cuidado com os outros. A busca de Iemanjá por um propósito maior a leva a encontrar sua verdadeira vocação. O amor e a compaixão têm o poder de curar feridas e transformar vidas. O mito de Iemanjá e Oxalá apresenta uma narrativa sobre a busca por significado, a importância da compaixão e a construção da identidade. A verdadeira felicidade vem quando é possível encontrar o seu propósito e servir aos outros a partir disso.

Reflita:

Como você pode transformar insatisfação em motivação para buscar maior equilíbrio e reconhecimento em sua vida?

De que maneira pode aprender a valorizar as responsabilidades e tarefas que lhe foram confiadas?

Quando percebe que suas ações ou reclamações podem estar prejudicando aqueles ao seu redor, como pode agir de forma responsável para reparar a situação?

Como pode usar suas habilidades de cuidado e compaixão para beneficiar não apenas a si mesmo, mas também aqueles que dependem de você?

Palavra-chave: #propósito

Orixás: Iemanjá, Oxalá, Exu, Ogum, Oxóssi, Obaluaê, Oxumarê, Xangô, Oiá, Euá, Oxum, Obá, Nanã, Obatalá, Odudua, Oxaguiã

5 OUT

ORUNMILÁ CONQUISTA O SEU AMOR

ORUNMILÁ CONQUISTA A MAIS LINDA DONZELA

Em tempos passados, um ebó específico foi designado para todos os orixás, mas nenhum mostrou interesse em realizá-lo. Orunmilá, sendo o consultor dos orixás, decidiu realizar o ebó por conta própria. Com seu irofá, um bastão usado para invocar Ifá, ele adentrou um palácio encantado, onde a mais bela e rica donzela estava guardada. Ao usar o irofá, Orunmilá fez com que as portas se abrissem até chegar ao centro da fortaleza, onde encontrou a donzela a esperá-lo. Assim, Orunmilá conquistou a mulher mais bela.

> A história de Orunmilá demonstra a importância da sabedoria e do conhecimento para superar os desafios. A palavra tem o poder de criar e transformar, como demonstrado pelo uso do irofá por Orunmilá. A conquista da donzela representa a recompensa pela ação correta e pela sabedoria. O mito de Orunmilá e a donzela encantada apresenta uma narrativa sobre a força da sabedoria, a importância dos rituais e a recompensa pela virtude. A história de Orunmilá ensina que a mente é mais poderosa que a força física e que a sabedoria pode abrir portas para um futuro próspero.

Reflita:

Como você avalia a importância da iniciativa e da ação quando os outros hesitam?

De que maneira você considera o papel da perseverança e da determinação em alcançar objetivos aparentemente inatingíveis?

O que você aprende sobre a capacidade de abrir caminhos e oportunidades por meio de ações decididas e intencionais?

Como você lida com a ideia de que a beleza e a riqueza podem estar à espera daqueles que demonstram coragem e liderança?

Palavra-chave: #iniciativa **Orixá:** Orunmilá

EXU FOI O PRIMEIRO A SENTAR-SE À MESA

EXU COME ANTES DOS DEMAIS NA FESTA DE IEMANJÁ

6 OUT

Com a aproximação do aniversário de Iemanjá, todos os orixás preparavam presentes. Exceto Xangô, que nada tinha organizado. Exu, um humilde servente, plantou inhames, sabendo que era o presente que podia oferecer e que Iemanjá adorava. No dia da celebração, Xangô, sem presente, viu os inhames de Exu e pediu para oferecê-los a Iemanjá. Após muita insistência, Exu concordou, com a condição de ser o primeiro a sentar-se à mesa da festa de Iemanjá. Xangô aceitou e Iemanjá ficou encantada com o presente. Quando a festa começou, Exu sentou-se à mesa primeiro, o que causou espanto. Iemanjá e Orixalá pediram que ele se retirasse, mas Exu se recusou, explicando o acordo com Xangô. Apesar da pressão, Exu insistiu que um rei não quebra sua palavra. Assim, Iemanjá permitiu que ele ficasse e comesse antes dos outros.

> A história de Exu ensina a importância de cumprir nossas promessas e honrar os compromissos. A astúcia de Exu demonstra que a inteligência pode ser uma ferramenta poderosa para alcançar os seus objetivos. A decisão de Iemanjá de permitir que Exu comesse primeiro demonstra sua flexibilidade e sua capacidade de adaptar-se a novas situações. O mito de Exu e a festa de Iemanjá apresenta uma narrativa sobre a importância da palavra dada, da generosidade e da flexibilidade, ensinando que, com astúcia e determinação, é possível conquistar seu lugar no mundo.

Reflita:

Como você pode reconhecer o valor de suas próprias contribuições, mesmo quando outros tentam subestimá-las ou tomar crédito por elas?

De que maneira pode assegurar que acordos e promessas sejam cumpridos, mantendo a integridade e o respeito mútuo, mesmo em situações desafiadoras?

Quando você faz um esforço para oferecer algo valioso, como pode garantir que suas ações sejam reconhecidas e respeitadas, sem precisar comprometer seus princípios?

Como pode usar sua criatividade e recursos disponíveis para contribuir de maneira significativa, mostrando que até mesmo gestos humildes podem ter um grande impacto?

Palavra-chave: #compromisso **Orixás:** Exu, Iemanjá, Xangô, Orixalá

7 OUT

OGUM SE VESTE COM FOLHAS DE PALMEIRA E VAI VIVER SOLITARIAMENTE

OGUM RECUSA A COROA DE IFÉ

No início dos tempos, quando o mundo era um charco, Ogum descia do Céu pelas teias de aranha para caçar. Mais tarde, Orixalá criou a Terra nesse mesmo local e desceu com outros orixás para completar a Criação. Orixalá encontrou dificuldades para se mover na floresta densa, pois seus instrumentos de bronze não eram eficazes. Ogum, com suas ferramentas de ferro, o ajudou a abrir caminho, em troca de uma promessa de recompensa. Quando a cidade de Ifé foi construída, os orixás ofereceram a coroa a Ogum, mas ele recusou, preferindo a liberdade de caçar e guerrear. Vivendo isolado no topo de uma colina, Ogum observava a terra e suas presas. Quando finalmente desceu para visitar os orixás na cidade, foi rejeitado devido a suas roupas manchadas de sangue. Desgostoso, Ogum vestiu-se com folhas de palmeira e decidiu viver solitário, sempre em movimento pelas estradas.

> A história de Ogum ensina a importância da liberdade individual e a necessidade de buscar um estilo de vida que faça você e os seus felizes. A ligação de Ogum com a natureza lembra a importância de preservar o meio ambiente e de viver em harmonia com ele. A decisão de Ogum de viver de acordo com seus próprios valores, mesmo sendo rejeitado pela sociedade, é um exemplo de autoaceitação e autenticidade. O mito de Ogum e a coroa de Ifé apresenta uma narrativa sobre a liberdade, a natureza e a busca por identidade. A história de Ogum ensina a valorizar a sua individualidade e a buscar uma vida em harmonia entre seus valores pessoais e o mundo natural.

Reflita:

Como você pode reconhecer e honrar suas paixões e escolhas pessoais, mesmo quando elas vão contra as expectativas ou ofertas dos outros?

De que maneira pode encontrar satisfação e propósito em seguir seu próprio caminho, valorizando a liberdade e a autenticidade acima de recompensas materiais ou status?

Quando você enfrenta rejeição ou incompreensão por ser fiel a si mesmo, como pode transformar essas experiências em oportunidades de crescimento e autoaceitação?

Como pode equilibrar a busca por sua liberdade pessoal com a responsabilidade de contribuir positivamente para a comunidade e as pessoas ao seu redor?

Palavra-chave: #liberdade **Orixás:** Ogum, Orixalá

OIÁ E O PODER SOBRE OS MORTOS

OIÁ GANHA DE OBALUAÊ O REINO DOS MORTOS

Durante uma festa onde todas as divindades estavam presentes, Omulu-Obaluaê chegou coberto com seu capucho de palha, tornando-se irreconhecível. Nenhuma mulher queria dançar com ele, exceto Oiá, que com sua coragem se lançou na dança. Ao girar, Oiá criou um vento que levantou as palhas, revelando a beleza de Obaluaê, o que surpreendeu a todos. Grato pela revelação e pela aceitação, Obaluaê recompensou Oiá dividindo com ela seu reino, tornando-a rainha dos espíritos dos mortos, conhecida como Oiá Igbalé. Agora, quando dança, Oiá agita o iruquerê mostrando seu poder sobre os mortos e afastando os eguns para o outro mundo.

> A história de Oiá ensina a importância da coragem para enfrentarmos os desafios e superar os medos. A beleza interior é mais importante do que a beleza exterior. Ao receber o reino dos mortos, Oiá assume uma grande responsabilidade, demonstrando que o poder vem acompanhado de deveres. O mito de Oiá e Obaluaê apresenta uma narrativa sobre a coragem, a compaixão e a transformação. A história de Oiá ensina a importância de olhar além das aparências, de valorizar a beleza interior e de assumir nossas responsabilidades.

Reflita:

Como você pode usar sua coragem para enxergar além das aparências e descobrir a verdadeira beleza e potencial nas pessoas e situações ao seu redor?

De que maneira pode mostrar aceitação e empatia, criando conexões que transcendem julgamentos superficiais e promovem compreensão mútua?

Quando você revela ou descobre algo significativo, como pode compartilhar essa sabedoria de maneira que enriqueça sua vida e a dos outros?

Como pode usar seus talentos e habilidades únicas para trazer equilíbrio e harmonia, respeitando tanto o mundo visível quanto o invisível?

Palavra-chave: #coragem **Orixás:** Oiá (Oiá Igbalé), Omulu-Obaluaê

9 OUT

XANGÔ AMPLIA SUAS TERRAS COM AJUDA DE OIÁ

XANGÔ CONQUISTA A TERRA DOS MALÊS

Durante suas viagens, Xangô chegou à terra dos malês, onde encontrou os habitantes em profunda oração, vestidos de branco e alheios à sua presença. Sentindo-se ignorado e desejando ser homenageado, Xangô ameaçou destruir a terra se não recebesse a honra devida. Após partir, ele visitou o reino de Iansã e, impressionada por sua bravura e coragem, ela aceitou sua presença. Juntos, voltaram à terra dos malês. Novamente, encontraram os malês em oração, sem prestar atenção a eles. Xangô lançou faíscas para chamar a atenção, mas foi o relâmpago criado por Iansã que finalmente assustou os malês, levando-os a se prostrarem e renderem homenagens a Xangô. Assim, com a ajuda de Iansã, Xangô conquistou a terra dos malês.

> A busca de Xangô por reconhecimento demonstra a necessidade humana de ser valorizado e respeitado. A união de Xangô e Iansã demonstra que a força em grupo é maior do que a força individual. A história mostra a importância de respeitar as diferentes culturas e crenças. O mito de Xangô e a conquista da terra dos malês apresenta uma narrativa sobre poder, reconhecimento e a importância da força em conjunto com a sabedoria, ensinando que a busca por reconhecimento é natural, mas que a força deve ser usada com sabedoria e respeito.

Reflita:

Como você pode lidar com situações nas quais sente que suas contribuições ou presença não estão sendo reconhecidas, sem recorrer a ações destrutivas?

De que maneira pode colaborar com outras pessoas, aproveitando suas habilidades complementares para alcançar objetivos comuns e superar desafios?

Quando confrontado com a indiferença ou falta de reconhecimento, como pode encontrar maneiras construtivas de demonstrar seu valor e importância?

Como pode aprender a equilibrar seu desejo por reconhecimento com o respeito pelas práticas e tradições dos outros, promovendo entendimento e harmonia?

Palavra-chave: #respeito **Orixás:** Xangô, Iansã

ORUNMILÁ É O ÚNICO A ADIVINHAR, GRAÇAS A EXU!

ELEGUÁ AJUDA ORUNMILÁ A GANHAR O CARGO DE ADIVINHO

Xangô, o primeiro adivinho, desejava ajudar seu amigo Orunmilá, que era pobre e sem profissão. Xangô pediu a Olofim que concedesse a Orunmilá o poder da adivinhação, pois ele próprio estava ocupado com guerras. Olofim concordou, mas decidiu testar Orunmilá. Ele semeou milho cru e milho tostado em diferentes canteiros no campo. Eleguá, que observou a cena, ofereceu-se para ajudar Orunmilá em troca de oferendas. Com o segredo revelado por Eleguá, Orunmilá indicou corretamente o canteiro com o milho cru que germinaria. Satisfeito, Olofim deu a Orunmilá os segredos da adivinhação. Ossaim, o herborista, também tentou descobrir a resposta certa, mas se recusou a oferecer a Eleguá o que ele pedia e, portanto, não recebeu ajuda, permanecendo apenas como conhecedor das ervas. Assim, Orunmilá se tornou o único capaz de adivinhar corretamente o futuro.

> A história de Orunmilá ensina a importância da sabedoria e do conhecimento para superar os desafios da vida. A amizade entre Xangô e Orunmilá demonstra a importância dos laços de amizade e da solidariedade. A história de Ossaim mostra que a humildade e a reciprocidade são qualidades relevantes para o sucesso. O mito de Eleguá, Orunmilá e Ossaim apresenta uma narrativa sobre a importância da sabedoria, da humildade e da reciprocidade. A história de Orunmilá ensina que o conhecimento pode ser adquirido através da troca e da colaboração.

Reflita:

Como você pode reconhecer e valorizar a importância de pedir e receber ajuda, aceitando que a colaboração pode ser a chave para alcançar seus objetivos?

De que maneira pode demonstrar gratidão e retribuição por aqueles que o ajudam em suas jornadas, garantindo que as parcerias sejam mutuamente benéficas?

Quando você enfrenta desafios ou testes, como pode usar sabedoria e recursos disponíveis para encontrar soluções criativas e eficazes?

Como pode aprender a respeitar o conhecimento e as habilidades únicas dos outros, mesmo quando eles têm caminhos ou talentos diferentes dos seus?

Palavra-chave: #adivinhação **Orixás:** Eleguá, Orunmilá, Xangô, Ossaim

11 OUT

DA COLABORAÇÃO GENUÍNA NASCE UMA NOVA HISTÓRIA REPLETA DE TRANSFORMAÇÃO E SUCESSO

ORIXÁ OCÔ CRIA A AGRICULTURA COM A AJUDA DE OGUM

No início dos tempos, Ocô não tinha o que fazer. Vivia no ócio e não era feliz. Até que Olorum lhe deu a missão de cultivar a terra e plantar alimentos como inhame, pimenta e feijão. Ocô ficou orgulhoso da tarefa, mas não sabia como realizá-la. Ao encontrar um jovem chamado Ogum, que brincava na terra, Ocô aprendeu com ele sobre o cultivo. Com a ajuda de Ogum, que inventou ferramentas de ferro como a enxada e a foice, eles conseguiram plantar e tornar a terra abundante em alimentos. Assim, Orixá Ocô se tornou o patrono da agricultura, e Ogum, o orixá do ferro, foi celebrado por sua inovação. Juntos, ensinaram a humanidade a plantar, superando a fome e trazendo prosperidade.

> A invenção da agricultura por Ocô propicia uma grande revolução na vida humana. Enfrentando o ócio, recebe de Olorum, o deus supremo, uma valiosa missão. Nem sempre as pessoas estão preparadas para o desafio. A superação da fome e a conquista da prosperidade são resultados da ação conjunta e do esforço humano nesse mito. Assim também pode ser com você para vencer seus maiores desafios. Comece observando e construindo parcerias para as suas metas pessoais e profissionais.

Reflita:

Como você pode reconhecer e valorizar as habilidades particulares que cada pessoa traz para a sua vida?

De que forma você pode transformar desafios em oportunidades de aprendizado e inovação, como fez Ocô ao aprender com Ogum?

O que você pode aprender sobre a importância da colaboração e do trabalho em conjunto para alcançar objetivos maiores?

Como você pode aplicar a criatividade e a inventividade em sua vida cotidiana para superar limitações e escassez?

Palavra-chave: #colaboração **Orixás:** Ocô, Ogum

A ALEGRIA É A MELHOR FORMA DE ESPANTAR A MORTE

IBEJIS ENGANAM A MORTE

Em tempos antigos, quando a Morte, Icu, assolava a terra, os Ibejis, orixás gêmeos, resolveram usar sua astúcia para proteger a comunidade. Sabiam que Icu tinha uma fraqueza: dançar. Os Ibejis, então, elaboraram um plano. Munidos de seus tambores, presente de Iemanjá, desafiaram Icu para uma disputa. Quem ganhasse teria o que queria. Icu aceitou o desafio. A música começou e Icu não conseguia parar de dançar. Enquanto um dos Ibejis tocava o tambor, o outro se escondia para descansar. Quando o primeiro se cansava, o outro assumia o tambor, mantendo a música. Icu continuava dançando. Os Ibejis conseguiam manter o ritmo. Icu desistiu da disputa. A Morte cumpriu sua promessa, libertando todos que havia aprisionado e deixando a comunidade em paz. A partir de então, Icu passou a respeitar os Ibejis e a temer o poder da música.

> Os Ibejis, em sua astúcia e união para vencer a morte, revelam o poder da inteligência, do planejamento e da força do conjunto para superar as adversidades. Assim como eles, que usaram sua mente e união para vencer o desafio, reflita sobre seus próprios hábitos para lidar com as dificuldades. Lembre-se de que a união faz a força e que, muitas vezes, a colaboração e o apoio mútuo são essenciais para superar obstáculos. Os Ibejis também nos ensinam sobre a importância da alegria e da esperança para enfrentar os desafios da vida. Acesse a alegria que reside em você e cultive a esperança em um futuro positivo. Reflita sobre o que te faz feliz e o que te traz esperança. A alegria e a esperança são combustíveis poderosos para te impulsionar na jornada, te fortalecer nos momentos difíceis e te guiar em direção a um futuro próspero e feliz.

Reflita:

Como você pode usar sua criatividade e inteligência para enfrentar desafios aparentemente insuperáveis, encontrando soluções inovadoras e eficazes?

De que maneira você pode trabalhar em parceria com os outros, aproveitando habilidades complementares para alcançar um objetivo comum e superar obstáculos?

Quando confrontado com forças ou situações que parecem fora de seu controle, como pode encontrar coragem e resiliência para desafiar essas forças, transformando o impossível em possível?

Como você pode reconhecer e celebrar os talentos únicos que possui, e usá-los de maneira astuta para criar um impacto positivo na sua vida e na comunidade ao seu redor?

Palavra-chave: #vida **Orixás:** Ibejis

13 OUT

O PRESENTE DE OSSAIM PARA CADA ORIXÁ

OSSAIM DÁ UMA FOLHA PARA CADA ORIXÁ

Ossaim, o orixá detentor do conhecimento sobre as folhas e seus poderes curativos, era indispensável para todos os outros orixás, que dependiam dele para curar qualquer mal. Xangô, buscando compartilhar esse poder com todos, ordenou que Ossaim dividisse suas folhas, mas ele se recusou. Xangô então usou a força de Iansã, orixá dos ventos, para tomar as folhas de Ossaim. Porém, Ossaim, com seu domínio sobre a natureza, ordenou que as folhas perdessem seu poder (axé) e retornassem para a floresta. Xangô, reconhecendo a derrota e a importância de Ossaim como guardião único desse conhecimento, aceitou a situação. Apesar de manter seus segredos mais profundos, Ossaim concedeu uma folha específica a cada orixá, juntamente com as cantigas (ofós) necessárias para ativar seus poderes. Assim, os orixás puderam usar as folhas em seus trabalhos, mas o conhecimento completo permaneceu com Ossaim, garantindo o respeito e o equilíbrio no uso da natureza.

> Ossaim, o senhor das folhas e detentor do conhecimento ancestral, nos lembra da importância do aprendizado contínuo e do uso sábio do conhecimento. "Kosi ewè, kosi orixá" - "sem folha, não tem orixá" - revela que o conhecimento, assim como as folhas, é essencial para a vida e para a conexão com o sagrado. Reflita sobre como você tem utilizado seu conhecimento: se tem compartilhado e contribuído para o bem-estar coletivo, ou apenas acumulado para si mesmo. Assim como Ossaim, que domina o poder das plantas e compartilha seus conhecimentos para promover o equilíbrio, use seus conhecimentos para fazer a diferença no mundo, inspirando e auxiliando aqueles que te cercam. Busque o conhecimento com humildade e utilize-o com sabedoria, responsabilidade e generosidade.

Reflita:

Como você pode valorizar e proteger seu conhecimento único, sabendo que ele é uma fonte preciosa de poder e equilíbrio em sua vida e na vida dos outros?

De que maneira você pode compartilhar suas habilidades e talentos de forma responsável, garantindo que sua contribuição enriqueça os outros, mas sem comprometer sua própria essência e autonomia?

Quando enfrenta pressões externas para ceder seus recursos ou conhecimentos, como pode manter sua integridade ao mesmo tempo que encontra maneiras de colaborar e apoiar sua comunidade?

Como você pode cultivar o respeito mútuo e a harmonia em suas interações, reconhecendo a importância dos dons e conhecimentos que cada pessoa traz para o coletivo?

Palavra-chave: #folha **Orixás:** Ossaim, Xangô

EXU TENTA INVERTER A ORDEM DO MUNDO

EXU TENTA TROCAR A MORADA DOS DEUSES

No início, Olocum, Orum e Oxu tinham suas próprias moradas: Olocum no oceano, Oxu vagando pelo céu e Orum no ciclo diário do sol. Exu, no entanto, tentou mudar suas residências, convencendo cada um a trocar de lugar. Oxalá, observando a desordem, ordenou que cada deus retornasse à sua posição original. Exu, persistente, trocou novamente as moradas, ameaçando os deuses de morte. Oxalá percebeu a nova troca e enviou Xapanã para punir Exu. Com a ajuda de Orum, Xapanã feriu Exu, que, ao tentar se curar no rio, proferiu uma maldição. As feridas de Exu passaram para a água, causando varíola aos humanos que nela se banhassem. Assim, a tentativa de Exu de inverter o mundo impactou também a humanidade e permanece viva entre todos os seres humanos.

> A história de Exu menciona a importância da ordem e do equilíbrio na vida. As ações, por menores que sejam, têm consequências, e é importante assumir a responsabilidade por elas. A existência humana é marcada pela dualidade, com momentos de alegria e tristeza, de saúde e doença. O mito de Exu e a troca das moradas apresenta uma narrativa sobre a ordem cósmica, a consequência das ações e a dualidade da natureza humana. A história de Exu ensina a importância de respeitar a ordem natural e assumir a responsabilidade por suas escolhas.

Reflita:

Como você pode aprender a respeitar as estruturas e posições estabelecidas, reconhecendo que mudanças abruptas podem causar desordem e consequências imprevistas?

De que maneira pode encontrar um equilíbrio entre a inovação e a tradição, garantindo que suas ações criem impacto positivo sem desestabilizar o que já funciona bem?

Quando suas ações têm consequências inesperadas, como pode tomar responsabilidade e buscar maneiras de mitigar os efeitos negativos, aprendendo com a experiência?

Como pode reconhecer o poder de suas palavras e intenções, garantindo que suas comunicações e ações sejam realizadas de forma consciente e com propósito positivo?

Palavra-chave: #desequilíbrio **Orixás:** Exu, Olocum, Oxu, Orum, Oxalá, Xapanã

15 OUT

A GRANDE LIÇÃO DO PROFESSOR

OTIM APRENDE A CAÇAR COM OXÓSSI

Otim, um jovem misterioso, fugiu do palácio onde vivia cercado por pessoas que não compreendiam seu desejo de solidão. Ao se embrenhar na floresta, Otim percebeu que, apesar de estar sozinho como sempre desejou, não sabia como sobreviver. Em um sonho, um caçador instruiu Otim a fazer um ebó, oferecendo suas roupas e faca. Despertando, Otim seguiu o conselho, revelando seu corpo de donzela, um segredo que o isolava. Logo apareceu Oxóssi, o caçador, que acolheu Otim, alimentou-o e ensinou a arte da caça. Com o tempo, Otim tornou-se um hábil caçador. Embora tenha seguido seu próprio caminho, Otim às vezes se junta a Oxóssi para caçar. Muitos confundem Otim com Oxóssi, mas só Oxóssi conhece o verdadeiro segredo de Otim.

> A jornada de Otim ensina a importância de buscar nossa própria identidade e de seguir nossos instintos. A experiência é a melhor professora, e aprender com os erros e acertos é fundamental para o crescimento pessoal. A natureza é uma fonte de conhecimento e inspiração, e a conexão com ela pode nos ajudar a encontrar nosso lugar no mundo. O mito de Otim e Oxóssi apresenta uma narrativa sobre a busca pela identidade, a importância da natureza e a força da conexão humana, ensinando a valorizar a individualidade, a buscar o conhecimento e a encontrar nosso lugar no mundo. Use amplamente o poder de ensinar e aprender em sua vida!

Reflita:

Como você pode abraçar sua verdadeira identidade e vulnerabilidades, transformando-as em forças que lhe permitam crescer e prosperar em sua jornada pessoal?

De que maneira você pode buscar e aceitar ajuda, reconhecendo que o apoio e a orientação de mentores podem ser fundamentais para desenvolver novas habilidades e enfrentar desafios?

Quando se sente desconectado ou incompreendido por aqueles ao seu redor, como você pode encontrar coragem para seguir seu próprio caminho, respeitando seus desejos e necessidades autênticas?

Como você pode usar as lições aprendidas ao longo de sua jornada para ajudar e inspirar outros, criando conexões significativas e compartilhando seu conhecimento?

Palavra-chave: #autossuficiência **Orixás:** Otim, Oxóssi

ORUNMILÁ ASCENDE AO CARGO DE ADIVINHO

16
OUT

ORUNMILÁ RECEBE DE OBATALÁ O CARGO DE BABALAÔ

Obatalá admirava a inteligência de Orunmilá e considerava entregar a ele o governo dos segredos do mundo, mas hesitava devido à juventude de Orunmilá. Para testar sua sabedoria, Obatalá pediu que Orunmilá preparasse a melhor comida. Orunmilá fez língua de touro, explicando que a língua é poderosa para conceder axé, ponderar, proclamar virtudes e exaltar obras. Depois, Obatalá pediu então a pior comida e Orunmilá serviu novamente a língua, afirmando que ela também pode causar destruição, calúnia e vilezas. Impressionado com essa dualidade de entendimento, Obatalá concedeu a Orunmilá o governo dos segredos, nomeando-o babalaô, o primeiro "pai do segredo".

> A história de Orunmilá ensina o poder da palavra e a importância de usá-la com sabedoria. O conhecimento traz consigo uma grande responsabilidade e deve ser usado para o bem. A história de Orunmilá demonstra a dualidade da natureza humana, com a capacidade de fazer o bem e o mal. O mito de Orunmilá e Obatalá apresenta uma narrativa sobre a aquisição da sabedoria, a responsabilidade e a dualidade da natureza humana, ensinando que o conhecimento deve ser usado com sabedoria e que a linguagem tem o poder de construir e destruir. Use o coração para pensar e o cérebro para sentir!

Reflita:

Como você reflete sobre a dualidade das ferramentas que usamos na vida, como a linguagem?

De que maneira você considera a importância de reconhecer tanto o potencial positivo quanto o negativo das nossas ações e palavras?

O que você aprende sobre a responsabilidade de liderar e governar os segredos e conhecimentos que nos são confiados?

Como você lida com a ideia de que sabedoria e maturidade não estão necessariamente ligadas à idade?

Palavra-chave: #sabedoria **Orixás:** Orunmilá, Obatalá

17 OUT

O RESPEITO À DIVERSIDADE

XANGÔ DEIXA DE COMER CARNE DE PORCO EM HONRA DOS MALÊS

Xangô, desejando que todas as nações o reconhecessem como rei, tentou levar alguém de sua família para viver entre os malês, que são muçulmanos. No entanto, os malês recusaram, pois só aceitavam aqueles que tinham o mesmo sangue que eles. Insatisfeito, Xangô retornou e, junto com Iansã, decidiu fazer guerra contra os malês. Iansã, coberta de fogo e lançando relâmpagos, liderou o ataque, seguida por Xangô com seus coriscos. A destruição foi tamanha, que os malês, temendo um apocalipse, imploraram por misericórdia. Xangô exigiu submissão, e os malês, com medo, aceitaram seu domínio, permitindo a entrada de membros de sua família. Em respeito a essa nação, Xangô decidiu não comer mais carne de porco, um gesto simbólico de respeito e desejo de ser honrado por eles.

> A história mostra a importância de respeitar as diferentes culturas e crenças. A força bruta pode ser utilizada para conquistar, mas não garante a lealdade e o respeito a longo prazo. A decisão de Xangô de não comer carne de porco demonstra que a paz e o respeito mútuo são valores mais duradouros do que a violência. O mito de Xangô e os malês apresenta uma narrativa complexa sobre poder, cultura e identidade. A história convida a refletir sobre as relações entre diferentes culturas, a importância do respeito mútuo e as consequências da violência. Viva as diferenças!

Reflita:

Como você pode encontrar formas de respeito e entendimento mútuo, mesmo quando as diferenças culturais ou religiosas criam barreiras em seus relacionamentos?

De que maneira pode reconhecer quando é necessário mostrar humildade e respeito para construir pontes e criar alianças, transformando conflitos em oportunidades de colaboração?

Quando enfrenta resistência ou rejeição, como pode transformar essas experiências em aprendizados que promovam crescimento pessoal e respeito pelos outros?

Como pode adotar gestos simbólicos que demonstrem seu compromisso com a harmonia e com o entendimento intercultural, inspirando outros a seguirem seu exemplo?

Palavra-chave: #respeito **Orixás:** Xangô, Iansã

EXU EXECUTA A JUSTIÇA

EXU CORTA O NARIZ DO ARTESÃO QUE NÃO FEZ O EBÓ PROMETIDO

Um marceneiro talentoso e desempregado sonhou com um garoto usando um barrete vermelho que lhe prometeu muito trabalho e dinheiro. Porém, isso aconteceria desde que fizesse um ebó para Exu após seu primeiro serviço. O ebó envolvia um galo preto, lenha, fósforos, uma vela, azeite de dendê e outros itens a serem oferecidos a Exu. O garoto advertiu que Exu tomaria seu nariz se não cumprisse. Apesar de concordar no sonho, ao acordar, o marceneiro ignorou a promessa. Ele começou a receber muitos trabalhos e prosperou, mas nunca fez o ebó. Um dia, enquanto trabalhava, o garoto reapareceu, alertando-o sobre o risco de cortar o nariz. O marceneiro, desatento, acidentalmente decepou o próprio nariz. O garoto lembrou-o da promessa não cumprida e levou o nariz embora como pagamento a Exu.

> A história ensina a importância de cumprir nossas promessas, especialmente aquelas feitas aos poderes superiores. Suas ações têm consequências, e é importante assumir a responsabilidade por elas. A história demonstra o poder dos orixás e a necessidade de respeitá-los e honrá-los. O mito do marceneiro e Exu apresenta uma narrativa sobre a importância de cumprir as promessas e as consequências da ingratidão, ensinando que as forças divinas observam nossas ações e que a justiça sempre prevalece.

Reflita:

Como você pode garantir que cumpra suas promessas e compromissos, reconhecendo que as palavras e intenções têm consequências e devem ser honradas?

De que maneira pode se lembrar da importância de agradecer e retribuir as oportunidades e bênçãos recebidas, mantendo um equilíbrio justo entre dar e receber?

Quando você negligencia suas responsabilidades ou promessas, como pode aprender com as consequências e adotar práticas que garantam maior responsabilidade e integridade no futuro?

Como pode cultivar uma atitude de gratidão e reconhecimento, realizando gestos simbólicos ou rituais que reforcem seu compromisso com aqueles que o ajudam em sua jornada?

Palavra-chave: #consequência **Orixá:** Exu

19 OUT

O REI PERDE O TRONO E GANHA A DIVINIZAÇÃO

XANGÔ É DESTRONADO E SE TORNA UM ORIXÁ

Xangô, um rei apaixonado pela guerra, enviava constantemente seus exércitos para destruir outros reinos. Seu próprio povo em Oió começou a questionar seu reinado, desejando um líder que proporcionasse sustento, não apenas escravos. Eles confrontaram Xangô, pedindo que ele abdicasse. Xangô, reconhecendo seu cansaço com aquela vida, aceitou a decisão e foi para a floresta, onde aparentemente se enforcou. No entanto, quando o povo foi verificar, não encontraram seu corpo. Xangô havia ascendido ao Céu por meio de correntes, transformando-se em um orixá. Mocuá, o sacerdote de Xangô, alertou o povo que Xangô não havia morrido e que qualquer um que dissesse o contrário enfrentaria sua ira, simbolizada por raios, fogo e trovões.

> A história de Xangô mostra que a evolução espiritual é um processo contínuo e que podemos mudar e nos transformar ao longo da vida. A busca por poder e conquistas nem sempre leva à felicidade. A paz e a harmonia são valores mais duradouros. A transformação de Xangô em orixá o torna um ancestral venerado, mostrando a importância de honrar os antepassados ilustres. O mito de Xangô apresenta uma narrativa sobre a jornada de um líder guerreiro em direção à espiritualidade. A história de Xangô estimula você a refletir sobre a importância da mudança, da evolução e da conexão com o divino.

Reflita:

Como você pode aprender a reconhecer quando é hora de deixar uma posição ou situação que não mais serve ao bem maior, aceitando mudanças necessárias para seu crescimento pessoal e o bem-estar dos outros?

De que maneira pode transformar momentos de aparente fracasso ou rejeição em oportunidades para renascer e encontrar novos propósitos que ressoem com suas verdadeiras paixões e habilidades?

Quando enfrenta críticas ou questionamentos sobre suas ações, como pode usá-los como catalisadores para reflexão e transformação, buscando um caminho que traga harmonia e satisfação?

Como pode aceitar e abraçar sua evolução pessoal, permitindo que antigos papéis e identidades sejam deixados para trás em prol de novas experiências e realizações?

Palavra-chave: #transformação **Orixá:** Xangô

A SEDUÇÃO DE OXUM VERSUS A VALENTIA DE IANSÃ

OXUM SEDUZ IANSÃ

20 OUT

Oxum, ao ver Iansã, ficou encantada por sua beleza e decidiu seduzi-la. Com sua determinação e independência, Oxum planejou roubar a coroa de Iansã. Frequentemente, Oxum passava pela casa de Iansã, carregando uma quartinha de água na cabeça, enquanto cantava e dançava de forma provocante. Inicialmente, Iansã não percebeu as intenções de Oxum, mas acabou se entregando à sedução. No entanto, quando Oxum se voltou para novas conquistas, Iansã, sentindo-se traída, buscou vingança. Para escapar da ira de Iansã, Oxum fugiu para o rio, onde se escondeu e vive até hoje.

> Oxum e Iansã exploram os temas da sedução, traição e as complexidades das relações entre mulheres. A determinação de Oxum em seduzir Iansã revela uma estratégia ousada, em que a beleza e a provocação são usadas como armas para alcançar seus objetivos. A transformação de uma relação inicialmente amigável em um conflito acirrado destaca a vulnerabilidade que pode surgir da sedução e da ambição, mostrando como as intenções podem ser mal interpretadas e levar a desentendimentos. A traição de Oxum, ao se afastar em busca de novas conquistas, acende a ira de Iansã, simbolizando como a deslealdade pode gerar consequências severas nas relações interpessoais. A fuga de Oxum para o rio representa não apenas um ato de sobrevivência mas também a busca por um espaço seguro onde ela possa se proteger de sua rival, mostrando a necessidade de resiliência e adaptação diante de conflitos. Reconheça a complexidade das emoções humanas, em que a beleza, o amor e a traição estão entrelaçados em um ciclo que pode gerar muitas consequências, como sedução e vingança.

Reflita:

O que você sente sobre a natureza passageira das paixões e seus impactos nas relações?

De que forma você pode aprender sobre a importância de respeitar os sentimentos e os limites dos outros?

O que você tem recebido de consequências ao seguir desejos impulsivos sem considerar as repercussões?

Como pode inspirar outras pessoas a buscar equilíbrio entre desejo e responsabilidade em suas interações, a partir do que viveu e quer viver?

Palavra-chave: #sedução **Orixás:** Oxum, Iansã

21 OUT — EXU TIRA E PÕE O PERIGO NA SUA VIDA

EXU PÕE ORUNMILÁ EM PERIGO E DEPOIS O SALVA

Orunmilá decidiu viajar a Ouô e consultou seus coquinhos de adivinhação, mas não obteve respostas claras. Impaciente, seguiu viagem e encontrou Exu várias vezes no caminho. Cada vez que passava, parecia que aparentemente vinha de direções opostas. Próximo a Ouô, Exu colocou obis na estrada, que Orunmilá comeu, atraindo um fazendeiro que o acusou de roubo. Durante a luta, Orunmilá foi ferido. Exu, tendo observado tudo, foi à cidade à noite e feriu as mãos de todos os habitantes, incluindo o rei e o fazendeiro. Quando Orunmilá chegou à cidade, Exu o acompanhou e defendeu-o perante o rei. Ao mostrar que todos tinham feridas semelhantes, Exu provou a inocência de Orunmilá, que foi recompensado pela falsa acusação. O mito ilustra a natureza dual de Exu, que pode causar problemas, mas também resolvê-los.

> A história de Exu mostra que a vida é cheia de contrastes e que o bem e o mal estão constantemente presentes. A justiça é restaurada quando a verdade é revelada e a culpa é atribuída à pessoa correta. A intuição de Orunmilá, mesmo falhando inicialmente, o guia para a resolução do problema. O mito de Exu e Orunmilá apresenta uma narrativa sobre a dualidade da natureza humana e a importância do equilíbrio. A figura de Exu, embora controversa, é determinante para a manutenção da ordem cósmica.

Reflita:

Como você pode aprender a lidar com situações confusas e aparentemente negativas, reconhecendo que mesmo os desafios podem conter oportunidades para aprendizado e crescimento?

De que maneira você pode entender e aceitar a dualidade da vida, sabendo que as mesmas forças que causam problemas podem também trazer soluções?

Quando enfrenta acusações ou injustiças, como você pode manter a calma e a confiança no fato de que a verdade prevalecerá, permitindo que sua integridade e caráter brilhem?

Como pode desenvolver a paciência e a confiança para navegar em situações incertas, usando a intuição e a fé para guiar suas decisões?

Palavra-chave: #dualidade **Orixás:** Exu, Orunmilá

O QUARTO REI É XANGÔ

XANGÔ TORNA-SE O QUARTO REI DE OIÓ

22
OUT

Xangô, filho de Oraniã, tornou-se o quarto Alafim de Oió após destronar seu irmão Ajacá-Dadá, que era um líder mais pacífico e menos preparado para governar. Xangô, um grande guerreiro, foi criado na terra dos nupes e fundou a cidade de Cossô. Ele assumiu o trono de Oió, uma cidade poderosa e capital do império, fundado por Odudua. Durante seu reinado de sete anos, Xangô consolidou o poder de Oió, um império que unificava várias cidades importantes da região iorubá. Após seu reinado, Ajacá-Dadá retornou ao poder em Oió.

> A história de Xangô mostra que o poder traz consigo grandes responsabilidades. A figura de Xangô, que tem tanto qualidades positivas quanto negativas, lembra da importância de encontrar um equilíbrio entre força e compaixão. As ações e escolhas deixam um legado para as futuras gerações. É importante agir de forma consciente e responsável. A história de Xangô mostra que a vida é um processo de constante transformação e que podemos evoluir e transcender nossas limitações, bem como oferece uma visão complexa sobre o poder, a liderança e a natureza humana. Através da figura de Xangô, você pode refletir sobre a importância do equilíbrio entre força e compaixão, e sobre o legado que você vai deixar para as futuras gerações.

Reflita:

Como você pode usar suas experiências passadas para assumir papéis de liderança com confiança, mesmo quando enfrenta desafios complexos?

De que maneira você pode equilibrar a força e a sabedoria para unificar e fortalecer grupos ou comunidades sob sua liderança?

Quando você enfrenta transições de poder ou mudanças de papel, como pode garantir que seu legado e impacto positivo continuem a influenciar os outros?

Como você pode aprender a reconhecer o momento certo para ceder ou retomar o controle em situações que exigem diferentes estilos de liderança?

Palavra-chave: #liderança **Orixás:** Xangô, Odudua, Oraniã, Ajacá-Dadá (Dadá)

23 OUT

O PASSADO MUDA O PRESENTE

EXU MATOU UM PÁSSARO ONTEM COM UMA PEDRA QUE SÓ JOGOU HOJE

Em um reino onde o tempo não flui de forma linear, Exu, o senhor dos caminhos e mensageiro dos orixás, caminhou por uma estrada poeirenta. Avistou um pássaro morto e, com um movimento rápido, lançou uma pedra em sua direção. O pássaro foi atingido em cheio; sem vida estava, sem vida permaneceu. O que parecia um ato trivial revelou a natureza complexa de Exu: a pedra que ele lançou naquele dia, na verdade, já havia atingido o pássaro no dia anterior.

A vida é um enigma, repleto de nuances e contradições que desafiam a compreensão racional. O mito convida a uma profunda reflexão sobre as certezas, estimulando a aceitar que nem sempre a lógica se aplica à complexidade da existência. Ao se deparar com situações que desafiam a razão, você é instigado a questionar seus próprios paradigmas e a abrir-se para novas possibilidades. Assim como nos ensinamentos de Exu, as ações e suas consequências podem se entrelaçar de forma complexa e inesperada, revelando a natureza paradoxal do tempo e da causalidade. Ao reconhecer essa complexidade, você se liberta da necessidade de ter todas as respostas e abraça a incerteza como parte intrínseca da jornada. Avalie em quais aspectos da sua vida você está disposto a se permitir essa abertura e a explorar os mistérios que a envolvem.

Reflita:

De que maneira você percebe que os efeitos de suas ações podem transcender o tempo, impactando o passado, presente e futuro de maneiras inesperadas?

Como você pode aceitar e navegar em situações em que a lógica e o tempo parecem não seguir um curso linear, permitindo que sua intuição guie suas decisões?

Quando você se depara com eventos que desafiam a compreensão convencional, como pode manter a mente aberta e explorar novas formas de interpretar a realidade?

Como você pode cultivar a habilidade de enxergar as conexões sutis entre suas ações e seus resultados, reconhecendo que tudo está interligado de maneiras que podem não ser imediatamente aparentes?

Palavra-chave: #temporalidade **Orixá:** Exu

A ATRAPALHAÇÃO DE EXU COM AS PALAVRAS

EXU ATRAPALHA-SE COM AS PALAVRAS

No início dos tempos, enquanto Orunmilá organizava a Terra, ele era frequentemente consultado por orixás, humanos e animais sobre seus destinos. Exu sugeriu que cada criatura fosse apresentada com uma questão simples, cuja resposta definiria seu modo de vida. Orunmilá aceitou a proposta. Durante o processo, Orunmilá perguntou a um humano se ele preferia viver dentro ou fora, e a resposta "dentro" levou à decisão de que humanos viveriam em casas. Quando a mesma pergunta foi feita a Exu, ele, distraído pela ideia de confundir Orunmilá, respondeu rapidamente "fora", mas logo tentou corrigir para "dentro". Orunmilá, percebendo a intenção de Exu de causar confusão, decidiu seguir a primeira resposta. Assim, decretou que Exu viveria fora, ao ar livre. Desde então, as imagens de Exu são mantidas fora das casas e dos templos.

> As palavras têm poder, e as suas escolhas verbais podem ter consequências duradouras. Assim como Exu, a natureza humana é complexa e contraditória, com capacidade para o bem e para o mal. As suas escolhas, por mais impulsivas que sejam, têm consequências que você deve aceitar. Esse mito apresenta uma faceta mais leve e divertida de Exu, destacando sua natureza travessa e imprevisível. Ao mesmo tempo, ele ensina sobre a importância das palavras, as consequências de suas ações e a dualidade da natureza humana.

Reflita:

Como você pode aprender a ser mais consciente e deliberado em suas respostas e decisões, evitando agir impulsivamente e se atrapalhar com suas próprias palavras?

De que maneira você pode aceitar as consequências de suas escolhas iniciais, mesmo quando deseja corrigi-las, e encontrar maneiras de prosperar em qualquer situação?

Quando você percebe que suas ações podem causar confusão, como pode reorientar suas intenções e comunicar-se de forma clara para evitar mal-entendidos?

Como você pode usar a experiência de viver "fora" de sua zona de conforto como uma oportunidade para aprender e crescer, adaptando-se a novas circunstâncias com resiliência?

Palavra-chave: #consequência   **Orixás:** Exu, Orunmilá

25 OUT

OXALÁ EXIGE QUE XANGÔ COMA COM OS ESCRAVOS

XANGÔ É LEVADO A REVER SEUS CONCEITOS

Xangô Airá, vestido de branco, foi buscar Oxalufã, o velho Oxalá, para levá-lo a uma festa em sua cidade. Carregando Oxalufã nas costas devido à sua idade avançada e lentidão, Xangô mostrou-lhe seu vasto império do alto de uma pedreira. Lá de cima, avistou Oiá preparando o amalá, um prato irresistível para ele. Perdendo o controle, Xangô desceu correndo, deixando Oxalufã cair entre as pedras. Ofendido pelo desrespeito, Oxalufã lançou maldições sobre o povo de Xangô. Arrependido, Xangô ordenou que seu povo cuidasse de Oxalufã, oferecendo-lhe água fresca, panos limpos e um banquete de caracóis e inhames. Oxalufã aceitou as desculpas, mas impôs a Xangô um castigo eterno: ele nunca mais poderia comer em pratos de louça ou cerâmica, apenas em gamelas de madeira, como os escravos e animais.

> A história de Xangô ensina a importância de respeitar os mais velhos e a sabedoria que eles têm. Todas as ações têm consequências, e é importante assumir a responsabilidade por elas. A humildade é uma virtude que permite aprender com os outros e evoluir como pessoas. O mito de Xangô e Oxalufã apresenta uma narrativa sobre a importância do respeito, da humildade e das consequências dos atos, ensinando que mesmo os mais poderosos podem errar e que a verdadeira grandeza está em reconhecer os próprios erros e aprender com eles. Reconheça os seus erros e siga em frente!

Reflita:

Como você pode aprender a controlar seus impulsos para evitar decisões precipitadas que possam ferir aqueles que você respeita e ama?

De que maneira você pode demonstrar humildade e arrependimento genuíno quando suas ações causam ofensa, buscando maneiras sinceras de reparar e aprender com seus erros?

Quando você enfrenta consequências por suas ações, como pode aceitar e aprender com elas, transformando o castigo em uma oportunidade para crescimento e reflexão?

Como você pode adaptar-se a novas circunstâncias e restrições, usando-as como um lembrete constante de suas lições de vida e mantendo um espírito resiliente e humilde?

Palavra-chave: #humildade **Orixás:** Xangô Airá, Oxalufã (Oxalá), Oiá

A FORJA DE OGUM AJUDA OXAGUIÃ

OGUM FEZ EM SUA FORJA AS FERRAMENTAS PARA PLANTAR E COLHER MELHOR A LAVOURA DE OXAGUIÃ

Oxaguiã enfrentava dificuldades para cultivar a terra e alimentar seu povo com inhame. Observando a luta do jovem orixá, Ogum, o mestre ferreiro, usou sua habilidade e força para forjar em sua oficina ferramentas como enxadas, foices e arados. Com esses instrumentos, Oxaguiã pôde cultivar a terra com mais eficiência, garantindo fartura e prosperidade para sua comunidade.

> O mito convida a uma profunda reflexão sobre a importância da união e do trabalho em equipe para alcançar os objetivos. Assim como Ogum e Oxaguiã, ao unirmos nossas forças e habilidades, é possível construir um futuro mais próspero. Você precisa cultivar ferramentas como autoconhecimento, resiliência e adaptabilidade para alcançar seus objetivos. Ao colaborar com familiares, amigos, colegas e mentores, você planta sementes que geram frutos abundantes. Os desafios do cultivo são inevitáveis, mas a preparação para superá-los reside em sua capacidade de organização, superação do medo do fracasso e busca por apoio. Ao refletir sobre essas questões, você está dando um passo importante rumo ao seu crescimento pessoal e profissional.

Reflita:

Como você pode reconhecer quando alguém ao seu redor está enfrentando dificuldades e usar suas habilidades únicas para oferecer apoio e soluções criativas?

De que maneira você pode colaborar com outros, combinando forças e talentos, para superar desafios e alcançar objetivos comuns?

Quando você testemunha a transformação e o crescimento de uma comunidade, como pode compartilhar esse sucesso, inspirando outros a também contribuírem para o bem-estar coletivo?

Como você pode continuar a aperfeiçoar suas habilidades e conhecimentos, garantindo que esteja sempre pronto para fazer a diferença e trazer prosperidade a quem precisa?

Palavra-chave: #colaboração **Orixás:** Ogum, Oxaguiã

27 OUT

EXU USA SEU PODER, MAS NÃO CONSEGUE VENCER A MORTE

A MORTE É IMPLACÁVEL ATÉ MESMO PARA EXU

Exu é conhecido por suas travessuras e por seu poder. Por esses motivos, ele resolveu enfrentar Icu, a Morte. Apesar de sua bravura, Exu não conseguiu vencê-lo na batalha. A cidade se reuniu para assistir ao duelo, no qual Exu lutou com seu porrete, mas Icu mostrou-se ágil e acabou por desarmá-lo, prestes a matá-lo. No último momento Orunmilá interveio, retirando o porrete de Icu e salvando Exu. Esse evento destacou a invencibilidade de Icu, reforçando que ninguém pode derrotar a Morte.

> Mesmo os mais poderosos estão sujeitos às leis da natureza e da morte. A história lembra a inevitabilidade da morte e a importância de vivermos a vida de forma plena. A figura de Orunmilá como mediador entre os homens e os deuses destaca a importância da espiritualidade para lidar com questões existenciais, e este mito apresenta uma reflexão profunda sobre a natureza da vida e da morte. Ele mostra que, apesar de todo o nosso poder e conhecimento, a morte é uma força invencível que toca absolutamente a todos.

Reflita:

Como você pode aceitar as limitações da vida, reconhecendo que alguns desafios são inevitáveis e devem ser enfrentados com coragem e humildade?

De que maneira você pode valorizar e respeitar a sabedoria dos outros, permitindo que suas intervenções e conselhos ajudem você em momentos críticos?

Quando você enfrenta situações que parecem insuperáveis, como pode encontrar força em sua comunidade, sabendo que o apoio coletivo pode ser indispensável em tempos difíceis?

Como você pode viver de maneira plena e significativa, reconhecendo a presença constante da morte como um lembrete para valorizar cada momento e conexão em sua vida?

Palavra-chave: #invencibilidade **Orixás:** Exu, Orunmilá

XANGÔ TRANSITA EM SEUS AMORES

XANGÔ DEIXA A VELHA OBÁ E ENCONTRA OXUM

Xangô, conhecido por seu espírito aventureiro, encontrou Obá, uma poderosa orixá, e viveu com ela por um tempo. Apesar do carinho de Obá, ele se cansou e fugiu, temendo as cóleras de Orixalá. Sua vida tornou-se uma série de desafios e guerras, levando-o a clamar por ajuda divina. Durante suas andanças, Xangô encontrou refúgio com Oxum, uma rainha de grande beleza, que o acolheu em seu palácio de cristal. Desconfiado devido à conexão de Oxum com Obá, ele pediu uma rota de fuga, que Oxum prontamente providenciou. Convencido da sinceridade de Oxum, Xangô entrou no palácio. Seus inimigos, acreditando que ele havia escapado, consultaram os babalaôs, que criaram uma estátua de Xangô para enganá-los. Xangô, então, revelou seu poder divino, impressionando a todos. Os babalaôs, liderados por Cancanfô, aconselharam Xangô a realizar um ebó para mudar seu destino errante. Aceitando o conselho, Xangô prometeu participar do ritual. Obá apareceu, exigindo que seu ritual fosse feito junto com o de Xangô, mas Cancanfô decidiu separá-los. Ao unir-se a Oxum, a terra foi abençoada com uma chuva benéfica, simbolizando renovação e harmonia.

> O mito de Xangô mostra que as relações humanas são complexas e cheias de nuances. A jornada de Xangô em busca de um novo amor e de uma vida mais tranquila reflete a procura universal pela felicidade. As experiências de Xangô demonstram que a perda e o sofrimento são parte integrante da vida e que a partir deles é possível renascer. A transformação de Xangô, de um guerreiro para um líder espiritual, mostra a importância da mudança e da evolução pessoal. O mito de Xangô, Obá e Oxum apresenta uma narrativa rica em simbolismo e emoção, convidando a refletir sobre temas como amor, perda, transformação e busca pela felicidade. Lembre-se de que a vida é uma jornada cheia de desafios e oportunidades, e de que a capacidade de mudar e se adaptar é fundamental para o seu crescimento pessoal.

Reflita:

Como você pode reconhecer quando é hora de deixar uma situação que não lhe serve mais, mesmo que isso signifique enfrentar desafios e incertezas?

De que maneira você pode confiar em novas alianças e conexões, permitindo que outros ajudem você a encontrar refúgio e apoio nos momentos difíceis?

Quando você se depara com escolhas difíceis, como pode utilizar a sabedoria e os conselhos daqueles ao seu redor, garantindo que suas decisões sejam bem fundamentadas e promissoras?

Como você pode abraçar a mudança e a renovação em sua vida, sabendo que novas experiências e relacionamentos podem trazer bênçãos e harmonia inesperadas?

Palavra-chave: #renovação **Orixás:** Xangô, Oxum, Obá, Orixalá (Oxalá)

29 OUT

A CONFUSÃO DE EXU COM AS AIABÁS

EXU INSTAURA O CONFLITO ENTRE IEMANJÁ, OIÁ E OXUM

Iemanjá, Oiá e Oxum, enquanto estavam no mercado, foram abordadas por Exu, que lhes pediu para vender uma cabra por 20 búzios e dividir metade do lucro entre elas. Após a venda, elas se viram incapazes de dividir dez búzios igualmente e começaram a discordar sobre quem deveria ficar com o búzio extra. Cada uma tinha um argumento: Iemanjá, a mais velha, dizia que ela deveria receber, enquanto Oxum, a mais nova, discordava, e Oiá, a do meio, também reivindicava o búzio extra. Várias pessoas tentaram dividir os búzios, mas nenhuma delas conseguiu satisfazer as três. Exu retornou e ao perceber a discórdia dividiu três búzios para cada e dedicou o décimo búzio aos antepassados, ressaltando a importância de compartilhar e lembrar aqueles que vieram antes. As três aceitaram a solução de Exu e o incidente ensinou a todos sobre a importância de honrar os antepassados.

> A história ensina que compartilhar é mais gratificante do que acumular. A aceitação da solução de Exu demonstra a importância da humildade e da generosidade para resolver conflitos. Honrar os ancestrais é uma forma de fortalecer os laços familiares e comunitários. O mito de Exu, Iemanjá, Oiá e Oxum apresenta uma narrativa sobre a natureza humana e a importância da divisão e do respeito aos mais velhos. A história ensina que, mesmo em momentos de conflito, é possível encontrar soluções justas e equitativas. Humildade não é só um agrado para a sociedade, mas verdadeiramente uma ferramenta de conexão com as pessoas e solução de problemas variados. Exercite esse seu lado no dia de hoje!

Reflita:

Como você pode encontrar soluções criativas para conflitos, buscando maneiras de satisfazer todas as partes envolvidas e promovendo a harmonia?

De que maneira você pode reconhecer a sabedoria dos outros, especialmente quando eles oferecem perspectivas inesperadas que podem resolver disputas?

Quando você se depara com desafios relacionados à divisão justa de recursos, como pode incorporar o valor de compartilhar e honrar o legado daqueles que vieram antes de você?

Como você pode aprender a resolver conflitos de forma pacífica, valorizando a importância da comunicação aberta e do respeito mútuo em suas relações?

Palavra-chave: #harmonia **Orixás:** Exu, Iemanjá, Oiá, Oxum

OXÓSSI E A AMIZADE

30 OUT

ODÉ NOS ENSINA QUE NOSSO DESTINO SERÁ TANTO MELHOR QUANTO A NOSSA CAPACIDADE DE FAZER AMIGOS E CONTAR BOAS HISTÓRIAS

Oxóssi, ou Odé, o mestre caçador, conhecia como ninguém a arte de tecer laços e cultivar amizades. Ele sabia que, na jornada da vida, contar com aliados e compartilhar histórias era essencial para a sobrevivência e o sucesso. Por meio da amizade, encontramos apoio, aprendizado e companhia para enfrentar os desafios. Já as histórias com que transmitimos conhecimento, valores e experiências propiciam construir pontes entre as gerações e fortalecem a comunidade.

> Boas histórias são ferramentas poderosas que permitem compartilhar conhecimentos e experiências, transmitindo sabedoria e valores que fortalecem a identidade cultural e os laços comunitários, criando um profundo senso de pertencimento. Elas inspiram, motivam e conectam as pessoas, promovendo empatia e compreensão mútua. A conexão com outros enriquece a jornada e traz mais sentido à vida, enquanto as "pontes" construídas entre gerações por meio das histórias compartilhadas promovem um ambiente de troca enriquecedora. Ao compartilhar vivências, você promove laços autênticos, lembrando-se de que a conexão humana e a troca de histórias dão sentido à vida.

Reflita:

Como você pode cultivar e nutrir amizades autênticas, reconhecendo que elas são uma fonte inestimável de apoio e crescimento ao longo de sua jornada?

De que maneira você pode usar suas experiências e histórias pessoais para inspirar e conectar-se com os outros, transmitindo sabedoria e fortalecendo os laços comunitários?

Quando você enfrenta desafios, como pode recorrer àqueles amigos que compartilham seus valores e visão, sabendo que juntos são mais fortes?

Como você pode honrar a tradição de contar histórias, garantindo que os ensinamentos e memórias sejam passados adiante, criando um legado duradouro e enriquecedor?

Palavra-chave: #amizade **Orixá:** Oxóssi (Odé)

31 OUT NASCE O CULTO PARA XANGÔ

XANGÔ TEM SEU CULTO ORGANIZADO PELOS 12 OBÁS

Xangô, um simples escravo cortador de capim, foi escolhido como rei em uma terra onde a sucessão real era incerta. Para ganhar prestígio e temor do povo, ele usou um objeto que soltava fogo pela boca trazido por uma mulher de confiança da terra dos baribas. Quando um general desafiou Xangô e o derrotou, Xangô foi aconselhado por Oiá a enforcar-se para evitar a humilhação de ser deposto. Após sua morte, seus amigos sofreram perseguições, mas buscaram a ajuda de Ossaim, que trouxe confusão e destruição à cidade. A população entendeu isso como um castigo de Xangô, que agora estava no Céu. Em resposta, foi criada a sociedade dos obás, com 12 ministros dedicados ao culto de Xangô, que se tornou o orixá mais celebrado e temido entre os iorubás.

> A crença na divindade de Xangô demonstra a força da fé e a capacidade das pessoas de transformar um líder humano em algo divino. A criação dos 12 obás mostra a importância da organização e da estrutura para manter e perpetuar uma tradição religiosa que também pode ser entendida de forma expandida para a sua vida. Se organizar e estruturar no destino é fundamental! A história de Xangô lembra também a inevitabilidade da morte e a importância de celebrar a vida. Esse mito nos apresenta uma narrativa sobre a origem do culto a Xangô, mostrando mostra como uma figura histórica pode se transformar em uma divindade e como as crenças religiosas podem moldar a sociedade.

Reflita:

Como você pode transformar situações adversas em oportunidades para se reinventar e deixar um legado poderoso?

De que maneira você pode buscar apoio e conselhos de aliados confiáveis em momentos de crise, reconhecendo a importância de uma rede de suporte?

Quando confrontado com desafios que ameaçam sua posição ou dignidade, como você pode enfrentar essas dificuldades com coragem e sabedoria, garantindo que sua história inspire e motive os outros?

Como você pode honrar e perpetuar tradições que celebram força e resiliência, contribuindo para a cultura e identidade de sua comunidade?

Palavra-chave: #resiliência **Orixás:** Xangô, Oiá, Ossaim

NOVEMBRO

MÊS DOS REIS E DA CONSCIÊNCIA NEGRA

Orixás: Exu, Ogum, Xangô, Oxóssi

Novembro, o mês da Consciência Negra, é dedicado a quatro orixás que representam a realeza, a justiça e a luta. Exu, o primeiro e último a ser cultuado, Ogum, o guerreiro que abriu os caminhos, Xangô, o rei da justiça, e Oxóssi, o caçador que garante a fartura. Juntos, eles personificam a força, a liderança e a perseverança da cultura africana.

"Novembro, mês dos reis, em que a força de Exu, a luta de Ogum, a justiça de Xangô e a fartura de Oxóssi nos lembram da nossa realeza interior."

1 NOV

A LUTA ENTRE XANGÔ E OGUM

XANGÔ VENCE OGUM NA PEDREIRA

Xangô e Ogum, dois poderosos guerreiros e filhos de Iemanjá, sempre disputaram entre si o amor de sua mãe e de suas amadas, Oxum e Iansã. Em uma dessas batalhas, Xangô usou sua astúcia e magia para vencer Ogum. Durante a disputa por Iansã, ele atraiu Ogum para uma pedreira e lançou seu machado (oxê), desencadeando um estrondo que provocou uma avalanche de pedras, soterrando Ogum. Essa vitória única de Xangô sobre Ogum fez da pedreira um elemento associado a Xangô. Apesar dessa vitória, a rivalidade entre Xangô e Ogum persiste, simbolizando a eterna luta entre força e estratégia.

> A vitória de Xangô demonstra que a força bruta nem sempre é suficiente para vencer, sendo a inteligência e a estratégia elementos cruciais. A rivalidade entre Xangô e Ogum reflete a dualidade presente na natureza humana, em que não cabe a constante luta entre o bem e o mal, mas sim entre a criação e a destruição. O mito da batalha entre Xangô e Ogum na pedreira apresenta uma narrativa rica em simbolismos, que explora temas como poder, rivalidade e busca por equilíbrio entre a força e a sabedoria. A vitória de Xangô representa a importância da estratégia e da inteligência para superar os desafios da vida. Vença a vida, a começar por você mesmo!

Reflita:

Como você pode utilizar sua inteligência e estratégia para superar desafios, sabendo que a força bruta nem sempre é a resposta mais eficaz?

De que maneira você pode equilibrar rivalidades e conflitos, buscando soluções que respeitem tanto os seus interesses quanto os dos outros envolvidos?

Quando você enfrenta situações de competição, como pode manter sua integridade e seus valores, garantindo que suas ações sejam justas e honradas?

Como você pode aprender com suas vitórias e derrotas, transformando cada experiência em uma lição valiosa para o futuro?

Palavra-chave: #estratégia **Orixás:** Xangô, Ogum, Iemanjá, Oxum, Iansã

O DIA EM QUE IEMANJÁ FINGIU ESTAR MORTA

IEMANJÁ FINGE-SE DE MORTA PARA ENGANAR OGUM

2 NOV

No tempo em que os orixás chegaram à Terra, Iemanjá desejava se livrar de Ogum para ficar com seu amante. Ela fingiu estar morta, enganando Ogum, que colocou seu corpo aos pés de Iroco conforme o costume da época. Após Ogum partir, Iemanjá celebrou com seu amante e voltou ao mercado. A filha de Iemanjá e Ogum viu sua mãe viva no mercado e contou ao pai. Incrédulo, Ogum foi ao mercado no dia seguinte e encontrou Iemanjá viva. Irado, ele a levou a Olofim-Olodumare, que decidiu que, dali em diante, todos os mortos deveriam ser enterrados para evitar enganos semelhantes.

> O mar, domínio de Iemanjá, representa a liberdade e a possibilidade de um novo começo. A morte, nesse contexto, é vista como uma forma de libertação dos laços conjugais e sociais. O enterro dos mortos serve como proteção contra a possibilidade de ressurreição e novas traições. O mito de Iemanjá e Ogum apresenta uma narrativa sobre amor, traição, morte e construção de tradições. A história de Iemanjá nos mostra a complexidade da natureza humana e a importância dos ritos funerários na nossa cultura. Viva o luto, seja ele literal ou simbólico. É muito importante viver todas as etapas de um ciclo para começar um outro renovado.

Reflita:

Como você encara a mortalidade e quais são suas reflexões sobre o fim da vida?

De que maneira os rituais e tradições funerárias ajudam a lidar com o luto e a partida de entes queridos?

Como a percepção da morte influencia suas escolhas e prioridades na vida cotidiana?

Qual é a importância de encontrar significado e legado em sua existência, sabendo que a morte é uma certeza para todos?

Palavra-chave: #morte **Orixás:** Iemanjá, Ogum, Iroco

3 NOV

A INTRIGA FOI INSTIGADA PELA VAIDADE

EXU PROVOCA A RIVALIDADE ENTRE DUAS ESPOSAS

Em uma casa onde reinava a paz entre um homem e suas duas esposas, Exu decidiu criar discórdia. Ele fabricou um lindo chapéu e, disfarçado de vendedor, foi ao mercado. Uma das esposas comprou o chapéu para o marido, que ficou tão encantado com o presente, que passou a dar mais atenção a ela, causando ciúmes na outra esposa. No dia seguinte, a segunda esposa comprou um chapéu ainda mais bonito de Exu, recebendo carinhos redobrados do marido e provocando ciúmes na primeira. Esse ciclo de competição e ciúmes continuou, com Exu sempre vendendo chapéus mais bonitos. Até que a rivalidade entre as esposas se intensificou a ponto de transformar a vida doméstica em uma constante disputa. Finalmente, Exu parou de aparecer com os chapéus, deixando as esposas desorientadas e a família em completa confusão.

> A história mostra a natureza humana, com suas qualidades e defeitos, como a inveja, a cobiça e a competição. A narrativa destaca a importância da harmonia nas relações humanas e os danos que a discórdia pode causar. A constante comparação com os outros pode gerar insatisfação e infelicidade. O mito de Exu e as duas esposas apresenta uma narrativa sobre a natureza humana, a importância da harmonia e os perigos da inveja. A felicidade não se encontra na posse de bens materiais, mas sim nas relações interpessoais e na busca por um equilíbrio interior!

Reflita:

Como você pode reconhecer e neutralizar fontes de discórdia em seus relacionamentos, evitando que pequenas rivalidades cresçam e causem desarmonia?

De que maneira você pode cultivar a comunicação aberta e a confiança mútua em suas relações, garantindo que todos se sintam valorizados e respeitados?

Quando você percebe que está preso em um ciclo de competição, como pode reorientar seu foco para a cooperação e o apoio mútuo, construindo um ambiente de paz e compreensão?

Como você pode aprender a lidar com o ciúme e a insegurança, transformando essas emoções em oportunidades para crescimento pessoal e fortalecimento de vínculos?

Palavra-chave: #rivalidade **Orixá:** Exu

AS ERVAS DE OSSAIM E SEUS PODERES DE CURA

OSSAIM NÃO CORTA AS ERVAS MIRACULOSAS

4 NOV

Ossaim, senhor das ervas medicinais, detém o conhecimento ancestral sobre as propriedades curativas de cada planta, folha e raiz. Ele sabe que as ervas são sagradas e que seu poder de cura deve ser usado com sabedoria e responsabilidade. Por isso, ele não corta as ervas miraculosas indiscriminadamente, mas sim com cuidado e respeito, apenas quando necessário, utilizando-as apenas para o bem-estar de todos.

> A conexão com o sagrado se revela na reverência às ervas, que são fundamentais para a saúde e o equilíbrio do planeta. Ossaim inspira a estar em harmonia com as "folhas da natureza" e a explorar as "raízes do nosso Eu mais profundo", reconhecendo que essa conexão é sagrada. A sabedoria de Ossaim ao não cortar as ervas milagrosas leva a reavaliar a relação com a natureza, promovendo uma conexão mais profunda com o poder curativo das plantas. Esse é um chamado para preservar a sabedoria ancestral e usar os recursos naturais de forma responsável, assegurando que as futuras gerações possam também usufruir de seus benefícios. O respeito e a reverência à natureza andam junto da busca por uma cura - seja física, emocional, espiritual ou a combinação de todas -, refletindo a necessidade de equilíbrio em sua vida.

Reflita:

Como você pode adotar uma abordagem consciente e respeitosa ao utilizar os recursos naturais, garantindo que suas ações contribuam para a sustentabilidade e o bem-estar do planeta?

De que maneira você pode aprofundar seu conhecimento sobre as ferramentas e recursos ao seu redor, utilizando-os de forma ética e responsável para o benefício coletivo?

Quando você tem acesso a informações ou habilidades especiais, como pode compartilhá-las sabiamente, garantindo que seu impacto seja positivo e duradouro?

Como você pode honrar e preservar tradições e conhecimentos ancestrais, reconhecendo seu valor e passando-os adiante para futuras gerações?

Palavra-chave: #sustentabilidade **Orixá:** Ossaim

5 NOV UM TESTE DE AMIZADE VENCIDO POR EXU

EXU TORNA-SE O AMIGO PREDILETO DE ORUNMILÁ

Apesar de suas naturezas opostas, Orunmilá e Exu se tornaram grandes amigos. Orunmilá, o filho mais velho de Olorun, trazia clareza e destino aos humanos por meio das conchas adivinhas, enquanto Exu criava confusões e incertezas. Durante uma viagem, Orunmilá percebeu que muitos de seus acompanhantes invejavam sua sacola de adivinhação e desejavam se apoderar dela. Para testar a lealdade de seus companheiros, Orunmilá fingiu sua própria morte e observou suas reações. Vários homens se aproximaram, alegando falsa amizade e pedindo a sacola de adivinhação. Exu, no entanto, expressou seu pesar genuíno e não demonstrou interesse nos bens de Orunmilá. Reconhecendo a sinceridade de Exu, Orunmilá declarou-o seu verdadeiro amigo. Desde então, os dois mantiveram uma amizade íntima e duradoura.

> A história demonstra a importância da lealdade e da amizade verdadeira. A figura de Exu, muitas vezes associada a complexidades várias da vida, revela uma faceta mais humana, demonstrando sentimentos como lealdade e compaixão. A amizade entre Orunmilá e Exu mostra que pessoas com naturezas diferentes podem se conectar e construir relações profundas. O mito de Orunmilá e Exu apresenta uma narrativa sobre a complexidade das relações humanas e a importância da lealdade. A amizade entre esses dois orixás, aparentemente tão diferentes, ensina que a verdadeira amizade transcende as diferenças e se baseia na confiança e no respeito mútuo. Transcenda pela amizade!

Reflita:

Como você pode cultivar amizades verdadeiras, baseadas na sinceridade e na lealdade, mesmo quando suas personalidades ou seus objetivos parecem opostos?

De que maneira você pode discernir entre aqueles que são amigos genuínos e aqueles que podem ter intenções ocultas, garantindo que suas relações sejam autênticas e valiosas?

Quando você enfrenta situações que testam a lealdade dos outros, como pode agir com integridade e manter-se fiel aos seus valores e princípios?

Como você pode valorizar e nutrir amizades que desafiam suas percepções e oferecem novas perspectivas, enriquecendo sua vida com diversidade e compreensão?

Palavra-chave: #lealdade **Orixás:** Exu, Orunmilá

OMULU E SUA JOIA MAIS BELA DADA POR IEMANJÁ

OMULU GANHA AS PÉROLAS DE IEMANJÁ

Conta-se que Omulu, orixá da cura e das doenças, nasceu coberto de chagas e feridas, tendo sido abandonado por sua mãe, Nanã. Rejeitado e sofrendo, Omulu vagou até a praia, onde Iemanjá, a rainha do mar, o encontrou. Compadecida com o abandono, Iemanjá o acolheu em suas águas salgadas e o curou com suas ondas e cantigas. As feridas de Omulu cicatrizaram, mas deixaram marcas em sua pele. Em um gesto de cura e compaixão, Iemanjá presenteou Omulu com suas mais preciosas joias: as pérolas. Estas, formadas a partir de uma ferida na ostra, simbolizam a transformação da dor em beleza e a capacidade de cura e regeneração.

> A aceitação é um passo relevante na jornada de autoconhecimento e crescimento pessoal. Omulu, mesmo curado, carrega as marcas da doença, simbolizando a importância de aceitar a si mesmo com todas as imperfeições. Essa aceitação incita a resiliência, ensinando que é possível superar dificuldades e encontrar beleza e força nas experiências mais dolorosas. Cultivar a aceitação de si mesmo, com todas as limitações, é essencial para a cura e a regeneração. As "feridas" que você carrega são parte de sua história e podem ser transformadas em força e sabedoria. Afinal, a pérola, como uma joia nascida de uma ferida da ostra, simboliza a transformação e a beleza que podem emergir de experiências difíceis. O mito lembra a importância da compaixão e inspira a busca por beleza nas feridas, reforçando que enfrentar os desafios da vida é o caminho para não se deixar abater, mas sim encontrar aprendizado e crescimento nas adversidades.

Reflita:

Como você pode encontrar força e transformação em suas próprias feridas e desafios, reconhecendo que as experiências difíceis podem ser catalisadoras de crescimento e beleza interior?

De que maneira você pode oferecer compaixão e apoio aos outros que estão sofrendo, ajudando-os a encontrar cura e renovação em suas vidas?

Quando você enfrenta rejeição ou dificuldades, como pode buscar e aceitar o apoio que vem de fontes inesperadas, permitindo-se ser curado e fortalecido?

Como você pode transformar suas cicatrizes em símbolos de resiliência e aprendizado, inspirando os outros a verem o valor na própria jornada de cura?

Palavra-chave: #transformação **Orixás:** Omulu, Iemanjá, Nanã

7 NOV

EXU É SEMPRE O PRIMEIRO A SER HONRADO

EXU VINGA-SE E EXIGE O PRIVILÉGIO DAS PRIMEIRAS HOMENAGENS

Exu, irmão mais novo de Ogum, Odé (Oxóssi) e outros orixás, era conhecido por causar confusões. Um dia, o rei, cansado de suas travessuras, decidiu puni-lo, levando Exu ao exílio. Durante esse período, seus irmãos continuaram a receber homenagens, enquanto Exu era esquecido. Disfarçado, ele visitava seu país nos dias de festa, mas ninguém o reconhecia ou oferecia alimento. Como vingança, Exu espalhou desassossego e confusão pelo reino. O rei, em resposta, suspendeu todas as atividades religiosas até que a causa fosse descoberta. Os babalorixás consultaram um babalaô, que revelou por meio dos búzios que Exu exigia ser honrado antes dos outros orixás. Inicialmente, os babalorixás zombaram da recomendação, mas aprenderam uma lição quando ficaram grudados em suas cadeiras. Após serem libertados pelo babalaô, aceitaram que Exu deveria ser o primeiro a receber sacrifícios e cânticos, estabelecendo assim a tradição de honrar Exu antes dos outros orixás.

A história de Exu mostra a importância de incluir todos, mesmo aqueles que são diferentes. A exclusão de Exu leva a consequências negativas para todos, demonstrando que a injustiça gera mais injustiça. A resolução do conflito através da negociação mostra a importância do diálogo e da busca por soluções pacíficas. O mito de Exu e o privilégio das primeiras homenagens apresenta uma narrativa sobre a importância do respeito, da justiça e da inclusão, ensinando que, mesmo os mais diferentes entre nós, merecem ser reconhecidos e valorizados. Valorize no dia de hoje as diferenças que seus olhos alcançam e, principalmente, que seu coração se conecta.

Reflita:

Como você pode assegurar que todos ao seu redor se sintam reconhecidos e valorizados, evitando que sentimentos de negligência ou injustiça se transformem em ressentimentos?

De que maneira você pode usar sua voz para reivindicar o respeito e reconhecimento que merece, garantindo que suas contribuições não passem despercebidas?

Quando você sente que foi injustamente tratado, como pode expressar suas emoções de maneira construtiva, buscando soluções que promovam a harmonia em vez do conflito?

Como você pode reconhecer a importância de cada papel e a contribuição em sua comunidade, celebrando e honrando a diversidade de talentos e presenças?

Palavra-chave: #reconhecimento **Orixás:** Exu, Ogum, Oxóssi

IROCO ESTIMULA A FAZER JUSTIÇA

IROCO AJUDA A FEITICEIRA A VINGAR A MORTE DO FILHO

Iroco, um homem forte e belo, e suas irmãs, Ajé e Ogboí, descem do Orun para habitar o Aiê. Iroco reside em uma árvore, suas irmãs vivem em casas. Ogboí tem dez filhos, enquanto Ajé tem apenas um, um passarinho. Em um momento, Ajé precisa se ausentar e deixa seu filho pássaro aos cuidados de Ogboí. Os filhos de Ogboí matam e comem o pássaro, mesmo com a mãe oferecendo outras opções. Ao retornar e descobrir a tragédia, Ajé busca a ajuda do irmão. Iroco decide vingá-la. Ele ataca os filhos de Ogboí, matando metade deles. Para proteger os filhos restantes, Ogboí oferece sacrifícios a Iroco e Exu, que aceitam as oferendas e cessam a vingança.

> Iroco, o orixá da natureza e da ancestralidade, personifica a força da justiça e o equilíbrio cósmico, atuando como mediador entre o mundo espiritual e material. Ele garante a ordem e a harmonia, muitas vezes alcançadas através do sacrifício e da redenção. É preciso conectar-se com a natureza e buscar o equilíbrio na vida, esforçando-se para viver em harmonia com as leis divinas e naturais. O sacrifício de Ogboí ilustra a busca por redenção e a tentativa de apaziguar a ira de Iroco, demonstrando que o arrependimento e a reparação são essenciais para restaurar o equilíbrio. Iroco convida à exploração de temas como justiça, vingança, laços familiares, o papel da natureza e a busca por redenção. As consequências dos atos e a importância de viver em harmonia com as leis divinas e naturais são evidentes. O arrependimento e a reparação são importantes para restaurar o equilíbrio e a harmonia nas relações e na sociedade. Pense como você se conecta com Iroco e seus ensinamentos, buscando o autoconhecimento e a harmonia em sua vida.

Reflita:

Como você pode lidar com sentimentos de perda e injustiça, buscando formas de cura que não perpetuem o ciclo de dor e vingança?

De que maneira você pode atuar como mediador em situações de conflito, ajudando a encontrar soluções que promovam o entendimento e a reconciliação?

Quando você enfrenta traições ou feridas profundas, como pode transformar essas experiências em oportunidades para o crescimento e o fortalecimento pessoal?

Como você pode aprender a importância do perdão e da compaixão, reconhecendo que todos cometem erros e que a verdadeira força reside na capacidade de superar a vingança e restaurar a paz?

Palavra-chave: #vingança **Orixás:** Iroco, Exu

9 NOV

O ENCONTRO DO ARCO-ÍRIS COM A CHUVA

OXUMARÊ USA SUA FACA DE BRONZE PARA DESENHAR O ARCO-ÍRIS E PARAR A CHUVA

Oxumarê nutria uma aversão particular pela chuva prolongada. Quando as nuvens teimavam em cobrir e encharcar a Terra, ele agia com rapidez e determinação: brandia sua reluzente faca de bronze na direção do firmamento. Diante dessa ameaça divina, a chuva se dispersava imediatamente, e o imponente arco-íris surgia no céu para selar a trégua. O destino de Oxumarê mudou quando Olodumare, o ser supremo, foi acometido por uma doença que lhe roubou a visão. Ele foi o único capaz de restaurar a luz dos olhos de Olodumare. Temendo a possibilidade de uma nova cegueira, Olodumare decidiu que não podia mais se separar de seu curandeiro. Ele ordenou que Oxumarê fixasse residência junto a ele, no plano celestial. A permissão para visitar a Terra se tornou rara e estritamente temporária. Assim, embora Oxumarê viva permanentemente ao lado de Olodumare, ele nunca está ausente. Sua presença constante é vista no céu, com sua faca de bronze sempre pronta para interceptar e deter a chuva – é ele, o arco-íris, que se estende como uma ponte colorida entre o céu e a Terra, marcando seu poder e seu eterno ofício.

> Assim como Oxumarê, que representa a transformação e o movimento constante, a vida é feita de ciclos. É preciso reconhecer que a beleza e a esperança surgem após os momentos de dificuldade, assim como o arco-íris após a chuva. Não se atenha apenas às "chuvas" ou a momentos de dificuldade, mas reconheça a potência do "arco-íris", ou seja, as possibilidades de beleza, esperança e renovação em sua vida. Busque a renovação e o crescimento, aprendendo com cada experiência e com cada ciclo. Conecte-se com a força da natureza e aprenda com seus ciclos e ritmos. Observe como a natureza se renova e se adapta, e inspire-se para fazer o mesmo. Pense como você pode usar a energia de Oxumarê para impulsionar sua própria transformação e crescimento pessoal.

Reflita:

Como você pode abraçar a mudança e a transformação em sua vida, reconhecendo que o movimento constante é natural e faz parte do crescimento?

De que maneira você pode usar suas próprias ferramentas e habilidades para criar equilíbrio e harmonia, tanto em seu mundo interior quanto no ambiente ao seu redor?

Quando você enfrenta momentos de turbulência ou incerteza, como pode encontrar beleza e significado nas transições, tal como Oxumarê faz ao criar o arco-íris?

Como você pode honrar e celebrar os ciclos de renovação em sua vida, acolhendo cada novo começo como uma oportunidade para recomeçar e evoluir?

Palavra-chave: #mudança **Orixá:** Oxumarê

O SACRIFÍCIO DE OBÁ PARA AGRADAR O SEU AMADO

10 NOV

OBÁ, INCENTIVADA POR OXUM, CORTA A PRÓPRIA ORELHA

Obá e Oxum eram duas esposas de Xangô. Obá sentia-se insegura em relação a Oxum. Desejando conquistar o amor de Xangô, Obá buscava maneiras de se destacar. Observando que Xangô apreciava os quitutes preparados por Oxum, Obá decidiu usar a culinária. Ela perguntou a Oxum qual era o segredo de seus pratos, especialmente o amalá. Oxum respondeu que o ingrediente secreto era sua própria orelha, que ela cortava e adicionava ao amalá como prova de amor a Xangô. Obá acreditou na mentira e cortou sua própria orelha para usar na receita. Ao oferecer o amalá com a orelha a Xangô, Obá causou repulsa no rei, que a repreendeu e a expulsou de sua casa. Oxum conseguiu se livrar da rival e fortalecer sua posição.

> Obá, em sua busca por aprovação externa, alerta sobre os perigos da vaidade e da superficialidade. Reconheça que a verdadeira beleza reside na essência e não na aparência física. O autoconhecimento e o amor próprio são caminhos poderosos para evitar a perda da identidade e da autoestima. Priorize atitudes e coisas que realmente importam para o seu destino e não se perca em busca de validação externa. Limitar a sua originalidade para atender aos anseios dos outros pode levá-lo para longe de si mesmo. Reflita sobre como você se conecta com a história de Obá e o que pode aprender com ela para fortalecer sua autoestima e seguir o seu próprio caminho.

Reflita:

Como você pode desenvolver a confiança em si mesmo e em suas habilidades, evitando comparações que podem levar a decisões impulsivas e prejudiciais?

De que maneira você pode questionar e verificar informações antes de agir, garantindo que suas ações sejam baseadas em fatos e não em mal-entendidos ou manipulações?

Quando você sente insegurança ou ciúmes, como pode transformar essas emoções em oportunidades para fortalecer suas relações e seu amor-próprio?

Como você pode promover a honestidade e a transparência em suas interações, construindo relações baseadas na confiança e no respeito mútuo?

Palavra-chave: #autoconfiança **Orixás:** Obá, Oxum, Xangô

11 NOV

A FORÇA MATERNAL DE OIÁ

OIÁ RECEBE O NOME DE IANSÃ, MÃE DE NOVE FILHOS

Oiá, orixá dos ventos, tempestades e do rio Níger, era conhecida por sua ferocidade e impetuosidade. Casada com Ogum e depois com Xangô, ela ansiava por ter filhos, mas sofria com a infertilidade. Oiá consultou um babalaô, que lhe indicou um ebó para alcançar a maternidade. Após realizar o ebó, sacrificando um carneiro, Oiá finalmente conseguiu engravidar. Ela deu à luz nove filhos. A partir de então, Oiá passou a ser chamada também de Iansã, que significa "Mãe de Nove". em homenagem à sua maternidade e à superação da infertilidade. Seus nove filhos se tornaram guardiões de seu axé (força vital) e a auxiliam em suas funções como orixá.

> O mito de Iansã, "mãe de nove", revela uma mensagem de esperança e superação. A persistência e a fé podem levar à realização dos sonhos, mesmo diante das dificuldades. Iansã representa a força e a resiliência femininas, a capacidade de superar obstáculos e se reinventar. Lute por seus sonhos, acredite na capacidade de gerar vida, e renove-se diante das adversidades. Ser mãe é acolher, nutrir e amar incondicionalmente. É guiar, proteger e inspirar. É ser um porto seguro e ao mesmo tempo impulsionar para o mundo. Os desafios da maternidade hoje se mostram na busca por equilíbrio entre os papéis de mãe, profissional e mulher, na criação de filhos num mundo cada vez mais complexo e na necessidade de constante adaptação aos novos tempos. Pense na força e na resiliência de Iansã e em como você pode se inspirar nela para superar os desafios da sua vida.

Reflita:

Como você pode encontrar força e determinação para superar desafios pessoais, transformando dificuldades em vitórias e conquistas?

De que maneira você pode buscar orientação e apoio em momentos de incerteza, confiando em sua capacidade de encontrar soluções e alcançar seus objetivos?

Quando você enfrenta barreiras em seus caminhos, como pode usar sua resiliência e criatividade para transformar esses obstáculos em oportunidades de crescimento?

Como você pode honrar e celebrar suas próprias realizações e jornadas, reconhecendo o poder de sua força vital e a importância de compartilhar essa energia com aqueles ao seu redor?

Palavra-chave: #maternidade **Orixás:** Oiá (Iansã), Ogum, Xangô

A MORTE NÃO DEU CONTA DA DANÇA DA VIDA

IBEJIS ENGANAM A MORTE

Em tempos antigos, quando a Morte, Icu, assolava a terra, os Ibejis, orixás gêmeos, resolveram usar sua astúcia para proteger a comunidade. Sabiam que Icu tinha uma fraqueza: dançar. Os Ibejis, então, elaboraram um plano. Munidos de seus tambores, presente de Iemanjá, desafiaram Icu para uma disputa. Quem ganhasse teria o que queria. Icu aceitou o desafio. A música começou e Icu não conseguia parar de dançar. Enquanto um dos Ibejis tocava o tambor, o outro se escondia para descansar. Quando o primeiro se cansava, o outro assumia o tambor, mantendo a música. Icu continuava dançando. Os Ibejis conseguiam manter o ritmo. Icu desistiu da disputa. A Morte cumpriu sua promessa, libertando todos que havia aprisionado e deixando a comunidade em paz. A partir de então, Icu passou a respeitar os Ibejis e a temer o poder da música.

> O mito dos Ibejis, que com inteligência e união superaram Icu, a Morte, convida a celebrar a vida e a valorizar cada momento. A superação da morte é simbólica e mostra que, mesmo diante da adversidade, você pode usar a astúcia e a criatividade para vencer os desafios. É preciso viver com alegria e intensidade, buscando o bem viver através da inteligência, união e esperança. Reflita sobre como você tem vivido ultimamente e o que tem priorizado para o seu bem viver. Saiba escolher as experiências e conquistas que merecem ser celebradas. A vida é repleta de momentos especiais que merecem ser comemorados, como o nascimento de um filho, a conquista de um objetivo, um encontro com amigos queridos ou simplesmente a beleza de um dia ensolarado. Pense na última vez que você celebrou algo realmente importante e como você pode cultivar mais momentos de alegria e gratidão em sua vida.

Reflita:

Como você pode usar sua criatividade e inteligência para enfrentar desafios e encontrar soluções inovadoras em situações difíceis?

De que maneira você pode transformar suas fraquezas em pontos fortes, utilizando seus talentos únicos para superar obstáculos e proteger o que é importante para você?

Quando você se depara com adversidades, como pode encontrar apoio e colaboração em parcerias que ampliem suas capacidades e recursos?

Como você pode celebrar o poder da música e da arte como ferramentas de resistência e transformação, reconhecendo seu impacto positivo em sua vida e na comunidade?

Palavra-chave: #vida **Orixás:** Ibejis, Iemanjá

13 NOV

OXUM DANÇA PARA OGUM E CONSEGUE O QUE QUER

OXUM DANÇA PARA OGUM NA FLORESTA E O TRAZ DE VOLTA PARA A CIDADE

Ogum, orixá da guerra e do ferro, estava cansado de suas obrigações e frustrado com a vida na cidade. Decide abandonar tudo e se isolar na floresta. Sem Ogum e suas ferramentas, a vida na comunidade entra em colapso. As plantações não podem ser cultivadas, as casas não podem ser construídas e a defesa se torna impossível. Os outros orixás tentam convencer Ogum a retornar, mas ele se mantém em seu isolamento. Oxum, orixá do amor, sabendo da importância de Ogum para a comunidade, decide usar suas habilidades para trazê-lo de volta. Ela vai até a floresta e, com sua dança graciosa, sua beleza radiante e seus cantos e encantos, seduz Ogum, despertando nele o amor e a paixão. Por meio da dança, Oxum encanta Ogum, que a segue sem saber para onde está indo. Ela para de dançar justamente quando Ogum adentra a cidade. Ogum está de volta e a cidade está salva!

> Ogum e Oxum, em sua união, representam o equilíbrio entre força e beleza, ação e sensibilidade. Assim como eles, busque harmonizar essas forças em seus espaços de saúde, trabalho, família e realização pessoal. Cultive a força e a determinação de Ogum para alcançar seus objetivos, mas não se esqueça da beleza e da sensibilidade de Oxum para nutrir suas relações e trazer harmonia para sua vida. Lembre-se de que a arte, como a dança e o canto de Oxum, tem um poder transformador. Incorpore mais arte em sua vida, explore sua criatividade, expresse suas emoções e inspire-se em suas diversas formas. Use o amor, a diplomacia e a comunicação como ferramentas para construir relações mais harmoniosas e contribuir para uma sociedade mais próspera, assim como Oxum nos ensina. Reflita sobre como você tem integrado força e beleza em sua vida e de que forma pode usar a arte e a comunicação para promover a harmonia e o bem-estar ao seu redor.

Reflita:

Como você pode utilizar o poder da empatia e do amor para inspirar e motivar os outros, ajudando-os a redescobrir seu propósito e importância na comunidade?

De que maneira você pode reconhecer e valorizar suas próprias habilidades, usando-as para promover harmonia e colaboração em situações de conflito ou isolamento?

Quando você ou alguém próximo se sente desconectado ou desmotivado, como pode criar um ambiente acolhedor e inspirador que encoraje a reconexão e o retorno ao equilíbrio?

Como você pode celebrar a importância de cada indivíduo em sua comunidade, reconhecendo que cada um possui talentos e contribui de forma essencial para o bem-estar coletivo?

Palavra-chave: #empatia **Orixás:** Ogum, Oxum

LOGUM EDÉ NASCE DE UM AMOR ENTRE DOIS ORIXÁS

LOGUM EDÉ NASCE DO AMOR DE OXUM E ERINLÉ

14
NOV

Oxum, a bela orixá do amor, da fertilidade e das águas doces, se apaixona por Erinlé, o orixá caçador (Odé) que habita as águas doces e as matas. Desse amor, nasce Logum Edé, um orixá dual que carrega em si a beleza e a delicadeza de Oxum e a força e a habilidade de Erinlé. Logum Edé é um orixá único, que transita entre o masculino e o feminino, entre as águas doces e as matas, entre a beleza e a força. Ele representa a união dos opostos, a harmonia entre diferentes elementos e a riqueza da diversidade.

> Logum Edé, fruto da união de Oxum e Erinlé, simboliza a capacidade de integrar diferentes aspectos da natureza e da personalidade humana. Reconheça e celebre a dualidade presente em você, a coexistência do masculino e do feminino, da força e da delicadeza. Assim como Logum Edé, integre e harmonize essas polaridades em sua vida, buscando o equilíbrio e a plenitude. Abrace sua natureza multifacetada e celebre a riqueza que a diversidade traz para sua vida. Use essa dualidade como força motriz para alcançar seus objetivos, expressar sua individualidade e construir relações mais harmoniosas. Reflita sobre como você tem vivido a dualidade em sua vida e de que forma pode usar essa energia para promover o seu crescimento e a sua felicidade.

Reflita:

Como você pode abraçar e celebrar a diversidade dentro de você, reconhecendo que suas diferentes facetas e qualidades são o que o tornam único e valioso?

De que maneira você pode encontrar harmonia entre aspectos aparentemente opostos de sua vida, integrando-os de forma a criar equilíbrio e plenitude?

Quando você enfrenta desafios que envolvem identidades e papéis múltiplos, como pode usar essas experiências para enriquecer sua compreensão de si mesmo e do mundo ao seu redor?

Como você pode inspirar os outros a valorizar e respeitar a diversidade, promovendo um ambiente onde todas as formas de ser e expressar são reconhecidas e celebradas?

Palavra-chave: #diversidade **Orixás:** Oxum, Erinlé, Logum Edé

15 NOV

NANÃ DÁ A SUA LAMA PARA A HUMANIDADE

NANÃ DÁ A SUA LAMA PARA MODELAR O CORPO HUMANO

Olorum, o deus supremo, encarregou Oxalá de criar o mundo e moldar o ser humano. Oxalá deu forma aos rios, montanhas, animais e plantas. Mas, quando tentou criar o ser humano, enfrentou algumas dificuldades. Ele tentou usar diversos materiais, mas nada dava certo. Desanimado, Oxalá pediu ajuda a Nanã, a orixá mais antiga, senhora da lama primordial e do ciclo da vida e da morte. Nanã, com sua sabedoria, entendeu a dificuldade de Oxalá. Ela mergulhou em suas águas sagradas e retirou do fundo a lama primordial. Com essa lama, Oxalá finalmente conseguiu moldar o corpo humano. Olorum, então, soprou o sopro da vida nas criaturas de barro, e assim surgiram os primeiros seres humanos. A partir da lama de Nanã, a humanidade se espalhou pela Terra. Depois disso, um aviso muito importante foi dado por Nanã: o que ela deu, queria de volta. Portanto, quando um ser humano morre, seu corpo precisa voltar para a terra, voltar para Nanã.

> A história mostra a importância dos elementos da natureza para a criação e a manutenção da vida. A sabedoria de Nanã ensina a buscar na natureza as respostas para as grandes questões da vida. A criação dos seres humanos a partir da lama simboliza a diversidade e a individualidade. O mito de Nanã e a criação dos humanos apresenta uma narrativa sobre a origem da vida e a importância dos elementos da natureza, ensinando a valorizar a sabedoria ancestral e a buscar a harmonia com o mundo natural. Seja potente como a essência de Nanã!

Reflita:

Como você pode reconhecer e honrar suas raízes e origens, entendendo que todos nós somos feitos de elementos primordiais que nos conectam à Terra e à história da humanidade?

De que maneira você pode integrar sabedoria e paciência em seus esforços criativos, buscando apoio e inspiração de fontes que talvez você não tenha considerado inicialmente?

Quando você enfrenta obstáculos em suas criações ou projetos, como pode usar essas dificuldades como oportunidades para aprender e crescer, confiando na colaboração e na experiência dos outros?

Como você pode viver com consciência e gratidão, reconhecendo a impermanência da vida e a importância de cuidar do nosso planeta, que nos dá tanto e que, em última análise, nos acolhe de volta?

Palavra-chave: #criação **Orixás:** Oxalá, Nanã

LOGUM EDÉ É O PROTETOR DOS RIOS E LAGOS

LOGUM EDÉ DEVOLVE A VISÃO

Logum Edé, um habilidoso caçador, partiu em uma expedição com Erinlé, seu pai, sem que ambos soubessem do parentesco. Durante a caçada, Erinlé matou um pássaro proibido, pertencente às feiticeiras Iá Mi Oxorongá, o que provocou a ira das feiticeiras, que os cegaram com um feitiço. Logum Edé, usando seus conhecimentos mágicos, conseguiu devolver a visão a Erinlé, mas permaneceu cego. Guiado por Erinlé, Logum Edé chegou à lagoa de Oxum, sua mãe, onde um antigo amor renasceu entre seus pais. Dessa união, nasceu o rio Inlé e um peixe, que levou Logum Edé para as profundezas, onde ele conheceu Iemanjá. Iemanjá adotou Logum Edé e lhe deu as riquezas de seu reino, permitindo que ele vivesse entre as águas e as matas. Assim, Logum Edé, o caçador, também se tornou o protetor dos rios e lagos, unindo os domínios de seus pais e ampliando seus poderes e influência.

> Logum Edé, em sua trajetória marcada pela cegueira e pelo reencontro com Iemanjá, demonstra que as adversidades e as perdas podem levá-lo a novos caminhos e oportunidades de crescimento. Reflita sobre como você lida com as dificuldades em sua vida: se você se deixa abater pelas perdas e pelos desafios, ou busca aprender com as experiências e seguir em frente com resiliência e esperança; se as dificuldades e os obstáculos, por mais dolorosos que sejam, podem fortalecer e impulsionar seu desenvolvimento pessoal e espiritual. Olhe para trás e identifique quais experiências negativas te tornaram mais forte, mais sábio e mais resiliente. Lembre-se de que, assim como Logum Edé encontrou, em Iemanjá, um novo caminho e um recomeço, você também pode encontrar forças e oportunidades para se reinventar e trilhar uma nova jornada. Busque a sabedoria, enfrente os desafios com coragem e cultive laços familiares e afetivos que te fortaleçam e te inspirem a seguir em frente.

Reflita:

Como você pode usar seus conhecimentos e habilidades para superar desafios, mesmo quando as circunstâncias parecem injustas ou difíceis?

De que maneira você pode encontrar reconexão e amor em momentos de adversidade, permitindo que laços antigos se renovem e se fortaleçam em sua vida?

Quando confrontado com situações em que você sacrifica algo por alguém, como pode encontrar novos caminhos e oportunidades que ampliem seu potencial e impacto?

Como você pode abraçar sua capacidade de unir diferentes aspectos de sua vida, integrando suas experiências e seus relacionamentos para criar harmonia e equilíbrio?

Palavra-chave: #superação **Orixá:** Logum Edé, Erinlé, Oxum, Iemanjá

17 NOV

EUÁ É A NÉVOA MISTERIOSA

EUÁ TRANSFORMOU-SE EM NÉVOA

Euá era uma princesa, filha de Nanã, a orixá ancestral. Euá era conhecida por sua beleza e doçura, mas também por sua independência e desejo de liberdade. Diversos pretendentes a pediram em casamento, mas Euá recusava todos. Ela não queria se submeter à vontade de ninguém. Sua mãe, Nanã, pressionava-a para que se casasse, seguindo o destino esperado para uma princesa. O conflito entre o desejo de liberdade de Euá e a pressão social gerou grande angústia. Em meio a essa tormenta interior, Euá implorou aos deuses e recorreu a Orunmilá por uma solução. Após fazer os ebós, em resposta ao seu apelo, Euá começou a se transformar. Seu corpo foi se dissipando até se tornar uma névoa branca que se espalhou pela terra. Euá, agora livre, se tornou a névoa que viaja com o vento, levando a chuva e a umidade. Ela se tornou a própria mudança, a transformação constante da natureza, zelando pelos amantes indecisos.

> Euá, em sua transformação em névoa, simboliza a transcendência espiritual e a busca por liberdade e conexão com o divino. Assim como ela, busque se libertar das amarras que impedem seu crescimento e evolução espiritual. Abrace a mudança e se permita transformar, assim como Euá se transformou em névoa, adaptando-se às situações e encontrando novas possibilidades. Conecte-se com a força da natureza e encontre nela inspiração e sabedoria para trilhar seu caminho, respeitando sua individualidade, mesmo que esse caminho seja diferente do que os outros esperam de você. Assim como Euá ensina, honre sua essência e siga sua intuição, confiando na sua capacidade de se transformar e se adaptar aos desafios da vida. Reflita sobre como você pode se conectar com a energia de Euá e buscar a transcendência em sua própria vida.

Reflita:

Como você pode honrar sua independência e liberdade, reconhecendo que essas qualidades são essenciais para sua identidade e realização?

De que maneira você pode encontrar equilíbrio entre suas aspirações pessoais e as expectativas externas, transformando conflitos internos em oportunidades para crescimento e autodescoberta?

Quando você se sente pressionado por forças externas, como pode encontrar forças para se transformar e adaptar, seguindo seu próprio caminho e sua verdade interior?

Como você pode celebrar a transformação e a mudança em sua vida, acolhendo a fluidez e a capacidade de se reinventar à medida que navega por diferentes fases e desafios?

Palavra-chave: #liberdade **Orixás:** Euá, Nanã, Orunmilá

OXALÁ ESPANTA A MORTE

OXALÁ CRIA A GALINHA-D'ANGOLA PARA ESPANTAR A MORTE

18 NOV

Em tempos remotos, a Morte, Icu, vagava pela Terra ceifando vidas indiscriminadamente. Oxalá, compadecido, decidiu intervir e buscar uma forma de proteger as pessoas da fúria da Morte. Utilizando seu poder de criação, Oxalá pediu uma oferenda ao povo: galinha preta e um pó de giz branco de nome efum. Com essa oferta, moldou, a partir do barro, a galinha-d'angola. Quando a Morte se aproximou, deparou-se com a galinha-d'angola. Assustada, Icu recuou. A galinha-d'angola, com seu canto e sua presença, afastou a morte e trouxe alívio. É por isso que, no candomblé, os iaôs são pintados com efum, lembrando a sabedoria de Oxalá. A galinha-d'angola tornou-se um símbolo de proteção contra a morte e um animal sagrado para Oxalá, vista como um escudo contra as energias negativas e um sinal de esperança e proteção.

> O mito da galinha-d'angola e a morte traz à tona a profunda reflexão sobre o equilíbrio entre a vida e a morte. Assim como a galinha-d'angola, que afasta a morte sem eliminá-la, reconheça que ambos, vida e morte, fazem parte de um ciclo natural e coexistem em constante equilíbrio. Valorize a vida e cada momento, consciente de que a morte é inevitável, mas não deve ser temida. Evite o que for evitável, concentrando sua energia no que realmente importa, abrindo espaço para que o inevitável aconteça com leveza e serenidade. Que a sua jornada seja doce e plena, com a consciência de que a vida é um presente precioso a ser vivido com intensidade e gratidão. Lembre-se de que o mundo espiritual precede o material, e que a conexão com o divino é fundamental para encontrar sentido e propósito em sua existência. Reflita sobre como você tem vivido esse equilíbrio entre a vida e a morte, e como pode se conectar com o sagrado para encontrar paz e serenidade em sua jornada.

Reflita:

Como você pode usar sua sabedoria e criatividade para encontrar soluções protetivas em momentos de crise, transformando desafios em oportunidades para salvaguardar o bem-estar dos outros?

De que maneira você pode reconhecer e celebrar os símbolos de proteção e esperança em sua vida, utilizando-os como lembretes de força e resiliência diante das adversidades?

Quando você se depara com medo ou incertezas, como pode usar seu poder interior e recursos disponíveis para enfrentar e afastar as ameaças, promovendo paz e segurança?

Como você pode honrar as tradições e os ensinamentos que trazem proteção e conforto, integrando sua sabedoria em suas práticas cotidianas e compartilhando com aqueles ao seu redor?

Palavra-chave: #compaixão **Orixá:** Oxalá

19 NOV ORUNMILÁ DECIDE ENTRE A DISCÓRDIA, RIQUEZA E PACIÊNCIA

ORUNMILÁ DÁ PREFERÊNCIA À PACIÊNCIA, EM VEZ DA DISCÓRDIA E DA RIQUEZA

Orunmilá era um conhecedor dos segredos do Ifá, o oráculo sagrado. Sua fama se espalhou e três belas princesas se apaixonaram por ele: Discórdia, Riqueza e Paciência. As três princesas disputavam o amor de Orunmilá. Discórdia trazia a confusão e o desentendimento. Riqueza era exuberante e poderosa, mas carregava a ambição e a ganância. Paciência era serena e gentil, trazendo calma e perseverança. Orunmilá, com sua sabedoria, sabia que a escolha de sua esposa influenciaria seu destino e o de seu povo. Ele refletiu sobre as qualidades de cada princesa e escolheu Paciência como sua companheira. Com Paciência ao seu lado, Orunmilá construiu um reino próspero e harmonioso. A paciência lhe permitiu tomar decisões sábias, resolver conflitos com serenidade e alcançar seus objetivos com perseverança. A discórdia e a riqueza, embora presentes, não o dominavam, pois ele aprendeu a controlá-las com sabedoria e paciência.

> Orunmilá, em sua sabedoria, revela que a paciência é um caminho para a felicidade e a realização pessoal. Cultive a paciência em suas ações e decisões, aprendendo a esperar o momento certo para agir e colher os frutos de seus esforços. Construa uma vida mais plena e significativa, baseada na sabedoria, na harmonia e na perseverança, assim como Orunmilá nos ensina. A paciência permite que você faça escolhas mais sábias, supere desafios com serenidade e construa um caminho de harmonia e realização. Tenha paciência consigo mesmo, com os outros e com o tempo, reconhecendo que cada processo tem seu próprio ritmo e que a espera faz parte da jornada. Pense como você pode cultivar a paciência em sua vida e como essa virtude pode te auxiliar a alcançar seus objetivos e viver com mais sabedoria e serenidade.

Reflita:

Como você pode cultivar a paciência em sua vida, reconhecendo que ela é uma força poderosa que permite enfrentar desafios e tomar decisões ponderadas e sábias?

De que maneira você pode equilibrar a busca por sucesso e riqueza com a serenidade e a gentileza, garantindo que suas ambições não sejam dominadas pela ganância ou pelo desentendimento?

Quando confrontado com escolhas difíceis, como pode usar a reflexão e a paciência para guiar suas decisões, sabendo que elas impactam não só a você mas também àqueles ao seu redor?

Como você pode construir um ambiente harmonioso e próspero, onde a paciência é valorizada e celebrada como uma virtude essencial para o crescimento pessoal e comunitário?

Palavra-chave: #paciência **Orixá:** Orunmilá

OXÓSSI TORNA-SE O REI DE QUETO

OXÓSSI MATOU O GRANDE PÁSSARO DAS FEITICEIRAS COM UMA FLECHA SÓ

Um imenso pássaro, enviado pelas Iá Mi (feiticeiras), aterrorizava o reino de Queto. Essa ave monstruosa espalhava o medo entre os habitantes. Por isso, o rei convocou os melhores caçadores do reino para abater a criatura, mas todos falharam. O pássaro era mágico e invulnerável às flechas e lanças dos arqueiros. A cada tentativa fracassada, o desespero aumentava e a sombra da fome e da morte pairava sobre Queto. Finalmente, alguém se lembrou de Oxotocanxoxô (o caçador de uma flecha só), filho de Oxalá e Iemanjá. O caçador, convocado pelo rei, aceitou o desafio e partiu para enfrentar o pássaro. Antes de partir, buscou a sabedoria de Iemanjá, que fez oferendas recomendadas por Orunmilá, o adivinho. Ao encontrar o pássaro, Oxotocanxoxô não se precipitou, lançou sua única flecha e atingiu o pássaro em cheio, matando-o instantaneamente. A criatura caiu do céu, e o povo de Queto celebrou a vitória. Sim, agora Oxotocanxoxô passou a ser reconhecido como Oxóssi (o caçador Oxô é popular).

> Oxóssi, o caçador habilidoso, ensina a importância da conexão com a natureza e o respeito ao meio ambiente. Observe a natureza ao seu redor, aprenda com seus ciclos e reconheça a interdependência entre o homem e a natureza. Assim como Oxóssi, que utilizou sua sabedoria e habilidade para enfrentar o desafio, desenvolva suas capacidades e utilize-as para superar os obstáculos que surgem em seu caminho. Lembre-se de que a força do coletivo é fundamental para vencer as adversidades. Busque apoio naqueles que te cercam, compartilhe suas experiências e some forças para alcançar seus objetivos, assim como o rei e o povo se uniram a Oxóssi em sua jornada. Pense como você pode fortalecer sua conexão com a natureza e cultivar a força do coletivo em sua vida, inspirando-se na história de Oxóssi e seus ensinamentos.

Reflita:

De que maneiras concretas você tem cultivado sua conexão com a natureza no dia a dia?

Quais são as suas principais habilidades e como você as tem utilizado para enfrentar os desafios que surgem em seu caminho?

Em quais áreas da sua vida você tem buscado e valorizado o apoio de outras pessoas?

De que forma você reconhece e pratica a interdependência entre você e a questão racial em nosso país?

Palavra-chave: #coragem **Orixá:** Oxóssi, Oxalá, Iemanjá, Orunmilá

21 NOV

OGUM TORNA-SE O REI DE IRÊ

OGUM É NOMEADO O REI DE IRÊ

Ogum, poderoso orixá da guerra, do ferro e da tecnologia, era conhecido por sua força, coragem e habilidade como ferreiro. Em suas andanças, chegou à cidade de Irê, governada pelo rei tirano Onirê, que oprimia o povo com impostos abusivos. Indignado, Ogum desafiou Onirê para um combate, com o vencedor se tornando o novo rei. Após intenso confronto, Ogum venceu Onirê, sendo aclamado rei pela população aliviada. Assumindo o trono, Ogum governou por muitos anos, promovendo prosperidade, defendendo a cidade e garantindo o bem-estar de seu povo. Sob seu reinado, Irê tornou-se um importante centro religioso de culto a Ogum.

> Ogum, o guerreiro destemido, revela a importância da justiça e do poder em defesa do bem-estar coletivo. Assim como ele, que usou sua força para lutar contra a tirania e defender seu povo, identifique as lutas que você tem postergado e enfrente-as. Evoque Ogum em sua vida e inspire-se em sua liderança e determinação para buscar a justiça e o bem-estar social. Lembre-se de que, assim como Ogum utiliza o ferro e a tecnologia para o progresso e a prosperidade da comunidade, você também pode usar suas habilidades e seus conhecimentos para construir um futuro melhor para si e para as próximas gerações. Reflita sobre como você pode usar sua força e seus recursos para promover a justiça e o progresso em sua vida e na sociedade em que vive.

Reflita:

Como você pode usar sua força interior e suas habilidades para enfrentar injustiças e lutar por mudanças que beneficiem o bem-estar coletivo?

De que maneira você pode liderar com coragem e integridade, garantindo que sua influência leve à prosperidade e ao bem-estar de sua comunidade?

Quando confrontado com desafios significativos, como pode confiar em suas habilidades e determinação para superar obstáculos e transformar situações adversas em oportunidades de crescimento?

Como você pode inspirar os outros a reconhecer e cultivar suas próprias forças, promovendo um ambiente de cooperação e respeito mútuo?

Palavra-chave: #luta **Orixá:** Ogum

XAPANÃ CURA O MUNDO

XAPANÃ DESCOBRE O SEGREDO DA PESTE

Olorum decidiu dividir os poderes e riquezas do mundo entre os orixás. No entanto, durante a partilha, Xapanã estava ausente, e os demais orixás, movidos por egoísmo, não lhe deixaram nada de valor, apenas a peste, que ninguém quis. Inconformado com a injustiça, Xapanã buscou a sabedoria de Orunmilá, que o ensinou a fazer oferendas para fortalecer seu poder sobre a peste. Tempos depois, uma terrível epidemia de varíola se abateu sobre o mundo, e nenhum orixá conseguia conter a doença. O povo, desesperado, consultou Orunmilá, que revelou que apenas Xapanã poderia deter a varíola. Oferendas foram feitas a Xapanã, que conseguiu controlar a epidemia e finalmente teve seu poder reconhecido e respeitado por todos.

> Xapanã, em sua exclusão e superação, o convida a refletir sobre como você lida com a injustiça e os desafios da vida. A indignação diante da injustiça, seja ela direcionada a você ou aos outros, é um sinal de empatia e consciência social. A busca por reparar as injustiças que presenciamos, lutando por um mundo mais justo e igualitário, é uma responsabilidade que todos devemos assumir. Xapanã, ao receber apenas a peste como herança, mostra que a vida nem sempre é justa, mas que você pode encontrar força e resiliência para superar as adversidades. A forma como você reage diante das dificuldades define sua trajetória. Não se deixar abater, mas buscar transformar os desafios em oportunidades de crescimento e aprendizado é uma postura admirável. Suas fontes de inspiração e motivação para seguir em frente são essenciais na sua jornada. Pense como você pode se inspirar em Xapanã para lutar contra a injustiça, superar as adversidades e construir um caminho de dignidade e realização.

Reflita:

Como você pode transformar uma situação de injustiça ou desvalorização em uma oportunidade de crescimento pessoal, utilizando a sua resiliência e determinação para superar desafios?

De que maneira você pode buscar sabedoria e orientação de mentores ou figuras respeitadas quando se sentir perdido ou desconsiderado, garantindo que suas habilidades sejam reconhecidas e valorizadas?

Quando confrontado com crises que parecem insuperáveis, como pode identificar os recursos internos e externos que possui para encontrar soluções eficazes e restaurar a ordem?

Como você pode aprender a apreciar o poder da comunidade e da colaboração, reconhecendo que, mesmo nas situações mais difíceis, a união e o apoio mútuo são essenciais para a superação?

Palavra-chave: #resiliência **Orixás:** Xapanã, Orunmilá

23 NOV OBALUAÊ RESSIGNIFICA SUAS FERIDAS

OBALUAÊ TEM SUAS FERIDAS TRANSFORMADAS EM PIPOCA POR OIÁ

Obaluaê, orixá das doenças e da cura, ao retornar à sua aldeia, encontrou uma festa com todos os orixás, mas sua aparência marcada pelas doenças o impedia de participar. Ogum, compadecido, o cobriu com palhas e o convidou a entrar, mas, mesmo assim, Obaluaê permaneceu isolado e envergonhado. Oiá, orixá dos ventos e tempestades, percebendo a tristeza de Obaluaê, decidiu agir. Esperou o momento em que ele estava no centro da festa e, com um sopro de seus ventos, levantou as palhas que o cobriam. Nesse instante, as feridas de Obaluaê se transformaram em pipocas, curando-o e revelando sua beleza. Livre do sofrimento e da rejeição, Obaluaê se tornou um jovem belo e radiante. Ele e Oiá se tornaram grandes amigos, reinando juntos sobre o mundo dos espíritos e compartilhando o poder de controlar as ações dos mortos sobre os vivos.

> Obaluaê, em sua jornada de cura e transformação, revela que a verdadeira beleza reside na essência, na força interior e na capacidade de superação. Olhe para si mesmo e reconheça sua beleza interior, que transcende a aparência física e se manifesta em suas virtudes, sua força, sua resiliência e sua capacidade de amar e se conectar com o mundo. Cultive sua beleza interior através do autoconhecimento, da compaixão, da generosidade e da busca por desenvolvimento pessoal e espiritual. Assim como Obaluaê encontrou cura e beleza em sua união com Oiá, busque relações que te inspiram e te impulsionam a crescer e a se tornar uma pessoa melhor. Valorize a beleza interior nas pessoas ao seu redor, reconhecendo suas qualidades, sua história e sua força para superar desafios. Reflita sobre o que é beleza para você e como você pode cultivá-la em si mesmo e nos outros, inspirando-se na história de Obaluaê e seus ensinamentos.

Reflita:

Como você pode transformar suas vulnerabilidades e seus desafios em forças, reconhecendo a beleza e o poder que emergem quando você aceita e supera suas dificuldades?

De que maneira você pode reconhecer e valorizar a presença de pessoas em sua vida que, como Oiá, oferecem apoio e compreensão, ajudando-o a revelar sua verdadeira essência?

Quando você se sente isolado ou envergonhado, como pode encontrar coragem para se abrir e permitir que as transformações necessárias ocorram, levando-o a um estado de cura e realização?

Como você pode celebrar suas transformações pessoais, reconhecendo que cada desafio superado é uma oportunidade de crescimento e autodescoberta?

Palavra-chave: #chagas **Orixá:** Obaluaê, Oiá, Ogum

IROCO CASTIGA O NÃO CUMPRIMENTO DE ACORDOS

24 NOV

IROCO CASTIGA A MÃE QUE NÃO LHE DÁ O FILHO PROMETIDO

Iroco, a árvore sagrada com poderes mágicos, aterrorizava a aldeia, mas também era capaz de conceder desejos. Quando as mulheres da aldeia não conseguiam engravidar, recorriam a Iroco, prometendo oferendas em troca de filhos. Olurombi, sem bens materiais para oferecer, prometeu seu primeiro filho à árvore. Iroco atendeu aos pedidos, mas Olurombi, apegada ao filho, não cumpriu sua promessa. Enfurecido, Iroco transformou Olurombi em um pássaro, aprisionando-a em sua copa. Seu marido, um artesão, descobriu a verdade ao ouvir o canto-lamento de sua esposa e elaborou um plano para salvá-la. Entalhou um boneco de madeira com a imagem do filho, enfeitando-o com joias e o oferecendo a Iroco. Este, satisfeito com o boneco, libertou Olurombi da maldição. A família, reunida e grata, retornou à árvore com oferendas, e a aldeia aprendeu a respeitar Iroco, cumprindo suas promessas e oferecendo presentes à árvore sagrada.

> O mito de Iroco e Olurombi é um convite direto à sua autoexploração e ao seu crescimento pessoal. Ele ressalta a importância de você se reconectar com a força da natureza e o sagrado, percebendo Iroco como um lembrete do poder que flui em tudo ao seu redor e dentro de você. Reconhecer essa influência é um passo para uma vida mais plena. A história de Olurombi e sua promessa dolorosa enfatiza a necessidade de pensar antes de agir. Ela o incita a refletir sobre a responsabilidade de suas escolhas e o impacto das suas palavras. Você é lembrado de que a integridade dos seus compromissos molda a sua realidade. No cerne dessa narrativa, o amor incondicional de Olurombi por seu filho ilumina o poder do afeto. É um convite para você explorar a profundidade do seu próprio amor, a sua capacidade de proteção e os limites que você está disposto a superar por aqueles que você ama.

Reflita:

Você se sente conectado à natureza? E em relação à natureza espiritual, qual a sua percepção e conexão?

Você costuma fazer promessas que não consegue cumprir? Quais são as consequências de não honrar suas palavras em sua vida e nas relações com os outros?

O que você faria para proteger aqueles que ama?

Quais são os limites do sacrifício em nome do amor?

Palavra-chave: #promessas **Orixá:** Iroco

25 NOV

OXUMARÊ CONSEGUE ESCAPAR DA PRISÃO

OXUMARÊ TRANSFORMA-SE EM COBRA E ESCAPA DE XANGÔ

Oxumarê, orixá da mudança e do movimento, era conhecido por sua beleza andrógina e suas vestes multicoloridas. Xangô, o rei de Oió, impressionado com a beleza de Oxumarê, desejou possuí-lo e elaborou um plano para capturá-lo. Por meio de um convite para uma falsa audiência, Xangô atraiu Oxumarê para seu palácio e o aprisionou. Sentindo-se enganado e ameaçado, Oxumarê implorou a Olorum, o deus supremo, por ajuda. Olorum, atendendo ao seu pedido, transformou Oxumarê em uma serpente. Amedrontando os guardas de Xangô, Oxumarê conseguiu escapar do palácio, deslizando por uma fresta na porta. Quando Oxumarê e Xangô tornaram-se orixás, o primeiro ficou encarregado de levar água da Terra para o palácio de Xangô no Orum, porém jamais Xangô pôde se aproximar de Oxumarê novamente.

> Oxumarê, em sua beleza andrógina e fluidez entre o masculino e o feminino, nos convida à reflexão sobre as normas sociais que limitam a expressão da identidade. Abrace sua autenticidade e expresse sua identidade livremente, sem medo de julgamentos, assim como Oxumarê transita entre as polaridades com fluidez e liberdade. A dualidade se manifesta em todos os aspectos da vida, nos ciclos da natureza, nas relações humanas e em cada indivíduo. Reconheça e integre a dualidade presente em você, harmonizando as forças opostas e encontrando equilíbrio em sua própria natureza multifacetada. Oxumarê te inspira a buscar a autenticidade, a flexibilidade e a coragem para trilhar seu próprio caminho, enfrentando os desafios com a sabedoria da serpente e a beleza do arco-íris. Reflita sobre como você pode se libertar das amarras sociais e expressar sua verdadeira essência, celebrando a dualidade e a riqueza da vida em sua totalidade.

Reflita:

Como você pode usar seu poder de adaptação e transformação para superar situações desafiadoras, encontrando maneiras criativas de escapar de situações opressoras?

De que maneira você pode respeitar sua autenticidade e beleza interior, sabendo que sua verdadeira essência é uma fonte de força e proteção?

Quando confrontado com manipulação ou pressão, como pode confiar em suas habilidades e buscar o apoio necessário para proteger sua liberdade e integridade?

Como você pode integrar a mudança e o movimento como aliados em sua vida, permitindo que eles guiem você em direção ao crescimento pessoal e à liberdade?

Palavra-chave: #liberdade **Orixás:** Oxumarê, Xangô

OBÁ E SUAS QUESTÕES COM OGUM

OBÁ É POSSUÍDA POR OGUM

26
NOV

Obá, a guerreira destemida, desafiava todos os orixás em combate, até que enfrentou Ogum. Astuto, Ogum consultou os babalaôs e preparou uma armadilha com milho e quiabos, tornando o chão escorregadio. Durante a luta, Ogum atraiu Obá para a armadilha, vencendo-a. Obá, dominada pela força e astúcia de Ogum, encantou-se pelo guerreiro, iniciando-se uma relação entre ambos. Posteriormente, Xangô, atraído pela força e beleza de Obá, a tomou de Ogum, tornando-a sua esposa e dando continuidade à história de amor e rivalidade entre os orixás.

> O mito de Obá, Ogum e Xangô ilustra a importância do equilíbrio entre diferentes aspectos da psique humana. Obá e Ogum, representando força e inteligência, mostram como a união do masculino e feminino interior é essencial para alcançar a completude e manifestar o máximo potencial. Equilibre impulso e razão, paixão e lógica, intuição e planejamento em suas ações e decisões, permitindo que a força de Obá impulsione suas ações e a sabedoria de Ogum guie seus passos. Xangô, o orixá da justiça, simboliza a ordem e o equilíbrio interior. Assim como ele, busque a justiça interior como guia para suas ações e decisões. Pense como você pode integrar esses diferentes aspectos em sua vida, buscando a harmonia entre força, inteligência e justiça interior, e como essa integração pode te impulsionar na jornada de autoconhecimento e desenvolvimento pessoal.

Reflita:

Como você pode reconhecer e respeitar seus próprios limites e os dos outros, garantindo que suas ações sejam guiadas por consentimento mútuo e respeito?

De que maneira você pode usar sua força e inteligência para enfrentar desafios, mas também aprender a lidar com situações onde a astúcia alheia pode influenciar suas decisões?

Quando envolvido em situações de rivalidade ou competição, como pode manter a integridade e buscar soluções que promovam respeito e harmonia entre todas as partes envolvidas?

Como você pode equilibrar a força e a vulnerabilidade em suas relações, reconhecendo que cada aspecto tem seu papel e valor no desenvolvimento de conexões saudáveis e respeitáveis?

Palavra-chave: #integração **Orixás:** Obá, Ogum, Xangô

27 NOV

OIÁ É UMA LINDA E PODEROSA BÚFALA

OIÁ TRANSFORMA-SE EM UM BÚFALO E SEU SEGREDO É REVELADO

Ogum, caçando na floresta, se deparou com Oiá, que se transformava em búfala. Aproveitando a oportunidade, ele roubou a pele do animal, impedindo-a de voltar à sua forma original. Encantado com sua beleza, Ogum cortejou Oiá, que, astutamente, aceitou o casamento com a condição de que seu segredo fosse mantido. Vivendo com Ogum, Oiá teve nove filhos, mas nunca desistiu de procurar sua pele. As outras esposas de Ogum, movidas pelo ciúme, descobriram o segredo de Oiá e revelaram a ela a localização da pele. Transformada novamente em búfala, Oiá se vingou das esposas de Ogum, mas poupou seus filhos, deixando-lhes seus chifres como amuleto de proteção. Num momento de perigo ou necessidade, seus filhos já sabiam o que fazer: deveriam esfregar um dos chifres no outro. E Iansã, estivesse onde estivesse, viria rápida, na velocidade de um raio em seu socorro. Oiá, então, partiu, livre para sempre.

> O mito de Ogum e Oiá convida a refletir sobre os desafios e complexidades inerentes aos relacionamentos humanos. A convivência entre eles, marcada por segredos e desconfianças, culminando em conflito e separação, evidencia a importância da honestidade e da transparência para a construção de relações saudáveis e duradouras. Analise seus próprios relacionamentos e questione-se como você lida com os desafios e as complexidades que surgem. Oiá, em sua busca por liberdade e autenticidade, inspira a romper com padrões que nos limitam e a trilhar nosso próprio caminho. Reflita sobre como você pode se inspirar em Oiá para construir relacionamentos mais autênticos e livres, baseados na confiança, no respeito e na comunicação aberta. Lembre-se de que a força do empoderamento reside em reconhecer seu valor, expressar suas necessidades e buscar a reciprocidade em suas relações.

Reflita:

Como você pode proteger e valorizar seus segredos e sua essência, reconhecendo que há aspectos de sua identidade que são preciosos e devem ser guardados com cuidado?

De que maneira você pode lidar com situações de ciúme ou competição, mantendo sua dignidade e buscando soluções que respeitem sua liberdade e autonomia?

Quando confrontado com traições ou revelações indesejadas, como pode usar sua inteligência e seus recursos internos para se proteger e encontrar um caminho de liberdade e justiça?

Como você pode deixar um legado de força e proteção para aqueles que ama, garantindo que eles saibam como se conectar com você e com suas próprias forças em momentos de necessidade?

Palavra-chave: #instinto **Orixás:** Oiá, Ogum

AS DUAS MÃES DOS IBEJIS

OS IBEJIS NASCEM DO VENTRE DE OIÁ E SÃO CRIADOS POR OXUM

Oiá, disfarçada de novilha, foi vista por Oxóssi sem sua pele e se casou com ele, que escondeu a pele para que ela não fugisse. Oiá teve 16 filhos com Oxóssi, e Oxum, a primeira esposa, que não podia ter filhos, criou todos eles com amor e dedicação. O primeiro foi Togum. Depois os gêmeos, os Ibejis, seguido por Idoú, Alabá e Odobé até perfazer os 16. Apesar da aparente harmonia familiar, um desentendimento entre as duas mães levou Oxum a revelar o segredo de Oiá, mostrando-lhe onde sua pele estava escondida. Oiá, sentindo-se traída e aprisionada, recuperou sua pele de novilha. Assumindo sua forma animal, Oiá fugiu de Oxóssi e de sua vida doméstica, abandonando seus filhos e escolhendo a liberdade em detrimento da vida familiar.

> O mito de Oxóssi e Oiá, com suas nuances e complexidades, nos convida à profunda reflexão sobre a natureza dos relacionamentos humanos. A possessão disfarçada de amor e os segredos que permeiam a relação questionam a base sobre a qual construímos nossas conexões. O mito inspira a buscar relações mais autênticas e transparentes, baseadas no respeito, na liberdade e na individualidade de cada um. Oiá, em sua força e determinação, encoraja a lutar pelos seus sonhos e a construir relações mais saudáveis, nas quais você possa ser verdadeiramente você mesmo. Reflita sobre seus relacionamentos e como você pode construir conexões mais profundas e significativas, baseadas na honestidade, no respeito mútuo e na liberdade de ser.

Reflita:

Como você pode equilibrar suas responsabilidades e desejos pessoais, encontrando um caminho que honre tanto sua liberdade quanto seus compromissos familiares?

De que maneira você pode lidar com conflitos e traições, aprendendo a perdoar e a seguir em frente, mesmo quando as circunstâncias são difíceis?

Quando confrontado com escolhas difíceis entre segurança e liberdade, como pode decidir o que é mais importante para seu crescimento e felicidade pessoal?

Como você pode cultivar um ambiente de amor e compreensão, especialmente em situações de complexidade familiar, garantindo que todos se sintam respeitados e valorizados?

Palavra-chave: #desejo **Orixás:** Ibejis, Oxóssi, Oiá, Oxum

29 NOV

OXUM É FILHA DE IEMANJÁ E ORUNMILÁ

OXUM É CONCEBIDA POR IEMANJÁ E ORUNMILÁ

Orunmilá, em um passeio, avistou a bela Iemanjá e, encantado, a convidou para seu palácio. Após a visita, Iemanjá engravidou e deu à luz uma menina. Desconfiado da paternidade, Orunmilá enviou Exu para verificar se a criança tinha marcas de nascença que confirmassem sua linhagem. Se a menina apresentasse alguma marca, mancha ou caroço na cabeça, Orunmilá reconheceria e traria Oxum para viver com ele. Exu confirmou que a menina era filha de Orunmilá, e ela foi levada para viver com o pai, que a criou com muito mimo e atenção. A menina, cercada de cuidados e afeto, cresceu vaidosa e cheia de vontades. Essa menina era Oxum, a orixá da beleza e do amor, que herdou a beleza de sua mãe Iemanjá e a sabedoria de seu pai Orunmilá. O mito destaca a origem de Oxum e sua ligação com dois importantes orixás.

> O mito de Orunmilá, Iemanjá e Oxum convida a uma profunda reflexão sobre a influência da criação na formação da nossa identidade. Oxum, criada com mimo e atenção por Orunmilá, desenvolveu vaidade e vontades, demonstrando como as experiências e os ensinamentos que recebemos na infância moldam nossa personalidade e comportamentos. Analise sua própria história e questione-se como sua criação influenciou a pessoa que você é hoje. Você carrega consigo marcas positivas ou negativas dessa criação. Reconhecer a influência da criação em sua vida é um passo importante para o autoconhecimento e para a construção da sua própria identidade. Assuma a responsabilidade por quem você é hoje e trilhe seu próprio caminho, buscando a realização do seu potencial único, assim como Oxum, que, apesar da influência de sua criação, descobriu sua verdadeira essência e seguiu seu destino.

Reflita:

Como você pode honrar suas raízes e influências familiares, reconhecendo que sua identidade é formada por uma rica tapeçaria de heranças e experiências?

De que maneira você pode equilibrar a busca por beleza e amor com a sabedoria e a introspecção, garantindo que sua vaidade não ofusque seu crescimento pessoal e emocional?

Quando confrontado com questões de identidade e pertencimento, como pode afirmar sua individualidade enquanto valoriza as qualidades que recebeu de seus ancestrais?

Como você pode cultivar um ambiente de amor e cuidado para aqueles ao seu redor, reconhecendo que cada pessoa floresce com atenção e afeto genuínos?

Palavra-chave: #linhagem **Orixás:** Exu, Oxum, Orunmilá, Iemanjá

O ROUBO DE LOGUM EDÉ

LOGUM EDÉ ROUBA SEGREDOS DE OXALÁ

Logum Edé, um caçador solitário e vaidoso, foi acolhido por Oxalá, que lhe ofereceu abrigo e conhecimento. Insatisfeito, Logum Edé roubou segredos de Oxalá e fugiu, traindo a confiança do orixá criador. Oxalá, ciente da traição, lançou uma sentença sobre Logum Edé: toda vez que usasse os segredos roubados, as pessoas reconheceriam a autoria de Oxalá, e uma de suas habilidades se perderia. Para intensificar o castigo e torná-lo eterno, Oxalá transformou Logum Edé em um orixá andrógino, condenado a alternar entre homem e mulher, entre a floresta e o rio, e a recomeçar eternamente sua jornada, carregando o peso de sua traição e vaidade.

> Logum Edé, em sua eterna busca por completude, simboliza a dualidade e a constante transformação que marcam a experiência humana. Assim como ele, você também se encontra em constante transformação, buscando integrar diferentes aspectos de si mesmo e encontrar sentido em sua jornada. Reflita sobre sua própria vida e questione se você se sente completo e satisfeito. Aceitar a própria incompletude e as contradições inerentes à existência humana é essencial para trilhar um caminho de autoconhecimento e crescimento. Inspire-se em Logum Edé e abrace sua dualidade, reconhecendo que a beleza da vida reside em sua constante transformação e na busca por integrar suas diferentes facetas. Busque o reconhecimento interior, aprenda com suas experiências e assuma a responsabilidade por suas escolhas, construindo, assim, um caminho de autenticidade e realização pessoal.

Reflita:

Como você pode reconhecer a importância da ética e da confiança em suas relações, evitando ações que possam trair ou prejudicar aqueles que lhe ofereceram apoio e conhecimento?

De que maneira você pode equilibrar suas ambições pessoais com a responsabilidade e a integridade, garantindo que suas conquistas sejam fruto de seu próprio mérito e esforço?

Quando confrontado com as consequências de suas ações, como pode aprender com seus erros e buscar formas de crescer e evoluir, mesmo em situações desafiadoras?

Como você pode abraçar as dualidades em sua vida, reconhecendo que aspectos diferentes de sua identidade e experiência podem coexistir e enriquecer sua jornada pessoal?

Palavra-chave: #segredo **Orixás:** Logum Edé, Oxalá

DEZEMBRO

MÊS DO RECOMEÇO E DA CRIAÇÃO

Orixás: Oxalá, Obatalá, Oxaguiã e Oxalufã

Dezembro, o último mês do ano, é o momento de honrar Oxalá, o orixá da criação e da paz. A presença de Oxalufã, o Oxalá mais velho, nos convida a uma retrospectiva do ano. Sua sabedoria ancestral nos permite reverenciar a memória do que passou e fazer um balanço de nossas jornadas. Oxaguiã, por sua vez, a sua versão jovem, nos inspira com a sua busca por inovação e por um futuro melhor. Juntos, eles nos lembram de que a sabedoria e a renovação andam de mãos dadas, preparando-nos para um novo ciclo de vida.

"Dezembro, no branco da paz de Oxalá, o ciclo se fecha para que a vida recomece em sua mais pura essência."

1 DEZ

A LAMA DE NANÃ CONSTRÓI OS SERES HUMANOS

NANÃ FORNECE A LAMA PARA A MODELAGEM DOS HOMENS

No início de tudo, Olorum, o deus supremo, confiou a Oxalá a missão de criar o mundo e os seres humanos. Oxalá, buscando a matéria-prima ideal para moldar a humanidade, experimentou diversos elementos: o ar, que se dissipou; a madeira, o metal e a pedra, que resultaram em seres rígidos; e o fogo, que consumiu sua criação. Foi então que Nanã, a sábia senhora dos lagos, ofereceu a Oxalá a lama, elemento maleável e fértil, com o qual ele finalmente pôde criar os seres humanos, dando-lhes forma e vida.

> Nanã, a divindade primordial que forneceu a lama para a criação da humanidade, conecta-se com a origem da vida e com a ancestralidade. Assim como a lama, que representa a matéria-prima da qual viemos, reconecte-se com suas raízes, honre sua história e reconheça a importância de seus ancestrais em sua jornada. A lama, presente em solos férteis e nas margens de rios, simboliza a fertilidade e a capacidade de gerar e nutrir a vida. Cultive a fertilidade em sua vida no sentido simbólico de criar, produzir e manifestar seus sonhos e projetos. Assim como Oxalá encontrou na lama o elemento ideal para criar a humanidade, encontre em si mesmo o potencial para criar e realizar seus sonhos. Reflita sobre como você se conecta com Nanã e sua sabedoria ancestral, buscando a força e a fertilidade para manifestar seus sonhos e viver com abundância.

Reflita:
Como você pode reconhecer o valor dos recursos ao seu redor, entendendo que a simplicidade e a maleabilidade muitas vezes oferecem as melhores soluções para os desafios da vida?

De que maneira você pode aprender a aceitar ajuda e sabedoria de outros, reconhecendo que a colaboração e a humildade são essenciais para alcançar seus objetivos?

Quando confrontado com obstáculos ou falhas, como pode persistir em sua busca por soluções, adaptando-se e aprendendo com cada tentativa?

Como você pode honrar a conexão entre todos os elementos da natureza e a própria essência da vida, reconhecendo a importância de cada componente em sua jornada de crescimento e criação?

Palavra-chave: #flexibilidade **Orixás:** Nanã, Oxalá

IEMANJÁ CRIA O MUNDO QUE CONHECEMOS

IEMANJÁ AUXILIA OLODUMARE A CRIAR O MUNDO

Olorum, o deus supremo, cansado da solidão e do caos primordial, libertou suas forças, criando uma grande inundação que deu origem aos mares e oceanos, onde Olocum passou a habitar. Das águas e da terra emergiu Iemanjá, a mãe dos orixás, que dominou o fogo e o entregou a Aganju. Iemanjá, então, embelezou a Terra com rios, cascatas e lagoas, dando origem a Oxum, orixá das águas doces. Com a terra fertilizada pelas cinzas do fogo, surgiram as plantas, cuidadosamente guardadas por Ossaim. Nos pântanos, nasceu a peste, entregue a Omulu. Finalmente, com cada elemento da natureza sob os cuidados de um orixá, Obatalá, a mando de Olorum, criou o ser humano, que passou a habitar e celebrar os orixás na Terra.

> O mito de Olorum e Iemanjá revela que você é parte integrante de um universo em constante transformação. Como parte dessa teia da vida, conecte-se com a natureza e seus ciclos, reconhecendo a interdependência entre todos os seres. Cuide do planeta com respeito e responsabilidade, honrando a força que rege a vida. Celebre a vida em suas diversas formas e manifeste gratidão pela oportunidade de fazer parte dessa jornada. Reflita sobre como você pode se conectar com a energia da criação e contribuir para a harmonia do universo, buscando o equilíbrio em si mesmo e no mundo ao seu redor.

Reflita:

Como você pode encontrar beleza e harmonia em meio ao caos, transformando desafios em oportunidades para criar algo novo e significativo em sua vida?

De que maneira você pode colaborar com outros, reconhecendo que cada pessoa traz um talento único que pode enriquecer o mundo ao seu redor?

Quando confrontado com elementos que parecem fora de controle, como pode usar sua criatividade e resiliência para moldar seu ambiente e criar um espaço fértil para crescimento e celebração?

Como você pode honrar e integrar a diversidade de elementos e experiências em sua vida, reconhecendo que cada parte, por menor que pareça, contribui para a tapeçaria de sua existência?

Palavra-chave: #cooperação

Orixás: Iemanjá, Olocum, Aganju, Oxum, Omulu, Ossaim, Obatalá

3 DEZ

EUÁ E ORUNMILÁ UNEM FORÇAS CONTRA A MORTE

EUÁ LIVRA ORUNMILÁ DA MORTE

Orunmilá, um babalaô, fugia desesperadamente da Morte, Icu, que o perseguia sem descanso. Exausto, ele encontrou Euá lavando roupa em um rio e pediu sua ajuda. Euá, compadecida, escondeu Orunmilá sob sua tábua de lavar roupa e despistou Icu com uma mentira. Após despistar a morte, Euá levou Orunmilá para sua casa e cuidou dele. Naquela noite, eles se uniram e Euá engravidou. Feliz, ela fez oferendas a Ifá em agradecimento. Orunmilá, reconhecendo a astúcia e compaixão de Euá, casou-se com ela. A união foi celebrada com grande alegria e cantos que exaltavam Euá como protetora e salvadora.

> Icu, a personificação da morte, lembra que você é responsável por suas ações e escolhas, e que a vida é finita e preciosa. Reconheça as "mortes" (finais, perdas, transformações) que já enfrentou em sua vida e como elas moldaram a pessoa que você é hoje. Reflita sobre a possibilidade da morte física e o legado que deseja deixar para o mundo. Busque o autoconhecimento, confie em sua intuição e cultive relações de apoio e proteção para enfrentar os desafios da vida. Assim como Euá ajudou Orunmilá a escapar de Icu, construa uma rede de apoio e encontre em si mesmo a força e a sabedoria para trilhar seu caminho. Reflita sobre como você pode usar a consciência da morte como um catalisador para viver com mais intensidade, significado e propósito.

Reflita:

Como você pode agir com compaixão e coragem, oferecendo ajuda a quem precisa, mesmo em situações difíceis ou perigosas?

De que maneira você pode usar a inteligência e criatividade para superar desafios e obstáculos, encontrando soluções que promovam vida e esperança?

Quando confrontado com a proximidade do perigo ou do medo, como pode cultivar a confiança e a gratidão, reconhecendo aqueles que lhe oferecem apoio e proteção?

Como você pode celebrar e honrar as pessoas em sua vida que atuam como protetores e guias, reconhecendo as bênçãos que suas ações trazem para seu caminho?

Palavra-chave: #compaixão **Orixás:** Euá, Orunmilá

OIÁ É RECONHECIDA COMO IANSÃ

OIÁ É DIVIDIDA EM NOVE PARTES

Oiá, antes de se tornar esposa de Xangô, vivia com Ogum, ajudando-o em seu trabalho de ferreiro. Ogum presenteou-a com uma varinha de ferro capaz de dividir homens em sete partes e mulheres em nove, compartilhando esse poder com ela. Xangô, que frequentemente visitava a oficina de Ogum, ficou impressionado com Oiá e a atração foi mútua. Depois de um tempo, Oiá fugiu com Xangô, despertando a fúria de Ogum. Quando Ogum alcançou o casal, uma batalha se seguiu. Durante a luta, ambos, Ogum e Oiá, usaram suas varinhas um contra o outro. Como resultado, Ogum foi dividido em sete partes, tornando-se Ogum Mejê, e Oiá foi dividida em nove partes, ganhando o nome de Iansã (Iyámesan), que significa "a mãe transformada em nove".

> A vida é um processo de constante transformação, e as mudanças podem gerar novas oportunidades e possibilidades. A divisão de Ogum e Oiá em múltiplas entidades representa a diversidade e a riqueza da criação. A relação entre Ogum e Oiá demonstra a importância do equilíbrio entre forças opostas, como a criação e a destruição, o masculino e o feminino. O mito de Oiá e Ogum apresenta uma narrativa sobre a criação, a transformação e a natureza complexa das relações divinas. Aceite as mudanças, celebre a diversidade e busque o equilíbrio em sua vida!

Reflita:

Como você pode lidar com mudanças e transformações em sua vida, aprendendo a integrar novas partes de si mesmo e evoluir a partir de experiências desafiadoras?

De que maneira você pode administrar conflitos e emoções intensas, garantindo que suas ações não resultem em divisões dolorosas ou irreparáveis?

Quando confrontado com escolhas difíceis entre lealdade e desejo, como pode buscar um equilíbrio que respeite todas as partes envolvidas, incluindo a si mesmo?

Qual é a importância de abraçar sua multiplicidade e complexidade interna, reconhecendo que as experiências de vida moldam e enriquecem quem você é?

Palavra-chave: #transformação **Orixás:** Oiá (Iansã), Ogum, Xangô

5 DEZ

O MENINO MUDO QUE DESCOBRIU A ARTE

IFÁ NASCE COMO MENINO MUDO

Aiedegum, filho do feiticeiro Meto-Lonfim, nasceu mudo e, mesmo após a adolescência, não pronunciava uma palavra. Curiosamente, quando castigado pelo pai, o menino emitia sons incompreensíveis, que com o tempo formaram 16 palavras. Intrigado, o pai continuou a castigá-lo, e Aiedegum revelou que cada palavra representava um de seus futuros filhos, cada um com um conhecimento específico. Aiedegum profetizou sua morte e anunciou seu legado para a humanidade: uma palmeira cujos frutos seriam usados para criar o jogo de Ifá, o oráculo sagrado que permite consultar o destino e obter orientação para a vida. Após essa revelação, Aiedegum morreu, cumprindo sua profecia: de seu corpo nasceu uma palmeira, e seus frutos deram origem ao jogo de Ifá. Assim, mesmo em silêncio durante a maior parte de sua vida, Aiedegum deixou um instrumento de conhecimento e orientação para o mundo, tornando-se Orunmilá Ifá, o orixá da adivinhação e do conhecimento.

> Aiedegum, em sua trajetória de superação e busca por propósito, estimula que você também tenha um legado a construir e um propósito a cumprir. Mesmo diante das limitações e dos desafios que a vida apresenta, assim como Aiedegum, você pode usar seus talentos e habilidades para impactar o mundo de maneira positiva. Reflita sobre qual o seu propósito de vida e o que você deseja deixar como legado para as próximas gerações, que marcas você quer deixar em sua passagem pela Terra. Além disso, sinta como você pode usar suas habilidades e seus conhecimentos para contribuir para o bem comum e construir um futuro melhor. Acredite no poder da sua existência e no significado único que ela possui. Assim como Ifá convida a encontrar nossa voz e transformar a dor em aprendizado, busque sua própria forma de expressão e use suas experiências para evoluir e contribuir para o mundo ao seu redor.

Reflita:

Como você pode encontrar e expressar sua voz única, mesmo que de maneiras não convencionais, reconhecendo que o silêncio também pode ser uma forma poderosa de comunicação?

De que maneira você pode transformar desafios pessoais em oportunidades para compartilhar dons e conhecimentos com os outros, deixando um legado que transcenda suas limitações?

Quando confrontado com a necessidade de superar expectativas e limitações, como pode encontrar dentro de si a força e a visão para criar algo de valor duradouro para o mundo?

Como você pode honrar e utilizar os recursos naturais e espirituais ao seu redor para buscar orientação e clareza em sua jornada, reconhecendo que a sabedoria pode vir de fontes inesperadas?

Palavra-chave: #propósito **Orixá:** Orunmilá

OXÓSSI TORNA-SE O REI DE QUETO

OXÓSSI GANHA A CIDADE DE QUETO DE ORUNMILÁ

6 DEZ

Orunmilá, precisando de uma ave rara para um feitiço, enviou Ogum e Oxóssi em sua busca. Após dias de procura sem sucesso, Oxóssi, em um momento decisivo, encontrou a ave e, com sua última flecha, a abateu com precisão e habilidade. O feito de Oxóssi impressionou Orunmilá, que reconheceu sua determinação e coragem. Como recompensa, ofereceu-lhe o governo da cidade de Queto e o título de orixá da caça e das florestas, consagrando-o como mestre caçador e protetor da natureza. Assim, Oxóssi, com sua persistência e pontaria certeira, cumpriu a missão e alcançou um lugar de destaque entre os orixás, tornando-se símbolo da conexão entre o homem e a natureza.

> Oxóssi, em sua jornada para capturar a ave rara, demonstra a importância da persistência, da precisão e do uso dos talentos a serviço da comunidade. Assim como ele, que utilizou suas habilidades de caçador para alcançar seu objetivo, busque seus objetivos com determinação e confiança em suas capacidades, e utilize seus talentos para contribuir para o bem comum. Reflita sobre como você se sente em relação ao reconhecimento por suas habilidades e contribuições. Pergunte para si mesmo o quanto se sente valorizado pelo que faz. Sinta como você pode usar suas habilidades para fazer a diferença no mundo. Oxóssi, como orixá da caça e das florestas, também te convida a se conectar com a natureza e a refletir sobre sua relação com o meio ambiente. Use a história de Oxóssi como inspiração para buscar seus objetivos com determinação, utilizar seus talentos para o bem da comunidade e fortalecer sua conexão com a natureza.

Reflita:

Como você pode demonstrar determinação e habilidade na busca de seus objetivos, reconhecendo que a persistência e a precisão podem levar a grandes recompensas?

De que maneira você pode se conectar profundamente com a natureza, respeitando e protegendo o mundo natural enquanto busca cumprir suas próprias missões?

Quando confrontado com desafios difíceis, como pode confiar em suas habilidades e intuição para encontrar soluções e oportunidades onde outros podem ter falhado?

Como você pode ser reconhecido por sua coragem e dedicação, tornando-se um indivíduo respeitado e um defensor daquilo que é importante para você e sua comunidade?

Palavra-chave: #determinação **Orixás:** Oxóssi, Ogum, Orunmilá

7
DEZ

OGUM E SUA CONEXÃO COM O TRABALHO

OGUM CRIOU A FORJA

Ogum, em busca de se tornar rei, consultou o oráculo de Ifá com seus amigos. Orientados pelo oráculo, realizaram um ritual (ebó) e aguardaram a chuva. Após a chuva, encontraram areia negra em um local erodido e a colocaram no fogo. Para surpresa de Ogum, a areia se transformou em ferro maleável. Com essa descoberta, Ogum criou uma tenaz para manipular o ferro quente e, em seguida, uma faca e um facão. Dominando a arte da forja, Ogum passou a produzir diversos objetos de ferro e a ensinar seu uso para as pessoas, trazendo prosperidade e abundância para todos. A partir de então, Ogum, o ferreiro, alcançou grande prosperidade e reconhecimento, sendo saudado como "Aquele que Transforma a Terra em Dinheiro". O mito celebra a busca de Ogum pelo conhecimento, sua habilidade em transformar a matéria e o impacto positivo de suas criações para a comunidade.

> Ogum, o ferreiro e mestre da tecnologia, inspira você a usar o conhecimento e a criatividade para promover o progresso e o bem-estar coletivo. Reflita sobre como você se relaciona com a tecnologia e como a utiliza em sua vida. Ela te aproxima das pessoas que ama, facilita seu trabalho ou te auxilia em momentos de necessidade? Pense como você pode usar a tecnologia para melhorar sua vida e a vida dos outros. Perceba quais habilidades e conhecimentos você possui que podem ser utilizados para criar, construir e compartilhar, assim como Ogum faz em sua forja. Lembre-se de que a tecnologia, quando utilizada com sabedoria e responsabilidade, pode ser uma ferramenta poderosa para promover o bem-estar, a prosperidade e o desenvolvimento da comunidade. Use seus talentos e sua criatividade para construir um futuro melhor, assim como ensina Ogum.

Reflita:

Como você pode cultivar o espírito da inovação e descoberta, transformando materiais brutos e oportunidades em ferramentas valiosas para o seu crescimento e sucesso?

De que maneira você pode compartilhar seus conhecimentos e habilidades com os outros, promovendo o bem-estar coletivo e se tornando um agente de prosperidade em sua comunidade?

Quando confrontado com desafios e mistérios, como pode manter a curiosidade e a determinação para desvendar novos caminhos e soluções?

Como você pode ser reconhecido como um líder e visionário ao aplicar sua criatividade e engenhosidade para transformar recursos naturais em riquezas tangíveis?

Palavra-chave: #dinheiro **Orixás:** Ogum, Orunmilá

EXU AUXILIA NA CONQUISTA DA RIQUEZA

EXU AUXILIA UM MENDIGO A ENRIQUECER

8 DEZ

Um mendigo, cansado de sua pobreza, consultou um oráculo e preparou um ebó com grande esforço. Exu, comovido com sua determinação, decidiu ajudá-lo. Colocou o mendigo frente a frente com um milionário e o instruiu a provocá-lo com arrogância, despertando a ira do homem rico. Exu, então, instigou o milionário a mostrar seu poder e riqueza, humilhando o mendigo. O milionário, irritado com a petulância do pobre homem, resolveu dar-lhe dinheiro para provar sua superioridade. Porém, ao fazer isso, acabou inadvertidamente elevando o status do mendigo aos olhos dos outros. As pessoas, vendo o milionário ajudar o mendigo, assumiram que ele também era rico e passaram a lhe oferecer crédito. Com o crédito, o mendigo fez negócios e prosperou, enriquecendo graças à artimanha de Exu, que inverteu a situação e transformou a pobreza em riqueza.

> O mito de Exu e o mendigo revela como as aparências podem ser enganosas e como a sorte pode mudar subitamente. A história do mendigo que se torna digno de crédito apenas por sua associação com o homem rico convida a uma profunda reflexão sobre como você julga as pessoas ao seu redor. Analise o ambiente ao seu redor e veja como você sente as pessoas com quem convive, se elas valorizam mais a riqueza do que o caráter e as qualidades humanas. O mito de Exu instiga a questionar as estruturas sociais e os valores que regem a vida em sociedade. Busque a justiça social, lute pela igualdade de oportunidades e reconheça o valor intrínseco de cada indivíduo, independentemente de sua condição social ou material. Lembre-se de que a verdadeira riqueza reside na essência, no caráter e nas qualidades que cada um carrega consigo.

Reflita:

Como você pode usar a astúcia e a criatividade para transformar desafios em oportunidades, reconhecendo que a ajuda pode vir de maneiras inesperadas?

De que maneira você pode manter a determinação e a fé em seus objetivos, mesmo quando as circunstâncias parecem adversas?

Quando confrontado com situações de aparente desvantagem, como pode encontrar formas de virar o jogo a seu favor, transformando fraqueza em força?

Como você pode reconhecer e valorizar as lições que surgem de encontros e interações com os outros, entendendo que cada pessoa pode ser um catalisador para sua transformação e sucesso?

Palavra-chave: #negócios **Orixá:** Exu

9 DEZ

OSSAIM E SUA ARTE MISTERIOSA

OSSAIM VEM DANÇAR COM OS SERES HUMANOS

Em um tempo em que os deuses não atendiam mais aos pedidos dos seres humanos, e tudo o que era solicitado saía errado, os seres humanos decidiram organizar festas para os orixás, na esperança de apaziguá-los. A cada semana, um orixá diferente era homenageado com danças, cantos e oferendas. Porém, mesmo com todas as homenagens, os deuses continuavam distantes, e os pedidos dos seres humanos permaneciam sem resposta. Certa noite, durante a festa em homenagem a Ossaim, um homem misterioso de uma perna só, montado em um antílope falante, surpreendeu a todos. Os seres humanos, sem reconhecê--lo, o receberam com admiração e respeito, compartilhando suas dificuldades em se comunicar com os deuses e obter suas bênçãos. O desconhecido, com grande energia e alegria, dançou durante toda a noite, contagiando a todos com sua vitalidade. Ao amanhecer, ele se despediu e partiu em seu antílope, deixando os seres humanos maravilhados. Logo descobriram que o misterioso dançarino era o próprio Ossaim, que veio em segredo para se conectar com eles e, quem sabe, interceder junto aos deuses. O mito revela a natureza enigmática de Ossaim e sua compaixão pelos seres humanos.

> Ossaim, em sua visita inesperada e disfarçada, revela que o divino pode se manifestar de formas misteriosas e surpreendentes. Esteja aberto ao novo, ao desconhecido e às surpresas que a vida te reserva, assim como os humanos que acolheram Ossaim em sua festa. Cultive a curiosidade, a flexibilidade e a receptividade para aprender com cada experiência, por mais inesperada que seja. Reflita sobre como você lida com o mistério e o desconhecido. Observe se você se permite ser surpreendido pela vida ou se se fecha para novas possibilidades. Olhe como você pode se abrir para o novo e acolher o desconhecido com confiança e coragem. O mito de Ossaim convida a manter acesa a chama da fé, cultivar a alegria em comunidade e usar a criatividade para superar os desafios da vida, confiando que o divino se manifesta de formas inesperadas e te guia em sua jornada.

Reflita:

Como você pode criar momentos de celebração e alegria em sua vida, mesmo quando as circunstâncias parecem difíceis, reconhecendo que a energia positiva pode atrair mudanças inesperadas?

De que maneira você pode ser receptivo e acolhedor a novas experiências e pessoas, percebendo que o desconhecido pode trazer bênçãos e lições valiosas?

Quando confrontado com a sensação de desconexão ou falta de resposta, como pode encontrar maneiras criativas de se aproximar de suas metas e do que você valoriza?

Como você pode ser um canal de vitalidade e inspiração para aqueles ao seu redor, dançando com a vida e contagiando os outros com sua paixão e compaixão?

Palavra-chave: #comunicação **Orixá:** Ossaim

OBALUAÊ E O MEL DE OXUM

OBALUAÊ MORRE E É RESSUSCITADO APÓS INTERCESSÃO DE OXUM

Obaluaê, conhecido por sua beleza e natureza galanteadora, desobedeceu a uma ordem de Orunmilá para se abster de relações sexuais durante um ritual sagrado. Como consequência de sua transgressão, foi acometido por uma doença que cobriu seu corpo de chagas. Apesar dos apelos de suas esposas a Orunmilá, Olofim-Olodumare não o perdoou e Obaluaê morreu. Orunmilá, determinado a ajudar, usou o mel de Oxum para agradar Olofim. Intrigado com a oferenda, Olofim convocou todas as mulheres, e Oxum assumiu a responsabilidade pelo mel. Aproveitando a oportunidade, ela negociou com Olofim, oferecendo-lhe mais mel em troca da ressurreição de Obaluaê. Olofim, seduzido pela doçura do mel, concordou em ressuscitar Obaluaê. No entanto, manteve as chagas como um lembrete permanente da desobediência de Obaluaê.

> Obaluaê, em sua história de transgressão e cura, revela que as marcas do passado podem ser carregadas conosco, mesmo após a superação e o recomeço. Reflita sobre as marcas que você carrega de suas experiências de vida. Quais são as cicatrizes, visíveis ou invisíveis que te acompanham e como você lida com as lembranças e as dores do passado são questões fundamentais. Assim como Obaluaê, que encontrou cura e transformação através do amor e da compaixão, busque a cura para suas próprias feridas, perdoando a si mesmo e aos outros, aceitando seu passado e aprendendo com suas experiências. Acredite na possibilidade de se libertar das marcas que te prendem e seguir em frente com leveza e esperança, construindo um futuro mais pleno e feliz. Use as marcas do passado como aprendizado e combustível para trilhar um caminho de transformação e superação, assim como Obaluaê nos ensina.

Reflita:

Como você pode aprender com os erros e transgressões, reconhecendo que as consequências podem servir como lembretes valiosos para o crescimento pessoal?

De que maneira você pode se conectar com aliados e buscar apoio em momentos difíceis, entendendo que colaboração e intercessão podem abrir caminhos para a cura e a transformação?

Quando confrontado com situações de arrependimento, como pode usar a sabedoria e a criatividade para encontrar soluções que tragam reconciliação e renovação?

Como você pode transformar suas cicatrizes e experiências passadas em símbolos de resistência e aprendizado, celebrando a capacidade de renascer e se reinventar?

Palavra-chave: #transgressão **Orixás:** Obaluaê, Oxum, Orunmilá

11 DEZ

IROCO É UMA ÁRVORE SEMPRE ENFEITADA E CULTUADA

IROCO ENGOLE A DEVOTA QUE NÃO CUMPRE A INTERDIÇÃO

Uma mulher, desejosa de ter um filho, consultou um babalaô, que a instruiu a fazer oferendas a Iroco, a árvore sagrada. Ela seguiu as instruções, mas esqueceu-se de um preceito fundamental: abster-se de relações sexuais antes do ritual. Iroco, sentindo-se desrespeitado pela impureza da mulher, engoliu-a parcialmente, deixando apenas sua cabeça e seus ombros de fora. Desesperada, a mulher implorou por ajuda, e o babalaô revelou sua falha em seguir o preceito. Arrependida, a mulher foi libertada por Iroco e, tempos depois, engravidou. Agradecida, ela fez novas oferendas à árvore sagrada, cumprindo corretamente o ritual dessa vez. Quando seu filho nasceu, o babalaô determinou que a criança fosse iniciada no culto a Iroco, garantindo a perpetuação da devoção à árvore sagrada. O mito ressalta a importância de respeitar os preceitos religiosos e a necessidade de purificação para se conectar com o sagrado. É por isso que Iroco tem sua árvore sempre muito bonita, enfeitada e cultuada.

> Iroco, em sua sabedoria, demonstra que a transformação e o perdão são possíveis quando você reconhece seus erros e busca corrigir seu comportamento. Reflita sobre suas próprias ações e atitudes. Você é capaz de reconhecer seus erros e buscar o perdão, tanto para si mesmo quanto para com os outros. O perdão é um passo fundamental para a cura e a libertação, permitindo que você siga em frente com leveza e aprendizado. Perdoe-se hoje pelos erros do passado e liberte-se das culpas que te impedem de evoluir. Honre seus compromissos e busque a harmonia entre seus desejos e suas responsabilidades, reconhecendo a força do sagrado em sua vida. Assim como a mulher que, após se arrepender, foi abençoada com a realização de seu desejo, você também pode encontrar a realização e a felicidade ao trilhar um caminho de autoconhecimento, responsabilidade e transformação.

Reflita:

Como você pode reconhecer a importância de seguir tradições e preceitos que respeitam o sagrado, entendendo que a atenção aos detalhes pode fazer uma grande diferença em suas práticas espirituais e pessoais?

De que maneira você pode aprender a se purificar e se preparar adequadamente para momentos importantes de sua vida, garantindo que esteja em harmonia com seus valores e objetivos?

Quando confrontado com as consequências de suas ações, como pode assumir a responsabilidade e buscar formas de se redimir e corrigir seus erros para seguir adiante?

Como você pode cultivar o respeito e a devoção por aquilo que é sagrado em sua vida, celebrando suas bênçãos e perpetuando tradições que enriquecem sua existência e a de sua comunidade?

Palavra-chave: #arrependimento **Orixá:** Iroco

OXUMARÊ ATRAI RIQUEZA

OXUMARÊ TORNOU-SE RICO E RESPEITADO

12 DEZ

Oxumarê, um babalaô sem fama nem fortuna, se sentia humilhado por sua condição social. Buscando mudar sua sorte, consultou um adivinho, que lhe indicou um ritual para prosperar. Enquanto realizava o ritual, foi chamado pelo rei, mas recusou-se a interromper a cerimônia. Essa atitude enfureceu o rei, que deixou de pagar uma dívida a Oxumarê. Após concluir o ritual, Oxumarê foi chamado por Olocum, rainha de um reino vizinho, para curar seu filho doente. Com sua sabedoria e habilidades, Oxumarê conseguiu curar o príncipe e, em gratidão, recebeu um lindo pano azul, riquezas e outros presentes valiosos da rainha. Ao retornar para casa, Oxumarê exibiu sua nova fortuna ao rei, que, movido pela inveja e rivalidade, o presenteou com uma linda roupa vermelha e ainda mais riquezas. Assim, Oxumarê alcançou fama, riqueza e respeito, mostrando que a persistência, a sabedoria e o reconhecimento dos outros podem transformar a vida de uma pessoa.

> O mito de Oxumarê e o rei de Ifé revela como a inveja e a competição podem se manifestar em ações mesquinhas, mesmo diante da prosperidade do outro. Reflita sobre como você lida com a inveja e a competição em sua vida. Decida se esses sentimentos te motivam a crescer e a se superar, ou te paralisam e te levam a agir de forma negativa. Busque cultivar a colaboração e a generosidade em suas relações, reconhecendo que o sucesso do outro não diminui o seu valor e que a colaboração pode levar a resultados ainda maiores do que a competição. Oxumarê te convida a questionar as noções de sucesso e reconhecimento, e a trilhar um caminho de prosperidade e realização pessoal, usando seus talentos para ajudar o próximo e cultivando a generosidade. Reflita sobre seus próprios valores e como você pode usar seus talentos e habilidades para contribuir para o bem-estar da comunidade, seguindo o exemplo de Oxumarê.

Reflita:

Como você pode demonstrar perseverança e compromisso com seus objetivos, mesmo quando confrontado com distrações e desafios, sabendo que a dedicação pode levar a recompensas significativas?

De que maneira você pode usar suas habilidades e conhecimentos para ajudar os outros, reconhecendo que o serviço genuíno pode abrir portas para oportunidades inesperadas e gratidão?

Quando se depara com a tentação de mudar de rumo por pressão externa, como pode manter o foco em suas prioridades, confiando que o caminho que escolheu trará frutos?

Como você pode transformar as rivalidades e invejas em motivação para prosperar, usando cada desafio como um trampolim para o sucesso e o reconhecimento?

Palavra-chave: #fortuna **Orixás:** Oxumarê, Olocum

13 DEZ

OBÁ TENTA RECONQUISTAR XANGÔ

OBÁ E A MORTE DO CAVALO DE XANGÔ

Xangô, um rei conquistador, era casado com Obá, sua dedicada esposa, que cuidava de seus afazeres domésticos. No entanto, Xangô, sempre em busca de novas conquistas, se apaixonou por Oiá e se casou com ela. Em seguida, tomou Oxum como sua terceira esposa, criando um clima de rivalidade entre as três. Obá, na tentativa de reconquistar o amor de Xangô e afastá-lo de suas rivais, primeiro deu um cavalo branco para seu esposo. Xangô adorou o presente. Depois, ela consultou o oráculo e foi instruída a oferecer um espanta-moscas feito com rabo de cavalo. Influenciada por Oxum, que desejava prejudicar Obá, Eleguá (Exu) cortou a cauda do mesmo cavalo branco de Xangô, causando a morte do animal. Ao retornar da guerra, Xangô descobriu o espanta-moscas feito com o rabo de seu cavalo e, enfurecido com a traição de Obá, a repudiou mais uma vez.

> A traição de Eleguá, a mando de Oxum, revela como a manipulação e a mentira podem ser prejudiciais aos relacionamentos. Reflita sobre suas próprias experiências. Questione se você já se sentiu traído ou manipulado em algum relacionamento. A traição pode gerar feridas profundas e abalar a base da confiança em uma relação. Para reconstruir a confiança após uma traição, é essencial que haja arrependimento genuíno, diálogo aberto e disposição para perdoar. Analise como você se coloca em seus relacionamentos e o quanto você se sente à vontade para ser autêntico e expressar suas necessidades. Busque construir relações mais justas, harmoniosas e equilibradas, baseadas na honestidade, no respeito e na liberdade.

Reflita:

Como você pode lidar com a rivalidade e a competição em suas relações, buscando soluções construtivas em vez de ações que podem ter consequências indesejadas?

De que maneira você pode ser vigilante em relação às influências externas que podem afetar suas decisões e ações, garantindo que suas escolhas sejam autênticas e alinhadas com seus valores?

Quando confrontado com mal-entendidos ou traições, como pode encontrar formas de comunicação e reconciliação que ajudem a preservar a harmonia em suas relações pessoais e profissionais?

Como você pode transformar experiências de dor e rejeição em oportunidades de autodescoberta e crescimento, aprendendo a fortalecer seu caráter e resiliência?

Palavra-chave: #família **Orixás:** Obá, Xangô, Oxum, Oiá, Exu

COMO SURGIU O AXEXÊ

OIÁ INVENTA O AXEXÊ

14 DEZ

Oiá, filha adotiva do líder dos caçadores Odulecê, sofreu profundamente com sua morte. Em sua homenagem, ela reuniu os instrumentos de caça e as comidas favoritas de seu pai, dançou e cantou por sete dias, convocando todos os caçadores para uma grande cerimônia fúnebre. No sétimo dia, Oiá adentrou a floresta com os caçadores e depositou os pertences de Odulecê aos pés de uma árvore sagrada, em um gesto de despedida e reverência. Olorum, o deus supremo, comovido com a homenagem de Oiá, concedeu-lhe o poder de guiar os mortos em sua jornada para o Orum, o reino celestial. Assim, Odulecê se tornou um orixá, Oxóssi, e Oiá, a "mãe dos espaços dos espíritos", responsável por conduzir os mortos ao Orum. Dessa forma, nasceu o ritual funerário do axexê, com cantos, danças e oferendas em homenagem aos que partiram, garantindo-lhes uma passagem serena para o mundo espiritual.

> Oiá, em sua expressão de luto e celebração através da música e da dança, revela o poder transformador e curativo dessas manifestações. Assim como ela, que encontrou na arte uma forma de expressar sua dor e honrar a memória de seu pai, você também pode usar a música e a dança para se conectar com suas emoções, com o sagrado e com seus ancestrais. Reflita sobre como você utiliza a música e a dança em sua vida. Elas te trazem alegria, te ajudam a lidar com a tristeza, te conectam com sua espiritualidade ou te proporcionam momentos de transcendência. Pense que rituais e tradições você pratica para honrar seus ancestrais e celebrar a vida. Honrar a memória daqueles que vieram antes de nós e celebrar a vida são formas de manter viva a chama da ancestralidade e fortalecer a conexão com suas raízes. Busque inspiração em Oiá e encontre na música, na dança e nos rituais formas de expressar suas emoções, se conectar com o sagrado e honrar a vida e a memória de seus ancestrais.

Reflita:

Como você pode transformar a dor da perda em atos de amor e celebração, criando rituais que honrem a memória dos que partiram e fortaleçam seus laços com eles?

De que maneira você pode usar sua criatividade e compaixão para oferecer conforto e orientação àqueles que estão passando por momentos difíceis, ajudando-os a encontrar paz e serenidade?

Quando confrontado com o luto, como pode encontrar formas de canalizar suas emoções em ações que tragam significado e propósito, tanto para você quanto para sua comunidade?

Como você pode se tornar um guia e protetor para aqueles ao seu redor, oferecendo apoio e sabedoria em tempos de transição e mudança?

Palavra-chave: #finados **Orixás:** Oiá, Oxóssi

15 DEZ

IBEJIS ESPERAM PELO TERCEIRO IRMÃO

OS IBEJIS E O TORMENTO POR CAUSA DO TERCEIRO IRMÃO

Oxum, desejando ter um filho, realizou um sacrifício a pedido de Orunmilá e deu à luz trigêmeos. Incapaz de criar os três, ela mandou embora o mais novo, Idoú, ficando apenas com os gêmeos Taió e Caiandê. Idoú, magoado com a rejeição, passou a atormentar os irmãos, causando brigas e infelicidade entre eles. Preocupada com as constantes brigas, Oxum consultou Orunmilá, que identificou a presença de Idoú atormentando os gêmeos. Ele instruiu Oxum a usar espelhos mágicos para descobrir em qual dos gêmeos Idoú se escondia. Ao usar os espelhos, Oxum percebeu que um dos gêmeos estava fadado à morte. Para proteger o outro irmão, um dos gêmeos teve que morrer. O gêmeo sobrevivente, inconsolável com a perda, desenterrou seu irmão e o amarrou ao seu corpo, carregando-o consigo para sempre. Assim, os Ibejis se tornaram inseparáveis e o povo os reconhece como os "meninos gêmeos de Oxum".

> Os Ibejis simbolizam a busca pela integração de todos os aspectos do seu ser. Você também está em uma constante jornada de autoconhecimento, buscando integrar suas diferentes versões. Reflita sobre o que você busca para se sentir completo e realizado. Aceitar e integrar as partes que você considera "negativas" ou "sombras" é essencial para alcançar a harmonia interior. Abrace suas vulnerabilidades, seus medos e suas inseguranças como parte da sua história e da sua jornada. Busque o autoconhecimento através da reflexão, do estudo e do contato com a sua essência. Aprofunde a conexão consigo mesmo, compreenda seus padrões de comportamento, seus valores e suas crenças. Encontre nos desafios a oportunidade de aprender e evoluir, transformando suas dificuldades em degraus para o crescimento pessoal. Assim como os Ibejis encontraram completude ao se unirem com Idoú, você também pode encontrar a sua própria completude.

Reflita:

Como você pode enfrentar a dor e a rejeição, buscando maneiras de curar as feridas emocionais e encontrar paz?

De que maneira você pode identificar e confrontar as forças invisíveis que causam desarmonia em sua vida?

Quando confrontado com escolhas difíceis que afetam aqueles ao seu redor, como pode encontrar coragem e compaixão para tomar as decisões que são importantes?

Como você pode celebrar a união e a dualidade em sua vida, reconhecendo que as relações e conexões podem ser complexas e profundamente significativas?

Palavra-chave: #individuação **Orixás:** Ibejis, Oxum, Orunmilá

OXUM É UMA POMBA LIVRE

OXUM TRANSFORMA-SE EM POMBO E FICA LIVRE

16 DEZ

Oxum, esposa de Xangô, não se interessava pelos afazeres domésticos e se dedicava apenas aos seus próprios caprichos. Xangô, irritado com sua atitude, a aprisionou em uma torre, recuperando sua liberdade e voltando a aproveitar a vida sem as responsabilidades do casamento. Exu, compadecido com a situação de Oxum, contou o ocorrido ao pai dela, Orunmilá. Este, então, enviou Exu de volta à torre com um pó mágico, instruindo-o a soprá-lo na cabeça de Oxum. Ao entrar em contato com o pó, Oxum se transformou em um pombo e conseguiu escapar da torre, recuperando sua liberdade e retornando para a casa de seu pai. Livre do casamento e das obrigações domésticas, Oxum voltou a se dedicar aos seus caprichos e joias.

> Exu e Orunmilá, em seu esforço conjunto para libertar Oxum, demonstram a importância de buscar ajuda e orientação em momentos difíceis. Assim como Oxum, que se viu presa em um relacionamento que a impedia de ser ela mesma, você também pode se encontrar em situações que exigem apoio externo para superá-las. Reflita sobre como você busca ajuda e orientação em momentos desafiadores. Sinta se você se apoia em amigos, familiares, mentores ou figuras espirituais. Confie em sua intuição e na sabedoria daqueles que te amam. Desenvolva a autoconfiança e a coragem para trilhar seu próprio caminho, mesmo que isso signifique romper com padrões e expectativas sociais. Permita-se voar em busca de seus sonhos e da sua verdadeira essência, assim como Oxum, que se transformou em pombo para alcançar a liberdade e a autenticidade. Lembre-se de que você não está sozinho e que existem pessoas e recursos disponíveis para te auxiliar em sua jornada.

Reflita:

Como você pode encontrar maneiras de se libertar de situações ou relações que limitam sua expressão e independência, usando criatividade e apoio daqueles que se preocupam com você?

De que maneira você pode equilibrar suas responsabilidades com suas paixões e interesses pessoais, garantindo que suas escolhas respeitem tanto suas necessidades quanto as de outros?

Quando confrontado com restrições ou confinamentos, como pode buscar formas de transformação que permitam a liberdade e a reconexão com sua verdadeira essência?

Como você pode celebrar sua individualidade e autenticidade, cultivando um espaço onde possa florescer e crescer de acordo com seus próprios valores e desejos?

Palavra-chave: #originalidade **Orixás:** Oxum, Xangô, Exu, Orunmilá

17 DEZ LOGUM EDÉ É O PROTETOR DOS PESCADORES

LOGUM EDÉ É SALVO

Logum Edé, filho de Oxóssi e Oxum, cresceu com uma personalidade dual, dividindo seu tempo entre as matas com o pai e o rio com a mãe. A vaidade e a curiosidade, herdadas de seus pais, o levaram a desobedecer a Oxum e se aventurar nas águas profundas do rio, onde foi surpreendido por Obá, que tentou afogá-lo. Oxum, desesperada, implorou a Orunmilá que salvasse seu filho. Orunmilá, atendendo ao pedido, retirou Logum Edé das águas e o incumbiu de proteger os pescadores e todos que viviam dos rios. Assim, Logum Edé se tornou o orixá que transita entre a água doce e a mata, unindo as características de seus pais. Dizem que, na verdade, é Oiá quem resgata Logum Edé e o cria com Ogum, adicionando uma nova camada à sua complexa personalidade e demonstrando a interligação entre os orixás.

> Logum Edé, em sua experiência de afogamento e resgate, simboliza a importância de buscar ajuda e orientação quando você se sente perdido ou em perigo. Reconheça que, assim como ele, você não precisa enfrentar os desafios sozinho. Existem pessoas e recursos disponíveis para te auxiliar em momentos de dificuldade. Reflita sobre como você busca apoio em momentos desafiadores. Apoie-se em amigos, familiares, mentores ou figuras espirituais. Confie na sabedoria daqueles que te amam e se permita ser acolhido. Logum Edé, em sua missão de proteger os pescadores e aqueles que vivem das águas doces, também te convida a buscar um propósito maior em sua vida. Use seus talentos e habilidades para contribuir para o bem comum. Reflita sobre a sua conexão com um propósito maior e como você pode usar seus dons para fazer a diferença na vida das pessoas e do planeta.

Reflita:

Como você pode abraçar sua dualidade e os diferentes aspectos de sua personalidade, reconhecendo que suas influências e experiências diversas enriquecem sua vida e identidade?

De que maneira você pode aprender a respeitar limites e conselhos, enquanto ainda explora suas curiosidades e paixões, garantindo segurança e crescimento pessoal?

Quando se encontra em situações desafiadoras, como pode confiar em sua rede de apoio e buscar a ajuda necessária para superar obstáculos e emergir mais forte?

Como você pode integrar as lições e qualidades de diferentes influências em sua vida, criando uma identidade única que reflete tanto sua herança quanto suas próprias escolhas?

Palavra-chave: #amparo

Orixás: Logum Edé, Oxóssi, Oxum, Orunmilá, Oiá, Ogum

EUÁ ALIMENTA SEUS FILHOS COM AMOR

18 DEZ

EUÁ TRANSFORMA-SE NUMA FONTE E ALIMENTA SEUS FILHOS

Euá era uma mãe que se perdia na floresta com seus dois filhos enquanto buscava lenha para sustento. Após dias caminhando sem encontrar o caminho de volta, as crianças, exaustas e famintas, começaram a implorar por água. Desesperada ao ver seus filhos à beira da morte e sem encontrar água, Euá implorou aos deuses por ajuda. Em resposta ao seu apelo, Euá se transformou em uma fonte de água cristalina, matando a sede de seus filhos e salvando suas vidas. A fonte continuou jorrando e formou uma lagoa, que deu origem ao rio Euá, Odô Euá. O amor materno e a força transformadora de Euá, que se sacrifica para garantir a sobrevivência de seus filhos, deixa um legado de vida e prosperidade para a comunidade.

> Euá, em seu sacrifício e transformação em fonte de vida, demonstra que você também pode deixar um legado positivo para o mundo. Reflita sobre o tipo de legado que deseja construir; como suas ações e escolhas contribuem para a vida das pessoas ao seu redor; e como você usa seus talentos e habilidades para gerar um impacto positivo no mundo. Assim como a fonte que jorra de Euá e se transforma em um rio que nutre a comunidade, você também pode ser uma fonte de inspiração e prosperidade para as pessoas que ama. Cultive a força do amor, a capacidade de superação e a conexão com a natureza, inspirando-se em Euá. Acredite no poder de suas ações e na capacidade de transformar o mundo, deixando um legado de amor, sabedoria e esperança para o futuro.

Reflita:

Como você pode canalizar seu amor e compaixão para transformar situações difíceis em oportunidades de crescimento e sustento para aqueles ao seu redor?

De que maneira você pode encontrar força em momentos de desespero, buscando soluções criativas e sacrifícios que garantam o bem-estar e a sobrevivência de seus entes queridos?

Quando confrontado com desafios aparentemente insuperáveis, como pode confiar na sua resiliência e na capacidade de se transformar para superar as adversidades?

Como você pode deixar um legado positivo e duradouro, inspirando outros com suas ações de amor, sacrifício e cuidado pela comunidade?

Palavra-chave: #legado **Orixá:** Euá

19 DEZ

O PODER DE IEMANJÁ SOBRE AS ÁGUAS

IEMANJÁ DEMONSTRA AOS SERES HUMANOS SEU PODER SOBRE AS ÁGUAS

Os seres humanos estavam preparando grandes festas para os orixás, mas, por um descuido, esqueceram de Iemanjá. Enfurecida por ter sido ignorada, Iemanjá conjurou o mar, causando uma inundação que ameaçava destruir o mundo. Assustados com a fúria de Iemanjá, os humanos pediram ajuda a Obatalá, o criador deles. Obatalá, com seu opaxorô, cajado sagrado, ordenou que Iemanjá se acalmasse e contivesse as águas. Iemanjá, em respeito a Obatalá, acalmou o mar e pôs fim à inundação, mostrando seu poder sobre as águas e ensinando aos seres a importância de reverenciá-la.

> Iemanjá, em sua fúria e na inundação que causou, demonstra como o desequilíbrio pode gerar consequências negativas. Obatalá, em sua sabedoria e compaixão, intervém para conter a fúria de Iemanjá e restabelecer o equilíbrio, mostrando a importância da intervenção e da busca por harmonia. Reflita sobre como você busca o equilíbrio em sua vida e em seus relacionamentos, o quanto você se considera uma pessoa pacificadora e conciliadora, ou como você reage diante de conflitos e desentendimentos. Desenvolver a capacidade de se acalmar, de ouvir e de se colocar no lugar do outro é essencial para lidar com conflitos e construir relações mais harmoniosas. Busque a sabedoria e a compaixão para resolver desentendimentos e promover a paz em suas relações, inspirando-se na atitude de Obatalá. Cultive o respeito, o reconhecimento e a conexão com o sagrado em sua vida, honrando a força e a sabedoria divina e buscando o equilíbrio em suas ações e emoções.

Reflita:

Como você pode garantir que reconhece e valoriza todas as contribuições significativas em sua vida, evitando negligenciar aqueles que merecem respeito e gratidão?

De que maneira você pode usar seu poder e influência de forma responsável, buscando soluções pacíficas e respeitosas mesmo quando se sente desconsiderado ou desrespeitado?

Quando confrontado com conflitos, como pode encontrar maneiras de mediar e resolver situações em colaboração com figuras de autoridade ou sabedoria, promovendo harmonia e equilíbrio?

Como você pode demonstrar seu valor e importância de forma que inspire respeito e reconhecimento, sem recorrer a medidas extremas, mas sim através de ações e exemplos positivos?

Palavra-chave: #fúria **Orixás:** Iemanjá, Obatalá

AS HISTORIETAS QUE CONTAM SOBRE TUDO QUE OCORRE NO MUNDO

20 DEZ

IFÁ DÁ AO FEITICEIRO AS HISTORIETAS QUE PERMITEM REALIZAR A ADIVINHAÇÃO

Um feiticeiro, em busca de solucionar uma calamidade que dizimou seus discípulos e abalou seu prestígio, partiu em uma longa peregrinação. Após meses de busca, encontrou um ancião, que o convidou para sua casa e lhe apresentou suas 16 esposas, cada uma com um nome peculiar. O ancião revelou ao feiticeiro que cada esposa tinha 16 filhos, e cada filho, por sua vez, tinha outros 16 filhos. Ele, então, compartilhou com o feiticeiro as histórias de cada um desses descendentes, transmitindo-lhe um vasto conhecimento ancestral. Com esse conhecimento, o feiticeiro retornou à sua terra e conseguiu solucionar os problemas de seu povo, tornando-se o primeiro sacerdote de Ifá, o oráculo da adivinhação. O mito revela a importância da busca pelo conhecimento, da transmissão da sabedoria ancestral e do uso desse conhecimento para o bem da comunidade.

> O feiticeiro, em sua transformação em sacerdote de Ifá, demonstra que o conhecimento deve ser utilizado para orientar e auxiliar a comunidade. Assim como ele, que assume a responsabilidade de compartilhar sua sabedoria com os outros, reflita sobre como você compartilha seu conhecimento com aqueles que te cercam, se você o utiliza para ajudar, ensinar, inspirar ou promover o bem-estar. Saiba quais os desafios éticos que você encontra ao compartilhar seu conhecimento. Afinal, o conhecimento é uma ferramenta poderosa que pode ser utilizada para diversos fins. Por isso, é fundamental que você utilize seu conhecimento com sabedoria, ética e responsabilidade, contribuindo para a construção de um mundo melhor, assim como ensina o mito de Ifá. Pense como você pode usar seus conhecimentos e habilidades para fazer a diferença na vida das pessoas e da comunidade, compartilhando-os de forma ética e responsável.

Reflita:

Como você pode embarcar em uma jornada de busca por conhecimento e sabedoria, reconhecendo que a curiosidade e a determinação podem levar a descobertas transformadoras?

De que maneira você pode honrar e aprender com a sabedoria ancestral, utilizando essas lições para resolver desafios e contribuir positivamente para sua comunidade?

Quando confrontado com crises ou perdas, como pode encontrar força na busca por entendimento e na conexão com aqueles que possuem experiência e insight?

Como você pode aplicar o conhecimento adquirido de forma prática e generosa, garantindo que suas ações beneficiem não apenas a si mesmo mas também aqueles ao seu redor?

Palavra-chave: #sabedoria **Orixá:** Orunmilá

21 DEZ SOLSTÍCIO DE VERÃO – EXU PROMOVE UMA LUTA DE MORTE

EXU LEVA CONFUSÃO PARA OS DOIS AMIGOS CAMPONESES

Dois amigos camponeses, ao iniciarem seu trabalho na roça, esqueceram de louvar e oferecer suas preces a Exu, o orixá que sempre lhes havia proporcionado boas colheitas e condições favoráveis para o plantio. Exu, sentindo-se desrespeitado, decidiu se vingar deles. Usando um boné de duas cores, preto de um lado e vermelho do outro, Exu se colocou entre os dois amigos e os cumprimentou. O primeiro achou que o boné vermelho. O outro tinha certeza que era preto. Os camponeses, confusos sobre a cor, iniciaram uma discussão que rapidamente se transformou em uma violenta briga. Cegos de raiva, os amigos se atacaram com suas enxadas até a morte. Os camponeses morreram provocados pela discordância de Exu. Satisfeito com sua vingança, Exu cantou e dançou, celebrando o desfecho trágico e relembrando a importância de respeitar e honrar os orixás.

> Exu revela a importância do discernimento e da sabedoria para evitar conflitos e tomar decisões conscientes. Assim como os camponeses, que se deixaram levar pela discórdia e pela falta de discernimento, você também pode se deparar com situações que exigem cuidado e análise para evitar consequências negativas. Reflita sobre como você age em seus relacionamentos e em suas decisões. Você precisa ponderar se considera ser uma pessoa que age com discernimento e sabedoria. Perceba como você busca a verdade e se protege de mentiras e ilusões. Analise as situações com clareza antes de tomar decisões, tendo consciência quando se deixa levar pelas primeiras emoções. Desenvolver o discernimento e a sabedoria exige autoconhecimento e reflexão. Questione-se, busque diferentes perspectivas e pondere as consequências de suas ações antes de agir. Lembre-se de que a sabedoria reside em agir com razão, equilíbrio e justiça, construindo relações mais saudáveis.

Reflita:

Como você pode assegurar que reconhece e respeita as forças e influências que têm um impacto positivo em sua vida?

De que maneira você pode cultivar a prática da comunicação clara e empatia, garantindo que diferenças de perspectiva não se transformem em desentendimentos?

Quando confrontado com situações de discórdia, como pode usar sabedoria e paciência para resolver conflitos, evitando que emoções intensas levem a consequências prejudiciais?

Como você pode aprender a olhar além das aparências e considerar múltiplas perspectivas, reconhecendo que a realidade pode ser percebida de diferentes maneiras por diferentes pessoas?

Palavra-chave: #confusão **Orixá:** Exu

SOLSTÍCIO DE VERÃO – A MORTE AJUDA OGUM A VENCER XANGÔ

22 DEZ

OGUM, A MORTE E UMA APOSTA COM XANGÔ

Ogum e Xangô, rivais em constante conflito, decidiram fazer uma aposta para resolver suas disputas. Ogum propôs que ambos fossem à praia e coletassem o maior número de búzios, e quem perdesse entregaria sua coleta ao vencedor. Xangô aceitou o desafio, confiante em sua capacidade. Ogum, porém, recorrendo à astúcia, pediu a Oiá que convocasse Icu, a Morte, para a praia no momento da aposta. Oiá atendeu ao pedido, e Icu compareceu no local para auxiliar Ogum. Durante a competição, Xangô se concentrou em coletar búzios e provocar Ogum, sem perceber a presença de Icu. Ao se deparar com a Morte, Xangô se assustou e fugiu, abandonando sua coleta. Ogum, aproveitando-se da situação, venceu a aposta e recebeu os búzios de Xangô, humilhando seu rival.

> Xangô, em sua arrogância e excesso de confiança, alerta para os perigos da vaidade e da falta de humildade. Assim como ele, que subestimou Ogum e foi derrotado pela Morte, você também pode se deixar levar pelo orgulho e pela autoconfiança excessiva, o que pode te levar a cometer erros e sofrer consequências negativas. Reflita sobre como você lida com seus medos e inseguranças, o quanto você se permite ser vulnerável e pedir ajuda quando necessário, o quanto reconhece suas próprias limitações e busca aprender com seus erros. A humildade e a autocrítica são qualidades essenciais para o crescimento e desenvolvimento pessoal. Busque o equilíbrio entre a força e a sabedoria, assim como Ogum e Xangô, e aja com integridade, compaixão e respeito em seus relacionamentos. Cultive a colaboração e a empatia, construindo relações mais saudáveis e cooperativas, livres da rivalidade e da busca por poder. Lembre-se de que a verdadeira força reside na humildade, na capacidade de reconhecer suas falhas e de aprender com seus erros.

Reflita:

Como você pode usar sua inteligência e estratégia para superar desafios e conflitos, garantindo que suas ações sejam sempre justas e respeitosas com todos os envolvidos?

De que maneira você pode reconhecer e enfrentar seus medos, evitando que reações impulsivas ou pânico o levem a perder oportunidades ou a se afastar de seus objetivos?

Quando em competição ou disputa, como pode equilibrar coragem e cautela, garantindo que suas ações não apenas levem ao sucesso mas também respeitem seus valores e integridade?

Como você pode aprender a lidar com rivais ou adversários de maneira que promova crescimento mútuo, evitando humilhações ou ressentimentos desnecessários?

Palavra-chave: #disputa **Orixás:** Ogum, Xangô, Oiá

23 DEZ OXÓSSI DECIDE VIVER COM OSSAIM

OXÓSSI CAI NOS ENCANTOS DE OSSAIM

Oxóssi, o caçador, e Ogum, o agricultor, viviam com sua mãe, Iemanjá. Apesar da fartura, Iemanjá pressentia perigos e consultou um babalaô, que a alertou sobre os riscos de Oxóssi caçar nas matas de Ossaim. Iemanjá proibiu Oxóssi de caçar, mas ele desobedeceu e continuou se aventurando na floresta. Em uma de suas caçadas, Oxóssi encontrou Ossaim, que lhe deu uma bebida que o fez perder a memória. Ossaim levou Oxóssi para viver com ele na mata, e Ogum, sentindo falta do irmão, partiu em sua busca, conseguindo resgatá-lo e trazê-lo de volta para casa. Iemanjá, magoada com a desobediência de Oxóssi, não o perdoou e o expulsou de casa. Oxóssi retornou para a floresta e passou a viver com Ossaim. Ogum, solidário ao irmão, também deixou Iemanjá e foi viver na estrada. Arrependida e solitária, Iemanjá chorou tanto, que suas lágrimas se transformaram em um rio, que passou a levar seu nome.

> Ogum, em seu ato de resgatar Oxóssi, revela a força da lealdade e do amor fraternal. Assim como ele, que se dispôs a enfrentar desafios para trazer seu irmão de volta, reflita sobre como você vivencia seus laços fraternos e de amizade. Fortalecer os laços familiares e de amizade ajuda a construir uma vida mais feliz e plena. Cultive o afeto, o respeito, a compreensão e a reciprocidade em seus relacionamentos, dedicando tempo e atenção àqueles que são importantes para você. Assim como Ogum, esteja presente nos momentos de alegria e de dificuldade, oferecendo apoio e acolhimento. Demonstre seu amor e carinho através de gestos de cuidado, palavras de afeto e ações que fortaleçam os laços que te unem às pessoas que você ama. Lembre-se de que os laços fraternos e de amizade são um dos pilares da vida e que cultivá-los é essencial para a felicidade e o bem-estar.

Reflita:

Como você pode honrar os conselhos e intuições daqueles que se preocupam com seu bem-estar, garantindo que suas escolhas respeitem tanto suas próprias paixões quanto as preocupações dos outros?

De que maneira você pode aprender com suas experiências e erros, buscando reconciliação e compreensão quando suas ações causam mágoa ou conflito?

Quando confrontado com o desafio de equilibrar liberdade pessoal e responsabilidades familiares, como pode encontrar um caminho que respeite suas necessidades e a dos outros ao seu redor?

Como você pode cultivar relações que enriquecem sua vida, mesmo quando surgem dificuldades ou desentendimentos, reconhecendo o valor do perdão, do apoio e da reconexão?

Palavra-chave: #destemido **Orixás:** Oxóssi, Iemanjá, Ossaim, Ogum

OXALÁ CRIOU O MUNDO (INTERIOR) - PARTE I

OXALÁ CRIA A TERRA

No princípio, o mundo era um pântano inabitável, coberto por água. Olorum, a divindade suprema, convocou Oxalá e o incumbiu de criar terra firme. Para isso, entregou-lhe uma concha com terra, uma pomba e uma galinha. Oxalá desceu ao pântano, depositou a terra e as aves, que, ciscando, a espalharam, dando origem à terra firme. Olorum, para verificar a obra, enviou um camaleão, que, na primeira tentativa, não conseguiu caminhar sobre o solo ainda instável. Após um tempo, o camaleão retornou, confirmando que a terra estava firme e pronta para ser habitada. Esse lugar foi chamado de Ifé, "ampla morada". Olorum, então, enviou Oxalá de volta à terra para plantar árvores e criar riquezas para os humanos, que viriam a habitar aquele mundo recém-criado. Assim, em Ifé, Oxalá completou a criação do mundo e de tudo que nele existe.

> Para além do entendimento óbvio sobre a criação do aiê, do planeta, e se dermos foco ao mito pensando nos nossos mundos internos?
>
> **Parte I**
> **O pântano primordial e o caos interior.**
> O mundo primordial, descrito como um pântano inabitável, pode ser interpretado como o estado inicial da nossa psique, um espaço caótico e indefinido onde habitam emoções confusas, crenças limitantes e potenciais desconhecidos. Como você se sente em relação ao seu mundo interior? Quais são os "pântanos" que você precisa drenar em sua vida? Você se permite explorar as profundezas do seu ser, mesmo que encontre "monstros" e desafios pelo caminho?
> **Oxalá e a busca por terra firme.**
> Oxalá, incumbido de criar terra firme, representa a busca por estrutura, estabilidade e sentido em nossos mundos interiores. Ele simboliza a necessidade de organizar o caos, de construir uma base sólida para o desenvolvimento da consciência e da personalidade. Quais são os valores e princípios que sustentam o seu "mundo interior"? Você se sente seguro e estável em sua própria pele? Como você constrói alicerces sólidos para sustentar seus sonhos e objetivos? Você se permite "ciscar" e expandir seus horizontes, buscando novos conhecimentos e experiências?

Palavra-chave: #mundo **Orixá:** Oxalá

25 DEZ OXALÁ CRIOU O MUNDO (INTERIOR) - PARTE II

OXALÁ CRIA A TERRA

No princípio, o mundo era um pântano inabitável, coberto por água. Olorum, a divindade suprema, convocou Oxalá e o incumbiu de criar terra firme. Para isso, entregou-lhe uma concha com terra, uma pomba e uma galinha. Oxalá desceu ao pântano, depositou a terra e as aves, que ciscando, a espalharam, dando origem à terra firme. Olorum, para verificar a obra, enviou um camaleão, que, na primeira tentativa, não conseguiu caminhar sobre o solo ainda instável. Após um tempo, o camaleão retornou, confirmando que a terra estava firme e pronta para ser habitada. Esse lugar foi chamado de Ifé, "ampla morada". Olorum, então, enviou Oxalá de volta à terra para plantar árvores e criar riquezas para o homem, que viria a habitar aquele mundo recém-criado. Assim, em Ifé, Oxalá completou a criação do mundo e de tudo que nele existe.

Para além do entendimento óbvio sobre a criação do aiê, do planeta, e se dermos foco ao mito pensando nos nossos mundos internos?

Parte II
O camaleão e a jornada de autoconhecimento
O camaleão, enviado para inspecionar a obra de Oxalá, representa a auto-observação e a busca pelo autoconhecimento. Ele nos convida a observar nossos processos internos, a identificar nossos pontos fortes e fracos, e a reconhecer as áreas que precisam ser desenvolvidas. Você se dedica ao autoconhecimento? Você se observa e se questiona sobre suas motivações, crenças e comportamentos? Quais são seus "pontos cegos" e como você busca iluminá-los? Você tem coragem de se encarar de frente e reconhecer suas próprias imperfeições?
A criação da vida e a responsabilidade individual
Oxalá, ao plantar árvores e criar riquezas, simboliza a nossa capacidade de cultivar qualidades, talentos e potenciais em nossos mundos interiores. Ele nos lembra da responsabilidade que temos em desenvolver nosso potencial e contribuir para o florescimento da nossa própria vida e do mundo ao nosso redor. Quais "sementes" você tem plantado em seu jardim interior? Você cuida de seus pensamentos, emoções e ações com atenção e carinho? Como você nutre seus sonhos e cultiva seus talentos? Você se sente responsável pela criação da sua própria realidade?
O mito da criação de Oxalá, sob essa nova perspectiva, nos convida a uma profunda reflexão sobre a criação dos nossos mundos interiores, a busca por autoconhecimento e a jornada em direção à completude. Ele nos inspira a transformar o caos em ordem, a cultivar nossos potenciais e a assumir a responsabilidade pela construção de uma vida plena e significativa.

Palavra-chave: #mundo **Orixá:** Oxalá

OXUMARÊ SE VOLTA CONTRA NANÃ

OXUMARÊ USURPA A COROA DE SUA MÃE

Oxumarê, filho de Nanã, era um ser dual, destinado a alternar entre uma forma monstruosa e uma bela mulher. Essa dualidade o impedia de ter relacionamentos amorosos estáveis, causando-lhe frustração e revolta contra sua mãe. Influenciado por Exu, Oxumarê se voltou contra Nanã, culpando-a por sua infelicidade, e decidiu tomar a coroa de Nanã, tornando-se o rei dos jejes. Oxumarê, em sua forma monstruosa, invadiu o palácio de Nanã e aterrorizou a todos. Nanã, para evitar mais sofrimento, entregou-lhe a coroa, e Oxumarê se tornou o novo rei. O mito ilustra a busca de Oxumarê por poder e reconhecimento, e a influência de Exu em seu destino.

> A conquista do poder por Oxumarê e sua coroação como rei dos jejes revelam a busca por reconhecimento e o verdadeiro significado de liberdade. É fundamental refletir sobre o que se almeja na vida, seja poder, reconhecimento, liberdade ou algo mais profundo. A definição de liberdade se torna uma questão relevante, assim como a capacidade de ser autêntico e fazer escolhas próprias. A luta de Oxumarê contra Nanã estimula uma reflexão sobre a dualidade humana, a busca por aceitação e o desejo por liberdade e reconhecimento. Essa trajetória inspira a aceitação das próprias contradições, a busca por liberdade responsável e a construção de relacionamentos saudáveis e autênticos. Portanto, dedique-se a entender suas próprias motivações e a jornada em direção ao autoconhecimento.

Reflita:

Como você pode enfrentar suas próprias dualidades ou conflitos internos de maneira que promova autocompreensão e aceitação, em vez de conflito ou revolta?

De que maneira você pode tomar decisões que respeitem os sentimentos e necessidades das pessoas ao seu redor, mesmo quando busca seu próprio reconhecimento e poder?

Quando influenciado por forças externas, como pode manter seu próprio senso de ética e responsabilidade, evitando ações que possam causar sofrimento ou injustiça?

Como você pode aprender a transformar frustração e conflito em oportunidades para crescimento pessoal e harmonia, reconhecendo o papel que você desempenha em seu próprio destino?

Palavra-chave: #influências **Orixás:** Oxumarê, Nanã, Exu

27 DEZ

AJALÁ MODELA O DESTINO DOS HUMANOS

AJALÁ MODELA O ORI

Obatalá, criador dos seres humanos, modelou o corpo com todos os seus detalhes, mas esqueceu-se de fazer a cabeça. Olorum, então, encarregou Ajalá, o oleiro, de completar a obra. Ajalá moldava as cabeças de barro e as cozinhava em seu forno, criando cabeças de diferentes qualidades, dependendo de seu estado de espírito. Antes de nascer, cada pessoa escolhia sua própria cabeça na oficina de Ajalá, determinando assim seu destino. A escolha de uma "cabeça boa", bem cozida e sábia, significava uma vida próspera e feliz. Afinal, a importância da cabeça, "ori", como elemento central do destino humano, é um alerta para a responsabilidade de fazer escolhas conscientes e buscar a sabedoria para construir uma vida plena.

> Ajalá, em sua sabedoria, revela que a qualidade de sua vida é moldada pelas escolhas que você faz ao longo do caminho. Uma "cabeça ruim", guiada por impulsos e decisões equivocadas, pode te levar a um destino de dificuldades e sofrimento, enquanto uma "cabeça boa", orientada pela sabedoria e pelo discernimento, te conduz à prosperidade e felicidade. Reflita sobre suas escolhas e ações, principalmente se você se arrepende de alguma decisão que tomou no passado. Ou, então, quais foram as consequências dessas suas escolhas. Assuma a responsabilidade por sua vida e seus objetivos, compreendendo que suas escolhas e ações te levarão a diferentes destinos. Busque o autoconhecimento, cultive a sabedoria e faça escolhas conscientes, guiadas por seus valores e princípios. Aja com responsabilidade, compreendendo que cada decisão que você toma hoje influencia diretamente o seu futuro.

Reflita:

Como você pode reconhecer a importância de suas escolhas na determinação de seu destino, sabendo que suas decisões moldam a qualidade de sua vida?

De que maneira você pode cultivar a sabedoria e a autoconsciência, assegurando que suas "cabeças" estejam sempre bem equilibradas e preparadas para enfrentar os desafios da vida?

Quando confrontado com decisões importantes, como pode garantir que suas escolhas reflitam seus valores e objetivos, promovendo uma vida próspera e feliz?

Como você pode aprender a valorizar e respeitar a singularidade de sua própria "cabeça", reconhecendo que cada pessoa possui um caminho único e especial a ser trilhado?

Palavra-chave: #escolhas **Orixá:** Ajalá, Obatalá

A MÃE DE EGUNGUM

OIÁ PARIU EGUNGUM

Oiá, incapaz de ter filhos, consultou um babalaô, que lhe revelou a necessidade de ser possuída com violência para engravidar. Após ser possuída por Xangô, Oiá deu à luz nove filhos, dos quais oito nasceram mudos. Preocupada, ela retornou ao babalaô, que lhe recomendou fazer oferendas e sacrifícios. Tempos depois, Oiá teve mais um filho, Egungum, que, embora não fosse mudo, possuía uma voz rouca e cavernosa. Egungum se tornou o ancestral fundador de diversas famílias e cidades, sendo reverenciado como um líder e protetor. Quando Egungum retorna para dançar entre seus descendentes, usando máscaras e vestimentas coloridas, ele se curva apenas diante de Oiá, sua mãe, em um gesto de respeito e reconhecimento pela força e importância dela em sua história.

> Egungum, ao se curvar diante de Oiá, demonstra a importância de reconhecer e honrar aqueles que te guiaram e te amparam em sua jornada. Assim como ele, que reverencia sua mãe e reconhece a importância dela em sua vida, pense como você demonstra gratidão e respeito pelas pessoas que te ajudaram e te inspiraram a chegar até aqui. Reconheça entre seus pais, familiares, professores, mentores ou amigos quais foram as pessoas que te influenciaram e te apoiaram em seu caminho. Sinta como você expressa sua gratidão por elas. Valorizar e honrar aqueles que contribuíram para sua trajetória fortalece seus laços afetivos e reconhece a importância daqueles que te cercam. Além disso, Egungum também te convida a se conectar com sua história e suas raízes. Reconhecer e honrar suas origens é fundamental para fortalecer sua identidade e construir um futuro com base em seus valores e história.

Reflita:

Como você pode encontrar força e resiliência em tempos de adversidade, transformando desafios em oportunidades para crescimento e liderança?

De que maneira você pode honrar e respeitar as pessoas importantes em sua vida, reconhecendo suas contribuições e mostrando gratidão?

Quando confrontado com situações que desafiam suas expectativas, como pode adaptar-se e encontrar novos caminhos para alcançar seus sonhos e objetivos?

Como você pode cultivar um legado de liderança e proteção entre seus próprios "descendentes", seja em sua família, comunidade ou ambiente de trabalho, inspirando-os a respeitar suas raízes e história?

Palavra-chave: #ancestralidade **Orixás:** Oiá, Xangô

29 DEZ

A ESTATUETA DOS IBEJIS

OS IBEJIS VIRAM ETERNAS CRIANÇAS

Os Ibejis, dois meninos gêmeos filhos de Iemanjá, viviam alegremente brincando com Logum Edé e Euá. Em um dia de brincadeiras em uma cachoeira, um dos gêmeos se afogou, deixando o outro irmão inconsolável com a perda e a solidão. O Ibeji sobrevivente, imerso em profunda tristeza, implorou a Orunmilá que trouxesse seu irmão de volta. Orunmilá, compadecido com o sofrimento da criança, mas incapaz de reverter a morte, transformou os dois irmãos em imagens de madeira. Unidos para sempre em uma estatueta, os Ibejis se tornaram crianças eternas, brincando e se alegrando para sempre, livres da dor e da separação.

> Os Ibejis, em sua dor e busca por consolo após a perda do irmão, revelam a importância de buscar apoio e amparo nos momentos difíceis. Assim como eles recorreram a Orunmilá em busca de cura, você também pode buscar apoio em seus amigos, familiares, mentores espirituais ou em sua fé para superar as adversidades da vida. Permita-se sentir a dor, mas não se deixe consumir por ela. Busque compreensão, acolhimento e orientação para lidar com as perdas e os desafios, seja através do diálogo, da espiritualidade, da arte ou de outras formas que te auxiliem a se conectar com seu interior e encontrar paz. Acredite na possibilidade de superar a dor, transformando-a em aprendizado e força para seguir em frente. Os Ibejis, transformados em estatueta, simbolizam a busca por paz e felicidade eterna e te convidam a integrar seus aspectos positivos e negativos, cultivar a alegria e a espontaneidade, e acreditar na possibilidade de encontrar a felicidade duradoura. Reflita sobre como você pode se inspirar na história dos Ibejis para buscar apoio, encontrar consolo e superar as dificuldades, trilhando um caminho de cura e transformação.

Reflita:

Como você pode encontrar formas de lidar com a perda e a separação, transformando a dor em uma celebração eterna das memórias e laços que compartilhou?

De que maneira você pode buscar consolo e transformação em momentos de tristeza, encontrando maneiras criativas de manter viva a presença daqueles que ama?

Quando confrontado com situações irreversíveis, como pode aceitar o que não pode mudar e, ainda assim, criar beleza e significado a partir da experiência?

Como você pode honrar e preservar os laços especiais em sua vida, reconhecendo a importância de cada relacionamento e a alegria que trazem, mesmo diante das adversidades?

Palavra-chave: #felicidade **Orixás:** Ibejis, Logum Edé, Euá, Orunmilá, Iemanjá

O DILEMA DO REI PERANTE OXUM

OXUM EXIGE A PRINCESA EM SACRIFÍCIO

O rei Oloú, em guerra, precisava atravessar o rio de Oxum, mas as águas estavam agitadas. Ele fez um pacto com Oxum, prometendo-lhe uma "bela prenda" em troca da travessia. Porém, Prenda Bela era exatamente o nome da esposa do rei Oloú, filha predileta do rei de Ibadã. Oxum atendeu ao pedido, mas, quando Oloú lhe ofereceu presentes e riquezas, ela os recusou, pois desejava Prenda Bela. Após retornar vitorioso da guerra, Oloú se viu novamente impedido de atravessar o rio e, pressionado por Oxum, acabou sacrificando sua esposa grávida, Prenda Bela, às águas furiosas. Oxum, compadecida, devolveu o bebê recém-nascido às margens do rio, mas manteve Prenda Bela consigo. O rei Ibadã, pai de Prenda Bela, ao saber da tragédia, declarou guerra a Oloú e o expulsou de suas terras.

> O mito de Oxum e Prenda Bela revela as consequências da irresponsabilidade. Oloú, ao sacrificar sua esposa para satisfazer Oxum, demonstra como as ações impensadas e egoístas podem gerar sofrimento e destruição, não apenas para si mesmo mas também para aqueles que o cercam. Desenvolver a responsabilidade implica ter consciência de seus atos e de suas possíveis consequências, agindo com ética, empatia e respeito pela vida. Assumir a responsabilidade por suas escolhas constrói um mundo mais justo e harmonioso, no qual cada indivíduo compreende o impacto de suas ações na comunidade e no planeta. Busque agir com integridade, honestidade e compaixão, considerando o bem-estar de todos em suas decisões.

Reflita:

Como você pode compreender as consequências das promessas e acordos que faz, garantindo que suas intenções sejam claras e justas, evitando mal-entendidos e tragédias?

De que maneira você pode lidar com as exigências e expectativas dos outros, mantendo sua integridade e seus valores, mesmo quando confrontado com situações difíceis ou dolorosas?

Quando confrontado com perdas e sacrifícios, como pode encontrar forças para seguir em frente, honrando aqueles que foram impactados por suas decisões?

Como você pode aprender a equilibrar os desejos e necessidades pessoais com o bem-estar e a segurança daqueles ao seu redor, promovendo harmonia e respeito mútuo?

Palavra-chave: #promessa **Orixá:** Oxum

31 DEZ

DE ONDE VÊM AS ESTRELAS

IEMANJÁ DÁ À LUZ AS ESTRELAS, AS NUVENS E OS ORIXÁS

No início dos tempos, Iemanjá vivia sozinha no Orum, o reino celestial. Sentindo-se solitária, ela pediu a Olorum, o deus supremo, que lhe concedesse companhia. Olorum atendeu ao seu pedido e fez com que sua barriga crescesse. De seu ventre, Iemanjá deu à luz primeiro as estrelas, que iluminaram o céu noturno. Mas as estrelas eram distantes e não lhe faziam companhia. Então ela deu à luz as nuvens, que se moviam livremente pelo céu. Mas as nuvens também não lhe faziam companhia, pois logo se transformavam em chuva e caíam sobre a terra. Finalmente, Iemanjá deu à luz os orixás, seus filhos divinos, que a acompanharam e povoaram o mundo com suas diferentes forças e qualidades. Entre eles estavam Xangô, Oiá, Ogum, Oxóssi, Ossaim, Obaluaê e os Ibejis. E assim um novo dia nasceu...

> Iemanjá, em sua trajetória da solidão à maternidade, revela a importância da conexão e da comunidade para uma vida plena. Reconheça que, assim como ela, você também precisa de conexões significativas para se sentir completo e feliz. Cultive relações saudáveis e enriquecedoras, que nutram sua alma e impulsionem seu crescimento. Os orixás representam a diversidade e a riqueza que as relações humanas proporcionam. Iemanjá, como rainha do mar, representa a força da natureza e sua capacidade de gerar e sustentar a vida. Conecte-se com a natureza, respeite seus ciclos e inspire-se em sua sabedoria. Assim como Iemanjá fez amizades com as estrelas, as nuvens e seus filhos orixás, abra-se para novas conexões e expanda seu círculo de relações. Reflita sobre a importância da comunidade em sua vida e como você pode fortalecer seus laços com as pessoas ao seu redor, buscando construir relações mais profundas e significativas.

Reflita:

Como você pode encontrar e cultivar conexões significativas em sua vida, reconhecendo que a verdadeira companhia vem de relacionamentos que enriquecem e apoiam sua jornada?

De que maneira você pode usar suas próprias habilidades criativas para iluminar o mundo ao seu redor, trazendo beleza, inspiração e solidariedade às pessoas que encontra?

Quando você se sente solitário ou desconectado, como pode transformar essa sensação em uma oportunidade de criação e expansão, buscando novas formas de se conectar e contribuir?

Como você pode celebrar as diferentes forças e qualidades dentro de você e dos outros, reconhecendo que cada contribuição é essencial para a riqueza e diversidade do mundo?

Palavra-chave: #criação

Orixás: Iemanjá, Xangô, Oiá, Ogum, Oxóssi, Ossaim, Obaluaê, Ibejis

O QUE SÃO OS ORIXÁS?

Os orixás estão marcados na história e nos corações dos brasileiros de diversas formas. No intuito de contribuir com os textos de reflexões diárias baseados neles, cabem algumas explicações.

Os orixás são divindades africanas que representam as forças que geram e movimentam a vida, seja como representação da própria natureza, seja como divinização de ancestrais que marcaram e deram início à humanidade. Eles são centrais nas religiões afro-brasileiras e extravasam para a sociedade como um todo. Cada orixá tem características e histórias únicas, ao mesmo tempo que estão profundamente conectados, representando arquétipos (padrões humanos que se repetem ao longo do tempo e se cristalizam) e elementos da natureza (rios, lagos, matas, cachoeiras, entre outros aspectos).

Os orixás são elementos de estruturação social e cultural para aqueles que acreditam nas bases religiosas afrodescendentes no Brasil, simbolizando resistência e manutenção de tradições africanas. Possuem cosmologia complexa, com relações entre si, com plantas, animais e tempos mitológicos, além de, naturalmente, com os próprios humanos. Isso se dá pelas suas histórias ancestrais (itanifás) e pelos rituais específicos que resistem até os dias atuais.

As interpretações dos orixás variam, enquanto entidades dinâmicas que se adaptam a diferentes contextos culturais. São apropriados e ressignificados por diversos grupos, influenciando aspectos da identidade nacional, especialmente no que diz respeito à cultura afro-brasileira. Os orixás são forças vivas no cotidiano de seus devotos e simpatizantes, influenciando de maneira profunda a vida social, cultural e religiosa de muitos brasileiros.

Agora, por ordem alfabética, serão descritos de forma breve cada orixá citado no livro. É importante ressaltar que, diante do maior ou menor culto, de como os acadêmicos pesquisaram o tema e do quanto os pais e mães de santo registraram as informações sobre eles, o conteúdo relativo a cada orixá vai variar em termos de quantidade e profundidade.

AJALÁ: O ORIXÁ QUE MOLDOU TODAS AS CABEÇAS

Ajalá é um orixá fundamental dentro da mitologia iorubá, sendo conhecido como o responsável pela criação dos seres humanos, especialmente pela formação de suas cabeças. Para aqueles que buscam um maior entendimento de si mesmos, conhecer Ajalá é um passo importante. De acordo com os mitos aqui descritos, Ajalá atua como um oleiro em uma grande olaria, moldando nossas cabeças a partir do barro. Esse barro é a matéria-prima que ele utiliza para dar forma a cada um de nós, e em seu trabalho Ajalá utiliza não apenas o barro, mas também folhas, frutas, minérios, além de outros elementos. Essa mistura única determina não apenas a nossa aparência física, mas também aspectos profundos de nossa personalidade.

O que torna Ajalá tão especial é que ele é responsável pela criação do nosso "ori" – tema que será aprofundado em verbete mais à frente. Contudo, de modo geral, Ori pode ser entendido como a nossa essência ou destino. No momento em que Ajalá molda nossas cabeças, ele também define como será nosso "ori" e quais caminhos iremos seguir na vida. Isso significa que, por meio da combinação dos elementos que ele utiliza, cada pessoa recebe uma variedade de sentimentos, comportamentos e atitudes que influenciam suas ações e interações com o mundo. Por exemplo, você já notou que algumas pessoas parecem ser naturalmente mais generosas ou mais calmas do que outras? Isso pode estar relacionado ao modo como Ajalá as moldou. Portanto, ao refletir sobre suas características e o que motiva você, é importante reconhecer a influência de Ajalá em sua vida.

Agradecer a Ajalá é uma forma de reconhecer a importância desse orixá em nossa existência e em nosso processo de autoconhecimento. Ele nos ajuda a entender que somos todos únicos, moldados por uma combinação de fatores que influenciam nosso comportamento e nossas escolhas. Ao nos conectarmos com Ajalá, podemos aprofundar nossa compreensão sobre nós mesmos e, assim, traçar um caminho mais consciente em direção ao nosso destino.

AJÊ XALUGÁ: O ORIXÁ DA RIQUEZA E DA PROSPERIDADE

Ajê Xalugá é um orixá que simboliza a riqueza, a harmonia e a prosperidade. Para aqueles que buscam entender melhor sua relação com a abundância na vida, Ajê Xalugá é uma figura essencial a ser conhecida, ainda que seja um orixá pouco cultuado no Brasil.

Ela é vista como uma divindade calma, harmoniosa e paciente, refletindo uma energia que traz brilho e harmonia ao ambiente. Ajê Xalugá tem uma luz própria e transmite essa energia positiva ao seu redor, criando um ambiente de paz e prosperidade. Criada por Olorum, o deus supremo, Ajê Xalugá foi designada para ensinar aos seres humanos o que significa ser próspero e ter progresso na vida. Seu papel é reconhecer e valorizar o esforço e a luta da humanidade.

Um dos oriquis (ou evocações) de Ajê Xalugá expressa esse desejo de prosperidade: "Ajé, entre em minha casa, para que a sorte entre logo no meu lar e na minha vida!". A palavra iorubá "Ajè" tem muitos significados e pode ser traduzida como progresso ou sucesso, simbolizando a concretização do que se espera do trabalho e das ações.

Ajê Xalugá é uma orixá que recompensa o esforço humano, trazendo à tona o significado do trabalho e da vida. Ela assegura que nossos esforços, tentativas e sonhos não sejam em vão, reconhecendo a dedicação que cada um coloca em sua jornada. Simbolicamente, Ajê Xalugá é associada à espuma do mar, representando o brilho e o destaque que seus devotos buscam alcançar. Na mitologia iorubá, ela é considerada filha de Iemanjá e Olocum, ambas divindades ligadas ao mar, enfatizando a conexão de Ajê Xalugá com a abundância e a fluidez da vida. Para aqueles que desejam prosperar, compreender e se conectar com Ajê Xalugá pode ser um caminho valioso para alcançar harmonia e sucesso.

EUÁ: O ORIXÁ DAS FONTES E DOS SEGREDOS

Euá Wé um orixá que representa as fontes, os segredos e a sabedoria oculta, simbolizando a profundidade das águas e o conhecimento que muitas vezes permanece guardado. Para aqueles que buscam entender mais sobre a sabedoria que reside dentro de si, Euá é uma figura importante a ser explorada.

Frequentemente, Euá é retratada com uma cabaça amarrada à cintura, onde guarda os mistérios que possui. Essa cabaça é um símbolo poderoso na cultura iorubá, destacando a ideia de que nem toda sabedoria deve ser revelada, mas sim compartilhada com aqueles que estão prontos para compreendê-la. Assim, Euá é vista como a guardiã das verdades profundas, permitindo que a busca pelo conhecimento aconteça de maneira consciente e respeitosa.

Euá é o orixá feminino do rio Euá, um curso de água na Nigéria que reforça sua conexão com a vida e a prosperidade. Suas cores são vermelho e amarelo, refletindo toda a vivacidade que elas representam. Quando dança, Euá revela sua força e agilidade, empunhando um arpão e uma espada, características que a diferenciam de outros orixás e ressaltam sua ligação com a guerra e a defesa do que é seu.

Para aqueles que desejam mergulhar em seu universo, buscar a conexão com Euá pode ser uma jornada de autoconhecimento, revelando os segredos que habitam dentro de cada um de nós e a importância de respeitar o conhecimento que adquirimos ao longo da vida.

EXU: O ORIXÁ MENSAGEIRO DAS ENCRUZILHADAS E DAS TRANSFORMAÇÕES

Exu, também conhecido como Legba, Eleguá ou Bará, é um orixá fundamental nas tradições africanas, atuando como mensageiro que conecta os diferentes mundos. Sua importância se destaca na comunicação entre o divino e o humano, influenciando a dinâmica das interações e a transformação das situações.

Exu é o senhor do movimento e da mudança, simbolizando a fluidez das interações e as transições que ocorrem em nossas vidas. Além de suas funções como mensageiro, ele também governa a sexualidade, refletindo sua influência sobre a energia vital e o desejo humano. Frequentemente, sua presença é associada às encruzilhadas, que são locais que representam escolhas e decisões, destacando sua capacidade de facilitar novos caminhos e de atuar como guardião das interações sociais.

Para dar um exemplo da importância de Exu nos rituais do candomblé, o xirê, ou cerimônia, começa com um rito especial chamado padê, que significa "reunião" e é realizado em honra a Exu. Esse momento é fundamental, pois Exu é visto como a "boca coletiva", ou enugbarijó, que fala por todos os orixás e seres viventes. Isso significa que ele tem conhecimento de todas as realidades, incluindo as divinas. A famosa expressão "sem Exu não se faz nada" reflete sua importância nas práticas religiosas, lembrando-nos de que devemos observar tudo o que ele observa e reconhecer a diversidade de seres e situações ao nosso redor.

A comunicação e o respeito são essenciais para nosso encontro entre o humano e o divino. Exu nos ensina que devemos valorizar todas as formas de vida, promovendo um entendimento mais profundo de nós mesmos e do mundo. Para aqueles que buscam compreender a importância de Exu, sua energia vibrante e seu papel como facilitador de mudanças podem ser uma poderosa ferramenta para navegar pelas encruzilhadas da vida e do destino, além de promover o autoconhecimento e a transformação pessoal.

IBEJIS: OS ORIXÁS GÊMEOS DA PROTEÇÃO E DA INOCÊNCIA

Os Ibejis são os gêmeos orixás associados à proteção das crianças, simbolizando tanto a inocência quanto a esperteza que caracterizam a juventude. Para aqueles que buscam entender a importância da infância e a preservação da pureza, os Ibejis são figuras essenciais a serem reconhecidas.

Como guardiões das crianças, os Ibejis intervêm em suas vidas, assegurando seu bem-estar e felicidade. Eles representam não apenas a proteção física mas também a proteção espiritual, criando um ambiente seguro para que as crianças possam crescer e se desenvolver. A presença dos Ibejis é um lembrete da simplicidade e da alegria que a infância pode trazer quando bem vivida, além de enfatizar a importância de cuidar e valorizar as novas gerações.

Na tradição cristã, os Ibejis são venerados como os santos Cosme e Damião, reforçando a conexão entre as práticas de culto africanas e a proteção infantil.

Essa dualidade destaca a universalidade do papel dos gêmeos, mostrando que a necessidade de defesa e cuidado com as crianças transcende culturas e religiões.

A relação entre os Ibejis e as crianças é rica e profunda, refletindo a vivacidade e a pureza que caracterizam a juventude. Eles nos lembram da importância de manter viva essa energia de inocência e de proteger aqueles que são mais vulneráveis. A veneração aos Ibejis nas tradições afro-brasileiras e a sua conexão com os santos cristãos demonstram como essas crenças se entrelaçam, criando um espaço que deveria ser de profundo respeito e amor pela infância.

Para aqueles que desejam entender melhor o papel dos Ibejis, é essencial reconhecer a importância de proteger e valorizar as crianças em nossas vidas, além da nossa criança interior. Ao honrar esses gêmeos orixás, podemos nos conectar com a alegria e a força juvenil, promovendo um ambiente de amor e segurança para todos.

IEMANJÁ: O ORIXÁ QUE REINA NO MAR E CUIDA DOS ORIS

Iemanjá, a mãe cujos filhos são peixes, em tradução livre, é conhecida como a rainha do mar, simbolizando a profundidade e a força das águas. Para aqueles que buscam paz interior e harmonia em suas vidas, Iemanjá é uma figura essencial, representando a fertilidade, assim como o cuidado e a nutrição que uma mãe oferece.

Como protetora da maternidade, Iemanjá reflete a energia materna, cuidando de todos os seres humanos em relação ao ori, seja ao cérebro, à mente ou ao destino como um todo. Sua conexão com o equilíbrio emocional a torna uma figura vital, especialmente para aqueles que necessitam de apoio e proteção em suas jornadas. Iemanjá também é considerada a padroeira dos pescadores, simbolizando sua importância na vida e na subsistência das comunidades costeiras que dependem do mar para seu sustento.

A presença de Iemanjá é celebrada em diversas tradições, destacando sua importância na proteção e na abundância. Na mitologia, ela é referida como a mãe dos orixás, o que ressalta sua relevância dentro do candomblé e das tradições afro-brasileiras. Em terras brasileiras, Iemanjá se tornou a dona dos mares e de toda a água salgada, de onde a vida orgânica surgiu, sendo provavelmente o orixá mais conhecido fora do ambiente dos terreiros.

Iemanjá é a senhora de todos os oris, cuidando das almas e dos corações de todas as formas. Sua abordagem, no entanto, não deve ser confundida apenas como uma figura maternal doce e serena. Assim como o mar, Iemanjá possui calmarias e tempestades; seu colo é o melhor aconchego do mundo, mas, por amor, ela promove mudanças profundas, mesmo que contundentes, para colocar suas filhas e seus filhos no caminho correto.

A proteção e a educação maternal de Iemanjá representam o encontro humano-divino que ela proporciona. É comum que todos os devotos dos orixás busquem a bênção de Iemanjá, como se estivessem pedindo a bênção da própria mãe criadora das estrelas, nuvens e deuses. Essa conexão é um lembrete poderoso de que, sob a orientação de Iemanjá, podemos encontrar proteção, amor e a força necessária para enfrentar as tempestades da vida.

Para aqueles que desejam se conectar com Iemanjá, sua energia poderosa e protetora pode ser uma fonte de apoio e inspiração, guiando-nos em direção ao autoconhecimento e à harmonia em nossas vidas.

IFÁ (ORUNMILÁ): O ORIXÁ ORÁCULO DA SABEDORIA E GUARDIÃO DO DESTINO

Ifá é uma figura central no panteão iorubá e, consequentemente, nas religiões afro-brasileiras. Ifá, também reverenciado como Orunmilá, transcende a simples ideia de uma divindade; ele é a própria personificação do conhecimento ancestral e da sabedoria divina. Sua importância reside primordialmente no seu papel como senhor do oráculo, o sistema divinatório por excelência da cultura centrada nos orixás. Por meio do *Opon Ifá* (a tábua de Ifá), dos *ikins* (as nozes de dendê sagradas) e da interpretação dos odus (os signos divinatórios) pelos babalaôs (os sacerdotes de Ifá), Ifá revela os mistérios do destino, oferece conselhos e aponta os caminhos para a resolução de problemas e para o alcance do equilíbrio na vida dos indivíduos.

Ifá é o guardião da memória cósmica, detentor de todas as histórias, mitos e experiências que moldaram o universo, os orixás e a humanidade. Essa vasta biblioteca de conhecimento ancestral confere a Ifá uma autoridade única para guiar os fiéis em suas jornadas. Ele não apenas prevê o futuro, mas também ilumina o presente por meio da compreensão do passado, permitindo que as pessoas tomem decisões mais conscientes e alinhadas com seus propósitos. A consulta a Ifá é um momento de profunda conexão com o divino, quando se busca clareza, orientação e a sabedoria necessária para navegar pelos desafios da existência. A reverência a Ifá sublinha a centralidade do conhecimento e da busca pela compreensão como base para uma vida plena e em harmonia com as forças da natureza e do sagrado. No contexto brasileiro, o jogo divinatório é feito principalmente pelo merindilogun ou erindilogun, o jogo de búzios, como conhecemos.

Refletir sobre as características de Ifá convida a uma profunda jornada de autoconhecimento. Assim como Ifá detém a sabedoria ancestral e a capacidade de desvendar os mistérios do destino, cada um de nós tem um potencial inexplorado de conhecimento interior e intuição. Buscar essa sabedoria interna, por meio da reflexão, do estudo e da abertura para novas perspectivas, é como sintonizar-se com a energia de Ifá em sua própria vida. As dificuldades e encruzilhadas que cada pessoa enfrenta podem ser vistas como um verdadeiro odu a ser decifrado, convidando a buscar a compreensão mais profunda de suas motivações, seus medos e desejos. Ao cultivar a busca pelo conhecimento e a capacidade de analisar as suas próprias histórias e experiências passadas, você pode se tornar mais consciente de seus padrões, tomar decisões mais alinhadas com o seu verdadeiro eu e trilhar caminhos que conduzam a um maior equilíbrio e realização. A sabedoria de Ifá lembra que a chave para um futuro mais consciente e pleno reside na busca incessante pelo autoconhecimento e na valorização da própria capacidade de compreensão.

IROCO: O ORIXÁ QUE É A GRANDE ÁRVORE DA VIDA E O SUSTENTÁCULO DA FLORESTA

Iroco, no rico panteão das religiões afro-brasileiras, emerge como uma poderosa representação da força vital da natureza, intrinsecamente ligado à majestosa gameleira branca e, por extensão, a todas as árvores e florestas. Sua associação com a vegetação o estabelece como um guardião essencial dos ecossistemas, zelando pela integridade e pelo bem-estar de todos os seres vivos que nele habitam. A reverência a Iroco ecoa um profundo respeito pela sabedoria inerente ao mundo natural, uma sabedoria silenciosa e ancestral que se manifesta no crescimento constante, na resiliência e na interconexão de todos os elementos da natureza.

A figura de Iroco transcende a mera representação da flora; ele personifica a resistência e a longevidade, atributos facilmente associados à durabilidade das árvores centenárias. Essa característica o eleva a um símbolo de perenidade e estabilidade em um mundo em constante transformação. Em diversas tradições, Iroco é invocado como um orixá protetor, capaz de trazer equilíbrio e segurança para aqueles que buscam sua energia, seu axé. Sua importância na espiritualidade afro-brasileira reside na constante lembrança da profunda e inseparável conexão do ser humano com o meio ambiente, um elo que nutre física e espiritualmente. O culto a Iroco na gameleira-branca, árvore tida como sagrada, reforça essa ligação ancestral e a sacralidade da natureza. As associações sincréticas com São Francisco, Tempo e Loko em diferentes tradições culturais atestam a abrangência e a profundidade da sua influência. A menção de que Iroco é um orixá de culto restrito e pouco compreendido adiciona uma camada de mistério e profundidade à sua figura, sugerindo que sua sabedoria e seus mistérios são acessíveis àqueles que se dedicam a compreendê-lo com reverência e atenção.

A contemplação das características de Iroco convida a uma introspecção sobre a sua própria conexão com a natureza e a capacidade de resistência e crescimento. Assim como a gameleira-branca se ergue forte e resiliente ao longo dos anos, enfrentando as intempéries, você também possui uma força interior capaz de te sustentar em momentos desafiadores. A sabedoria das florestas, que Iroco representa, ensina sobre a importância do equilíbrio, da interdependência e do respeito por todos os seres vivos. Ao nos conectarmos com a natureza, seja por meio de um passeio em um parque, da contemplação de uma árvore ou do simples cuidado com uma planta, podemos acessar uma fonte inesgotável de energia e inspiração. A longevidade atribuída a Iroco lembra a importância de cultivar a paciência, a perseverança e a capacidade de aprender com o tempo. Buscar a força de Iroco é reconhecer a própria capacidade de enraizar seus valores, de resistir às adversidades e de florescer, assim como as árvores, em direção à luz. É um convite a ser guardião do próprio "ambiente" interior, cultivando a paz, o equilíbrio e a consciência da intrínseca ligação dos seres humanos com o todo.

LOGUM EDÉ: O ORIXÁ MENINO DOS ENCANTOS E DA BELEZA

Logum Edé se apresenta como um orixá singular, intrinsecamente ligado à dinâmica da natureza por meio da representação da caça e da pesca, atividades primordiais de subsistência que estabelecem uma conexão direta entre o ser humano e os recursos do ambiente. No entanto, sua singularidade mais marcante reside na sua fluidez de gênero, na sua capacidade de transitar entre as energias masculina e feminina. Essa característica o eleva à condição de símbolo poderoso da diversidade de gênero e da inclusão dentro das tradições espirituais afro-brasileiras. A alternância entre o masculino e o feminino em Logum Edé não é vista como contradição, mas sim como uma representação da perfeita harmonia e do equilíbrio dinâmico entre essas duas polaridades energéticas, celebrando a complexidade e a riqueza da identidade em suas múltiplas manifestações.

A presença de Logum Edé nas práticas religiosas reflete a importância da aceitação e do profundo respeito pelas diferenças. Sua própria natureza fluida desafia as dicotomias rígidas e promove uma visão de mundo mais ampla e inclusiva dentro da espiritualidade afro-brasileira. Como filho de Oxóssi, o orixá caçador, e Oxum, orixá das águas doces, do amor e da beleza, Logum Edé herda características de ambos, unindo a destreza e a conexão com a floresta do pai à sensibilidade, à beleza e à riqueza da mãe. Essa herança dual se manifesta em sua própria natureza e em seus atributos. A estética é um dos seus principais atributos, porém isso vai muito além da mera aparência física para alcançar a profundidade da sensibilidade e da percepção. Logum Edé atrai não apenas pela beleza exterior, mas principalmente pelo afeto de sua essência, sendo considerado o orixá mais belo do universo afro-brasileiro. Logum é a ética, a estética e a estesia do divino, o que se ressalta em sua capacidade de personificar o que há de melhor, mais belo e sagrado, tornando o encontro entre o humano e o divino, em sua presença, uma experiência de rara sensibilidade e beleza. A juventude, a beleza e a riqueza são aspectos frequentemente associados a Logum Edé, completando o quadro de um orixá vibrante e multifacetado.

Ao refletir sobre a natureza de Logum Edé, fica o convite para explorar a sua própria capacidade de integrar diferentes aspectos da identidade. Assim como Logum Edé transita entre o masculino e o feminino, cada um possui dentro de si uma complexidade de características e energias que, muitas vezes, são colocadas em polos opostos. A fluidez de gênero de Logum Edé inspira a abraçar a própria diversidade interna, reconhecendo e valorizando as diferentes facetas que compõem você. A beleza que lhe é atribuída lembra que a verdadeira beleza reside na essência, na sensibilidade e na forma como é conectado com o mundo e com os outros. Buscar em nós a energia de Logum Edé é permitir que diferentes aspectos coexistam em harmonia, é reconhecer a riqueza que reside na própria complexidade e cultivar a sensibilidade e a percepção como ferramentas para uma compreensão mais profunda de si e do mundo ao nosso redor. É um convite a sermos mais inclusivos com as próprias contradições aparentes e a celebrar a beleza única que emerge da integração de todas as partes que formam o que você foi, é e será.

NANÃ: O ORIXÁ DA LAMA E DA ÁGUA PARADA

Nanã se manifesta como uma das mais veneráveis energias do panteão afro-brasileiro, profundamente conectada aos elementos primordiais da terra: a lama e a argila, materiais fundamentais para a criação e para a perpetuação da vida, simbolizados na arte da cerâmica. Sua ligação com a lama, o barro primordial, a estabelece como a própria matriz da existência física, aquela que modelou o corpo humano. Essa conexão intrínseca com a terra a associa diretamente à fertilidade e à capacidade de gerar vida, mas também à sua transformação e ao seu ciclo final.

Acima de tudo, Nanã personifica a memória e a ancestralidade. Ela é o elo vivo com as tradições e os saberes acumulados ao longo das gerações, a guardiã das histórias e das experiências dos antepassados. Sua presença evoca a importância de honrar as raízes, de reconhecer o valor dos legados culturais e de aprender com a sabedoria daqueles que vieram antes. A qualificação de Nanã como "avó" no panteão jeje-nagô não é fortuita; ela reflete sua antiguidade, a experiência e a autoridade que lhe confere o tempo. Nanã é aquela que viu e vê o desenrolar da história humana, testemunhando os feitos e os aprendizados na jornada da existência. Seu domínio sobre os eguns, os espíritos dos ancestrais, e sobre o reino das memórias ancestrais reforça seu papel como guardiã do passado e como ponte entre o mundo físico e o espiritual. A afirmação "Nanã é Nanã" transcende a necessidade de explicações para aqueles iniciados na fé, encapsulando a sua singularidade, a sua força inefável e a sua importância. O encontro entre o humano e o divino por meio de Nanã se realiza no reconhecimento da sabedoria inerente à capacidade de gestar a vida, de vivê-la plenamente e de compreender o ciclo da morte como parte de um processo contínuo de realizações espirituais.

A contemplação da essência de Nanã convida a uma profunda reflexão sobre a própria relação com a memória, a ancestralidade e o ciclo da vida. Assim como Nanã moldou o corpo humano a partir da lama primordial, você também é moldado pelas experiências passadas e pela herança dos antepassados. Honrar essa memória, reconhecer a sabedoria contida nas suas raízes e aprender com as lições do passado são passos decisivos no processo de autoconhecimento. A figura de Nanã lembra a importância da paciência, da serenidade e da aceitação do tempo como um elemento fundamental da vida. Sua ligação com a transformação, simbolizada na cerâmica, ensina sobre a capacidade de moldar-se e evoluir ao longo da jornada, do destino que seu Ori designou. Buscar em si a energia de Nanã é reconhecer a importância da história pessoal e coletiva, honrar os antepassados e abraçar o ciclo da vida com sabedoria e respeito. É um convite a se conectar com a própria essência, simbolicamente a própria "lama primordial", com as origens mais profundas, para encontrar a força e a sabedoria necessárias para navegar pelas transformações da existência e para construir um futuro com base nos valiosos ensinamentos do passado.

OBÁ: O ORIXÁ DA DETERMINAÇÃO E DA FAMÍLIA

Obá se revela como uma poderosa orixá, fundamental na estrutura da vida familiar, simbolizando a proteção do lar e das atividades domésticas, pilares para a estabilidade e o bem-estar da comunidade. Como a primeira e mais velha esposa de Xangô, ela se destaca como uma figura de notável força e determinação, personificando a guerreira obstinada que luta incansavelmente por aqueles que ama e protege. Sua devoção e lealdade a Xangô são tão marcantes quanto sua coragem e suas habilidades no campo de batalha, atributos que a elevam a um símbolo da mulher forte e independente dentro da cosmologia iorubá.

A presença de Obá nas tradições religiosas enfatiza o equilíbrio entre o cuidado do lar e a manifestação da força feminina. Ela demonstra que a proteção do espaço familiar não é uma tarefa menor, mas sim um ato de poder e dedicação. Além disso, Obá é frequentemente associada à sabedoria e à liderança, qualidades que naturalmente emergem de seu papel como matriarca e de sua experiência como membro central da realeza. Sua ligação com o rio Obá reforça seu apelo como força da natureza, fluindo com determinação e poder. Os rituais dedicados a Obá, com suas cores simbólicas (branco e vermelho), celebram sua energia guerreira e protetora. O sincretismo com santas católicas como Santa Joana D'Arc, Santa Catarina e Santa Marta sublinha seus atributos de coragem, proteção e seu envolvimento com as lides domésticas. A história marcante de sua rivalidade com Oxum, embora trágica, ilustra a intensidade de sua devoção e determinação, servindo também como um alerta sobre os perigos do ciúme e da possessão nas relações. Sua consideração como protetora das cozinheiras domésticas conecta sua história pessoal com a dedicação e a força presentes no trabalho essencial realizado nos lares.

Ao conectar-se com a energia de Obá, você é convidado a refletir sobre a própria capacidade de proteger e nutrir os vários "lares" que habita, sejam eles físicos, emocionais ou espirituais. A força e a determinação de Obá inspiram a lutar por aquilo que valoriza e a defender aqueles que ama com coragem e lealdade. Sua devoção, mesmo que em um contexto de rivalidade, lembra a importância de entregar-se com paixão aos propósitos, mas também da necessidade de discernimento e cuidado para não se perder em atitudes extremas. A história de Obá oferece uma poderosa lição sobre a importância do autovalor e da integridade, alertando para os perigos de procurar a validação externa a ponto de causar prejuízos. Buscar em si mesmo a força de Obá é reconhecer a guerreira interior que existe em cada um, capaz de superar obstáculos e de proteger o seu espaço. É também valorizar o trabalho dedicado e a força presentes nas atividades do dia a dia, especialmente aquelas ligadas ao cuidado e à manutenção do bem-estar pessoal e daqueles que nos cercam. A energia de Obá convida a ser forte e protetor, mas também sábio e consciente dos limites da própria determinação.

OCÔ: O ORIXÁ DA AGRICULTURA E DA FLAUTA

Ocô revela-se como uma divindade de significativa importância em suas origens na Nigéria e na República do Benim. Suas várias faces o associavam tanto à habilidade e força do caçador quanto à fertilidade e prosperidade da agricultura, sendo especialmente ligado à celebração da colheita anual do inhame africano branco. Essa dupla natureza o coloca como um elo vital entre a obtenção de sustento por meio da caça e o cultivo da terra, atividades essenciais para a sobrevivência e o desenvolvimento das comunidades. Além disso, sua reputação como um combatente contra a feitiçaria destaca seu papel como protetor e guardião contra as forças negativas e causadoras de desequilíbrio.

No panteão das divindades iorubás, Ocô era considerado um amigo próximo de orixás de grande relevância como Oxaguiã e Xangô, o que sugere sua integração e importância dentro da estrutura cosmológica. Sua antiga ligação matrimonial com Oiá e Iemanjá também indica sua participação em dinâmicas familiares e mitológicas complexas dentro do universo dos orixás. A tradição de que as abelhas são suas mensageiras adiciona uma camada de simbolismo, conectando-o à organização, ao trabalho e à doçura, elementos que podem ser associados à prosperidade da colheita. No candomblé brasileiro atual, Ocô é pouco cultuado, porém mantém sua ligação com a agricultura, sendo reconhecido como um dos orixás que regem essa importante esfera da vida, ao lado de Ogum. Sua representação tradicional, vestindo branco, portando um cajado de madeira e tocando uma flauta de ossos, evoca uma imagem de simplicidade, conexão com a natureza e talvez um toque de mistério. O sincretismo com Santo Isidoro na Santería cubana reforça sua ligação com a agricultura e a fartura da terra.

Ao refletir sobre a figura de Ocô, considere a importância da conexão com a terra e com os ciclos da natureza em sua vida. Sua associação com a caça e a agricultura lembra a dependência dos recursos naturais e a necessidade de um relacionamento equilibrado e respeitoso com o meio ambiente para a própria subsistência. A celebração da nova colheita do inhame, ligada a Ocô, evoca a gratidão pelos frutos da terra e o reconhecimento do trabalho árduo necessário para obtê-los. Sua luta contra a feitiçaria inspira a buscar proteção contra as energias negativas e a cultivar a força interior para superar os desafios. Mesmo que seu culto seja menos presente atualmente, a memória de Ocô lembra da importância de honrar aqueles aspectos da vida que garantem o sustento e bem-estar. Buscar em você a energia de Ocô pode significar reconectar-se com a natureza, valorizar o trabalho manual e a produção de alimentos, e cultivar a gratidão pelas dádivas da terra. É um convite a reconhecer a força que reside na nossa capacidade de prover e de proteger, tanto no plano material quanto no espiritual, mantendo viva a memória daqueles orixás que, mesmo menos cultuados, contribuíram significativamente para a riqueza e a complexidade das tradições afro-brasileiras.

ODUDUA: O ORIXÁ DINÂMICO E AUDACIOSO

Odudua emerge como uma das divindades mais antigas e fundamentais do panteão africano iorubá. Sua essência está intrinsecamente ligada à divinização da Terra, o Aiê, sendo reverenciada em alguns contextos como a contraparte de Obatalá, a representação divinizada do Céu. Juntos, eles formam o casal primordial, as forças propulsoras da criação do Universo, concebido dentro do culto aos orixás como uma grande cabaça cósmica. Odudua é a parte inferior dessa cabaça, simbolizando a base, o fundamento, a própria terra de onde a vida emana, enquanto Obatalá representa a parte superior, o firmamento.

Odudua remete à cabaça de onde jorrou a vida, revelando sua função como fonte primordial da existência. É importante ressaltar a sua natureza, frequentemente confundida com a figura do ancestral iorubá divinizado de mesmo nome. A compreensão mais profunda, especialmente em território africano, aponta para uma intrincada relação entre a divindade Odudua e o guerreiro lendário Odudua, sendo este último considerado uma manifestação humana, uma forma terrena da própria divindade. Essa perspectiva complexa, que transcende a separação estrita entre o divino e o ancestral, pode ser desafiadora para algumas interpretações, mas oferece uma visão mais abrangente da essência divina e suas múltiplas manifestações.

A origem de Odudua, assim como a de Obatalá, é envolta em mistério e reverência. A narrativa de seu surgimento involuntário do corpo de Olorum, a grande energia primordial que precedeu toda a criação, a coloca em um patamar de divindade primária, emanada diretamente da fonte de toda a existência. Essa origem divina marca sua importância na cosmologia iorubá, estabelecendo-a como uma força criativa essencial ao lado de Obatalá e de outras divindades. A sua própria existência é um testemunho do poder e da complexidade da criação, um mistério que convida à contemplação e ao respeito.

Refletir sobre a figura de Odudua leva a uma profunda meditação sobre as origens, a fertilidade e a base da própria existência. Assim como Odudua representa a terra de onde toda a vida brota, somos intrinsecamente ligados ao planeta que nos sustenta. Reconhecer Odudua é reconhecer a sacralidade da terra, a importância de cuidar do meio ambiente e a nossa dependência dos recursos naturais. Sua natureza primordial convida-nos a nos conectarmos com nossas próprias raízes, com os fundamentos mais profundos, buscando a estabilidade e a segurança que a "parte de baixo da cabaça" simboliza. A complexa relação entre a divindade e o ancestral divinizado lembra que o divino pode se manifestar de diversas formas, inclusive na história e nas figuras ancestrais que moldaram as nossas tradições. Buscar em nós a energia de Odudua é fortalecer a conexão com a terra, honrar as origens e reconhecer a força primordial que reside em nós, a capacidade de gerar vida em seus múltiplos aspectos e de nos mantermos firmes e fundamentados diante dos desafios da existência. É um convite a contemplar os mistérios da criação e a valorizar a base sobre a qual a vida está construída.

OGUM: O ORIXÁ DO FERRO E DA TECNOLOGIA

Ogum se manifesta como a própria personificação da força primordial, do ferro que molda, da guerra que desafia e das máquinas que impulsionam o progresso. Ele é o orixá da determinação inabalável, reconhecido como um rei poderoso, um guerreiro destemido e um ferreiro habilidoso, capaz de transformar o metal bruto em instrumentos e armas que servem tanto para a proteção quanto para o avanço da civilização. Sua figura evoca a imagem do trabalho árduo, da capacidade de superar obstáculos e de forjar o próprio destino com coragem e resiliência.

Ogum é um protetor incansável dos trabalhadores que labutam com afinco, dos militares e policiais que arriscam suas vidas em defesa da sociedade, oferecendo-lhes a força e a coragem necessárias para enfrentarem os desafios. Sua energia é invocada em momentos de luta e adversidade, tornando-o uma figura central na busca por justiça e na proteção contra as injustiças. Sua identificação como "asiwaju", "aquele que vai em frente", na tradição iorubá, posiciona seu papel como a força divina que inicia todas as coisas, que abre caminhos e que possibilita a vitória sobre as demandas e os obstáculos. A imagem da luta, tanto externa quanto interna - a batalha contra si mesmo, considerada o ponto máximo da iniciação para os adeptos e simpatizantes às religiões afro-brasileiras -, remete à potência, à força física e espiritual que Ogum representa. Além de Alagbedé, o mestre ferreiro e porteiro do orum, Ogum é também reverenciado como Ogunjá, o guerreiro vigilante que guarda as portas e os caminhos que conduzem a Oxalá, protegendo-os de todo o mal de ordem sobrenatural. Sua presença irradia a energia necessária para vencer as adversidades da vida em seus múltiplos estágios e contextos, permitindo que os fiéis alcancem plenamente seus objetivos mais íntimos.

A reflexão sobre a energia de Ogum convida a examinar a nossa própria força interior, a nossa capacidade de superar desafios e a nossa determinação em alcançar nossos objetivos. Assim como Ogum forja o ferro, você também é capaz de moldar o destino fazendo uso do trabalho árduo e da perseverança. Sua coragem inspira a enfrentar os medos e a lutar por aquilo em que acredita. A sua função de "abridor de caminhos" lembra que, muitas vezes, é necessário tomar a iniciativa e romper barreiras para avançar. Buscar em nós a energia de Ogum é reconhecer a própria capacidade de iniciar projetos, de superar obstáculos e de proteger aquilo que é importante. É um convite a cultivar a coragem, a determinação e a disciplina em nossas vidas, utilizando a força interior para vencer as batalhas, tanto externas quanto internas, e para trilhar os caminhos que levam à realização dos propósitos mais profundos. A presença de Ogum lembra que a conquista de nossos objetivos muitas vezes exige luta e esforço, mas que, com a força e a determinação adequadas, somos capazes de alcançar o sucesso e de vencer as adversidades da vida.

OIÁ: O ORIXÁ DOS VENTOS E DOS RAIOS

Oiá, também reverenciada como Iansã, personifica a força bruta e a intensidade das forças naturais, manifestando-se nos ventos que varrem, nos raios que cortam o céu e nas tempestades que transformam a paisagem. Ela é uma divindade de poder inegável, cuja influência se estende além do controle dos elementos atmosféricos. Oiá participa da jornada espiritual dos que partiram, atuando como guia que os conduz ao Orum, o reino dos orixás. Essa função de condutora das almas ressalta sua íntima ligação com a transição entre a vida e a morte, demonstrando sua capacidade de trazer tanto a destruição quanto a renovação por meio de várias forças, inclusive das poderosas tempestades que comanda.

Oiá não hesita em se manifestar, irrompendo no xirê, o ritual coletivo onde todos os orixás se manifestam para os participantes do culto, com toda a sua força vibrante, sua beleza radiante e sua coragem inigualável. A senhora dos ventos e dos raios faz sentir sua presença, marcando o ambiente com uma energia dinâmica. Apesar de sua força vital e singular, um de seus domínios mais significativos reside no reino da morte, na sua qualidade *Ìgbalé*, que a estabelece como a senhora da floresta sagrada dos ancestrais. Nesse aspecto, Oiá exerce controle sobre todos os seres que já deixaram o plano físico - os eguns, na terminologia do candomblé -, atuando como uma ponte entre o mundo dos vivos e o dos ancestrais. Oiá desafia as convenções, estimulando valores e características que se distanciam da cosmovisão tradicional judaico-cristã. Sua celebração da sexualidade, sua força combativa, sua capacidade de lidar com as questões da vida e da morte e sua profunda sabedoria divina marcam profundamente essa deusa africana, conferindo-lhe uma identidade única e poderosa. O encontro entre o humano e o divino por meio de Oiá se manifesta na liberdade dos ventos, na autenticidade de ser quem se é, na vivência da vida com a intensidade que o espírito anseia e na aceitação da morte como uma etapa natural da grande jornada da existência, e não como o fim definitivo.

Ao conectar-se com a energia de Oiá, reflete-se sobre a própria capacidade de transformação, a força interior e a sua relação com a mudança e a finitude. Assim como os ventos de Oiá podem limpar o que não serve mais e abrir espaço para o novo, você também tem a capacidade de se despojar do que o limita e de abraçar as transformações necessárias em sua vida. A coragem de Oiá inspira a enfrentar os desafios com determinação e a lutar por aquilo em que se acredita, sem se fazer de rogado diante das dificuldades. A sua ligação com a morte lembra a impermanência da vida e a importância de viver cada momento com intensidade e autenticidade. Buscar a energia de Oiá é libertar a própria força interior, é abraçar a mudança como uma constante da existência, é aprender a lidar com as perdas e a honrar a memória dos que se foram. É um convite a viver com paixão e liberdade, a expressar a sua verdade sem medo e a reconhecer a morte não como um fim, mas como parte do ciclo contínuo da vida. A energia de Oiá impulsiona a ser autêntico, corajoso e a abraçar a intensidade da própria jornada espiritual.

OLOCUM: O ORIXÁ DOS MARES E DA VIDA

Olocum, cujo nome significa literalmente "senhor dos oceanos", revela-se como a personificação divina do mar em suas vastas e insondáveis profundezas. Na tradição iorubá e no Benim, Olocum é reconhecido como a majestade das águas salgadas, detentor de um poder imenso e de segredos inescrutáveis. A relação com os orixás que dominam os lagos e rios, na condição de irmãs, simboliza a conexão intrínseca entre as diferentes manifestações da água, desde as superfícies calmas dos lagos até a imensidão misteriosa dos oceanos, ambas representando a fertilidade e a prosperidade dentro do culto iorubá. Olocum, entretanto, é tida primordialmente como a senhora das profundezas oceânicas e dos segredos insondáveis.

A natureza de Olocum é descrita como metade humana e metade peixe, uma representação que evoca a dualidade entre o mundo terrestre e o aquático, o conhecido e o desconhecido. Essa característica dual também pode simbolizar a capacidade de transformação e a fluidez da vida. Como dono do mar, Olocum é creditado por trazer fertilidade e prosperidade tanto para a sociedade em geral quanto para o convívio familiar, enfatizando a importância da união e da conexão entre todos os membros da comunidade. A divindade carrega consigo a responsabilidade e a preocupação com o bem-estar do próximo, refletindo a natureza nutridora e sustentadora das águas. Olocum é simbolizado pelas profundezas do oceano, um reino inexplorado que guarda segredos e riquezas incalculáveis. Assim como ninguém conhece verdadeiramente o que reside no fundo do mar, apenas Olocum detém esse conhecimento, representando os mistérios, a riqueza e a saúde que emanam dessas profundezas. Considerado um dos orixás mais poderosos na tradição africana, o culto a Olocum proporciona o aprendizado do valor e da importância da vida e da família. Curiosamente, a representação de gênero de Olocum varia: enquanto no Brasil é frequentemente retratado como feminino, no Benim é cultuado como masculino, o rei dos mares, e algumas interpretações o consideram hermafrodita ou assexuado, reforçando a ideia de uma divindade que transcende as definições binárias.

Ao contemplarmos a figura de Olocum, o convite que emerge é mergulhar nas profundezas do próprio ser, explorar os mistérios e as potencialidades que residem no interior, muitas vezes inexplorados. Assim como Olocum governa as vastidões do oceano, os seres humanos possuem um universo interior vasto e complexo, cheio de emoções, intuições e sabedoria ancestral. A dualidade de sua forma, metade humana e metade peixe, pode inspirar a integrar diferentes aspectos da nossa própria natureza, a conectar o consciente e o inconsciente, o racional e o intuitivo. A responsabilidade e a preocupação com o próximo, atributos de Olocum, lembram a importância da empatia e da solidariedade em nossas relações. Buscar em nós a energia de Olocum é reconhecer a profundidade da própria existência, é valorizar os mistérios que cercam e a riqueza interior que todos possuem. É um convite a conectar-se com a nossa intuição, a explorar as emoções mais profundas e a reconhecer a importância da união e do cuidado em sua vida. A figura de Olocum ensina sobre o valor da vida e da família e lembra que, assim como o oceano, somos capazes de uma imensa profundidade e transformação e conseguimos guardar segredos valiosos.

OMULU: O ORIXÁ DA CURA E DO SILÊNCIO

Omulu é também conhecido como Obaluaê, Xapanã e Sapatá. Obaluaê se revela como uma divindade centralmente ligada ao ciclo da saúde e da doença, sendo reverenciado como o médico compassivo dos necessitados. Sua figura emblemática personifica a dualidade intrínseca da existência, onde a fragilidade da enfermidade coexiste com a esperança resiliente da cura e da restauração da saúde. Em momentos de sofrimento e aflição, é a Omulu que muitos recorrem em busca de alívio e de um caminho para a recuperação. Sua energia é intensa e transformadora, capaz de transmutar a dor em bem-estar, e ele é visto como um guardião dos vulneráveis, oferecendo conforto e demonstrando profunda compaixão por aqueles que enfrentam as provações da saúde. A veneração a Omulu ressalta a importância do cuidado com o corpo e a mente, refletindo seu papel essencial tanto na comunidade espiritual quanto na vida cotidiana.

A expressão "família da palha" no contexto do culto a Omulu alude às palhas que cobrem seu corpo, um símbolo carregado de significado que remete à sua ligação com outros orixás, especialmente aqueles de linhagem direta, como sua mãe, Nanã, e seus irmãos Euá, Iroco, Oxumarê e Ossaim (considerados voduns em algumas tradições, ou seja, participantes de outros panteões de divindades africanas, neste caso Jeje). Essa família representa um conjunto de energias interconectadas, cada uma com suas especificidades, mas unidas por uma ancestralidade comum. Omulu é reconhecido por deter a "chave da vida", pois conhece profundamente todas as doenças e os caminhos para a cura. Sua natureza é paradoxal: é um dos orixás mais perigosos e poderosos, capaz de inspirar tanto temor quanto profunda devoção. Seus mistérios são intrinsecamente ligados aos segredos da própria vida. Sob o véu de suas palhas, ele carrega um presente de sua mãe adotiva Iemanjá: a pérola, que lhe confere o título de Jeholu, o senhor das pérolas, um símbolo de grande significado para seus filhos e filhas, representando a preciosidade da vida que ele guarda em seu âmago. Assim, nenhuma doença, seja ela física, social, espiritual ou material, é capaz de vencê-lo. Seu poder de luta e vitória no mundo é tão intenso que se manifesta em um silêncio absoluto: diante do rei da terra, Obaluaê, resta apenas prestar homenagens em silêncio.

A energia de Omulu convida a uma profunda reflexão sobre a vulnerabilidade, a nossa relação com a saúde e a doença e a nossa capacidade de cura e superação. Assim como Omulu conhece as profundezas do sofrimento, ele também detém o conhecimento da cura e da transformação. Sua imagem coberta por palhas lembra a importância de olhar além das aparências, de reconhecer a força que reside mesmo naquilo que parece frágil ou oculto. O presente da pérola, oferecido por Iemanjá, simboliza a preciosidade da vida que reside em cada um, um tesouro a ser cuidado e valorizado. Buscar a energia de Obaluaê é reconhecer a própria capacidade de enfrentar as adversidades da saúde, de buscar a cura e de valorizar a vida em sua plenitude. É um convite a cultivar a compaixão por nós mesmos e pelos outros em momentos de dificuldade, a buscar a sabedoria que reside no silêncio e a honrar os mistérios da existência. A energia de Omulu ensina sobre a importância do cuidado, da resiliência e da profunda conexão entre a vida e a morte, lembrando que, mesmo nos momentos mais desafiadores, a esperança de cura e renovação sempre existe.

ONILÉ: O ORIXÁ DO CHÃO E DA TERRA-MÃE

Onilé se revela como a própria personificação da base de toda a existência, a Terra-Mãe primordial que sustenta a vida em todas as suas formas e que também acolhe no momento da morte. Sua natureza abrange o ciclo completo da existência, marcando o princípio e o fim da jornada terrena. Onilé é a representação coletiva dos eleguns (iniciados possuídos por ancestrais) e dos egunguns (os espíritos dos ancestrais), estabelecendo uma conexão direta e essencial com o plano ancestral.

Em reconhecimento à sua primazia, Onilé é um dos primeiros orixás a serem reverenciados nos rituais mais profundos dos candomblés. Ele marca posição como alicerce espiritual e como o portal inicial de comunicação com as forças ancestrais. A presença do assentamento de Onilé é uma característica importante para diversos terreiros. Um desses assentamentos, muitas vezes localizado em locais especiais do barracão, é reverenciado como o próprio fundamento da casa, o axé central onde todos os membros da comunidade religiosa prestam homenagem. Esse local sagrado simboliza a estabilidade, a ancestralidade e a força vital que emana da Terra-Mãe. Onilé é também chamado pelos adeptos de Aiê ou Ilê, termos que significam "Terra" ou "casa" em iorubá, reforçando sua identidade como a base física e espiritual da vida.

A contemplação da energia de Onilé convida a uma profunda reflexão sobre a nossa própria conexão com a terra, com as nossas raízes e com a ancestralidade que nos sustenta. Assim como Onilé é o fundamento de toda a vida, a ligação com a terra e com a história dos antepassados oferece uma base sólida para a jornada. Honrar Onilé é honrar as origens, reconhecer a importância da comunidade e valorizar a sabedoria acumulada ao longo das gerações. Buscar em nós a energia de Onilé é fortalecer a nossa própria sensação de pertencimento, é se conectar com a estabilidade e a segurança que a Terra-Mãe representa, e é reconhecer a presença constante e protetora dos ancestrais em nossas vidas. É um convite a reverenciar o solo em que se pisa, a cuidar do planeta e a manter viva a memória daqueles que vieram antes de nós, reconhecendo que somos parte de um ciclo contínuo de vida, morte e renovação, fundamentado na força primordial de Onilé.

ORANIÃ: O ORIXÁ BICOLOR E DA REALEZA

A concepção de Oraniã é narrada como um evento extraordinário, desafiando as leis da genética moderna. Sua história tem início durante uma expedição guerreira de Ogum, que, ao conquistar a cidade, tomou como prisioneira a bela Lacanjê. Atraído por sua beleza, Ogum não respeitou sua virtude. Posteriormente, Lacanjê chamou a atenção de Odudua, pai de Ogum, que a desejou e a tomou como uma de suas esposas. Ogum, temendo a reação de seu pai, silenciou sobre seu encontro anterior com a prisioneira. Nove meses depois, nasceu Oraniã, portando uma característica física única e simbólica: seu corpo era verticalmente dividido em duas cores distintas, preto de um lado, herdado da pele escura de Ogum, e pardo do outro, refletindo a pele clara de Odudua.

Essa peculiaridade de Oraniã é anualmente rememorada em Ifé durante a celebração daquele lugar. Nessa ocasião, os corpos dos servidores do Oni (rei de Ifé) são pintados de preto e branco, emulando a dualidade cromática de Oraniã. Eles acompanham o Oni em procissão solene de seu palácio até a colina onde se ergue um monólito sagrado dedicado a Ogum. Essa grande pedra é adornada com palmeira. O Oni chega à colina vestido com suntuosidade, ostentando em sua cabeça a coroa de Odudua. Ao chegar diante da pedra de Ogum, o Oni cruza brevemente sua espada com a de Oxogum, o chefe do culto de Ogum em Ifé, em um gesto que simboliza uma aliança, apesar do ressentimento nutrido por Odudua ao descobrir que não era o único pai de Oraniã.

A história de Oraniã, marcada por uma origem singular e uma característica física distintiva, convida a refletir sobre a complexidade da ancestralidade e a coexistência de diferentes heranças em um mesmo indivíduo. A divisão de seu corpo em duas cores pode ser interpretada como a manifestação visível de duas linhagens, de duas forças que o moldaram desde a concepção. A celebração anual em Ifé serve como uma forma de integrar e honrar essas diferentes influências. Buscar em nós uma conexão com a história de Oraniã pode significar reconhecer as diversas influências que nos formaram, sejam elas familiares, culturais ou ligadas a experiências de vida. Pode ser um convite a aceitar e integrar as diferentes "cores" que compõem a nossa própria identidade, mesmo que essas origens pareçam, à primeira vista, distintas ou até conflitantes. A aliança simbólica entre o Oni e Oxogum, apesar do passado, sugere a possibilidade de superar desavenças e de construir pontes entre diferentes aspectos de nossa história ou de nossas relações. A singularidade de Oraniã lembra que a própria história é muitas vezes complexa e multifacetada, e que a aceitação e a compreensão dessas diversas influências podem enriquecer a nossa jornada de autoconhecimento.

ORÔ: O ORIXÁ QUE GRITA NA MATA FECHADA E DETÉM O PODER MASCULINO

Orô se apresenta como uma manifestação da força masculina primordial, profundamente enraizada na natureza selvagem da floresta. Sua linhagem, filho da poderosa Iemanjá, o conecta às águas primordiais da criação, à matriz da vida e à energia nutridora da maternidade. Contudo, a trajetória de Orô é marcada por uma dolorosa fratura em sua experiência amorosa. Outrora um caçador admirado e desejado, a traição conjugal e a perda de seu filho concebido o lançam em um abismo de dor e desilusão, gerando nele uma profunda aversão ao universo feminino.

Desiludido com as relações humanas e com a falsidade do mundo, Orô busca refúgio e isolamento nas profundezas da floresta, tornando-se seu senhor inconteste. Nesse retiro solitário, sua voz outrora cativante se transforma em um brado grave e assustador, e sua presença passa a inspirar temor, especialmente entre as mulheres, ecoando a mágoa e a ferida aberta em seu coração. A justiça de Orô se torna particular e implacável, movida por um espírito vingativo que busca punir aqueles que considera culpados, com um foco específico na transgressão da fidelidade feminina. Seu grito poderoso ecoa pela mata, um som aterrador que dispersa e paralisa, impondo seu domínio e sua dor ao ambiente.

Ao contemplar a figura de Orô, você é convidado a uma profunda introspecção sobre suas próprias feridas emocionais e a forma como as processa. A história de Orô reflete a dor da traição e da perda, sentimentos universais que podem levá-lo ao isolamento e à busca por uma justiça unilateral, muitas vezes destrutiva. É importante questionar se, em momentos de profunda mágoa, você não se retira para suas próprias "florestas" interiores, permitindo que a raiva e o ressentimento moldem sua voz e suas ações, afastando aqueles que poderiam oferecer apoio e cura.

A figura de Orô desafia você a confrontar sua própria "força masculina ferida", seja ela expressa em homens ou mulheres, e a buscar caminhos de cura e reconciliação em vez de perpetuar ciclos de dor e vingança. O grito de Orô, embora assustador, pode ser interpretado como um grito de socorro, uma manifestação de uma dor profunda que anseia por ser ouvida e compreendida.

Que você possa aprender com a tragédia de Orô a importância de lidar com suas feridas com compaixão e abertura, buscando a cura em vez do isolamento e a justiça através da compreensão em vez da vingança implacável. Assim, sua força, a exemplo do orixá, pode se transformar em um pilar de equilíbrio e cura em sua vida e em suas relações. Essa jornada de autoexploração e reconciliação não apenas beneficiará você mas também contribuirá para a harmonia e o bem-estar de sua comunidade.

OQUÊ: O ORIXÁ DA MONTANHA E DA SUSTENTAÇÃO

Oquê se revela como um Orixá primordial, marcando o início da firmeza e da solidez na consagração religiosa. Sua representação por meio de um pedaço de rocha ou montanha simboliza sua natureza inabalável e sua resistência ao longo dos anos. É a essa força e firmeza que os fiéis se dirigem em suas preces, buscando estabilidade e permanência em suas jornadas terrenas.

Oquê é reconhecido como o guardião de todos os Orixás. Sua importância se manifesta também em sua função prática nos rituais: é com sua energia que se preparam os afoxés (pós sagrados) e se maceram as ervas utilizadas no ato de friccionar as mãos assim como os encontros rochosos que deram origem às montanhas. Tradicionalmente, Oquê é colocado junto a Obatalá dentro da sopeira, envolto em algodão.

A reflexão sobre a energia de Oquê nos convida a contemplar a importância da firmeza, da estabilidade e do fundamento em nossas próprias vidas. Assim como Oquê representa a rocha inabalável, nós também buscamos um alicerce sólido para nossas crenças, nossos valores e nossos projetos. Sua ligação com o início da consagração religiosa lembra a importância de um ponto de partida firme e bem estabelecido em qualquer jornada significativa. Buscar em nós a energia de Oquê é fortalecer a nossa própria capacidade de sermos resilientes diante dos desafios, de nos mantermos firmes em nossos propósitos e de procurarmos um fundamento sólido para nossas vidas espirituais e materiais. É um convite a valorizar a sabedoria dos mais experientes e a reconhecer a importância dos rituais e dos fundamentos em busca de conexão com o sagrado. A presença de Oquê lembra que a verdadeira força muitas vezes reside naquilo que é firme, constante e profundamente enraizado.

OSSAIM: O ORIXÁ DA FOLHA E DA MAGIA

Ossaim se revela como o mestre insuperável do reino vegetal, o orixá detentor do conhecimento profundo e secreto das folhas e de suas inúmeras aplicações terapêuticas e rituais. Sua importância transcende a de um simples ervanário; ele é a própria personificação da sabedoria da natureza, um mago das ervas cuja magia tem o poder de transformar o mundo. Sua presença é imprescindível em todos os cultos aos orixás, pois as divindades dependem intrinsecamente dos seus preparados, que combinam folhas, água e outros elementos naturais, para fortalecer suas energias e cumprir suas funções. A máxima "sem folha não há orixá" ecoa a centralidade do reino vegetal na espiritualidade afro-brasileira, sublinhando a inseparável ligação entre a natureza e as práticas religiosas.

Ossaim caminha lado a lado com Oxóssi, o orixá da caça, numa parceria que simboliza a relação de dependência entre a obtenção dos recursos da floresta e o conhecimento das propriedades das plantas. Uma de suas qualidades mais conhecidas é Aroni, a representação da árvore, um ser com apenas uma perna que personifica os segredos mais profundos da mata, as questões mais íntimas e ocultas da folha. Aroni, como a árvore, é testemunha silenciosa da força do Sol e das estrelas, absorvendo e devolvendo as energias da natureza em um ciclo contínuo. Cultuar Ossaim, portanto, é intrinsecamente um culto à natureza e a todos os seres viventes que dela dependem. Nesse sentido, o encontro entre o humano e o divino por meio de Ossaim se manifesta na contemplação do meio ambiente, reconhecendo tanto seus aspectos visíveis e naturais quanto suas dimensões sutis e sobrenaturais. É ao observar a complexidade e a vitalidade da natureza que podemos vislumbrar a sabedoria e o poder de Ossaim.

A conexão com a energia de Ossaim convida a despertar para a riqueza e o poder curativo do mundo natural. Assim como Ossaim detém o conhecimento das propriedades ocultas das plantas, você pode desenvolver uma maior sensibilidade e conexão com a natureza, aprendendo a reconhecer seus benefícios para o corpo, a mente e o espírito. A figura de Aroni lembra da importância de estar enraizado, de absorver a energia do sol e das estrelas, e de retribuir ao meio ambiente com cuidado e respeito. Buscar em nós a energia de Ossaim é cultivar a curiosidade e o aprendizado sobre o reino vegetal, é reconhecer a importância das práticas de cura naturais e ancestrais, é desenvolver um olhar contemplativo e reverente para a natureza. É um convite a perceber que, em cada folha, em cada planta, reside uma sabedoria profunda e uma conexão direta com o divino, esperando para ser descoberta e utilizada para o bem-estar e para a harmonia com o mundo ao nosso redor.

OXAGUIÃ: O ORIXÁ DO PILÃO E QUE LUTA PELA PAZ

Oxaguiã se manifesta como o orixá da cultura material, a força motriz por trás da criatividade e da inovação. Ele é celebrado como o inventor do pilão, uma ferramenta que revolucionou o processamento de alimentos, e como precursor de moinhos e outros mecanismos que facilitam a vida cotidiana. Sua figura simboliza a habilidade humana de transformar os recursos naturais em instrumentos úteis, destacando a importância da engenhosidade e da inventividade na construção da sociedade. Oxaguiã representa a capacidade de adaptação e a busca constante por soluções práticas para os desafios do dia a dia, sendo uma fonte de inspiração para aqueles que se dedicam a desenvolver novas ideias e a implementar mudanças positivas no mundo.

No entanto, ao evocar Oxaguiã, é comum reconhecer que ele é uma das qualidades de Oxalá, o mais velho e primordial de todos os orixás, aquele que criou os seres humanos e personifica a misericórdia divina. Oxalá, em sua essência, não se esquece das ações de seus filhos e daqueles que o reverenciam, um aspecto que traz tanto bênçãos para os que seguem suas leis quanto possíveis consequências para os que as ignoram. Oxaguiã, o Oxalá jovem e guerreiro, destaca-se por sua energia dinâmica e sua busca incessante pela perfeição. Sua invenção do pilão, motivada por seu apreço pelo inhame pilado, demonstra a capacidade criadora e inventiva, sempre voltada para facilitar e melhorar a vida da comunidade. Sua missão é prover alimento, tanto físico quanto espiritual, para todos, revelando a sabedoria paternal e o profundo senso de responsabilidade coletiva que lhe são característicos. Essa qualidade de Oxalá se mostra inconformada com tudo aquilo que não contribui para um bom destino para sua comunidade, impulsionando-o a agir e a inovar em busca de um mundo melhor. O encontro humano-divino com Oxaguiã se dá por meio da inspiração para a criação, da busca por soluções e da força de vontade para promover mudanças significativas, começando pela transformação de si mesmo. É no reconhecimento dessa sabedoria paternal e dessa energia transformadora que a conexão com Oxaguiã se estabelece.

Refletir sobre a energia de Oxaguiã vai ao encontro de despertar a própria criatividade e de buscar soluções inventivas para os desafios enfrentados na vida e na sociedade em geral. Assim como Oxaguiã transformou o inhame em alimento de forma mais eficiente, você também pode utilizar a engenhosidade para transformar os recursos disponíveis e para criar novas possibilidades. Sua busca pela perfeição inspira a não se contentar com a mesmice da vida, mas a buscar sempre aprimoramento e progresso. Reconhecer sua ligação com Oxalá lembra que a verdadeira inovação deve ser guiada pela misericórdia, pela justiça e pelo bem-estar coletivo. Buscar em nós a energia de Oxaguiã é liberar o nosso potencial criativo, é acreditar na nossa capacidade de gerar novas ideias e de implementar mudanças positivas no mundo. É um convite a ser agente de transformação, a procurar soluções práticas e inovadoras para os problemas que nos cercam, sempre com a sabedoria e a responsabilidade que emanam da figura de Oxalá.

OXALUFÃ: O ORIXÁ DA CRIAÇÃO E DA PACIÊNCIA

Oxalufã, também conhecido como Obatalá ou Orixalá, é a própria personificação do orixá da criação, reverenciado como o modelador do ser humano. Sua figura emana grande sabedoria e pureza, representando a luz que dissipa a escuridão, a paz que acalma as turbulências e a justiça que busca o equilíbrio. Oxalufã é frequentemente associado à formação do corpo físico, um símbolo da sacralidade da vida e da intrínseca ligação entre o material e o espiritual na nossa existência. Sua presença é fundamental nas tradições religiosas, pois ele é visto como um guia sábio e um protetor benevolente, promovendo a harmonia e o equilíbrio em todos os aspectos da vida. Em rituais que visam à purificação e à renovação, a energia de Oxalufã é especialmente invocada, refletindo sua profunda conexão com o aspecto divino e a essência primordial da vida.

Oxalufã, o Oxalá mais velho, é o senhor máximo da criação humana, a encarnação da paz, da sabedoria e da tranquilidade. Ele representa a maturidade alcançada com o tempo e a serenidade que advém da experiência. Como um ancião venerável, Oxalufã é imaginado caminhando lentamente, apoiado em seu opaxorô (báculo), um símbolo de sua paciência e da vasta sabedoria acumulada ao longo das eras imemoriais. Ele é o conselheiro sábio que prefere a resolução pacífica de conflitos, utilizando a palavra e a compreensão em vez da violência. Sua essência é a pureza, e sua cor emblemática é o branco, que simboliza a paz, a espiritualidade e a harmonia universal. Como um líder justo e equitativo, Oxalufã defende aqueles que buscam a concórdia e o equilíbrio. Sua invocação tem o propósito de dissipar desentendimentos e trazer clareza em momentos de confusão. Oxalufã ensina que a verdadeira força reside na paciência, na sabedoria e na capacidade de compreender o fluxo do tempo. Ele lembra que o caminho para a paz é construído com calma, respeito e entendimento mútuo, e que a idade e a experiência proporcionam uma perspectiva mais ampla e equilibrada sobre os desígnios da vida.

Ao nos conectarmos com Oxalufã, somos convidados a cultivar a paciência, a buscar a sabedoria que reside na experiência e a promover a paz em nossos corações e em nossas relações. Assim como Oxalufã caminha com serenidade, apoiado em seu báculo, você também pode aprender a enfrentar os desafios da vida com calma e equilíbrio, buscando soluções ponderadas e evitando reações impulsivas. Sua associação com a cor branca inspira a purificar os pensamentos e ações, buscando a harmonia espiritual. A sua figura de ancião sábio lembra a importância de valorizar a experiência e a sabedoria dos mais velhos. Encontrar em nós a energia de Oxalufã é desenvolver a nossa capacidade de sermos pacificadores, de procurarmos a justiça e a equidade em todas as situações e de confiarmos na força da paciência e da compreensão para resolver os conflitos. É um convite a contemplar a beleza da serenidade e a reconhecer que a verdadeira liderança reside na sabedoria e na busca incessante pela paz.

OXÓSSI: O ORIXÁ DA CAÇA E DA FARTURA

Oxóssi se revela como o orixá da caça, o senhor da floresta e de todos os seus habitantes, personificando a intrínseca ligação entre o ser humano e a natureza, bem como a responsabilidade pela defesa do meio ambiente. Ele é o provedor da abundância, o portador da fartura que nutre os lares e garante o sustento e a prosperidade. Como um caçador habilidoso e perspicaz, Oxóssi representa não apenas a busca pelo alimento físico mas também a harmonia com o mundo natural e a imperativa necessidade de preservação de seus preciosos recursos. Em um plano simbólico mais profundo, Oxóssi é conhecido como o "caçador das almas", refletindo sua capacidade de guiar e proteger aqueles que se encontram em uma jornada de busca por direção espiritual, auxiliando-os a encontrar seu caminho na vida. Sua presença marcante nas tradições culturais e religiosas ressalta a importância do respeito reverente à natureza e a profunda valorização dos dons generosos que ela oferece.

Oxóssi é o grande caçador que adentra a floresta para trazer o alimento para seu povo. Sua figura representa a própria tradição, pois a provisão para sua descendência é decisiva na perpetuação da espécie e na continuidade da vida. Entre suas diversas qualidades, destaca-se Arolé, que também é uma saudação reverente ao orixá. Arolé simboliza aquele que ocupa o lugar mais elevado, seja na casa, seja na terra, denotando um poder incomensurável, que é utilizado para proteger sua família, guardando-a contra todas as formas de mal, tanto material quanto espiritual. Oxóssi também está intimamente ligado à ideia de fartura, não apenas em termos financeiros, mas principalmente na abundância de axé, a energia vital e sagrada. Em um lar onde o axé flui livremente, a prosperidade se manifesta e as realizações se concretizam. O oposto também é verdadeiro, ressaltando a importância da presença de Oxóssi para o bem-estar da comunidade. Assim, o encontro humano-divino com Oxóssi se traduz na proteção divina, na fartura de bens materiais e espirituais, e, fundamentalmente, na certeza de que os desafios do destino serão "caçados" com sucesso, garantindo a vitória e a prosperidade da comunidade, onde nunca faltará o alimento para o corpo e para a alma.

Ao se conectar com a energia de Oxóssi, você é convidado a despertar sua própria capacidade de prover e buscar o sustento necessário para sua vida e para aqueles que o cercam. A habilidade de Oxóssi como caçador inspira você a ser perspicaz e estratégico para alcançar seus objetivos. Sua ligação com a floresta lembra a importância de cultivar uma relação de respeito e harmonia com a natureza, reconhecendo-a como fonte de vida e sabedoria. Buscar a energia de Oxóssi é desenvolver sua intuição para encontrar as oportunidades que a vida oferece, fortalecer sua capacidade de proteger e nutrir sua "família" em sentido amplo e confiar na abundância do universo para suprir suas necessidades. É um convite para que você se torne um "caçador de desafios", enfrentando os obstáculos com coragem e determinação, com a certeza de que, com a proteção e a fartura de Oxóssi, você será capaz de alcançar a vitória e garantir o bem-estar de sua comunidade.

OXUM: O ORIXÁ DO OURO E DO AMOR

Oxum se revela como a própria personificação do amor em suas múltiplas facetas, da beleza que encanta e da riqueza que nutre, simbolizando a fertilidade feminina e a abundância que floresce na vida. Sua morada preferida são as águas doces dos rios e cachoeiras, representando a nutrição que sustenta e a purificação que renova. Conhecida por sua beleza radiante e sua graça inegável, Oxum é uma figura que irradia sensualidade e encanto, sendo também uma protetora dedicada das mulheres e das famílias, oferecendo-lhes amparo e carinho. Sua energia é suave e acolhedora, promovendo o amor em todas as suas formas, seja ele romântico, familiar, fraternal ou espiritual, tecendo laços de afeto e união. Oxum é frequentemente invocada em rituais que buscam a prosperidade material e a harmonia nas relações interpessoais, ressaltando sua importância tanto no cotidiano quanto nas profundezas das tradições espirituais. Sua presença luminosa nas práticas religiosas é um constante lembrete da força transformadora do amor e da beleza na criação e na própria essência da vida.

A chegada de Oxum nos rituais é sempre um momento de grande expectativa, marcando a aproximação do encerramento da celebração com uma energia especial. Sua representação máxima é a maternidade, e o útero é seu símbolo por excelência, conectando-a tanto ao nascimento físico, o momento mágico em que um bebê emerge do ventre materno, quanto ao renascimento espiritual que ocorre na iniciação, quando o neófito emerge para uma nova vida dentro da comunidade religiosa. Não é à toa que muitos a reverenciam como Ialodê, a grande mãe, aquela que nutre, protege e acolhe. No Brasil, a deusa do ouro e das pedras preciosas se tornou a senhora das águas doces, dos rios sinuosos e das cachoeiras cristalinas, mantendo sua ligação com a riqueza, agora associada à fertilidade e à pureza da água. O amor é o atributo divino que Oxum representa em sua plenitude, sendo o elo fundamental que sela a conexão, o encontro sagrado entre o humano e o divino de forma profunda e irreversível. É por meio desse amor incondicional que a comunhão espiritual se concretiza, nutrindo a alma e fortalecendo os laços da fé.

Ao tomar contato com a energia de Oxum, você é convidado a abrir seu coração para o amor em todas as suas manifestações, a cultivar a beleza em sua vida e a reconhecer a abundância que o cerca. Assim como Oxum emana doçura e acolhimento, você também pode desenvolver sua capacidade de amar e nutrir seus relacionamentos com carinho e compreensão. Sua ligação com as águas doces lembra a importância da pureza em seus sentimentos e da fluidez em suas emoções. Buscar em si a energia de Oxum é despertar sua própria beleza interior e exterior, valorizar a riqueza que reside nos laços afetivos e confiar na força transformadora do amor para curar, unir e prosperar. É um convite para que você seja como as águas de Oxum: suave, nutridora e capaz de refletir a beleza do mundo ao seu redor, selando assim um encontro profundo e significativo com o divino que reside em você e no universo.

OXUMARÊ: O ORIXÁ DO ARCO-ÍRIS E DA RIQUEZA

Oxumarê se revela como o orixá do arco-íris e da chuva, um símbolo poderoso da dualidade essencial que permeia o universo e da harmonia que pode existir entre as energias masculina e feminina. Sua figura única representa a fluidez e a fusão de gênero, transcendendo as categorias tradicionais e o estabelecendo como um protetor daqueles cujas identidades não se encaixam perfeitamente nos papéis convencionais de homem ou mulher. Associado à renovação constante dos ciclos da natureza, à fertilidade que garante a continuidade da vida e à abundância que nutre, Oxumarê traz consigo a promessa de transformação e a esperança de um futuro próspero. O arco-íris, sua manifestação simbólica mais emblemática, é um testemunho da beleza intrínseca da diversidade e da importância fundamental da aceitação, celebrando a singularidade e a autenticidade de cada indivíduo. Sua presença marcante nas práticas espirituais enfatiza a necessidade premente de inclusão e de profundo respeito por todas as formas de identidade, promovendo um ambiente de amor incondicional e acolhimento para todos os seres.

Oxumarê representa também a ligação vital entre o céu e a Terra, o plano espiritual e o material. Ele personifica as diversas riquezas do ser humano, tanto no âmbito social quanto no espiritual, sendo, portanto, associado à fortuna e à prosperidade em seus múltiplos aspectos. Oxumarê é reconhecido como o primeiro babalaô (sacerdote de Ifá) de que se tem conhecimento, o que lhe confere a sabedoria necessária para desvendar os mistérios do destino de todos os seres. Além disso, ele é o patrono do cordão umbilical, o elo físico e simbólico que conecta todas as mães aos seus filhos durante a gestação, simbolizar a própria continuidade da vida. Oxumarê é frequentemente representado por uma grande cobra, um símbolo de sua flexibilidade e elasticidade diante das vicissitudes da existência. Tudo o que é alongado e elástico pertence ao seu domínio, abrangendo não apenas questões materiais, mas também atributos da personalidade. Oxumarê propicia a adaptabilidade e a maleabilidade necessárias para navegar pelas complexidades da vida. O encontro humano-divino com Oxumarê se manifesta na promessa de um destino afortunado, repleto de realizações em todos os níveis, acompanhado da flexibilidade essencial para compreender as múltiplas possibilidades que a vida oferece e para aproveitar o melhor de cada uma delas.

Com a conexão estabelecida a Oxumarê, você é convidado a abraçar sua própria dualidade e a reconhecer a beleza da diversidade que existe em você e no mundo ao seu redor. Assim como o arco-íris une o céu e a terra, você também pode buscar a integração de diferentes aspectos de sua identidade. A representação de Oxumarê pela cobra lembra a importância da flexibilidade e da capacidade de adaptação diante das mudanças da vida. Buscar em si a energia de Oxumarê é aceitar e celebrar sua individualidade e a dos outros, reconhecer o valor da inclusão e do respeito às diferentes formas de ser e de amar. É um convite para que você seja maleável diante das situações, procure a harmonia entre suas próprias polaridades internas e confie na promessa de renovação e abundância que Oxumarê oferece, permitindo-se viver uma vida afortunada e plena em suas múltiplas possibilidades.

XANGÔ: O ORIXÁ DO TROVÃO E DA JUSTIÇA

Xangô se revela como o orixá do trovão e da justiça, uma entidade poderosa que personifica a força imponente da natureza e a autoridade inabalável da lei. Sua ligação com a burocracia e o governo reflete sua conexão intrínseca com a liderança e a manutenção da ordem social. Conhecido por sua profunda sabedoria e seu papel fundamental na administração da justiça, Xangô é frequentemente invocado em questões complexas que demandam decisões imparciais e a resolução equitativa de conflitos. Sua presença inspira respeito e reverência, lembrando a todos da importância da integridade e da responsabilidade em todas as esferas da vida.

Além de sua atuação no plano divino, Xangô é também reverenciado como um rei terreno, tendo sido o soberano de Oió, uma cidade africana de grande importância histórica e cultural. Essa vivência como líder temporal adiciona uma dimensão humana à sua figura divina, reforçando seus atributos de liderança e seu compromisso com o bem-estar de seu povo. Como o poderoso senhor do fogo, Xangô aquece seus seguidores com seu amor protetor, ao mesmo tempo que consome e destrói as energias negativas e os males que os ameaçam. Sua natureza é marcada pela franqueza, pela justiça e pela transparência. Em sua presença, não há espaço para ambiguidades ou pendências mal resolvidas; Xangô age com clareza e objetividade, fazendo prevalecer a verdade dos fatos. Seu principal foco reside nas questões espirituais, na preservação e no bem-estar da comunidade, e na felicidade individual de cada um de seus filhos e filhas de santo. O encontro humano-divino com Xangô é descrito como "real" em um duplo sentido: real como verdadeiro e transparente, onde a comunicação é direta e sem subterfúgios, e real no sentido de nobre, como um título de realeza adquirido através de serviços prestados e benefícios concedidos às suas gerações. Essa dupla acepção sublinha a autenticidade e a magnitude da conexão com Xangô.

Ao se conectar com Xangô, você é convidado a refletir sobre sua própria integridade, sua busca por justiça e sua capacidade de liderança na vida. Assim como Xangô governa com autoridade e sabedoria, você também pode se inspirar em seus atributos para tomar decisões justas e defender aquilo que acredita ser correto. A ligação desse orixá com o fogo lembra a importância de ter paixão e energia em suas ações, mas também de usar esse poder com responsabilidade e discernimento. Buscar em si a energia de Xangô é cultivar a transparência em suas relações, priorizar a verdade e a justiça em todas as situações e assumir a liderança de sua própria vida com coragem e determinação. É um convite para que você seja "real" em suas intenções e ações, cultive a nobreza de caráter e ofereça o seu melhor para o bem-estar da comunidade, construindo, assim, um encontro profundo e significativo com a força e a justiça divinas que Xangô representa.

Apesar de não serem considerados orixás, existem dois entes fundamentais a serem descritos no presente capítulo, considerando que eles aparecem largamente ao longo dos textos diários: Ori e Iá Mi Oxorongá.

ORI

Com a devida importância e reconhecimento de sua centralidade, é importante explorar o conceito de Ori na mitologia afro-brasileira, guiados pelo texto apresentado e pela profunda compreensão da pessoalidade e do destino dentro da cosmovisão iorubá.

Ori, palavra iorubá que literalmente significa cabeça, transcende sua acepção física para se revelar como um conceito metafísico, espiritual e mitológico de profunda relevância. Ori é o "orixá" pessoal, a representação particular da existência individualizada, a essência real do ser em toda a sua força e grandeza. É a primeira entidade a ser louvada, precedendo todos os outros Orixás, pois ele é quem guia, acompanha e auxilia a pessoa desde antes do nascimento, durante toda a sua vida e após a morte, referenciando sua jornada e assistindo-a no cumprimento de seu destino preestabelecido.

Em iorubá, Ori tem múltiplos significados, sendo a cabeça física (Ori Aiê) o símbolo da cabeça interior (Ori Inu), a sede da consciência e da intuição. Espiritualmente, a cabeça, como o ponto mais elevado do corpo humano, representa o Ori, e não existe orixá que ofereça maior apoio ao indivíduo do que o seu próprio Ori. Como orixá pessoal de cada ser humano, ele demonstra um interesse primordial na realização e na felicidade de seu "hospedeiro", conhecendo suas necessidades em sua jornada pela vida mais profundamente do que qualquer outra divindade. Nos acertos e desacertos de cada um, Ori possui os recursos adequados e os indicadores necessários para a reorganização dos sistemas pessoais. A criação da cabeça física é atribuída a Obatalá, enquanto Ajalá é o responsável pela modelação da parte da cabeça ligada ao destino individual. Acredita-se que o Ori escolhido antes do nascimento e o odu (signo regente do destino) determinam a fortuna ou as atribulações na vida de uma pessoa. O trabalho árduo, para aqueles que fizeram uma boa escolha de Ori, trará excelentes resultados, pois não haverá necessidade de despender esforços para reparar a própria "cabeça espiritual". No entanto, aqueles que escolheram um mau Ori terão poucas esperanças de progresso, mesmo com grande esforço. Ori, entidade parcialmente independente, é considerada uma divindade por si mesma, cultuada ao lado de outros orixás, recebendo oferendas (bori) e orações. Ele é o protetor do indivíduo antes mesmo das outras divindades.

A reflexão sobre o conceito de Ori convida você a uma profunda jornada de autoconhecimento e reconhecimento de sua individualidade e do seu destino. Assim como Ori é seu guia pessoal, você possui uma intuição interior que o orienta em suas escolhas e em sua caminhada pela vida. Reconhecer e cultivar essa voz interior é fundamental para alinhar suas ações com seu propósito. A crença na escolha do Ori antes do nascimento lembra a responsabilidade que você tem sobre seu próprio destino e a importância do trabalho árduo para alcançar a realização. Buscar a conexão com o seu Ori é fortalecer sua essência, reconhecer sua força interior e confiar na jornada que escolheu trilhar. É um convite para que você se torne consciente de seu potencial e trabalhe em harmonia com seu destino, a fim de encontrar a felicidade e a realização que seu Ori anseia para você.

IÁ MI OXORONGÁ

Com respeito e reconhecimento do seu imenso poder ancestral, vamos tratar a figura coletiva e temida das Iá Mi Oxorongá, guiados pelo texto apresentado e pela compreensão da força feminina ancestral nas religiões afro-brasileiras.

As Iá Mi Oxorongá não se manifestam como orixás individuais, mas sim como a representação aglutinada e coletiva da poderosa energia da ancestralidade feminina. No candomblé, os mortos do sexo feminino não são cultuados individualmente, mas sua força ancestral se une para formar essa imensa massa energética. O culto a Iá Mi Oxorongá é central para a sociedade Gueledé, uma organização composta exclusivamente por mulheres, que detêm o conhecimento e a responsabilidade de manipular esse poder considerado perigoso e fundamental.

O medo da ira das Iá Mi Oxorongá é profundamente enraizado nas comunidades onde seu culto é praticado. Como forma de apaziguar essa força ancestral feminina e de manter a harmonia entre os poderes masculino e feminino, os festivais anuais na Nigéria dedicados a elas testemunham homens vestidos de mulher, utilizando máscaras com traços femininos, em danças rituais. Essa prática sublinha o respeito e o temor que cercam essa energia ancestral coletiva.

É preciso entender que Iá Mi Oxorongá não é um orixá de iniciação individual, mas sim uma força ancestral coletiva que é assentada e cultuada por toda a comunidade. Ninguém pode incorporar ou manifestar essa energia diretamente, dada a sua natureza aglutinada e a sua representação de todas as mães que já partiram. Seu culto é, portanto, uma homenagem à linhagem feminina ancestral em sua totalidade, reconhecendo seu poder na sustentação da vida e da comunidade.

A reflexão sobre as Iá Mi Oxorongá convida você a reconhecer e honrar a imensa força e sabedoria da ancestralidade feminina. Elas representam a memória coletiva das mulheres que o precederam, carregando consigo a experiência, os ensinamentos e o poder de todas as mães. O temor reverente que as cerca destaca a importância de reconhecer e respeitar as forças ancestrais, buscando a harmonia entre o presente e o passado. A prática dos homens se vestirem de mulher nos festivais evoca a necessidade de equilíbrio e reconhecimento da importância do poder feminino na sociedade. Buscar uma conexão com a energia das Iá Mi Oxorongá é reconhecer a força da linhagem feminina em sua própria vida, honrar suas mães e avós, e valorizar a sabedoria e o legado que elas lhe transmitem. É um convite para que você reconheça o poder silencioso e profundo da ancestralidade feminina como um pilar de sua identidade e de sua comunidade.

AGRADECIMENTOS

Ao meu babá Armando Akintundé Vallado, agradeço pelos ensinamentos valiosos do culto aos orixás por dentro do candomblé. Sem ele, os odus, os orixás, os mistérios que conectam nossa essência com o que há de mais potente na espiritualidade, seriam impossíveis. Obrigado, meu pai, por sua sabedoria e paciência nos ensinamentos diários para a vida religiosa e, dela, para o destino como um todo. Desde o primeiro instante em que me encontrava questionando profundamente diversos aspectos sobre a vida, você me recebeu com carinho, amor e dedicação. Espero poder levar em frente os ensinamentos dos orixás e o afeto que você demonstra por seus descendentes do axé.

Agradecendo ao meu babá, agradeço à minha linhagem espiritual e a todas as ialorixás, babalorixás, pais e mães de santo, que fazem valer e viver a sabedoria dos orixás cotidianamente com muita luta, resistência e amor. Em especial, ao meu avô de santo, o Professor, Pai Agenor Miranda, e à minha bisavó de santo, Mãe Aninha.

À minha comunidade de santo, Casa das Águas, um refúgio do orixá em meio a todas as vicissitudes que a vida teima em oferecer. Uma comunidade que me abraçou e me amou de tal forma, que nunca esquecerei na minha retina espiritual o prazer que é pertencer a um axé unido pela fé.

Agradecendo ao meu axé, agradeço a todos que acreditam e praticam os ensinamentos dos orixás, voduns, inquices e encantados Brasil afora, em especial aos meus filhos de santo.

Ao Reginaldo Prandi, agradeço pelas várias fases de contato e aprofundamento da nossa conexão. Admirando-o inicialmente como um pesquisador de escol, fui percebendo ao longo do tempo que estava mesmo construindo uma amizade verdadeira. Aprendi muito com Reginaldo a técnica científica, mas, principalmente, a semear e colher bons e felizes momentos. Obrigado por escrever *Mitologia dos orixás* e tantos livros de referência, obrigado pela pesquisa sobre as religiões afro-brasileiras na academia, obrigado por ser quem você é.

Agradecendo ao meu orientador e colega de pesquisa científica, agradeço a todos os acadêmicos e acadêmicas que dedicaram, e aos que ainda dedicam, sua pena para desvendar as possibilidades de saberes nascedouros nos terreiros.

Aos meus pais, Luiz Matias Carneiro e Julia de Almeida Carneiro, não só por me trazerem ao mundo dos vivos, ao aiê, mas principalmente por me educar e me auxiliar a construir o ser que sou hoje. Vocês são os fundamentos centrais no meu destino.

Agradecendo aos meus genitores, agradeço a toda a ancestralidade que nos acoberta. A tradição se faz viva pelo que nossos antepassados transmitiram para a nossa atual geração. Que os nossos egunguns, verdadeiros ancestrais ilustres, nunca sejam esquecidos.

Aos meus filhos Raphael Lopes Carneiro e Miguel Jorge Carneiro, obrigado por tudo que vocês fizeram para o meu ori e meu okan. Amo vocês indistintamente como fruto máximo do que representa a felicidade de um pai. Ver os filhos crescerem felizes e construírem seus próprios caminhos não têm preço.

Agradecendo aos meus descendentes, agradeço a todos que desejam trilhar o caminho que os orixás apontam para perpetuar a tradição afro-brasileira. Não é tarefa fácil, mas é um propósito que forja o bom caráter de toda uma comunidade que busca ser resistência em tempos tão difíceis.

A Janaína Almeida Carneiro Gurgel, Julia Almeida Carneiro Gurgel e Érica Jorge Carneiro, por nossa parceria em múltiplas dimensões. Sem vocês, seria impossível chegar à maturidade de vida necessária para escrever este livro.

Agradecendo a essas poderosas mulheres, agradeço também a todas as outras que alimentaram, com muita força e axé, as religiões dos orixás e que moldaram o que há de melhor no Brasil.